La dernière Bonaparte

DU MÊME AUTEUR

À LA LIBRAIRIE ACADÉMIQUE PERRIN

Mayerling ou le destin fatal des Wittelsbach.

À LA LIBRAIRIE PLON

Contre-champ.
Elles ont vingt ans.

CHEZ D'AUTRES ÉDITEURS

La parade des impies.
La bague était brisée.
Les saisons du mélèze.
La dernière innocence (prix Renaudot, 1953).
Haute couture, terre inconnue.
Une femme heureuse.
Le temps des femmes.
La comédienne.
Je t'appellerai Amérique.
Liens de famille.

CÉLIA BERTIN

La dernière Bonaparte

Librairie Académique Perrin
8, rue Garancière
PARIS

© Librairie Académique Perrin, 1982

ISBN 2-262-00276-2

A Helen Wolff

Les biographes et les psychologues répondront : la biographie, aussi réelle et vivante que possible des disparus, ne les diminue pas. Ils survivent du moins dans le reflet, sur le papier, de leurs pensées et sentiments réels, autrement bien que s'ils n'y étaient figurés qu'en une froide et fausse idéalisation. La biographie sert en effet une fonction autre et plus haute que la simple satisfaction de curiosités vaines ou malsaines. Pour ceux qui savent comprendre, et ceux-là seuls comptent par-delà la foule des incompréhensifs, elle est une manière de communion avec une humanité élargie...

Mais pour que ces portraits soient fidèles, il faut qu'on n'en ait pas effacé, par une piété au fond sacrilège, les traits les plus émouvants, si pour certains les moins admis. Et ce sont ces traits justement que nous gardent les papiers intimes, lettres ou journaux de vie, si souvent menacés par la piété des héritiers.

Marie BONAPARTE,
Apologie de la Biographie
(*Psychanalyse et Biologie*, pp. 87-88.)

REMERCIEMENTS

Ma reconnaissance va tout naturellement d'abord à Son Altesse Royale la Princesse Eugénie de Grèce que je remercie doublement pour avoir guidé ma recherche et pour son autorisation d'utiliser les documents qu'elle mit généreusement à ma disposition et sans lesquels mon travail eût été impossible. Marie Bonaparte avait elle-même une telle conscience de la richesse et de la diversité de sa vie qu'elle n'en a pas laissé perdre la moindre parcelle, notant au jour le jour les détails les plus humbles et les réactions les plus nues avec un courage qui ne se dément jamais. Sa découverte fut pour moi une aventure extraordinaire. J'y ai consacré cinq années pleines, au cours desquelles j'ai été aidée et soutenue par mon mari, que je remercie de sa patience.

J'éprouve une vive gratitude à l'égard de M. le Professeur Serge Lebovici qui, depuis le début de mon projet, m'a encouragée et a bien voulu relire mon manuscrit, à l'égard du Docteur Frank R. Hartman qui m'a si généreusement sacrifié son temps, offert ses conseils, et à l'égard de Danielle Hunebelle qui non seulement m'a soutenue par son amitié mais qui a aussi eu la grande gentillesse d'éplucher mon manuscrit. Je remercie M. Michel Richard dont l'assistance amicale m'a été si précieuse, Mme Natalia Danesi-Murray et Mme Hélène Bourgeois qui ont été si confiantes, patientes et compréhensives.

Ma reconnaissance va également à Mme Eliette de Beaurepaire, au Docteur Richard Berczeller, à M. Edmond Bordier, à Mme Jacqueline Chevalier, au Docteur Carolyn Cohen, à Mme Jane Cohen, à Mme Anna Ducharne, à Philippe Erlanger,

à Mme Robert van Eyck, à Mlle Anna Freud, au Docteur
Sandford Gifford, à M. Thomas Gunther, au Docteur Henri
Hoesli, à M. Raymond-A. Mann, à M. Joseph Murumbi, à M.
Jacques Nobécourt, à Mme Blandine Ollivier de Prévaux, à
Mme Janice de Saussure, à M. Jacques Sédat, au Docteur B.
Swerdloff, à Mme Annette Troisier de Diaz, au Professeur
Robert Vivian, à Mme Françoise Wagener et à Mme Louise
Weiss qui m'ont donné avec générosité leur temps, leurs
souvenirs.

Je remercie également le Sigmund Freud Copyrights Ltd
pour la permission de reproduire les lettres de Sigmund
Freud au Docteur René Laforgue et aussi les lettres de Freud
à Marie Bonaparte. Je suis tout particulièrement reconnaissante à Mme Délia Laforgue qui m'a généreusement communiqué la correspondance de Marie Bonaparte et du Docteur
René Laforgue, et je remercie J.-B. Pontalis, Directeur de la
Nouvelle Revue de Psychanalyse qui m'a accordé avec sympathie la permission d'utiliser la correspondance entre
Sigmund Freud et René Laforgue et l'introduction du
Professeur Bourguignon, parues dans le volume 15 de sa
publication.

Mme Geneviève Tabouis, le Docteur Grete Bibring, le
Docteur Hélène Deutsch et le Docteur Marianne Kris m'ont
elles aussi aidée. Mes remerciements viennent trop tard
mais je garde un souvenir reconnaissant de leur accueil.

Chapitre premier

LA DERNIÈRE BONAPARTE

*Si jamais quelqu'un écrit ma vie qu'il
l'intitule* La dernière Bonaparte *car je le
suis. Mes cousins de la branche impériale
ne sont que Napoléon.*

Marie Bonaparte
Chronologie biographique en 8 cahiers.
Octobre 1951, inédit.

Marie, la dernière Bonaparte, faisait cette constatation en
1952, à propos de son enfance : « J'aimais les assassins, ils
me semblaient intéressants. Mon grand-père n'en avait-il
pas aussi été un quand il tua un journaliste, Victor Noir ? Et
mon arrière-grand-oncle Napoléon, quel assassin monu-
mental[1] ! »

Elle avait alors soixante-dix ans et, étant psychanalyste,
elle avait l'habitude de regarder en arrière. Elle labourait
son passé avec l'acharnement passionné et patient qu'elle
avait sans doute hérité de son père Roland, géographe,
anthropologue et botaniste. Mais la liberté généreuse de
Marie contraste avec le comportement du prince Roland
Bonaparte, homme de bibliothèque, assoiffé de réussite
sociale.

Marie Bonaparte ne devait son courage moral et sa clarté
d'esprit qu'à elle-même. Sa réussite professionnelle aussi lui
appartiendra — mais son entourage préférera l'ignorer. A
son époque, il n'était pas facile d'imaginer une princesse,
mariée à un fils de roi, devenant d'abord disciple, puis amie

---

1. Marie Bonaparte, *Derrière les vitres closes*, p. 174.

intime de Sigmund Freud, puis l'une des analystes les plus célèbres d'Europe. Sa fortune, sa famille, la société mettaient entre elle et la science du maître viennois des barrières qui paraissaient infranchissables. C'est avec raison que Son Altesse Royale la Princesse Marie de Grèce et de Danemark revendiquait son appartenance au clan des Bonaparte : elle était, comme eux, fille de ses œuvres.

« A tous ceux qui demandent de quel temps date la maison Bonaparte, la réponse est simple : elle date du 18-Brumaire », disait Napoléon[1].

En fait, la réussite qui rejaillit sur toute sa famille est curieusement mêlée à l'histoire de la Corse qui, en définitive, ne fut livrée à la France que par la défaite des troupes de Pascal Paoli à Pontenuovo, le 8 mai 1769; c'est-à-dire trois mois avant la naissance de l'empereur des Français qui eut lieu à Ajaccio, le 15 août de la même année.

Les Bonaparte assuraient être établis dans l'île depuis le XVIᵉ siècle. Ils faisaient aussi remonter leurs origines toscanes au Xᵉ siècle. Or une célèbre mémorialiste de l'époque napoléonienne, la duchesse d'Abrantès, l'épouse du maréchal Junot, propose une autre version. D'après elle, vers 1670, les Génois, chassés par les Turcs de la Grèce qu'ils occupaient en partie, avaient emmené avec eux en Corse — qu'ils possédaient depuis la fin du XIIIᵉ siècle — des Hellènes chrétiens qui se seraient établis dans la région de Cargèse et d'Ajaccio. « A leur tête se trouvait Constantin Comnène, dont un fils s'appelait Calomeros, soit en italien Bella Parte ou Buona Parte[2]. » Cela va à l'encontre des lettres patentes de l'archevêque de Pise reçues par Charles Buonaparte, le père de Napoléon, le 30 novembre 1769, qui le qualifient de noble et de patricien; mais des ancêtres grecs, pour une Marie Bonaparte, qui devait devenir par mariage princesse royale de ce pays, cela n'excite-t-il pas l'imagination ?

Il ne fait pas de doute que c'est en Corse que tout a commencé, avant le 18-Brumaire. D'ailleurs, l'île de Beauté (elle mérite bien ce surnom) est un lieu où il est naturel que des choses se passent. L'action, qui peut aller jusqu'au drame, est inscrite dans son histoire. L'île est pauvre, mais sa position géographique, autant que la grandeur de sa nature sauvage et les parfums de son maquis, invitent aux

---

1. Jean-Paul Garnier, *L'extraordinaire destin des Bonaparte*, p. 32.
2. Jean-Paul Garnier, *op. cit.*, p. 33.

invasions. Celles-ci, commencées au milieu du IIe millénaire avant notre ère, ne devaient jamais cesser.

Les Corses, naturellement devenus des rebelles, se sont donné des lois morales afin de sauvegarder leur honneur, affirmer leur liberté individuelle et satisfaire leur fierté. Pour les Bonaparte, dont les revirements s'expliquent parfois mal, ces lois justifiaient leur conduite à leurs propres yeux. Pour eux, tout a commencé à cause d'une femme.

Letizia Ramolino, mère de l'Empereur et de l'arrière-grand-père de Marie, Lucien Bonaparte, n'avait que quatorze ans lorsqu'elle épousa, le 2 juin 1764, Charles-Marie Buonaparte, qui en avait dix-huit. Elle aussi descendait d'une famille patricienne corse, mais d'origine lombarde, et dont les membres continuèrent d'occuper des charges à Gênes, jusqu'à la fin de la domination de la République. Fleuriot de Langle la décrit comme une belle fille brune, ignorante comme les autres filles de sa condition, mais « aussi réaliste que son époux *était* enclin aux chimères, aussi économe qu'il *était* prodigue et ami du faste, aussi ladre qu'il *était* dépensier[1] ». L'attachement de Charles-Marie Buonaparte à son île le poussa à se rallier à la cause de Pascal Paoli, ce général qui parvint à réaliser temporairement l'unité de la Corse, alors que s'achevait la longue domination de la République de Gênes qui négociait la vente de l'île à la France. Paoli demanda à Charles-Marie de le rejoindre à Corte dont il avait fait sa capitale. En 1767, Charles devint son secrétaire et s'installa à Corte, avec son épouse Letizia. Plus tard, celle-ci, enceinte de Napoléon (son deuxième fils) devait le suivre dans toute la campagne entreprise par Paoli contre les Français.

Mais alors qu'elle avait regagné Ajaccio, elle obtint que Charles-Marie n'accompagnât pas ceux qui, demeurés fidèles à Paoli après la défaite, s'embarquèrent pour l'exil avec leur héros, sur deux navires anglais.

La Signora, ainsi l'appelait-on même beaucoup plus tard, à Paris, ne cessa jamais d'être un personnage capital pour sa nombreuse famille. D'ailleurs, dans la vie des Bonaparte, celle qui « date du 18-Brumaire », comme le voulait Napoléon, beaucoup de femmes jouèrent un rôle clé. En particu-

---

1. Fleuriot de Langle, *La Paolina, sœur de Napoléon*, p. 16.

lier dans celle de Lucien et de son fils Pierre, dont Marie, « la dernière Bonaparte » descendra directement.

Un arrière-grand-père fantasque, Lucien Bonaparte

L'arrière-grand-mère de Marie Bonaparte, qui devait épouser Lucien, s'appelait Alexandrine de Bleschamp. Elle était née à Calais, le 23 février 1778, d'un père malouin d'origine, avocat au Parlement de Paris. Sa mère, née Bouvet, était de Calais et sa grand-mère maternelle s'appelait Grimod de Verneuil. Son père, ayant perdu ses biens pendant la Révolution, l'avait mariée, en 1797, à Jouberthon, un négociant que la plupart des historiens qualifient de « douteux » et qui, quatre ans plus tard, prit part à l'expédition du général Leclerc à Saint-Domingue où il mourut de la fièvre jaune. Alexandrine, qui vivait à Paris, ne tarda pas à évoluer dans les mêmes cercles que Mme Tallien, Mme Hamelin et d'autres jeunes femmes à l'élégance audacieuse. Elle devint l'une des « merveilleuses » les plus en vue du Directoire. Louis de Fontanes, poète qui fut plus tard, sous l'Empire, grand maître de l'Université, écrivit qu'elle était « aussi coquette que belle, aussi avide que coquette ». Elle avait vingt-quatre ans lorsqu'elle rencontra Lucien, frère du Premier Consul.

Il avait alors vingt-sept ans, était sénateur et mécène, ayant acquis rapidement et de façon souvent peu honorable une fortune considérable. Habile, versatile, ambitieux, agité, après avoir professé des idées jacobines qui l'avaient entraîné à commettre, pendant la Terreur, des excès pour lesquels il fut emprisonné à Aix-en-Provence, il avait été élu, sous le Directoire, membre puis Président du Conseil des Cinq-Cents. (Ce conseil, établi par la Constitution de l'an III, préparait les lois que le Conseil des Anciens, moitié moins nombreux, adoptait ou rejetait, tandis que le pouvoir exécutif était confié à un Directoire de cinq membres.) Lucien occupait donc une position clé qu'il sut utiliser pour renverser le Directoire et établir le Consulat au profit de son frère. Lors du coup d'État du 18 brumaire 1799, « il n'est pas douteux... que par son action vigoureuse et lucide il n'ait sauvé une situation lourdement compromise par les erreurs

et le manque de sang-froid du futur maître de l'Europe [1] ».
Ce jour-là, Lucien « rattrapa, si l'on peut dire, une légalité
en fuite [2] ».

Sans doute était-il l'homme des crises, car il fera merveille, de nouveau, pendant les Cent-Jours. Mais dans le
quotidien, il était moins brillant. Comme ministre de l'Intérieur, poste qu'il occupa à partir du 24 décembre 1799 —
cadeau de Noël de son frère, après l'aide capitale apportée
un mois plus tôt —, et comme ambassadeur à Madrid, il se
montra surtout préoccupé de ses intérêts.

Pendant son passage à l'Intérieur, ses adjoints se livrèrent
à un grand gaspillage et à des malversations, tandis que lui-
même défrayait la chronique avec des actrices du Français,
une chanteuse d'opéra et la célèbre Mlle George. A cette
époque, il commença d'écrire et de publier. Un roman en
deux volumes : *La tribu indienne ou Edouard et Stellina,* puis
un poème en prose *La Césaréïde* et, anonymement, un
pamphlet *Parallèle entre César, Cromwell, Monck et Bonaparte, fragment traduit de l'anglais* et imprimé au ministère
même ! Ce qui donna lieu à une grande scène entre les deux
frères suivie de la démission de Lucien qui quitta bientôt
Paris pour Madrid, le premier anniversaire du 18-Bru-
maire...

Pendant son ambassade à Madrid, Lucien continua de
s'enrichir, acceptant les cadeaux de la cour et ceux du
gouvernement du Portugal. A son retour, il se concilia les
bonnes grâces du pape Pie VII, en soutenant le Concordat,
conclu entre le Premier Consul et le pape pour rétablir
l'autorité pontificale, après les écarts de la Révolution.

C'était fin novembre 1801 ; il ne pouvait prévoir qu'un
jour il se réfugierait auprès du Saint-Père. Il avait foi en son
avenir, et posa sa candidature à la République cisalpine. Il
vivait dans un luxe insolent, et s'intéressait aux lettres et
aux arts. Il était lié d'amitié avec Mme de Staël, il recevait
Chateaubriand, Fontanes, La Harpe, le Chevalier de Bouf-
flers, les écrivains qui comptaient alors. Qui eût cru qu'un
tel homme sacrifierait soudain tout à l'amour d'une femme ?

Or au Plessis-Chamant, où il donnait dans son théâtre
privé des spectacles de qualité devant un public d'artistes et
de savants, Alexandrine parut dans *Alzire*. Comment n'au-

1. Jean-Paul Garnier, *op. cit.,* p. 167.
2. François Piétri, *Lucien Bonaparte,* p. 106.

rait-il pas remarqué la jeune tragédienne rousse à la peau si blanche et aux grands yeux bleu marine ? Le coup de foudre fut réciproque. Lucien et Alexandrine ne se quittèrent plus. Elle habita à Paris une maison reliée par un souterrain à l'hôtel de Brienne, rue Saint-Dominique, l'actuel ministère de la Guerre, résidence de son amant. Le 24 mai 1803, elle accoucha de leur premier fils, Charles-Lucien.

Le 25 mai, l'enfant fut baptisé par un prêtre qui délivra, par la même occasion, un autre certificat, celui de la bénédiction nuptiale qu'il aurait donnée aux « époux (qui) m'ont fait serment de ne pouvoir célébrer de suite leur mariage devant la partie civile, à cause d'une nécessité politique absolue »... On voit de quelle « nécessité politique absolue [1] » il pouvait s'agir. Lucien savait que le Premier Consul, son frère, n'approuverait pas une telle union. Pour établir la famille, le temps était aux alliances princières. Néanmoins, le 26 octobre 1803, le mariage civil eut lieu, au Plessis, et Lucien en informa aussitôt son frère par une lettre portée à Malmaison.

Seuls sa mère et les Bernadotte le soutinrent. Les autres : frères, sœurs, alliés se conformèrent aux ordres du vainqueur de Marengo. Lucien n'avait plus qu'à s'exiler. Il fit seul un voyage en Italie, avant d'y transporter sa femme et son fils.

Ce que l'amour d'Alexandrine lui faisait perdre, Lucien l'imaginait fort bien. Il était le plus intelligent des huit enfants de Letizia, Napoléon excepté, et le préféré. Celui-ci, dès son arrivée au pouvoir, s'ingénia à « placer » ses frères et sœurs, et leurs époux, qui, tous, dépendaient entièrement de lui. « Il eût été plus heureux pour Napoléon de n'avoir point de famille », observa un jour Stendhal.

Le cas de Lucien présentait des difficultés. Depuis 1801, il était veuf, d'un premier mariage avec la sœur illettrée d'un aubergiste, dont il avait deux petites filles. Le couple qu'il formait avec Alexandrine, le futur empereur avait de bonnes raisons de penser qu'il allait pouvoir le briser, et son échec l'exaspéra. Il était, d'une certaine façon, très attaché à Lucien, seul de taille à se mesurer avec lui. Ils se méritaient réciproquement en quelque sorte. Autant que Lucien, Napoléon reconnut tout de suite l'étendue de leur dissentiment et

---

1. Cité par J.-P. Garnier, *L'extraordinaire destin des Bonaparte*, p. 195.

les conséquences. En se séparant, ils se vouaient chacun à la solitude.

Après une scène orageuse, à Saint-Cloud, le 10 avril 1804, quelques semaines avant le sacre, Napoléon dit à Joséphine : « C'en est fait. Je viens de rompre avec Lucien. Il est dur de trouver une pareille résistance à de si grands intérêts. Il faudra donc que je m'isole et ne compte que sur moi seul[1]. » Cette petite phrase donne la mesure de la profondeur de leurs relations.

Lucien ne pouvait échapper aux regrets car il imaginait parfaitement les possibilités dont il se privait, et ne renonçait pas de gaieté de cœur à une haute dignité.

Pourtant, en 1805, deux ans après l'orage, Napoléon était toujours prêt à offrir à son frère favori la couronne d'Italie, si celui-ci consentait à ce que sa femme portât le nom de Bonaparte *sans titre*, ainsi que ses enfants. Lucien refusa, et ce ne fut pas une surprise pour Alexandrine. Leur mariage l'avait changé : il s'était attaché à elle, et trouvait naturel de tout lui sacrifier. Cette fidélité, qui l'honore, est presque surprenante chez un homme de son envergure — et dans un milieu où un revirement de sa part n'eût été blâmé par personne.

Le sénatus-consulte du 18 mai 1805, qui confiait le gouvernement de la République « à un empereur qui prend le titre d'Empereur des Français », établissait l'hérédité impériale, et excluait Lucien. C'était à prévoir, et, plus que quiconque dans l'entourage, le mari d'Alexandrine de Bleschamp était sans illusion. Néanmoins, il partit pour l'exil le cœur lourd, rancunier.

Malgré la remarquable harmonie qui régnait entre son épouse et lui, le temps ne devait pas l'apaiser. Il eût été bien difficile d'oublier, alors que l'Europe entière retentissait des exploits de l'Empereur.

La famille non plus ne lui facilitait pas la tâche. Chacun était pourvu, mais tous s'agitaient pour essayer de réconcilier les irréconciliables. *La Signora*, les frères et sœurs se lamentaient, servant de messagers entre les parties adverses dont ils déformaient immodérément les propos. Il y eut de nouveaux et terribles échanges verbaux entre les deux frères, comme la fameuse entrevue de Mantoue à la fin de

---

1. François Piétri, *op. cit.*, p. 106.

1807 — très rude épreuve pour l'un et l'autre. Ils demeuraient curieusement vulnérables au mal qu'ils se faisaient. Dans son exil italien, Lucien s'était d'abord installé à Rome. Il avait acheté, en ville, dans les environs et en Toscane, des palais, des propriétés en grand nombre qui n'étaient pas seulement des demeures princières mais aussi des investissements. Il s'était arrangé pour prêter de l'argent au pape, et reçut, pour 500 000 francs, une châtellenie pontificale héritée des Farnèse qui deviendra, après régularisation par contrat, la principauté de Canino.

Il ne quittera plus l'Italie que temporairement et, chaque fois à cause de Napoléon. Il habitera Rome, Canino ou la Toscane jusqu'à sa mort, et mènera une vie qu'en principe il aimait.

En seigneur fastueux, il recevra l'aristocratie pontificale, l'oncle du roi de Sardaigne, le prince Poniatowski, le prince de Saxe-Cobourg. Il donnera chez lui des concerts, fera jouer la tragédie. Il entreprendra des fouilles archéologiques dans ses propriétés, et il écrira.

Il a depuis longtemps le goût de l'écriture, comme son aîné. Alexandrine qui se croit, elle aussi, un talent d'écrivain, se lance dans une œuvre très longue, en vers de dix pieds, intitulée *Bathilde, reine des Francs.* On peut imaginer la raison qui lui fit choisir cette Anglo-Saxonne que des pirates réduisirent en esclavage. Mais Bathilde devint l'épouse de Clovis et, veuve, elle fut nommée régente pendant la minorité de l'aîné de ses fils, Clotaire III... Dans la même veine, Alexandrine écrivit un autre poème : *La Jeune Négresse,* dédié « aux promoteurs de la liberté des Noirs », alors que son mari se mettait à écrire en vers, *Charlemagne ou Rome sauvée.* Ils s'attaquaient tous deux à des sujets bien ambitieux.

Alexandrine, qui semblait tirer grande satisfaction de ces activités littéraires, s'était tout à fait adaptée. A chaque étape de leur vie commune, elle partageait les intérêts, adoptait les prises de position de Lucien, sans se prêter à aucun des compromis suggérés par Napoléon. Haïssant son beau-frère, elle attisa la rancune de Lucien. Après la dissolution du mariage de l'Empereur avec Joséphine, annoncée le 12 décembre 1809, elle subit une offensive de la part de sa belle-mère, qui la supplia d'avoir le courage de divorcer. Letizia croyait, à présent, que Lucien devait céder. Mais le couple ne voulait pas entendre parler de séparation, et ne serait-il pas mieux de partir vivre en Amérique, loin de Napoléon et de la famille ?

Ils s'embarquèrent donc avec leurs enfants — ils en avaient déjà quatre — mais n'arrivèrent jamais aux États-Unis. Leur navire fut intercepté par les Anglais, qui les retinrent trois mois à Malte, avant de les envoyer dans le Worcestershire, où Lucien loua le château de Thorngrove, où, selon son habitude, il reçut l'aristocratie locale et les artistes. Il construisit un observatoire dans le parc (sous l'influence du Père Maurice de Brescia, il s'intéressait à l'astronomie). Et il devint également entomologiste... Alexandrine se perdit, elle aussi, dans les étoiles et, comme elle avait fait l'effort de s'intéresser aux fouilles, se pencha sur les insectes, mais sans enthousiasme.

Cette femme humiliée ne manquait pas de courage. Elle partagea les spéculations politiques auxquelles Lucien ne pouvait renoncer, et qui étaient, elle aurait dû le savoir, sans avenir ni consistance, car il y avait chez Lucien un côté amateur incurable. Après l'abdication de Napoléon à Fontainebleau, le 6 avril 1814, Lucien accepta, avec un certain soulagement dénué de surprise, l'offre du pape de le faire prince romain, et le titre de princesse de Canino consola Alexandrine de tant d'occasions manquées.

Après les Cent-Jours, où ils seront momentanément séparés, tout continuera : les réceptions où Alexandrine paraît prendre autant de plaisir que lui-même, la somptuosité de leur existence où s'amenuisent toujours plus leurs biens.

Je l'ai dit, lorsqu'ils partirent pour l'Italie, la fortune foncière de Lucien était considérable, mais il possédait aussi une très importante collection de tableaux et d'objets d'art qu'il s'était fait donner ou s'était tout bonnement appropriés. « S'il est vrai que les Corses n'aiment l'argent que pour le répandre, la vigilance de Lucien à s'enrichir n'eut d'égale que son faste et doit donc être tenue pour une prédisposition native », a noté François Piétri [1]. Sur ce chapitre-là encore, bien qu'elle ne fût pas corse, Alexandrine paraît avoir été loyale. Elle acceptait le sort de son époux, les déboires financiers de Lucien étant liés à la politique, comme l'avaient été ses réussites. Il tenta plusieurs fois de

1. François Piétri, *op. cit.*, p. 15.

refaire fortune. Il lui arrivait de gagner, puis il reperdait toujours.

En réalité, leur vie fut une sorte de bohème de grand luxe, sans beaucoup de cohérence. Cultivés, pleins de sentiments généreux, nourris qu'ils étaient des œuvres des Encyclopédistes, on pourrait croire qu'ils préparèrent leurs enfants à « devenir avec le temps des hommes profonds », selon l'expression de Diderot. Il n'en est rien. Ils paraissent avoir été plus occupés d'eux-mêmes, des injustices du sort dont ils se croyaient victimes, et des plaisirs du monde que d'éducation.

Dans les États pontificaux où ils s'étaient établis, il était courant de se défendre par les armes du brigandage qui régnait, comme pendant la Renaissance. Les enfants du prince de Canino vivaient sans aucun contrôle, au gré de leur imagination. Ils se grisaient d'histoires de vendetta et de mort. La violence leur semblait naturelle. On dégainait son poignard, on pointait son fusil contre des ennemis imaginaires. Personne pour leur enseigner le respect de la vie. Les récits de leurs activités enfantines sont terrifiants. On est plus près du Burgess de l'*Orange mécanique* que du Rousseau de l'*Émile*.

Pourtant, chez la plupart d'entre eux, on retrouvera des intérêts qui prirent racine dans les activités intellectuelles ou artistiques de leurs parents. Ainsi l'aîné, Charles-Lucien, marié à sa cousine germaine Zénaïde, fille de Joseph, l'ex-roi d'Espagne (qui vivait à Point-Breeze, dans le New Jersey et était fort riche) put, sans souci, mener une vie princière et se consacrer à la science qu'il aimait. Il publia, à Philadelphie, en 1825, un important ouvrage d'ornithologie *American Ornithology or the natural History of Birds inhabiting the United States*. Ultra-démocrate et républicain, Charles-Lucien fut, en 1848, membre de l'Assemblée constituante et, en 1849, président de cette Assemblée. Adonné au jeu, il fit, en 1852, détail piquant, sauter la banque du casino de Hombourg, casino qui devait être l'origine de la fortune de sa petite-nièce, Marie Bonaparte. Il réunit, au cours de sa vie, une remarquable collection d'oiseaux qu'il légua au Muséum d'histoire naturelle de Paris.

Le second fils, Paul, héros de la famille, mourut à dix-neuf ans, à Navarin, juste avant la bataille, d'un accident, en chargeant ses pistolets qu'il avait pourtant l'habitude de manier. Suivant l'exemple de Lord Byron, l'année précédente, à Missolonghi, il avait voulu se porter au secours des insurgés grecs contre le sultan. Voilà la Grèce mêlée, une seconde fois, au passé de la famille de Marie Bonaparte.

Le troisième fils, Louis-Lucien qui, très jeune, alla en prison avec son frère Pierre, devint un personnage respectable, et même un peu pompeux. Il s'occupa surtout de philologie et de sciences, tout en étant député de la Seine en 1849, puis sénateur sous le second Empire. L'avant-dernière fille, la huitième enfant, Alexandrine-Marie (qui fut toujours pour Pierre « ma sœur Marie », celle qu'il aimait) publia des poèmes et des romans, en italien. La benjamine, Constance, qui avait été le souffre-douleur de ses frères, entra au couvent.

Reste celui en qui tous les dons et tous les démons de cette famille s'étaient rassemblés, Pierre. Plus que les autres, Pierre avait ce que Marie Bonaparte appelait « la flamme napoléonide ». Et *lui aussi,* comme son père, vécut en marge, à cause d'une femme. Et quelle femme ! Celle auprès de qui la petite Marie, la « princesse Mimi », devait passer toute son enfance et son adolescence, avec un sentiment de solitude totale et le chagrin d'être mal aimée.

Un des rares plaisirs de la petite fille était d'entendre parler de ce grand-père Pierre, mort peu de temps avant sa naissance, et qui lui paraissait avoir été un personnage de légende — une légende pleine de faits étranges que, d'habitude, on ne raconte pas aux enfants.

Un desperado, *le grand-père Pierre-Napoléon*

Le prince Pierre-Napoléon Bonaparte vint au monde le 11 octobre 1815, à Rome, quatre jours avant que son oncle, Napoléon Ier, en route vers l'exil définitif, n'eût atteint Sainte-Hélène (comme le note sa biographe, la princesse Eugénie de Grèce, son arrière-petite-fille et fille de Marie Bonaparte qui, certainement, lui parla souvent de lui). Il était le sixième enfant d'Alexandrine et de Lucien. Doué, sensible, passionné, il ressentit davantage la carence de ses parents, et ne fit-il pas preuve très jeune de lucidité et d'une remarquable connaissance du mécanisme du comportement humain en écrivant à sa demi-sœur Christine Bonaparte, l'une des deux filles du premier mariage de son père, son aînée de dix-sept ans, mariée à Lord Dudley Stuart : « La famille ne m'aime pas et je n'ai pas d'avenir... ce que j'ai de mieux à faire c'est de risquer ma vie pour me venger[1]. »

Ce manque d'amour dont il se plaint l'a rendu précoce, et c'est à treize ans qu'il risque sa vie pour la première fois. A Nessi, dans la chambre d'une belle d'auberge, il se bat au couteau avec son rival, l'aubergiste... En 1830, au moment des Trois Glorieuses, et de l'accession de Louis-Philippe au trône, Pierre n'a que quinze ans. La lutte entre libéralisme et conservatisme se répand à travers l'Europe ; il y prend part en Toscane, aux côtés des libéraux. Cela ressemble pour lui au quotidien tel qu'il le souhaite : des combats où l'on engage son honneur. Mais son père, qui craint pour sa jeune vie, écrit au ministre des Affaires étrangères des États pontificaux afin de le mettre à l'abri en le faisant arrêter. Il a appris qu'en Romagne, Napoléon-Louis, fils de Louis et de la reine Hortense, a contracté pendant l'insurrection une blessure dont il mourra à Forli, l'année suivante et que Louis-Napoléon (le cadet qui deviendra après bien des vicissitudes, Napoléon III) l'a échappé belle à Ancône... Pour la première fois donc, du 10 mai 1831 au début de novembre de la même année, Pierre ira en prison. Mais son choix est fait : pour lui, se battre c'est affirmer sa liberté et sa virilité (il n'a pas une tête politique et son esprit est loin d'être équilibré).

Un jour, lassé, il décidera de rejoindre l'oncle Joseph en Amérique. Mais le luxe et la facilité qu'il retrouve de l'autre côté de l'Atlantique ne sont pas ce qu'il recherche. Il suit le général Santander en Nouvelle-Grenade, ce pays que nous appelons aujourd'hui la Colombie. Il y tombe malade. Il a attrapé « les fièvres » et, en juin 1833, il regagne l'Europe, via New York.

C'est à cette époque qu'il se lie avec son frère Louis, et que leurs activités communes les mènent en prison. Leur père, à Londres, discute avec Joseph du problème non résolu de la succession impériale. La restauration de l'Empire lui tient pourtant moins à cœur qu'une république, où il n'a pas abandonné l'espoir de jouer un rôle de premier plan. Il se désintéresse du sort de ses deux fils qui, cette fois, ne risquent pas grand-chose. Sans doute est-il encore prêt à

---

1. Eugénie de Grèce, *Pierre-Napoléon Bonaparte*, p. 166.

croire que la prison, pour Pierre, reste l'endroit le plus protecteur.

La vengeance de Pierre contre le manque d'amour dont il se plaint d'être l'objet va devenir de plus en plus brutale. Non seulement il expose sa vie, mais il ne craint pas de prendre celle des autres. Sur le point d'être sommé de quitter Rome parce qu'il s'est remis à conspirer contre le pape, cerné sur la place de Canino, il poignarde le lieutenant Giacomo Cagiano di Azevedo de la garde pontificale, et est condamné à mort pour ce meurtre. Jugement confirmé en appel. Dans la prison du pape, il ne recevra aucune nouvelle de ses parents, exaspérés par sa conduite. Ceux-ci pourtant finissent par obtenir que la peine capitale soit commuée en détention perpétuelle. Plus tard, Pierre sera libéré, à condition de quitter l'Italie. Il fuit, encore une fois, aux États-Unis, où il retrouve son cousin, Louis-Napoléon en exil après une tentative de soulèvement contre Louis-Philippe à Strasbourg. Leurs tempéraments ne s'accordent pas. Pierre a besoin de danger pour se sentir exister. Il rentre en Europe, s'installe à Corfou, mais à la suite d'une fusillade, à la chasse, avec des Turcs albanais, il doit encore une fois déguerpir.

La chasse étant sa passion, il habitera Mohimont, dans les Ardennes belges (la Belgique est devenue indépendante en 1830). Pierre y vivra avec une Française, Rose Hesnard, rencontrée en Angleterre et qui sera sa compagne fidèle pendant quatorze ans.

La mort de son père, Lucien, survenue en 1840, après trois ans de maladie, ne semble pas marquer Pierre. Il est trop tard pour que les rôles puissent changer. Sa mère, la princesse de Canino, éplorée, se consacrera désormais au souvenir du disparu, et Pierre garde son personnage romantique de *desperado*. Mais les femmes sont prêtes à le consoler. Il leur plaît à toutes. Physiquement, il a de la classe. C'est un seigneur, un chasseur, un cavalier, et il a besoin qu'on l'aime. Mais il y a tant d'incertitude sous la brillante carapace de ce Don Juan, qu'il ne tente sa chance qu'auprès de femmes d'humble origine. Le nom de certaines de ses maîtresses demeure parce que leur liaison fut longue ou bien parce qu'un enfant naquit.

La vie qu'il faisait mener à ses amoureuses n'était pourtant pas de tout repos. Il ne pouvait rester en place. Il lui fallait s'inventer des occupations, qu'il délaissait tout aussitôt. Il cherchait à se battre. Il avait, sans succès, offert ses services au roi Léopold de Belgique, au général Espartero contre les Carlistes, au tsar Nicolas Ier, à Muhammad-Ali, le fondateur de l'Égypte moderne en guerre contre les Ottomans, aux colons des Provinces-Unies du Guatemala.

Après la chute de Louis-Philippe, pendant la révolution de 1848, il décida de rentrer à Paris, où il fut élu membre de l'Assemblée constituante. Mais, dès 1849, on le retrouve dans le Sud-Algérien. Bien que la conquête de l'Algérie soit achevée depuis deux ans, il reste quelques points chauds, et Pierre Bonaparte est chargé de réduire l'un deux, Zuatcha. Il se bat avec beaucoup de bravoure. Cependant, tout à coup, de son propre chef, sans permission, il retourne en France, pour s'occuper de politique, dira-t-il, faisant encore une fois preuve de ce qu'on appelle, par euphémisme, légèreté ou inconséquence.

En 1852, à son cousin qui s'est déclaré lui-même prince-président pour dix ans par un coup d'État et qui va cette année même se faire plébisciter « empereur héréditaire des Français », Pierre demande à être nommé consul de France en Sardaigne, à Cagliari. Louis-Napoléon refuse, mais lui propose le consulat de Charleston, aux États-Unis, où Pierre ne souhaite pas retourner. Cette année-là meurt sa compagne, Rose Hesnard, dont l'amour était abnégation perpétuelle. Très vite après ce deuil, à Paris, Pierre rencontre Justice-Éléonore Ruflin, et l'emmène en Corse.

Il l'avait baptisée Nina ; il lui plaisait de changer le prénom des femmes qu'il aimait. Elle était la fille d'un ouvrier fondeur en cuivre, Julien Ruflin, dont le père avait été économe de la prison de Bordeaux. Sa mère, Justine Bucard, fille d'un instituteur de Metz, avait des opinions bonapartistes qu'elle inculqua à Nina et Elisa, sa cadette qui, plus tard, épousera un douanier à peu près analphabète. Mme Ruflin devait mourir du choléra, en 1854, deux ans après la rencontre de Pierre et de sa fille Nina.

Pour apaiser sa future belle-mère et pour faciliter leur installation dans l'île de Beauté, où ils habitèrent d'abord la Grotta Niella, une maison sur un promontoire à quatre kilomètres de Calvi, et grâce à la complicité de l'abbé Casanova qui avait été son précepteur et celui de ses frères, Pierre épousa secrètement Nina, âgée de dix-neuf ans. Mais n'est-il pas étrange que, dans une lettre adressée à Mgr Dubois, il affirmait, le 13 mai 1867, qu'aucun mariage religieux n'avait encore eu lieu ? Craignait-il toujours la fureur de l'empereur ? Était-ce un oubli véritable ? En aurait-il deviné la signification s'il l'avait découvert ? Il ne courait pas le risque de s'en apercevoir tout seul. Et il n'y avait personne auprès de lui pour la lui signaler.

Pourtant la secrète bénédiction nuptiale donnée en 1852 par l'ancien précepteur des enfants de Lucien était la répétition du mariage civil des parents, légitimant le frère aîné de Pierre, Charles-Lucien, né cinq mois plus tôt et dupant le Premier Consul, son oncle. Cette fois encore il y avait des dupes, et cela, Pierre l'avait voulu. Il dupait sa mère — sa mère seule puisque veuve depuis douze ans déjà — et son cousin germain, Louis-Napoléon. Dans cette famille, et souvent à l'insu des intéressés, des situations identiques se répétaient...

La veuve de Lucien, la princesse de Canino, désapprouva ce mariage, non pour une raison d'État, mais pour des questions de convenances. Un Bonaparte n'épousait pas la fille d'un ouvrier.

Avant la mort de Lucien, un autre de ses fils, Louis, qui était alors lié à Pierre, avait commis l'erreur d'épouser une Florentine, issue du peuple et cela avait soulevé bien des difficultés. Pierre agit toujours de façon pire ! Depuis longtemps, sa mère a abandonné l'espoir de le voir s'amender, sans pourtant imaginer qu'il pourrait aller jusque-là.

Depuis son veuvage, avec l'autorisation du gouvernement, la princesse de Canino s'était installée à Paris où elle fréquentait des littérateurs, comme pendant sa vie avec Lucien. Lamartine, Victor Hugo, Alphonse Karr étaient de ses amis. Son arrière-petite-fille, Marie Bonaparte, ne pourra la désavouer. Elle aussi, dès sa jeunesse, rechercha, autant que possible, la société des écrivains, des artistes et des savants, la véritable aristocratie étant pour elle celle de l'esprit. Elle le pensa très jeune, en dépit de l'influence qu'aurait pu avoir l'éducation donnée par sa grand-mère mesquine.

Alexandrine eût probablement éprouvé du plaisir à se reconnaître dans la manière dont Marie Bonaparte réalisa ses dons. Retournée sur les bords de l'Adriatique, à Sinagaglia, elle y mourut le 12 juillet 1855.

Comme son père Lucien, Pierre manquait de mesure, mais non de détermination. Son nouveau mariage n'allait rien changer dans sa vie. Il continua à séduire de jeunes paysannes, des servantes de sa maison. Aucune femme, pas même Nina qu'il semble avoir beaucoup aimée, ne pouvait le sécuriser, combler en lui l'immense besoin d'amour. Pour lui plaire, la Parisienne du faubourg Saint-Antoine se transforma. Elle apprit à monter à cheval, et, infatigable, le suivait partout.

En Corse, son prince lui fit mener une existence qui n'avait rien à voir avec celle qu'on lit dans les contes et qu'elle avait souhaitée en se laissant séduire. Quand il ne disparaissait pas avec une jeune personne, elle devait le partager avec des voisins paysans qui étaient à la fois des amis, des serviteurs, des compagnons de chasse. Pierre était toujours prêt à partir à cheval avec quelques-uns d'entre eux, ou à raconter des histoires interminables. Chaque fois que Nina était sur le point de s'habituer à cette drôle de vie, il décidait de partir pour Paris, et tout était à recommencer. Il tenait à ses liens avec la capitale. Rome n'avait jamais compté pour lui, disait-il.

Ils quittèrent la Grotta Niella pour s'installer à Lutzobeo, près de Calenzan. Bâtie sur un piton, auprès d'une ancienne tour génoise, la maison est un vrai nid d'aigle, totalement isolée dans un paysage d'une grande beauté qui s'ouvre avec majesté sur la mer.

Là, le 19 mai 1858, juste après le passage de la comète de Donati, comme elle se plaisait à le rappeler, Nina accoucha d'un fils qu'elle baptisa Roland, comme celui qui lui était né quatre ans plus tôt et qu'elle avait perdu. Sans doute jusque-là cette femme énergique n'avait-elle pas été portée à la superstition mais, à présent, elle était prête à se raccrocher à n'importe quoi, et elle avait beaucoup espéré de la coïncidence entre la comète et la naissance du second Roland. Elle avait perdu trois enfants l'un après l'autre, et accusait de son malheur le climat insalubre de l'île.

Fut-ce pour se rendre à ses raisons que Pierre, qui aimait la Corse, décida de quitter l'île ? Il s'installa de nouveau dans les Ardennes belges, région de chasse et de forêts qui allait devenir son vrai pays. En septembre 1861, le couple aura un autre enfant, une petite fille, une seconde Jeanne qui, comme son frère Roland, grandit en bonne santé dans ce climat vivifiant.

À vingt-huit ans, autant que mère, Nina était encore une amante, désireuse de partager les activités de son seigneur.

Pierre l'avait initiée au tir au fusil et elle restait des heures à l'affût des sangliers dans les taillis des Ardennes. Elle avait pris goût à la chasse et n'était-ce pas romantique d'habiter cette vieille abbaye d'Orval ? Ils y menaient, Pierre et elle, une existence rude et simple de féodaux. Comme tous les vrais chasseurs, Pierre était aussi l'ami des bêtes — ce que Nina ne devint jamais. Il élevait des marcassins dont il avait, sans doute, tué la mère, ou bien il s'attachait une laie. Un jour, il acheta une lionne qui le suivait comme un chien.

L'épisode de la lionne s'acheva à Paris. Pierre et Nina y passaient une partie de l'année rue d'Auteuil, dans une maison entourée d'un grand jardin où émigraient avec eux enfants légitimes et adultérins. Pascal, né en Corse, douze ans avant Roland, qui tiendra une place importante auprès du prince, et deviendra l'un des personnages clés de l'histoire de Marie Bonaparte, faisait sans doute partie de ces derniers.

C'est aux Épioux, le 2 octobre 1867, qu'aura lieu le mariage civil de Nina et de Pierre. Ce mariage ne compte pas, l'empereur ayant refusé de le reconnaître. Il ne légitime pas leurs enfants, et Nina sait bien que Pierre souffre d'être tenu à l'écart à cause de sa roture. Sans elle, tout le passé de tête brûlée de Pierre pourrait être effacé. Ils ne connaîtront pas l'entente qui était celle de Lucien et d'Alexandrine, mais il n'est pas question que Nina rende la liberté à son prince. Elle a pris l'habitude de la patience, soutenue par une ambition effrénée.

Pourtant, lorsqu'ils sont à Paris, dans la maison de la rue d'Auteuil, Pierre s'échappe pour une raison que l'épouse trouve encore plus insupportable que ses fredaines. Lui, le rebelle, s'obstine dans sa volonté de paraître à la cour, alors que l'empereur et l'impératrice refusent de recevoir l'épouse, qui pourtant n'aspire qu'à la respectabilité et aux honneurs. Pierre se croit persécuté par tous. Il est prêt à la riposte. Son aventure continue d'être celle d'un solitaire amoureux du danger. Risquer sa vie pour se venger sera toujours sa motivation profonde, qui se traduira une fois encore par l'agression contre autrui.

Le 9 janvier 1870, une semaine après que le Second Empire discrédité fut redevenu libéral, avec le ministère d'Émile Ollivier, le prince Pierre tuait d'un coup de revolver Victor Noir, un journaliste républicain, collaborateur d'Henri Rochefort, venu rue d'Auteuil lui demander réparation pour un article où le prince insultait le fondateur de *La Marseillaise*.

Ce meurtre provoqua à Paris une agitation telle que la révolution était à craindre. Pierre se constitua prisonnier. Il fut incarcéré à la Conciergerie puis traduit devant la Haute Cour, qui siégeait à Tours. Nina-la-fidèle y mena leurs deux enfants, alors âgés de douze et neuf ans, pour assister au procès. Pierre fut acquitté. Il avait plaidé la légitime défense, mais il ne consentit à s'exiler avec les siens dans cette Belgique pourtant familière qu'au moment où l'armée s'effondra. De chez eux, à Rochefort, ils entendirent le canon de Sedan. Et Roland ne devait pas oublier « l'air accablé, lamentable » de Napoléon III vaincu, que son père l'emmena saluer à la gare voisine de Jemelle. Marie Bonaparte le note dans ses souvenirs [1].

Après la déchéance de leur cousin impérial, il y eut entre Nina et Pierre un troisième mariage, le seul valide, qui se déroula le 14 novembre 1871, à Bruxelles. C'est alors seulement, grâce à la Troisième République, que Roland et Jeanne furent autorisés à s'appeler Bonaparte et que leur mère devint princesse. Nina attachait une grande importance à son titre qui, sans doute, rachetait à ses yeux les sacrifices que la conduite de Pierre avait exigés, et qui l'avaient physiquement marquée et vieillie avant l'âge.

Pourtant, on voyait encore combien elle avait été belle, la nouvelle princesse. Brune, grande, elle avait un air d'amazone, de chasseresse, les yeux noirs, la chevelure opulente. A cette époque, elle avait besoin de toutes ses armes, et de cette énergie qui ne l'avait jamais abandonnée, car elle allait devoir prendre de nouvelles décisions.

Leur maison de la rue d'Auteuil avait été incendiée et pillée pendant la Commune, ils avaient dû vendre leur domaine des Épioux, et étaient tout à fait ruinés. Nina se vantait d'avoir toujours été fidèle à son prince, mais elle disait aussi que seul l'avenir de ses enfants l'intéressait désormais. Et cet avenir, elle savait qu'elle devrait l'assurer elle-même.

Pierre avait choisi un garde-chasse pour instruire leur fils. Mais Roland, le futur père de Marie Bonaparte, s'intéressait davantage aux plantes, aux pierres, aux étoiles qu'aux

---

1. Marie Bonaparte, *Derrière les vitres closes*, p. 211.

armes, aux appeaux et aux pièges. A dix ans, il commença de lire tout seul, encouragé par sa mère qui avait aiguisé sa curiosité en lui faisant la lecture d'un livre de vulgarisation qui pourrait le séduire : *Les mystères de la science*. Il ne fallait surtout pas gâcher les dispositions pour l'étude qu'elle sentait chez son fils en laissant la situation stagner auprès de Pierre, selon qui il suffisait d'apprendre à monter à cheval et à chasser. Pierre oubliait qu'il avait traduit en vers français la tragédie de Jean-Baptiste Niccolini qui évoque la carrière de Napoléon et publié un volume de vers intitulé *Loisirs*. Décidément, l'écriture comptait pour les Bonaparte, même chez ceux qui la reniaient. Et Marie aurait de qui tenir.

Pierre ne désirait pas voir Nina partir avec les enfants, mais elle n'était plus disposée à se rendre à ses raisons. Elle avait obtenu de lui ce qu'elle souhaitait. Ils pouvaient donc se séparer.

Pierre resta encore longtemps en Belgique, jusqu'aux derniers mois de sa vie, en compagnie d'une servante, Adèle Didriche, qu'il nommait la Fantesca dans ses Carnets et qui, en 1873, accoucha d'un fils, probablement de lui. Ses exploits amoureux se prolongèrent jusqu'à la fin. Il les notait soigneusement, mais il ne pouvait plus courir les sangliers et les loups.

Il s'appelait lui-même « le plus malheureux des Bonaparte », et sans doute l'était-il, cet homme des grands espaces et de la violence, confiné par la maladie entre les quatre murs d'une chambre, atteint de diabète et d'hydropisie. Il criait misère auprès de tout le monde et il recevait des secours des personnes les plus inattendues, le maréchal de Mac-Mahon, le roi Victor-Emmanuel, le président Grévy, des nièces et des neveux en Italie qu'il ne connaissait pas.

Quand il décida de rentrer en France, en compagnie d'Adèle, il fallut des permis pour ses armes dont voici la liste, telle qu'elle a été dressée par la princesse Eugénie de Grèce, dans la biographie qu'elle lui a consacrée : « 2 fusils de commerce, 4 fusils de guerre, 2 cannes-fusils, 1 parapluie-poignard, 2 cannes-épées, 29 pistolets-revolvers de commerce, 4 pistolets, 2 fusils doubles de commerce, 1 cravache-épée, de la poudre et des cartouches. »

Avec ces étranges bagages, le couple s'installa dans un hôtel de Versailles, tenu par un Corse, où le prince mourut le 8 avril 1881.

Hélas, ni la Fantesca ni la princesse Pierre ne se soucièrent de répondre à son souhait, et ne firent transporter sa dépouille dans les Ardennes, au cœur de la forêt.

Une grand-mère modèle de volonté

Quand elle prit la résolution de quitter son mari, Nina s'interrogea sans doute longuement pour savoir où aller. Elle examina, avec son esprit calculateur et froid, les possibilités des divers endroits qu'elle connaissait de réputation. Londres l'emporta. De nombreux impérialistes l'y avaient précédée, partageant l'exil de l'empereur et de l'impératrice. Elle n'était pas de leurs amis, mais peut-être l'avait-elle oublié ; ils étaient dévoués à la même cause, croyait-elle.

Pour gagner de l'argent, elle eut l'idée d'ouvrir une boutique de modes, New Bond Street. Comme la discrétion n'était pas son fort, dans l'espoir d'attirer les clientes, elle inscrivit en grandes lettres au-dessus de la vitrine : Princesse Pierre Bonaparte. Quel tollé elle déchaîna ! On crut à un chantage de sa part. N'était-ce pas pour se faire verser une rente par les ex-souverains qu'elle s'improvisait modiste ? De plus, l'élégance ne devait pas être son fort. N'avait-elle pas surtout vécu parmi des chasseurs ? Sa boutique fut un fiasco.

Marie Bonaparte a raconté[1] : « ... mon père se remémora toute sa vie le soir, au soleil couchant, à Trafalgar Square, où au pied de la statue de Nelson, vainqueur de son grand-oncle, il souffrit de la faim, n'ayant pas mangé de la journée. » Nina décida alors que le plus simple était de rentrer à Paris. Là, au moins, quelques amis plus humbles consentiraient à les aider. Parmi eux, Pascal, déjà lui, bâtard de Pierre, qui avait gagné de l'argent en travaillant dans les écuries impériales. L'industrieuse Nina réussit à faire donner des leçons à Jeanne, et à envoyer Roland d'abord à l'Institut Hortus, puis au lycée Saint-Louis où, très bon élève, il fut en mesure de sauter des classes. Il rêvait d'entrer à l'École navale, mais la faiblesse de sa vue le lui interdit. Sa

---

1. Marie Bonaparte, op. cit., p. 212.

mère tenait à ce qu'il devînt officier — seule profession acceptable pour un prince.

Où trouver l'argent pour finir ces études coûteuses ? Ce n'était pas aisé. Mais Nina ne se laissait décourager par rien lorsqu'il s'agissait d'assurer l'avenir de son fils. Elle osa entrer en contact avec les cousins du prince Pierre, qui ne l'avaient jamais acceptée, et sut les convaincre de leur devoir. C'est ainsi que les descendants de Jérôme Bonaparte, la princesse Mathilde et son frère, le prince Napoléon qui, en 1883, quatre ans après la mort du prince impérial, devait se poser en prétendant à la succession, payèrent la fin des études de Roland et son uniforme de saint-cyrien.

Marie Bonaparte a raison de traiter sa grand-mère Nina de « vraie femme phallique ». Celle-ci exerça son pouvoir sur son fils le reste de sa vie. Après l'avoir poussé vers le métier des armes et lui avoir inculqué la passion du travail et de l'étude — Roland sortit parmi les premiers de l'École militaire de Saint-Cyr — elle lui fit épouser Mlle Marie-Félix Blanc, l'une des plus riches héritières d'Europe, la fille cadette du propriétaire de la Société des bains-de-mer et du casino de Monte-Carlo.

Découvrir une telle belle-fille n'avait pas été tâche aisée. Beaucoup de portes étaient fermées à la princesse Pierre qui vivait seule, 17, rue de Grenelle, avec ses deux enfants. Une de ses rares relations, une certaine Mme Saint-Yves, s'était chargée de la renseigner sur les partis susceptibles de lui convenir. Cette vieille dame russe, élégante, au passé incertain[1] ressemblait plutôt à un personnage du Boulevard qu'à une héroïne de Tolstoï. Ses manières, son accent qui se voulait charmeur, les cigarettes à long bout de carton doré qu'elle roulait elle-même et fumait à la chaîne évoquaient « la vie à grandes guides », comme on disait alors, la fascination des jeux de hasard et celle de l'or conjuguées. Pour elle, Mlle Blanc représentait une dot de 8 400 000 francs en valeurs diverses, plus 6 082 566,81 francs en nue-propriété sur l'usufruit de sa mère.

Mme Blanc, mère de Marie-Félix, avait la réputation d'être très généreuse. « Trop », disaient certains. Avec extravagance, elle jetait l'argent par les fenêtres — dans le dessein inconscient de se purifier de tout l'or arraché aux joueurs,

---

1. Marie Bonaparte, op. cit., p. 232.

expliquera un jour sa petite-fille psychanalyste. Mais elle se trompait rarement en ce qui concernait la qualité des êtres. Elle avait naguère rendu souvent service à son mari qui se fiait à ses jugements. Ce qui ne l'empêchait pas d'avoir fait bien des fois, pour sa part, l'expérience de l'ingratitude humaine, sans pour cela changer de comportement ou même en être affligée outre mesure. Il va de soi qu'elle avait sans doute connu de nombreuses Mme Saint-Yves, et eu beaucoup d'occasions de se montrer prudente avec ce genre de personnes.

On aurait pu penser que sa fille Marie-Félix, elle aussi, savait se méfier. Les coureurs de dot étaient une espèce redoutable, et, pour eux, n'était-elle pas la proie rêvée ? Née si riche, on pouvait la soupçonner d'être exploitée. Or il n'en était rien, car elle avait vécu sous la protection de ses parents qui faisaient écran entre elle et le reste du monde.

M. Blanc, âgé et souffrant de violentes crises d'asthme, ne s'était jamais montré enclin à la mécontenter. Mort deux ans plus tôt, il avait toujours été pour elle une figure lointaine mais tendre. S'il avait vécu, elle était certaine qu'il eût autorisé l'union qu'elle souhaitait. Pourtant, elle n'ignorait pas les nombreuses démarches qu'il avait entreprises avant de consentir au mariage de Louise, sa sœur aînée, avec le prince Constantin Radziwill. Comme Roland Bonaparte, le jeune aristocrate polonais était pauvre. François Blanc avait acheté les services de plusieurs détectives pour s'assurer de sa moralité et de ses mœurs.

Le prince Roland n'était-il pas un prétendant aussi honorable que Constantin Radziwill ? Il avait une intelligence brillante, disait-on. Il était travailleur, et menait une vie parfaitement édifiante. Le fait de ne pas avoir d'argent n'était pas un obstacle, puisque la jeune fille en avait tant. François Blanc n'avait pas inculqué à ses enfants la volonté d'épouser aussi riches qu'eux.

On peut imaginer Marie-Félix séduite à la pensée d'être l'épouse de ce jeune prince. Roland était militaire (ce qui plaît aux femmes selon la tradition), il portait un nom glorieux, il avait une tournure élégante et son père Pierre bien qu'il fût un vieillard misérable et impotent, possédait une classe impressionnante, même aux yeux de Constantin Radziwill, qui ne se laissait pas facilement éblouir.

Marie-Félix ne comprenait pas pourquoi le vertueux sous-lieutenant et la vieille princesse assez mal embouchée éveillaient la méfiance qu'elle sentait chez sa mère. La situation lui paraissait simple : le prince devait être amoureux, puisqu'il désirait l'épouser. Elle le rendrait heureux par son amour et sa richesse. Et n'était-ce pas merveilleux qu'il fût jeune, comme elle ? Il avait à peine plus de vingt ans. Mme Blanc était trop préoccupée de la santé de sa fille pour exprimer des objections. Elle accepta ce mariage, qui la désolait. Elle répugnait à livrer l'innocente romanesque à ce couple avide. Elle devait avoir peur pour sa fragile Mimi — c'était ainsi qu'elle l'appelait depuis le berceau.

Le prince Roland, qui n'avait que sa solde de sous-lieutenant d'infanterie, se garda bien de contrarier sa mère, qui lui avait appris à aimer l'argent.

Pour sa part, la grand-mère Nina, princesse de la République, s'ingéniait à effacer ce qui pouvait rappeler la famille maternelle, dont elle avait honte. Les Blanc étaient pour elle une humiliation plus forte que ses propres origines, camouflées par son titre de princesse Bonaparte.

Un autre héritage, les Blanc, ancêtres maternels

François Blanc que le comte Egon Corti a surnommé « le magicien de Monte-Carlo » était né à Courthezon, dans le Vaucluse, au nord d'Avignon où les magnaneries étaient nombreuses à l'époque, le 12 décembre 1806. Il était le fils posthume d'un employé de l'enregistrement qui avait d'abord été fileur de soie, et il avait un frère jumeau, Louis. François et Louis, inséparables comme il se devait, s'allièrent très jeunes pour gagner leur vie. Ils firent ensemble la plonge ou le service dans des restaurants, des petits travaux dans des banques, ici et là, à Avignon puis à Lyon. Ils « montèrent » même jusqu'à Paris. Comme ils étaient joueurs l'un et l'autre, et qu'ils avaient de grandes dispositions pour les cartes, ils s'étaient mis à fréquenter les cercles, et ils investissaient leurs gains en Bourse.

Ayant assez de flair pour bien placer leur argent, à vingt-huit ans, ils furent en mesure de créer leur propre affaire : petite et basée sur les fluctuations des rentes françaises. Cela se passait en 1834, à Bordeaux. Or, depuis onze ans déjà, le télégraphe aérien de Chappe fonctionnait entre Bordeaux et la capitale. Les frères Blanc eurent l'idée d'utiliser clandestinement, à leur profit, ce système de sémaphores émettant des signaux déchiffrés à l'aide de télescopes et retransmis d'un sommet de montagne à l'autre. Ils soudoyèrent un fonctionnaire du télégraphe qui les renseignait sur les hausses et les baisses en Bourse à Paris, selon un code préalablement établi. En deux ans, leurs affaires prospérèrent grandement, mais le fonctionnaire tomba malade et, pris de remords, confessa sa faute avant de mourir. En mars 1897, les frères Blanc passèrent en jugement à Tours. Ils plaidèrent coupables, tout en dénonçant pour leur défense les pigeons voyageurs et autres méthodes d'information employées par plus riches qu'eux, les Rothschild, par exemple. Et bien qu'il y ait eu corruption de fonctionnaire, ils ne furent condamnés qu'à payer les frais du procès.

Mais il était temps pour eux de changer de métier. Ils persuadèrent le landgrave de Hesse-Hombourg de leur laisser ouvrir un casino dans la station thermale, qui était alors la capitale du landgraviat. Leur casino fut inauguré le 16 août 1843, à Hombourg et connut un succès rapide. Ce n'était pas par hasard que les frères Blanc avaient choisi ce curieux métier pour faire fortune. Depuis leur jeune âge, ils étudiaient, sur eux-mêmes, les mécanismes du tempérament du joueur.

François Blanc, un petit homme d'apparence tranquille, avec des yeux perçants derrière ses lunettes, ne se laissait pas facilement déconcerter. Une fois, pourtant, il parut inquiet. Entre le 26 et le 29 septembre 1852, le prince Charles-Lucien Bonaparte gagna, nous le savons déjà, au casino de Hombourg, la somme de 180 000 francs. Or personne jusque-là n'avait fait sauter la banque et François Blanc, même s'il avait envisagé pareille éventualité au plan théorique, n'y croyait pas. Cela était possible ailleurs, mais pas chez lui ! Joueur, il ne doutait pas de sa chance.

Après un repos de deux jours, le prince Charles-Lucien rentra à son hôtel avec 560 000 francs de gains. Ce soir-là, le 2 octobre, François Blanc, surmontant son déplaisir, vit le parti qu'il pouvait tirer d'une telle aventure en lui donnant toute la publicité qu'elle méritait. Il était sûr que le prince Charles-Lucien reviendrait et laisserait, cette fois, d'énormes sommes sur le tapis vert. Les joueurs finissent toujours par perdre, tous les croupiers vous le disent ! Logique du joueur.

A cette époque, François Blanc était seul. Il venait d'enterrer les deux personnes qui lui étaient les plus chères : son frère jumeau et sa femme. Il restait veuf avec deux petits garçons : Camille, six ans et Charles, quatre ans. Pour tenir sa maison, modeste, et s'occuper des enfants, il avait une gouvernante d'un certain âge. Un jour, celle-ci lui amena quelqu'un qui parlait français. Une jeune fille.

Elle s'appelait Marie Hensel, sa mère était une Privat, d'une famille originaire des Cévennes, son père était cordonnier. Elle était née en 1833, dans le village de Friedrichsdorf, fondé par des réfugiés huguenots qui avaient fui la France, après la révocation de l'Édit de Nantes. Marie avait douze frères et sœurs et elle était superbe : des cheveux noirs, un nez droit, de grands yeux bruns. François fut tout de suite prêt à transformer la sauvageonne inculte. Il alla trouver le cordonnier pour lui faire part de ses intentions : il enverrait Marie, à ses frais, dans un bon pensionnat parisien, pendant quatre ans. Si, à la fin de cette période, elle consentait à l'épouser, le mariage aurait lieu. Il comptait vingt-sept ans de plus qu'elle. Il fit le plan des études qu'il désirait lui voir poursuivre, et qu'il contrôlerait. Il était indispensable que Marie améliorât sa connaissance de la langue française et perdît son accent, qu'elle apprît l'histoire, les règles de l'étiquette et celles de l'élégance. L'Almanach du Gotha devait devenir son livre de chevet car, sans toutefois le lui dire, François prévoyait ce que serait leur vie. Sa fortune était déjà considérable et il était décidé à ne pas en rester là.

De temps en temps, il rendait visite à la jeune pensionnaire, pour s'assurer des progrès et discuter avec les professeurs. Les résultats dépassèrent ses espérances. Marie devint une fort belle et élégante jeune personne. Elle avait l'esprit curieux, s'intéressait avec beaucoup de finesse aux affaires, et s'était prise d'une étonnante passion pour les pierres précieuses et les bijoux. Elle devint experte dans ce domaine. En même temps, elle sut être rapidement la collaboratrice indispensable de François, qui l'épousa en 1854.

Durant les trois premières années de vie conjugale, elle lui donna un fils, Edmond, et une fille, Louise. Marie-Félix, future mère de Marie Bonaparte, naquit en 1859, le 22 décembre.

Quatre ans plus tard, François Blanc rachetait le casino de Monte-Carlo, ouvert depuis décembre 1856, mais qui avait été mal géré au départ. En 1861, le prince Charles III avait cédé à la France Roquebrune et Menton, et quand il devint

propriétaire du casino, François Blanc eut l'idée astucieuse
de diviser les 1,5 km² du territoire en trois villes : Monaco, la
Condamine et Monte-Carlo pourvues chacune d'un caractère
différent ; ce qui, aux yeux du public, rehaussait l'importance de la principauté. Il n'était jamais à court d'idées. Son
dynamisme l'entraîna bientôt à fonder autour de son nouveau domaine la Société des bains-de-mer et le Cercle des
étrangers. Dès octobre 1868, le chemin de fer de la ligne
Paris-Lyon-Méditerranée arrivait jusqu'à Monaco. Il avait
veillé à cela aussi.

L'influence qu'exerçait Marie Blanc sur les décisions de
son époux joua un grand rôle dans le développement de
Monte-Carlo. Dès le début, elle comprit le parti qu'on
pouvait tirer du site même. Ce fut elle qui poussa à la
construction de l'hôtel de Paris. Et, Monte-Carlo devenant
un centre international, elle souhaitait que l'art et l'artisa-
nat y eussent leur place. C'est ainsi qu'elle envoya à la foire
de Vienne, en 1873, des poteries de Monaco qui remportè-
rent un vif succès, mais lui amenèrent quelques complications car, en fait, elle les avait trouvées dans les Pyrénées,
ces poteries de Monaco, et elle fut entraînée à convaincre les
potiers de s'installer dans la principauté. Ce qui ne fut pas si
facile.

Avant de devenir le secrétaire de son mari, le comte
Bertora, qui était son principal collaborateur, avait été
fonctionnaire des postes, puis, sous le second Empire,
occupa une position aux Tuileries. A la fin de cette époque, à
Hombourg, les affaires étaient des plus prospères. Mais elles
étaient très menacées, depuis la paix de Prague, signée le
23 août 1866 entre la Prusse et l'Autriche. Car la Prusse
victorieuse dans la guerre de cinq semaines menée contre
l'empire d'Autriche-Hongrie et ses alliés, avait fait interdire
les jeux dans les États de l'Allemagne du Sud, qu'elle avait
annexés. En fait, poursuivi par la chance, François Blanc ne
dut fermer le casino de Hombourg qu'en 1872. Mais la
situation de son pays l'alarmait.

Pendant la guerre franco-prussienne, Bertora lui envoya
chaque jour des informations sur les événements politiques
et militaires. Il continua de le faire après le désastre de
Sedan et la capitulation du 2 septembre 1870. François
Blanc redoutait l'avenir. Il voyait la Commune de Paris
s'étendre et désorganisant les plans d'expansion de Monte-
Carlo... Le danger passé, il décida de mettre à la disposition

de la République une somme importante prélevée sur sa fortune personnelle, en spécifiant que cet argent devait être employé à l'achèvement de l'Opéra de Paris, car Mme Blanc admirait beaucoup Charles Garnier. Sans doute voulait-il ainsi apaiser sa conscience, et parer en même temps aux commentaires désobligeants de « patriotes » moins chanceux que lui. Mais comme tout ce qu'il touchait se transformait en or, il reçut 6 % d'intérêts sur la somme prêtée, et réussit à faire doubler le nombre des trains entre Paris et Monaco, dont le succès, profitant du redressement rapidement opéré par l'économie française, fut plus grand que jamais.

Charles Garnier fut si reconnaissant à François Blanc d'avoir facilité l'achèvement de l'Opéra de Paris, qu'il considérait comme son chef-d'œuvre, qu'il accepta de travailler à Monte-Carlo où il construisit, en 1879, la ravissante salle de théâtre du Casino.

Quand elle demanda à l'architecte de construire cette salle qui porte son nom, Marie Blanc était seule à prendre des décisions. La mort de son mari, survenue le 27 juillet 1877 à Loèche-les-Bains, dans le Valais où il faisait chaque année une cure pour son asthme, laissait les affaires sous sa responsabilité. Ce dont elle avait pris l'habitude car, durant les dernières années, des crises d'asthme de plus en plus nombreuses tenaient François Blanc éloigné de son bureau.

Elle avait quarante-trois ans, lui soixante et onze et elle hérita de la plus large part de la fortune évaluée à 88 millions de francs. Les enfants du second mariage, Marie-Félix, sa sœur et son frère, reçurent chacun 4 200 actions tandis que les deux fils du premier lit et le comte Bertora eurent respectivement 900 actions — le prince de Monaco conservant ses 400 actions initiales. La manne était aussi largement distribuée aux bonnes œuvres : un million à l'église Saint-Roch, 400 000 francs pour les prêtres infirmes de Marie-Thérèse, etc.

La princesse Pierre, qui avait lu beaucoup de ces chiffres dans les journaux, se souvenait sans doute de l'article nécrologique du *Gaulois*, en date du 31 juillet 1877 : « On peut dire que M. Blanc a été roi deux fois dans sa vie ! roi de Hombourg et roi de Monaco », avait écrit le journaliste. Mais elle n'en parlait pas. Elle aurait voulu ne jamais entendre ou lire un nom si roturier. Cependant, elle allait

profiter sans vergogne de la fortune amassée par cet inconnu
plébéien.

Quand il s'agirait de Mme Blanc, la princesse Pierre
songerait plutôt à se taire. Dans ses récits ultérieurs, la fille
du cordonnier d'origine huguenote deviendrait soit une
servante allemande de brasserie, soit une vendeuse de
confiserie : « Une folle » ! Marie Blanc possédait le défaut
impardonnable aux yeux de cette avare de dépenser sans
compter. Elle allait même jusqu'à gaspiller, ô horreur ! Elle
achetait n'importe quoi, « tout ce qu'elle voyait ».

Il est certain qu'en quatre années de veuvage, Mme Blanc
réussit à dilapider la part qui lui était revenue de la fortune
de son mari. Mais elle n'avait pas mené pour autant une
existence égoïste. On dit qu'elle n'oubliait jamais ceux qui
faisaient partie de son entourage. Elle prit soin des familles
de ses frères et sœurs, leur assurant à tous le bien-être, sans
se laisser décourager par l'ingratitude ou l'agressivité
qu'une conduite généreuse engendre le plus souvent.
Comme elle était dévote (autre trait de son caractère qui
déplaisait fort à la princesse Pierre), après avoir hérité elle
fit don d'une église, d'une école et d'un hôpital à Brides-les-
Bains, la petite ville de Savoie proche de son château de
Moutiers. Et elle acheta pour y loger sa fille aînée nouvelle-
ment mariée au prince Radziwill, le château d'Ermenonville, au nord de Paris, où Jean-Jacques Rousseau passa ses
dernières années. A sa mort, elle n'avait que des dettes, et
seule sa fabuleuse collection de bijoux était demeurée
intacte.

Marie Bonaparte rendra justice à cette grand-mère aux
mains percées. Elle se fera aussi l'écho d'autres rumeurs qui,
elles, ne semblent pas lui avoir été rapportées par la
princesse Pierre, et qui concernent les relations de
Mme Blanc et de son secrétaire. Le comte Bertora (comte
romain, précise-t-elle) était le parrain de sa mère, Marie-
Félix « et chuchotent certains, plus même que le parrain » [1].

Marie paraîtra se complaire dans ce fantasme. Si ce n'est
pas le sang de celui qui l'a gagné qui coule dans ses veines,
l'or légué par le magicien de Monte-Carlo pèse moins lourd,
il ne lui donne plus le même sentiment de culpabilité.

Cet or, tout au long de sa vie, la dernière Bonaparte allait

---

1. Marie Bonaparte, *L'appel des sèves*, p. 670.

en disposer généreusement. « Donner me semblait de plus, sans doute, comme autrefois à Mme Blanc, ma prodigue grand-mère, une sorte de rachat du " crime " monte-carlien, de conjuration de la malédiction qui avait frappé, " hostie expiatoire, Petite Maman " », écrivait-elle [1]. Elle avait alors parcouru le dur chemin, commencé au milieu de sa vie, après une grande somme de souffrance, beaucoup d'émerveillement, de passion qui l'avait menée à la connaissance de soi-même.

Elle avait remis en place tous les morceaux éparpillés du puzzle.

Le mercredi 17 novembre 1880, jour du mariage de ses parents, il pleuvait. La cérémonie religieuse s'était déroulée à midi, en grande pompe à Saint-Roch, l'église paroissiale de la famille Blanc. Il y eut ensuite, 194, rue de Rivoli, chez Mme Blanc, une réception après laquelle le jeune couple devait se rendre au château d'Ermenonville, propriété des Blanc, où il était entendu qu'ils dîneraient avec de nombreux invités et où on leur avait préparé un appartement. Mais Pascal, frère adultérin du jeune époux, chargé quelques jours plus tôt de trouver en secret, au nom du prince, une maison sur la colline de Saint-Cloud, y conduisit prestement les nouveaux mariés, à la faveur d'un embarras de voitures qu'il avait pris soin de provoquer.

Marie-Félix s'aperçut vite que le carrosse ne prenait pas la direction du nord. « Où m'emmenez-vous donc ? » demanda-t-elle, apeurée. « Chez moi ! » répondit Roland imperturbable, sans daigner lui donner d'autres explications. La confiante jeune fille dut soudain être désemparée par une attitude si incompréhensible. Cet enlèvement imaginé et organisé par l'intrépide princesse Pierre donnait le ton à ce qui allait suivre.

Tandis que Mme Blanc attendait sa fille, avec inquiétude au milieu des invités, dans le château illuminé et décoré pour la fête, commençait dans la maison de Saint-Cloud une existence aussi insolite pour Roland que pour son épouse (qui en avait fait les frais).

---

1. Marie Bonaparte, *Cinq Cahiers*, II, p. 201.

Chapitre II

L'ENFANT, L'OR ET LA MORT

> *La nature n'a que faire de nos pruderies.*
> *Elle poursuit sans s'en soucier son chemin,*
> *et c'est pourquoi, dès l'enfance, le petit être*
> *humain se voit préparé par elle aux grandes*
> *tâches qu'il devra plus tard accomplir. Or la*
> *tâche la plus sacrée qui soit dévolue à*
> *l'espèce est de se perpétuer. Et il a fallu tout*
> *le refoulement séculaire de l'humanité pour*
> *lui faire fermer aussi obstinément les yeux*
> *au fait que l'enfance n'est pas asexuée.*
>
> Marie BONAPARTE,
> *Psychanalyse et Biologie*, p. 54.

L'hostie expiatoire, Marie-Félix Blanc

« Ma mère poétique et rêveuse, à l'âme de musique », a écrit Marie Bonaparte [1]. Quels abîmes de tendresse frustrée, de nostalgie cachent ces épithètes. La distance donnée à son regard par son expérience analytique n'a pas entamé le sentiment qu'elle éprouvait à l'égard de celle qui mourut trente jours après l'avoir enfantée. Mais cette image, elle ne la devait qu'à elle-même car personne, dans la maison de son père, ne lui avait parlé de sa mère en ces termes.

Les Bonaparte, mère et fils, ne voyaient en Marie-Félix, jeune femme éthérée, aux longs cheveux châtains qu'elle portait souvent dénoués, qu'une enfant gâtée hypernerveuse, sans discernement et sans volonté ; avec des frayeurs

---

1. Marie Bonaparte, *Monologues devant la vie et la mort*, p. 78.

ridicules (celle des orages, par exemple) et des habitudes
d'hygiène déplorables, héritées de gouvernantes allemandes
(elle se plaisait dans des tubs d'eau glacée, comment peut-
on ?). Ses superstitions et sa piété provoquaient aussi leurs
sarcasmes. De plus, elle aimait les chats et les canards ! On
peut s'étonner qu'ils aient toléré ses animaux, mais sans
doute se rendaient-ils compte des dangers que présentait
l'isolement auquel ils l'avaient soumise. Les descriptions et
les propos de Pascal, le piqueur qui était sans doute son
beau-frère, indiquent chez elle une certaine sentimentalité,
un caractère docile qui la faisaient vivre en état d'inquiétude constante, comme une prisonnière, dans la cage en or
qu'elle avait elle-même fournie.

La maison de Saint-Cloud — qualifiée de « château » dans
des articles [1] et de « petite villa » par Marie Bonaparte [2] —
était située 7, avenue du Calvaire (devenue depuis, la rue du
Mont-Valérien), à flanc de coteau, au-dessus de la voie du
chemin de fer Paris-Versailles. Elle fut détruite en 1975,
pour faire place à des immeubles construits sur son vaste
jardin, planté de fort beaux arbres. Mais nous savons déjà
que nul n'avait demandé à Marie-Félix si elle désirait
habiter la campagne, et rester seule des journées entières,
sans visiteurs ; car la princesse Pierre sut vite décourager les
visites de Mme Blanc ou de la princesse Radziwill et rendre à
peu près impossible, pour Marie-Félix, d'aller voir sa famille
en ville. Les chats devaient tenir compagnie à la jeune
femme. Et les canards, Marie-Félix en eut l'idée à Bouviers,
près de Palaiseau, où elle loua pendant sept mois une villa
afin de se rapprocher de la caserne de Roland, espérant ainsi
être moins négligée. Mais elle fut vite déçue, une fois de plus.

Ayant toujours été entourée jusque-là de gens affectueux
qui l'aimaient, Marie-Félix n'était pas préparée au traitement que lui faisait subir sa nouvelle famille. Elle était
totalement désarmée, perdue, dans un univers étranger au
sien. Quand son mari découvrit que ses occupations favori-
tes étaient la lecture de poètes, en français et en allemand, et
la musique — des péchés aux yeux et aux oreilles de la
princesse Pierre et aux siens — il lui avait adressé des
reproches aussi vifs que pour sa piété. Comme tous les
Bonaparte, il se targuait de détester la musique. Il ne-

---

1. _Le Gaulois_, jeudi 3 août 1882.
2. Marie Bonaparte, _Cinq Cahiers_, I, p. 4.

supportait ni Schubert ni les sonates de Beethoven. En revanche, *Le Beau Danube bleu* lui plaisait assez. Et Marie-Félix qui l'aimait (elle ne pouvait s'empêcher de le lui répéter), eût joué cette valse et d'autres airs de Strauss tous les jours, pour lui faire plaisir. Pourquoi n'avait-il jamais de temps à lui consacrer ? Dès qu'il rentrait de la caserne, il s'enfermait dans son bureau pour travailler, loin d'elle qui avait si longtemps guetté son retour.

Depuis son mariage, elle avait l'impression que sa vie était une perpétuelle attente.

Il y en avait une, plus angoissante encore que les autres. Chaque retour de son cycle menstruel la bouleversait. Médecins nouveaux, neuvaines, traitements divers, elle était prête à tout essayer pour devenir enceinte. Sa belle-mère et Roland ne décourageaient aucune de ses démarches, semblant autant qu'elle-même souhaiter une naissance — ce qui d'ailleurs la surprenait.

Pendant des jours et des nuits elle pensa aux changements que la présence d'un enfant apporterait à leur foyer. Le climat entre eux serait meilleur. Elle ne serait plus morigénée. Ils la traiteraient enfin en adulte. Elle avait aussi des raisons particulières qui rendaient son désir de maternité plus essentiel encore. Il y avait en elle une grande douceur, un pouvoir d'émerveillement qu'un bébé satisferait enfin. Elle saurait l'aimer, elle en avait la certitude. M\ensuremath{^{me}} Blanc, qui le pensait aussi, joignait ses prières aux siennes. Dès qu'elles étaient ensemble, elles s'entretenaient du bonheur d'être mère. Mais parvenaient-elles à dissimuler leur secrète inquiétude ? Elles partageaient les mêmes craintes obscures, liées à la maladie, à la mort dont elles refusaient de parler.

La princesse Pierre et Roland se doutaient-ils que Marie-Félix était malade ? C'est très probable. Après l'installation à Saint-Cloud, prendre une assurance sur la vie de l'épouse avait été leur première préoccupation. Comme Marie-Félix crachait souvent du sang, ils disaient qu'elle avait des « granulations dans la gorge » et accusaient les tubs froids d'en être responsables. Avec les médecins, ils devaient se montrer discrets, avaient l'air de ne rien soupçonner et ne posaient pas de questions.

M\ensuremath{^{me}} Blanc mourut dévorée de chagrin, sans être parvenue à découvrir ce qu'ils savaient. La situation était pire que ce qu'elle avait craint. Et impossible d'y changer quoi que ce fût. Tout pouvait arriver désormais, devait-elle penser ; et

« tout », dans son esprit ne pouvait être que mauvais. Il lui semblait avoir livré sa Mimi aux diables. Espérait-elle encore que sa fille serait bientôt enceinte ?

Sa mort, qui survint le 25 juillet 1881, à Moutiers, en Savoie, dans une de ses propriétés, va apporter de grands changements.

L'attitude du gendre parut aux deux filles et au fils de Mme Blanc aussi imprévue que la disparition de leur mère, à l'âge de quarante-sept ans. Roland exigeait que Marie-Félix renonçât à sa part de la succession. Ce qui brouilla définitivement le ménage avec les Radziwill et temporairement avec Edmond, le frère. En prenant cette initiative, il se démasquait, mais peu lui importait, à présent. Et il montrait aussi qu'il était perspicace, ou bien renseigné ; car on découvrit vite qu'en dehors de sa fabuleuse collection de bijoux, Mme François Blanc, née Marie Hensel, ne laissait que des dettes.

Cette découverte rendit service au dessein de la princesse Pierre qui sut immédiatement en tirer parti. La voilà d'un coup, débarrassée de l'entourage de sa belle-fille qu'elle s'était ingéniée à disperser. Elle mit rapidement au point une stratégie habile qui devait lui permettre de s'emparer enfin de la fortune personnelle de Marie-Félix, héritée directement de François Blanc, dont elle rêvait pour son fils.

D'après la loi, si sa belle-fille mourait sans enfants et sans testament, ses biens retournaient aux héritiers naturels qui étaient son frère et sa sœur. Passer si près de la fortune sans pouvoir la retenir eût été, pour la mère de Roland, une catastrophe qu'elle refusait d'envisager. Mais comment agir sans que cette déséquilibrée prît peur et alertât toute sa famille ? Elle s'était cent fois posé la question. Elle avait échafaudé bien des plans, une grande prudence était nécessaire. Il était évident qu'elle ne devait pas parler directement à la jeune femme de la nécessité de faire un testament en faveur du mari. Roland aussi devait se taire. Et le temps pressait.

La mort, toujours elle. Il était impossible de ne pas y penser en regardant le petit visage pathétique de la princesse Roland. Marie Bonaparte a écrit [1] avec sa lucidité coutumière : « Son accoucheur, le professeur Pinard, plus

---

1. Marie Bonaparte, *op. cit.*, I, p. 171.

tard, m'assura que ma mère, tuberculeuse, avait tout un poumon atteint. Elle présenta même, me dit-il, au cours de sa grossesse, plusieurs hémoptysies. Mais la tuberculose de ma mère devait être niée, on voulait, en effet, pouvoir escompter sa mort tout en n'en ayant point l'air. »

Comme il n'y avait en elle aucune mesquinerie, la princesse Roland ne se rendait pas compte de la rapacité de son mari et de sa belle-mère. Elle mourut assez tôt pour que la douloureuse révélation lui fût épargnée. Elle ne sut jamais qu'elle était, ainsi que l'écrivit sa fille, « l'hostie expiatoire » du « crime monte-carlien ». Le crime de l'or maudit qui allait peser si lourd sur Marie et que la princesse Pierre commit, elle aussi, par sa ferme résolution de s'approprier cette richesse.

Afin de réaliser son projet, la princesse Pierre ex-Nina Ruflin, avait assez d'autorité pour s'assurer du dévouement de femmes de son entourage, susceptibles de faire pression sur sa belle-fille. Seules, deux de ses créatures furent autorisées à entretenir des relations de pseudo-amitié avec la rêveuse et timide altesse. Leurs maris à toutes deux étaient des employés du prince Roland. L'une, Mme Escard, était l'épouse du bibliothécaire. C'était une paisible mère de famille, amie de longue date. Son père avait été autrefois sous-préfet en Corse, et elle avait aidé financièrement la princesse Pierre à élever ses enfants [1]. L'autre, Mme Bonnaud, l'épouse du secrétaire-intendant, était beaucoup plus intelligente, et ce fut elle que la machiavélique princesse chargea de convaincre l'épouse de tester en faveur de l'époux. Elle était l'émissaire idéale. Intrigante à souhait, mais aimable, assidue auprès de la languissante jeune femme, elle ne ménagea pas sa peine.

Quand Marie-Félix découvrit qu'elle était enceinte, son humeur changea. Pourtant, les débuts de la grossesse furent pénibles ; mais elle était si exaltée, si heureuse, que Dieu lui accordât enfin l'enfant qu'elle n'avait cessé de demander dans ses prières, qu'elle retrouvait toute sa générosité, son élan vers les autres que la réclusion, la maladie et son amour déçu avaient peut-être freinés. Tout cela facilita la tâche de Mme Bonnaud qui commença de harceler sa victime d'une manière continue, dès que Son Altesse n'était pas victime

---

1. Marie Bonaparte, *op. cit.*, p. 212.

d'un de ses malaises, trop fréquents pour ne pas être alarmants. Mme Bonnaud revint si souvent à la charge que la jeune princesse se plaignit à Pascal, responsable de l'écurie de la maison : « Suis-je donc si malade ?... Vais-je mourir bientôt ? » Elle était alors arrivée au milieu de sa grossesse et Pascal la rassurait de son mieux, car elle n'avait plus si mauvaise mine. Il lui déconseilla même de rédiger un testament. Mais Mme Bonnaud réussit néanmoins à convaincre la princesse Marie Bonaparte, née Blanc qui, le 27 mars 1882, « voulant donner à *son* mari, le prince Roland Bonaparte une preuve de *son* attachement », lui légua « en toute propriété la totalité de sa fortune » inventoriée de façon succincte dans un court document qui se termine par :

« Au cas où je laisserais des enfants ou descendants de notre mariage,

« Je lègue à mon mari tout ce dont la loi me permet de disposer en sa faveur [1]. » Dans la note où Marie Bonaparte copie « le texte du testament maternel », elle ajoute : « La quotité disponible qu'en présence d'un enfant, ma mère pouvait octroyer à son mari consistait en un quart en capital et un quart en usufruit. En l'absence de testament, j'eusse hérité seule de toute la fortune maternelle, mon père, mon tuteur légal, n'ayant alors eu droit qu'à la jouissance de mes revenus jusqu'à mes dix-huit ans révolus. »

Les dispositions exceptionnelles et sans élégance prises par la volonté de sa grand-mère devaient avoir en Marie Bonaparte des répercussions douloureuses. Longtemps, elle crut que seule sa venue au monde avait permis à son père de s'approprier la fortune de sa mère, comme si le testament en faveur du prince Roland eût été sans valeur si elle n'avait pas existé. Il lui fallut attendre son analyse par Freud pour comprendre la signification de ce fantasme.

L'enfant du dimanche

La mort était présente dans la villa de Saint-Cloud, le dimanche 2 juillet 1882, quand le professeur Pinard, qui n'avait pas quitté le chevet de la princesse Roland Bonaparte en travail depuis trois jours, décida d'appliquer les

---

1. Marie Bonaparte, *Cinq Cahiers*, p. 173.

fers pour la délivrance. La parturiente était frêle et dans un état de santé qui l'avait préoccupé pendant toute la grossesse. A présent, à bout de forces, elle ne parviendrait jamais à accoucher de façon normale. Ses douleurs s'espaçaient dangereusement.

Quand la petite fille vint au monde, elle était inerte et bleuissait déjà. On l'emporta bien vite dans une pièce voisine, où le célèbre obstétricien pratiqua le bouche à bouche pour combattre l'asphyxie. Ses efforts durèrent trois quarts d'heure. Un temps infini pour la jeune mère épuisée, attendant dans l'angoisse qu'on lui montrât enfin son enfant tant désiré.

Les jours qui suivirent, elle semblait se remettre doucement des fatigues de la grossesse et de l'enfantement. Elle se reposait, tranquille, dans la chambre du premier étage dont les fenêtres à balcon de pierre ouvraient sur le jardin, et qui n'était séparée de celle du prince que par un petit salon commun. Les visites étaient, comme toujours, peu nombreuses. La princesse Pierre elle-même ne se montrait guère à Saint-Cloud. Un nouveau-né était sans attrait pour elle, et les sujets de conversation avec sa belle-fille manquaient. Quant au prince Roland, il était toujours aussi absent. La naissance du bébé n'avait rien changé à ses habitudes.

Pourtant, pas question pour lui de l'oublier. Il devait entendre un va-et-vient nouveau au second étage. Le berceau avait été installé dans la chambre de la nourrice située juste au-dessus de la sienne. Comme il avait été impossible à la jeune mère d'allaiter son enfant, on avait confié ce soin à Rose Boulet, une belle paysanne de la Nièvre, éclatante de santé.

Souvent, au cours de la journée, la nourrice descendait le bébé qu'elle déposait sur le grand lit recouvert d'un drap de dentelle. La jeune mère avait besoin de voir, de respirer, de toucher le corps du bébé pour aviver sa joie. Elle ne se lassait pas de faire fête à cet enfant du dimanche qu'elle appelait Mimi, comme sa mère l'avait appelée elle-même. Ce bébé représentait pour elle l'espoir. Elle l'aimait depuis l'instant où elle avait eu connaissance de sa présence en elle. Les quatre semaines qu'elle passa avec sa petite fille furent les plus heureuses de sa courte vie. Seuls sa femme de chambre, la religieuse qui lui servait d'infirmière — sœur Claire du couvent du Bon Secours à Troyes — la nourrice et Pascal étaient les témoins de ces séances de jeux et de contemplation, au cours desquelles Son Altesse se laissait aller aux élans de son cœur.

Le 1er août, la princesse Roland paraissait assez bien pour se relever, selon l'avis du professeur Pinard, qui continuait de la surveiller avec vigilance. Il fut donc décidé que son frère Edmond, qu'elle aimait beaucoup, dînerait à Saint-Cloud pour fêter l'événement. Après que, soutenue par sa femme de chambre et sœur Claire, Marie-Félix s'était installée sur la chaise longue du petit salon, elle dîna seule, tandis que les deux beaux-frères furent servis en bas, dans la salle à manger, avec M. Bonnaud, le secrétaire-intendant. Puis ils remontèrent, et elle passa la soirée étendue, bavardant gaiement avec eux.

Son frère prit congé vers neuf heures du soir, et elle regagna sa chambre. Mais, soudain, alors qu'elle essayait de monter dans son lit, elle ressentit une douleur si vive dans une jambe qu'elle poussa un cri. Elle demanda aussitôt un médecin et un prêtre. Elle étouffait. Elle dit qu'elle allait mourir. On tenta de la rassurer. On appela le prince qui avait raccompagné son beau-frère. « Mon pauvre Roro, je ne te verrai plus », dit-elle quand il parut et sa tête retomba sur l'oreiller. Le prince crut qu'elle s'était endormie. Elle était morte d'une embolie, déclarera-t-on.

Ce drame qu'on trouve relaté dans la presse quotidienne de l'époque, Marie Bonaparte en a fait également le récit, y ajoutant ce qui se passa ensuite à Saint-Cloud, cette nuit-là.

M. Bonnaud, un ancien sous-officier d'administration de Saint-Cyr, très dévoué au prince, fut envoyé à Paris pour porter la nouvelle à la princesse Pierre. On alla également à Bouviers, chercher le piqueur Pascal. Celui-ci raconta plus tard à Marie que lorsqu'il arriva, à cheval, au milieu de la nuit, il fut accueilli par la princesse Pierre qui s'écria en le voyant : « En a-t-il de la chance, Roland ! à présent, toute la fortune est à lui[1] ! »

Après ces quatre premières semaines de bonheur et d'amour dont sa mémoire ne retrouva jamais trace, commença pour l'orpheline de mère une existence dont la cruelle aridité développa de puissants mécanismes de

---

1. Marie Bonaparte, *Cinq Cahiers*, p. 175.

défense, en lui forgeant un caractère où les failles sont peu nombreuses.

L'enterrement de la princesse eut lieu au cimetière de Versailles, où se trouvait déjà son beau-père le prince Pierre, mort l'année précédente, et où la rejoindraient plus tard sa terrible belle-mère, puis son mari.

Il est à noter que, contrairement à ce qui se passe généralement en pareil cas, nul n'emmena jamais l'orpheline se recueillir sur la tombe maternelle.

Le deuil imposé dut être le plus bref et le moins strict qu'il pût y avoir; car, vrai ou apocryphe, le commentaire rapporté par Pascal traduit l'état d'esprit de la princesse Pierre face à l'événement.

Celle-ci abandonna bientôt son appartement du 17, rue de Grenelle pour habiter Saint-Cloud, auprès de son fils, afin de l'aider et d'élever la petite princesse Mimi dont la part de fortune, en cas de mort, serait retournée aux Blanc. Mère et fils y pensaient beaucoup.

Un bébé sans mère et sa nounou

Sous le contrôle de la princesse Pierre, la maison va changer d'atmosphère. Le bruit s'installe, et les cris. Le service se raidit. Le personnel réagit à cette forte présence, et observe avec intérêt ce qui se passe entre les nouvelles venues. La princesse Pierre a amené avec elle sa femme de chambre, Marguerite, et sa lectrice, Mme Proveux. Cette commère méridionale que Mimi devait surnommer Gragra, à cause de ses rondeurs, avait été autrefois avec sa patronne dans les mêmes termes que Mme Escard, l'épouse du bibliothécaire. Elle avait la dent dure à l'égard de son ancienne obligée dont, à présent, elle dépendait pour vivre.

Malgré le renversement des rôles, les deux anciennes amies avaient encore des terrains d'entente. Elles exposaient sans fin l'une à l'autre leurs opinions concordantes en politique. En fait de lectures, elles ne lisaient que les journaux et passaient aussi beaucoup de temps à commenter les faits et gestes des domestiques, pour s'en plaindre, naturellement.

Nounou et le bébé échappaient à leurs préoccupations.

En effet, pendant plusieurs mois après la mort de la princesse Roland, personne, ni la grand-mère ni le père ne semblait se soucier des rapports que Rose Boulet entretenait avec le nouveau-né. Mais la nourrice paraît avoir été bonne et tendre. Très vite, la petite Mimi aima la chaleur de son corps, ses gestes qui lui apportaient l'affection dont elle avait besoin.

« Les petits bébés n'intéressaient pas ma vieille grand-mère », écrivit Marie Bonaparte [1]. Il est certain que la « vieille grand-mère » (vieille ? elle avait quarante-neuf ans à la naissance de Marie, mais on n'était pas si loin de Balzac et de sa femme de trente ans !) s'en remettait complètement à la nourrice. On ne trouve nulle part une action qui témoignerait de sa sollicitude pour la petite fille encore au berceau. Pourtant, il fallait bien parfois s'en occuper. Comme il fallait trancher les jalousies, les rivalités du personnel qui avaient l'enfant pour prétexte. Cela la dérangeait beaucoup. Elle fut fort mécontente quand Marguerite accusa Nounou de faire monter en cachette des bouillies pour le bébé. Mais Nounou, la belle nounou aux rubans roses protesta. La bonne chère et le vin rouge n'avaient pas tari son lait, comme le prétendait Marguerite. Elle exigea et obtint le départ de sa calomniatrice, sans doute parce qu'il était plus facile de remplacer une femme de chambre qu'une nourrice.

La famille continua de vivre à Saint-Cloud, dans la maison où Marie était née et que le prince Roland, avec l'autorisation du conseil de famille présidé par Edmond Blanc qui était le subrogé tuteur, acheta au nom de sa fille alors que celle-ci n'avait pas même un an. Quand elle eut deux ans et durant la plus grande partie de son enfance, sa grand-mère l'emmenait tous les étés à Dieppe. Le prince Roland y avait hérité d'une maison ayant appartenu aux Blanc.

Dieppe était alors une station balnéaire à la mode depuis que, par le chemin de fer, Paris n'était qu'à quatre heures du port normand. La comtesse de Pange, née Pauline de Broglie qui, elle aussi, séjourna à Dieppe dans son enfance [2] parle en souriant dans ses souvenirs de « la bonne compagnie » qui s'y réunissait.

---

1. Toutes les citations de ce chapitre et du suivant, excepté celles qui sont numérotées, sont extraites des deux volumes de souvenirs d'enfance et de jeunesse de Marie Bonaparte, *Derrière les vitres closes* et *L'appel des sèves*.
2. Comtesse de Pange, *Comment j'ai vécu 1900*, p.76.

A Dieppe, comme à Paris, cette « bonne compagnie »
ignorait la princesse Pierre Bonaparte qui s'installait, avec
Mme Proveux, la bonne d'enfant, sa femme de chambre Anna
et les autres domestiques dans la maison du 27 de la rue de
l'Hôtel-de-Ville. M. Bonnaud arrivait avec tout ce monde,
surveillait l'installation et repartait. Pascal, lui, restait.

Bien sûr, les enfants de « la bonne compagnie » ne
jouaient pas avec la petite princesse Mimi. Mais il ne venait
pas à l'esprit de celle-ci de s'en plaindre. Elle avait l'habitude, sans trop savoir pourquoi, de rester seule. Elle se
plaisait à Dieppe. Même si on lui refusait le droit de se
baigner, elle aimait la vue de la mer, le bruit des vagues, leur
odeur et jusqu'aux galets de la plage. Elle aimait même la
maison qui, reconnut-elle plus tard, était affreuse, étroite et
haute de quatre étages. Sa grand-mère détestait cette
maison. Peut-être parce qu'elle détestait plus encore la
mer que la campagne. Le prince Roland n'allait jamais à
Dieppe. Il voyageait. En 1884, il alla en Norvège, en Suède
et en Finlande. C'était la période où il s'intéressait aux
Lapons.

Le 2 février 1885, la famille déménagea 22, Cours-la-
Reine, dans une maison que François Ier avait, soi-disant,
construite pour sa favorite la duchesse d'Étampes.

Mais elle ne datait pas de la Renaissance, cette grande
demeure à deux étages avec un toit plat à l'italienne. Elle
avait été bâtie dans le style du XVIe siècle par Mlle Mars, la
fameuse comédienne du début du siècle, et rénovée par le
colonel de Brack, promoteur du quartier. Elle appartenait à
une élève de Rossini, le célèbre contralto Marietta Alboni,
qui vivait dans l'hôtel mitoyen.

Mimi ne fut pas longtemps dépaysée. Les premiers mois,
Nounou était encore auprès d'elle, et de la pièce qui
deviendrait bientôt sa salle d'étude, Mimi se plaisait à
regarder les passants sur le Cours. Il y en avait beaucoup
plus qu'à Saint-Cloud ! Elle ne se lassait pas de s'intéresser
aux allées et venues de l'opulente Alboni qui, couverte de
voiles, sortait en landau aux côtés de son petit mari à la
barbiche grise. Un autre voisin, Jules Ferry, ex-président du
conseil, lui plaisait davantage encore. Elle le guettait et le
suivait des yeux avec admiration quand il marchait le long
du Cours, car elle le rangeait parmi les assassins. Bonne-
Maman et Gragra lui reprochaient les massacres de soldats

et de marins au Tonkin et en Tunisie. Il venait juste de démissionner à cause de l'échec de sa politique coloniale.

Premiers souvenirs

C'est du début de l'installation Cours-la-Reine que datent les trois premiers souvenirs de Mimi.

Le premier se rapporte à sa Nounou : « Je suis assise très bas, sur une petite chaise ou une petite caisse, au Cours-la-Reine, dans la chambre de ma nourrice. Elle est debout devant la glace de la cheminée, dans laquelle le feu flambe ; attentivement je la regarde. Elle est en train de se mettre de la pommade sur ses bandeaux de cheveux noirs. La pommade, dans un petit pot blanc, est sur la marche de la cheminée : elle est noire. Je trouve cela dégoûtant. Ma nourrice a un long visage jaunâtre et ressemble à un cheval [1]. »

Voilà Mimi bien loin de la réalité. Sur toutes les photographies, l'appétissante jeune femme a des joues bien pleines et une belle figure ronde. Elle n'avait rien de chevalin, mais ce surprenant détail, comme les autres du même souvenir, est déterminé par l'inconscient de la petite fille.

Le second souvenir se rapporte au père : « Nous sommes lui et moi dans le long hall où s'ouvrent, de part et d'autre, sa chambre à coucher et son cabinet de travail, le grand hall aux murs sombres tout recouverts de flèches et de lances venues de pays lointains, chauds et sauvages, où les hommes, dit-on, sont noirs et nus. Papa, très grand, très beau, avec sa moustache et ses yeux noirs, est debout, un uniforme d'officier français, en pantalon rouge ; moi, toute petite auprès. J'embrasse, de mes deux petits bras, une de ses jambes rouges, je la serre très, très fort, j'admire, j'aime tant mon papa ! » Ce souvenir devait éveiller une certaine angoisse chez Marie Bonaparte, car son amour du père était une part essentielle de sa vie d'enfant. Elle souhaitait faire ce qu'il faisait. Elle voulait étudier, elle voulait écrire et elle le fit à un très jeune âge. Elle voulait être comme lui, afin d'attirer son attention mais sa démarche et son amour ne furent jamais payés de retour.

---

1. Marie Bonaparte, *Cinq Cahiers*, I, p. 164.

Le troisième souvenir est plus étrange. Elle se revoit seule, le 2 juillet, jour de son anniversaire, dans la serre que son père avait fait construire derrière la maison pour abriter sa bibliothèque. Elle attend un ancien valet de chambre de son grand-père François Blanc, que tout le monde appelle le « Baron Phylloxéra » parce qu'il prétend avoir découvert un remède contre ces pucerons qui avaient détruit la plupart des vignobles dans toute la France. « Le Baron Phylloxéra, un grand homme flasque et lourd portant des anneaux d'or aux oreilles, pour faire du bien à ses yeux, dit-il, vient tous les ans, accompagné de sa pâle fille, me souhaiter ma fête et m'apporter un bouquet de fleurs blanches, serrées dans leur collerette de papier dentelle, fleurs qui sont un enchantement parfumé comme il n'en est pas le reste de l'année. Dans la chaleur estivale de la serre-bibliothèque, l'attente embaumée du féerique bouquet me ravit. Cependant, je réfléchis : j'ai quatre ans ! Comme c'est vieux ! Et le sentiment poignant de l'écoulement du temps, qui ne devait jamais plus me quitter, étreint, pour la première fois, mon cœur d'enfant. »

Il faut que Mimi ait déjà l'expérience du malheur et de la souffrance pour qu'elle ait ainsi le sens du temps, à un âge où on l'ignore encore d'habitude. Elle était séparée de Rose Boulet depuis plusieurs mois. A l'automne 1885, une impertinence à l'égard de la princesse Pierre avait provoqué le départ de sa nourrice. Il ne serait pas venu à l'esprit de la grand-mère ou à celui de son fils bien-aimé de considérer l'attachement que l'enfant ressentait pour celle qui prenait soin d'elle, et lui apprenait les humbles gestes de la vie. Mimi avait alors commencé de comprendre le fait que sa mère était morte. Une aquarelle représentant la jeune femme sur son lit de mort était accrochée dans le coin le plus obscur du petit salon. Elle l'étudiait avec conscience, posant des questions. Le départ de Nounou était différent. Mimi ne la reverrait plus, mais Nounou vivait quelque part ailleurs.

Sa remplaçante, Lucie, « était douce, avec son jeune minois riant auréolé de frisons noirs légers ». Elle était gaie, elle était jeune. Mimi eut le sentiment qu'elles n'allaient jamais se quitter. Ou plutôt il ne fallait plus qu'une chose pareille arrivât. Tout allait bien avec Lucie, qui fut le témoin et parfois l'instigatrice de quelques découvertes que Mimi n'oublia jamais : une colline fleurie de violettes au-dessus de San Remo, le bruit de la mer dans un coquillage porté à l'oreille. Lucie se montra aussi dévouée au chevet de Mimi malade.

Peu de temps après son arrivée, Mimi n'avait pas encore quatre ans, son père décida de lui faire apprendre les langues. L'étude de l'anglais et de l'allemand était indispensable à son éducation. La jeune femme qu'il engagea comme institutrice était une Irlandaise, mariée à un Prussien, précepteur dans une famille parisienne. Mme Reichenbach allait être longtemps le lien de la petite fille avec le monde extérieur. Elle occupait une place à part, parce que, comme Gragra, elle n'habitait pas la maison. Elle arrivait le matin et s'en allait chaque soir rejoindre son mari et ses enfants.

Le 10 avril 1886, naquit le premier cousin de Mimi, Pierre de Villeneuve. Sa mère, la princesse Jeanne Bonaparte avait épousé, peu de temps après le mariage de son frère, le comte Christian de Villeneuve-Esclapon, marquis de Vence, né le 8 août 1853 à Aix-en-Provence ; un aristocrate provençal de vieille souche. Personnage curieux aux intérêts divers qui, après une jeunesse orageuse qui l'avait mené jusqu'en Espagne où, faisant preuve d'un traditionalisme politique et religieux, il s'était battu, en 1879, avec les carlistes, avait décidé d'être le témoin de son époque. Il tenait un journal où il consignait ce qu'il voyait, ce qu'il savait, ce qu'il apprenait au fil des jours. Il notait aussi bien les événements politiques que les histoires de ses proches, les aléas de l'existence quotidienne, le prix du pain, celui des légumes ou celui d'un tableau, le temps enfin... Démarche tout à fait originale alors, et ce journal, déposé par les soins de Marie Bonaparte à la Bibliothèque nationale, sera une mine d'informations du plus grand intérêt pour les sociologues et les anthropologues qui étudieront la société française de la fin du XIXe siècle et du premier tiers du XXe, quand il sera permis de le consulter, en l'an 2030. L'oncle Christian était fort cultivé, et il devint plus tard l'ami et l'allié de Mimi. Enfant, sa nièce ne le voyait guère, car il fuyait sa belle-mère dont il redoutait la vulgarité.

La tante Jeanne était, elle, une visiteuse régulière et chacun de ses passages laissait la petite fille à la fois fascinée et meurtrie. La naissance du petit Pierre fut un événement troublant pour Mimi, qui s'interrogea longuement, interrogea les autres, sans obtenir de réponses satisfaisantes. Le monde intérieur des enfants est semblable au décor du palais des mirages de *La Dame de Shanghai*, une salle aux murs de miroirs qui reflètent indéfiniment les mystères. Mystères qui suscitent leurs questions, mystères des réponses apportées qui, demeurant irrésolus, réfléchissent d'autres mystères. Mimi, sensible et intelligente, en éprouvait un sentiment d'étrangeté, vouée comme elle l'était à la solitude. Mais malgré cet univers étroit, la petite fille entretenait un secret pouvoir d'émerveillement et d'enthousiasme qu'elle gardera toute sa vie. Elle fait seule ses découvertes, parfois dans des circonstances imprévues. Ainsi ses premiers souvenirs de musique datent de Dieppe. Et cette musique entendue pour la première fois est celle d'un manège de chevaux de bois, dont l'orgue de Barbarie moud l'ouverture de *Guillaume Tell*. « Que la terre contient donc de choses merveilleuses ! Les enfants sur les petits chevaux tournent, tournent, je ne les envie pas, je ne les vois même plus, tout envolée dans l'enchantement de la musique, cette féerie merveilleuse qui vient de m'être révélée ! Mais Bonne-Maman qui, elle, ne subit pas le charme musical, me tire et m'emmène, hélas, parce que le vent de la mer souffle trop fort. »

Premiers tumultes

Il faisait froid à Dieppe, en septembre 1886, et Bonne-Maman décida de ramener son monde à Paris plus tôt que prévu.

Mimi croit que, dans le train du retour, elle a pleuré pour qu'on laisse la vitre de la portière baissée, afin de sentir une dernière fois le vent fort comme celui qui souffle de la mer. Mais lui a-t-on cédé alors qu'on la couvre de manteaux et de châles, pour qu'elle ne risque pas de prendre mal ? Trois jours plus tard, au Jardin d'acclimatation avec sa grand-mère, elle regarde fascinée la danse de grands oiseaux gris qui, deux par deux, face à face, sautent, pirouettent en écartant leurs ailes... Des grues, des cigognes ? Elle ne sait pas très bien. La nuit suivante, « en me réveillant dans mon petit lit, je vis, dressé droit sur mon ventre, l'un des oiseaux, mais combien plus beau ! Lumineux, diaphane, il s'irisait de toutes les couleurs de l'arc-en-ciel, posé sur une patte à la mode des cigognes, la tête et le bec penchés de côté, il me regardait. C'était terrible et merveilleux à la fois ; jamais je ne vis rien d'aussi beau... Je criai, Lucie accourut, mais cependant la vision, qui semblait faite de lueur et de nuage s'évanouissait dans l'air. Puis je ne me souviens plus de rien, si ce n'est que j'appris le nom étrange de cette vision irréelle : hallucination, et je restai ce jour-là couchée. » Mimi ne sent pas la fièvre, mais elle sait que quelque chose d'extraordinaire lui arrive, et le Dr Josias qu'elle connaît bien est venu. On ne la laisse pas seule un instant.

Deux jours plus tard, elle va mieux, cependant son papa rentre tout exprès pour la voir du voyage dans les Balkans qui durait depuis l'été. Dans les chuchotements qu'elle surprend, il est question de sa « pauvre mère », de ce qui lui est arrivé, « comme à sa pauvre mère ». Mais que lui est-il arrivé ? Inutile de poser la question. Elle n'apprendra que plus tard l'existence du rapport du Pr Hardy, appelé en consultation par le Dr Josias, son élève, le 7 octobre 1886. D'après ce document, elle a eu, le mois précédent, une « lésion à la base du poumon droit, avec la complication d'une hémoptysie courte mais assez abondante (les couleurs de l'oiseau représentent le sang). La maladie a suivi un cours régulier et, après une dizaine de jours, la guérison complète a eu lieu. »

Cette maladie, une tuberculose bénigne fréquente à cette époque, aura des suites considérables. Mimi sera traitée en invalide. Elle-même demeurera persuadée qu'elle va mourir jeune, comme sa mère — ce qui a une forte influence sur son comportement (il ne faut pas chercher d'autres raisons à certaines attitudes phobiques de son enfance et de son adolescence), et celui de son entourage. Il ne faut pas non plus oublier que si elle était morte avant sa majorité, l'événement eût entraîné des conséquences fâcheuses pour ses parents avides étant donné l'étendue de sa fortune à laquelle ils pensaient toujours. C'est parce que le Dr Josias et le Pr Hardy l'ont recommandé qu'on emmène la princesse Mimi passer l'hiver dans le Midi, qui deviendra son pays d'élection.

En lisant ses écrits, ses carnets, ses notes diverses et sa correspondance, on a l'impression que tout ce qu'elle apprit au cours de sa longue existence, tout ce qu'elle savait dès son jeune âge, elle le tira d'elle-même, ainsi que ses goûts si tranchés. Elle avait un don extraordinaire pour la vie qui se manifesta très tôt, et personne autour d'elle n'était en mesure de l'apprécier.

Pour une petite fille douée de tant d'imagination et de sensibilité, la pensée de partir pour San Remo, la nuit, de voyager pour la première fois en sleeping était exaltante.

Mais le départ de Paris fut retardé car la princesse Pierre dut subir une intervention chirurgicale. Son œil de chasseresse, celui dont elle s'était tant servi pour viser, n'y voyait plus. Hélas, l'opération ne réussit pas et quand, après être restée de longs jours dans une chambre obscure, la grand-mère enleva le bandeau, on l'informa que la taie bleuâtre avait « repoussé ». Découragée, elle décida de ne pas tenter une autre opération et de demeurer borgne. Les malles de toute la maison étaient prêtes, il ne restait plus qu'à prendre le train. La princesse Pierre Bonaparte avait loué une villa qui dominait la mer. Gragra, M. Bonnaud, Pascal, Lucie, Mme Reichenbach étaient là, eux aussi. Et il y avait des oranges sur les arbres ! Que d'occasions de s'émerveiller ! Le climat réussissait à l'enfant qui reprenait des forces.

La découverte d'un jardin au bord de la Méditerranée, des parfums de cette terre ensoleillée et le bleu du ciel fut pour Mimi un événement inoubliable.

Elle avait, à l'écart des autres, une vie bien à elle qui la protégeait mais la rendait aussi d'un égocentrisme qui aurait été pénible à supporter pour un autre entourage. A cette époque, elle n'avait pas encore découvert l'existence d'autrui, ce qui lui permettait de ne pas souffrir de sa totale solitude.

Le matin, sous la surveillance de Lucie, elle jouait à l'ombre des orangers et, chaque après-midi, elle faisait une promenade en voiture avec sa grand-mère. La lumière de la Méditerranée était si forte, si pure qu'un jour, au soleil couchant, Bonne-Maman, avec son œil unique, aperçut la Corse. Gragra également, mais Mimi ne sut pas distinguer au-dessus de la mer « l'île familiale », ainsi qu'elle l'appelle. Une autre fois, au cours d'une promenade, le rocher de Monaco apparut au loin. Bonne-Maman prit ses dispositions pour ne jamais reprendre cet itinéraire. Rien ne devait rappeler la famille maternelle de Mimi. Ainsi il était interdit à l'enfant de jouer aux cartes, et dans la conversation, on devait éviter le mot « blanc », comme toute allusion au nom patronymique de la princesse Roland.

A San Remo, Mimi se portait beaucoup mieux, et oublia même qu'elle avait été malade. Puis tôt un matin, en février 1887, elle fut éveillée par un tumulte qui saisit toute la

maisonnée. Il s'agissait d'un tremblement de terre. Plus de
deux cents personnes furent tuées dans une église qui
s'effondra. Ce qui enchanta la grand-mère agnostique. La
vue de Pascal en bannière amusa Mimi. Il fallut quitter
précipitamment San Remo et rentrer à Paris plus tôt que
prévu.

Le tremblement de terre sembla impressionner davantage
Mimi que l'opération de sa grand-mère. Plus tard, l'enfant se
rendit compte du courage avec lequel la vieille dame
supportait d'être à ce point handicapée qu'elle ne pouvait
plus lire sans le secours de Mme Proveux.

Au retour d'Italie, Mimi avait l'impression d'être en exil
Cours-la-Reine. Une fois de plus, on la traitait comme une
invalide. A cause du temps trop froid, trop humide ou trop
brumeux, Bonne-Maman l'empêchait de sortir, alors tristement, elle restait des heures près de sa fenêtre à regarder les
enfants bienheureux qui poussaient leurs cerceaux le long
du Cours. Elle regardait aussi le ciel, presque toujours gris et
elle guettait avec mélancolie l'éclosion des feuilles des
marronniers. Quand ceux-ci furent en fleur, et que le soleil
se montrait, Bonne-Maman l'emmenait au Bois. Le reste du
temps, Mimi le passait dans sa salle d'étude.

Marie Bonaparte ne se rappelait pas quand et comment
elle apprit à lire et à écrire, mais elle n'oublia jamais la
révélation que fut pour elle le mot *moon* quand son institutrice désigna par ce nom l'astre qu'elle regardait ce soir de
printemps. Elle nota qu'elle fut moins impressionnée plus
tard par l'histoire de la tour de Babel. Mme Reichenbach que
Mimi ne tarda pas à nommer Plum-Pudding (qu'elle écrivait
alors Plom-Pudding) était « douce et langoureuse ». Elle ne
faisait d'effort dans aucun domaine. Son enseignement était
fantaisiste. Ses livres de lecture étaient des albums de contes
ou de chansons et comme elle était bonne musicienne, elle
préférait se mettre au piano plutôt que de tourmenter Mimi
en exigeant d'elle exercices et gammes.

La princesse Pierre ne s'intéressait pas plus à la salle
d'étude qu'elle ne s'était intéressée à la nursery. Elle
veillait sans amour sur la petite fille, qui était précieuse à
cause de cette grande richesse que chacun mentionnait sans
vergogne à tout propos. Son autoritarisme pesait sur Mimi.
et elle avait sans doute perdu, l'âge et l'argent venus, les
qualités dont elle avait fait preuve en élevant ses propres

enfants. Seul, en vérité, son fils comptait pour elle et l'attachement était réciproque. La petite fille n'avait pas une bien grande place entre eux. Sa jalousie était légitime, mais vigoureuse. Mimi n'eut jamais une attitude d'agneau. Pourtant, malgré ses récriminations, elle ne parvint pas à attirer l'attention de ce père qu'elle adorait.

L'immense besoin d'affection de Marie la poussait aussi vers sa tante Jeanne. Tour à tour source d'émerveillement et de tourment, l'unique sœur du prince Roland aurait pu jouer un rôle plus positif auprès de sa nièce. Mais elle était trop jeune et trop occupée par sa propre vie pour aider Mimi, qui, en l'observant dans son rôle de mère se rendit compte encore davantage de ce qui lui manquait. Marie enviait ses cousins et surtout sentait qu'elle ne pouvait rivaliser avec eux dans l'affection que leur portait leur mère. La tendresse maternelle de sa tante la blessait, car elle en était exclue. Mais elle ne pouvait s'empêcher d'admirer et d'aimer cette jeune femme, tandis que les parfums, les jolies robes, même la beauté de sa tante Jeanne étaient critiqués par la grand-mère qui voulait pour tout le monde une existence austère, si possible malheureuse comme l'avait été la sienne. Il n'y avait jamais de gaieté autour de la dure princesse Pierre. Elle vivait repliée sur son passé et dans les projets qu'elle ne cessait de faire pour Roland et pour Mimi, qu'elle voyait comme l'aboutissement de l'ambition de son fils.

Au printemps 1887, Mme Reichenbach et tante Jeanne étaient toutes les deux visiblement enceintes. Le 21, tante Jeanne accoucha d'une petite fille prénommée Jeanne, qui allait demeurer longtemps la principale rivale de l'orpheline. Quelques jours plus tard, Mrs Plom-Pudding accoucha elle aussi d'une petite fille et prit deux mois de congé pour s'en occuper.

Cet été-là, comme d'habitude, on partit pour Dieppe. Cette fois, le prince Roland alla d'abord en Suisse, puis il fit un voyage en Corse, en septembre et octobre. Ce qui se passait à Dieppe ne l'intéressait pas. Pourtant, dans la maison de la rue de l'Hôtel-de-Ville que sa mère et lui ne cessaient de dénigrer, se déroula une farce qui aurait pu tourner au mélodrame. Mais c'était justement ce qu'il fuyait. Il n'aimait rien de ce qui soulignait les origines plébéiennes de sa mère.

La princesse Pierre avait une sœur de trois ans sa cadette.

Elle l'avait tant tyrannisée que la pauvre tante Élisa n'avait pas osé se marier avant l'âge de trente ans. Mais elle prit alors une belle revanche en épousant un douanier analphabète ; nommé Boudin de surcroît. Boudin était ivrogne. Il se montrait brutal envers sa femme et leurs deux filles, et, par-dessus tout ça, la fortune récente de sa belle-sœur excitait son envie et sa colère. Celle-ci, pour s'en débarrasser, avait poussé Élisa à demander le divorce, et il avait été décidé que la tante passerait l'été à Dieppe. Un beau jour, le douanier furieux débarqua pour faire une grande scène et ramener au domicile conjugal sa femme et de l'argent. Sinon il tuait trois personnes. On ne savait au juste lesquelles. La scène eut lieu, le reste du projet échoua, car le douanier fut éconduit par Pascal qui ne craignait ni les vociférations ni les armes à feu dont il avait l'habitude. Sous la menace du revolver qu'il portait toujours sur lui, il remit Boudin dans le train pour Paris.

Un autre événement se déroula cette année-là qui fut d'une grande importance pour Mimi. Lucie, qu'elle aimait, Pascal l'aima aussi et Lucie fut renvoyée. Ce qui donna à l'enfant un sentiment d'insécurité, et lui apprit l'existence de l'injustice. Pourquoi Pascal le séducteur était-il absous et Lucie chassée ? Mimi avait six ans. Ce qu'elle comprenait du comportement des grandes personnes la bouleversait. Elle voulait garder auprès d'elle ceux qu'elle connaissait, s'en faire aimer, s'habituer à les aimer pour ne plus les quitter. Chaque changement était comme la mort. Ceux qui disparaissaient ne revenaient jamais. C'était comme s'ils emportaient une part d'elle-même. Chaque fois elle éprouvait une très grande peur.

Le brusque départ de Lucie la livra temporairement à la femme de chambre de sa grand-mère. Gragra se méfiait de cette Anna qui était à ses yeux une créature pleine de vice (mot qui intriguait l'enfant). Elle avait une candidate pour s'occuper de la petite princesse. Une Corse, ce qui n'était pas pour déplaire dans cette maison.

Marie-Claire Bernardini, veuve Druet, était une femme simple, fille d'un pauvre charpentier de San Pietro di Venaco, près de Corte. Elle avait été adoptée très jeune par une tante d'Algérie qui, avec son mari, un ancien soldat de Napoléon, tenait l'hôtel de France à Blida. Auprès de sa tante, elle avait connu une enfance difficile. Tourmentée et battue par cette femme sadique, elle s'échappa, en épousant, à l'âge de quinze ans, un négociant de trente-deux ans, client de l'hôtel. Ils s'aimaient et s'entendaient bien. Ils eurent deux enfants, les deux moururent. Et lorsqu'elle eut quarante ans, ce fut son mari qu'elle perdit. Ensemble, ils avaient connu une certaine aisance. Veuve, elle se retrouva isolée, sans argent et dut chercher un emploi. Pendant plusieurs années, elle voyagea comme femme de chambre, sur les paquebots des Messageries maritimes qui allaient en Chine.

L'histoire de celle qu'on appelait Claire, afin de ne pas la confondre avec l'enfant confiée à ses soins, occupe tout un chapitre des souvenirs de Marie Bonaparte. La mort, le malheur étaient les thèmes principaux des épreuves dont Mimi ne se lassait pas de se faire répéter le récit.

Claire en avait été plus marquée que son physique ne le laissait paraître. Elle gardait des troubles qui demeurèrent longtemps invisibles pour une petite fille, et pour ceux qui ne voulaient pas voir. Elle était certes rassurante, de prime abord, à l'opposé de ce qu'on imaginerait après tant de drames. Marie Bonaparte l'a décrite telle qu'elle lui apparut un jour d'été de l'année 1888 : « ... Petite, boulotte, bien plantée sur ses jambes courtes ; ses yeux bleus auréolés de cheveux noirs, reflètent la lumière et me sourient ainsi que ses jolies dents blanches dans sa bouche large et rose... La nouvelle venue sourit toujours et, d'une voix musicale, qui commence à charmer mes oreilles musiciennes héritées de Petite-Maman, elle m'appelle doucement : « Venez, ma petite princesse, ma petite enfant... » Mimi a peur. Elle pleure. Elle ne veut pas qu'une nouvelle venue remplace Lucie à qui elle est encore attachée. Mais Claire sait « l'apprivoiser », en lui offrant un berlingot. « Claire la Corse, primitive et passionnée, devait souffrir une grande faim d'amour. Un enfant lui manquait comme une mère à moi. Le destin bénévole nous rapprochait. »

Marie Bonaparte raconte également comment des fleurs de mimosa sont à l'origine du surnom qu'elle lui donna : « ... Le nom de Claire me paraissait froid, comme la clarté trop claire d'un beau jour du Nord. Aussi, tout à coup, à la vue des fleurs du Sud dans ses mains chéries, eus-je l'idée de l'appeler du nom chaud des fleurs. Mimau... dis-je, Mimau... laissant tomber la syllabe finale mais gardant les deux M du nom de Maman que je n'avais pu, moi, donner à personne, et allongeant tendrement la seconde syllabe. »

Mimau sera la confidente, la consolatrice, la source de joie
et de connaissance, le refuge pendant l'enfance. Plus tard,
leurs relations seront moins simples mais leurs cœurs
demeureront unis.

Elles vivent toutes les deux dans une grande intimité que
nul ne songe à leur disputer. Leurs chambres communi-
quent. Le soir, Mimau reste auprès de Mimi. Elle chante, elle
lui raconte des histoires. Et, sur le prie-Dieu bleu de ciel qui
a appartenu à sa Petite-Maman, dans la maison du prince
athée qui l'interdit, elle lui fait dire une prière, à voix basse,
pour ne pas être surprise par Bonne-Maman. Après l'avoir
couchée, elle lui raconte d'autres histoires, en lui effleurant
les bras du bout des doigts, caresse que la petite fille appelle
« faire la charmante souris » et qu'elle réclame.

Le matin, Mimau se lève et se prépare avant elle, dans leur
cabinet de toilette commun. Lorsque l'enfant ouvre les yeux,
elle est déjà là, prête à l'embrasser. Elle a allumé ou rallumé
le feu de bois dans la cheminée — le calorifère ne suffit pas,
étant entendu que Mimi doit vivre bien au chaud, à cause de
sa fragilité. Elle lui lave le visage, les mains, le corps avec de
l'eau tiède. Elle l'habille devant le feu. Ensuite, elle la mène
dans une autre pièce et là, on sert à l'enfant son petit
déjeuner : du lait chaud avec un petit pain ou un croissant.
Puis Mimi se met à jouer, ou bien elle regarde les passants
par la fenêtre, et, vers dix heures, Mme Reichenbach, son
institutrice, arrive.

Il était d'usage que les enfants ne prennent pas leurs repas
à la table des grandes personnes, mais Mimi rêvait d'être à
la place de sa grand-mère qui, tous les jours, descendait
déjeuner à la salle à manger avec le prince, M. Bonnaud et
M. Escard ; tandis qu'elle-même déjeunait avec son institutrice et Mme Proveux. Mimau, « qui n'avait que le rang de
bonne d'enfant, déjeunait à l'office avec les domestiques,
bien qu'elle fût issue de la même classe petite-bourgeoise
que Gragra ». Elle en souffrait, et le laissait paraître, sans
aucun doute. Une grande jalousie existait certainement
entre les deux femmes, amies à l'origine et qui se retrouvaient pour médire de leurs « patrons ». Mais dans la
maison où l'on racontait tant de choses, on savait aussi que
Gragra détestait la charmante Irlandaise qu'elle trouvait
négligée. Elle devait probablement aller jusqu'à dire devant
elle, que Mme Reichenbach était sale. Et Mimau, dont
l'imagination était plus fantaisiste, racontait qu'Anna fai-

sait éjaculer son amant, l'un des valets de pied, dans le potage destiné aux maîtres.

Dans ce petit monde clos où maîtres et serviteurs s'épient, où l'amour-propre est souvent blessé, où les rebuffades sont monnaie courante, les ragots d'office, ceux de ces femmes vieillissantes, malveillantes et pleines de haine envers leurs patrons vont aisément jusqu'à la calomnie. Il faut bien passer le temps, lui donner du relief puisqu'il est si plat. Les histoires de meurtre sont les seules vraiment excitantes, même si ce qu'on raconte, on n'y croit pas tout à fait.

Mimi, elle, y croyait. Bonne-Maman et papa auraient supprimé Petite-Maman pour s'emparer de l'or, voilà ce qu'elle apprit. Elle en fut troublée mais en même temps quelque chose de pervers en elle s'en réjouit. Cette façon de se comporter n'était pas celle de tout le monde. Il faut de fortes passions pour aller jusqu'au crime, lui semblait-il. Elle n'avait pas encore idée que la maladie ou la veulerie pouvaient exister. Elle ne voyait qu'audace et force.

Il y a des gens qu'on dit capables de tout. La princesse Pierre était de ceux-là. Mais quelles preuves avait-on de son crime ? Afin que toute trace de poison disparût des entrailles, elle s'était empressée de faire embaumer le cadavre, qui était déjà noir quand les embaumeurs s'en étaient emparés, chuchotait-on derrière son dos. Et on murmurait qu'un journaliste aurait publié un pamphlet accusant la belle-mère rapace. Or Marie Bonaparte découvrit plus tard que le corps de sa mère n'avait pas été embaumé, et la bibliographie de Jean de Bonnefon, le journaliste auquel il était fait allusion, ne mentionne aucune œuvre concernant le « crime » des Bonaparte. Par ailleurs, aucun procès en diffamation n'a été intenté par ceux-ci. Tant mieux. Mais les assurances sont venues trop tard. Le mal était fait. Mimi désirait passionnément savoir tout ce qui concernait sa Petite-Maman. Elle souhaitait ressembler à la jeune morte pour qui Mimau la faisait prier en cachette. Les autres lui parlaient surtout de la fortune de sa mère, comme ils parlaient de la sienne. C'était le principal parallèle qu'ils faisaient entre elles deux. Mimi se voyait comme étant la fille de la victime et celle du criminel. « Et le conflit entre l'amour ardent pour mon père adoré et l'horreur éblouie que ses crimes imaginaires m'inspiraient déchirait déjà les profondeurs de mon cœur enfantin », a noté Marie Bonaparte. Ce conflit qui allait laisser des traces profondes en elle ne serait résolu que beaucoup plus tard.

L'amour du père

Alors et tout au long de sa vie, Marie Bonaparte allait s'intéresser aux meurtriers. Devenue une vieille dame, nous la verrons encore faire campagne pour sauver Caryl Chessman. Elle était fière d'avoir reçu l'eau du baptême des mains d'un « moine assassin ». C'est de cette façon qu'elle le désigna plus tard.

L'abbé Viallet, un ami de l'oncle Christian, était un « prêtre en blanc » venu d'Algérie qui, avant d'être prêtre avait été cuirassier. Un jour, à cause d'une femme, il s'était battu en duel avec son meilleur ami qu'il avait tué. Pour expier ce crime, il était d'abord entré à la Trappe ; mais n'en ayant pu supporter la règle, il avait rejoint le clergé séculier et retrouvé l'oncle Christian. Parfois, le dimanche soir, il dînait chez le prince Roland, mécréant comme l'était la princesse Pierre. Ses hôtes d'ailleurs ne cachaient pas leurs opinions, et le baptême de Mimi n'était pour eux qu'une formalité destinée, croyaient-ils, à faciliter les choses plus tard, au moment de ce mariage fabuleux, dont ils rêvaient déjà.

Enfant, les crimes des anarchistes que la presse relatait longuement exaltaient la princesse Mimi. Ravachol, Henry, Vaillant qui lançaient des bombes dans un restaurant, à la Chambre des députés, sur les trottoirs, un peu partout à Paris, étaient ses héros. Puis elle se grisa des exploits de Jack l'Éventreur, le mystérieux tueur de femmes du quartier de Whitechapel à Londres, passé depuis dans la légende. Il était pour elle le vrai *Superman*, « un surassassin et un suranarchiste ». Rapprochait-elle la conduite de ces tueurs d'innocentes victimes de celle des bandits d'honneur ou des héros de la vendetta corse dont avait trop rêvé son grand-père, le prince Pierre ? C'était son secret. Elle n'en parlait à personne. Elle avait appris à taire ce qui lui tenait à cœur. Et la raison pour laquelle elle aimait les assassins, si elle la connaissait, était indicible.

Mimi vivait dans le gynécée, loin de son père. Mais elle avait conscience que la vie de la maison tournait autour de celle du prince Roland qui régnait sur le bas de la maison où il s'enfermait pour travailler toute la journée. On lui enseigna vite à respecter le travail paternel. Elle ne devait sous aucun prétexte pénétrer dans la bibliothèque ou le bureau où s'élaborait l'œuvre du savant. C'était le sanctuaire de la maison, chacun, d'ailleurs, en paraissait persuadé. Et le soir, Mimi ne le voyait pas non plus, son père sortait pour dîner en ville.

La princesse Pierre le protégeait de son mieux. Elle continuait à s'occuper de lui comme lorsqu'il était encore un adolescent. Si elle croyait qu'il couvait un rhume, elle le soignait, en lui donnant en général des doses massives de sirop de Flon, une potion opiacée.

Le prince Roland était un homme frustré, malheureux. Il avait espéré en se mariant se faire une place dans la société, mais l'argent des Blanc ne l'avait pas vraiment aidé. A vingt-quatre ans, il était redevenu le compagnon quotidien de la princesse Pierre. Il ne montrait pas encore sa soif de réussite sociale. Tout son temps libre, il le consacrait aux études. Il avait suivi les cours de Paul Broca, le chirurgien fameux qui se rendit célèbre en fondant l'école d'anthropologie et en exposant dans *La Revue d'anthropologie* les idées qu'il y professait. Roland, alors qu'il était encore officier, avait appris le néerlandais, ce qui détermina ses premières recherches. En 1884, il publia un ouvrage d'anthropologie dédié à sa mère, la princesse Pierre-Napoléon Bonaparte, et intitulé, *Les Habitants de Surinam*. C'était un livre composé d'après des notes recueillies à l'Exposition coloniale d'Amsterdam, l'année précédente. Il fut suivi de plusieurs monographies comme *Les Premières Nouvelles concernant l'éruption du Krakatoa*, *Les Premiers Voyages des Néerlandais dans l'Insulinde*, *Les récents voyages des Néerlandais en Nouvelle-Guinée*, plus tard : *Le Premier Établissement néerlandais à l'île Maurice*.

Il publia également un album de cent photographies prises par lui au cours d'un voyage en Laponie, en 1884. Et la Société de Géographie l'invita bientôt à faire une conférence sur la Laponie et la Corse. L'énumération des titres de tous ses ouvrages serait fastidieuse, car il fut prolifique. En 1886, une loi de cette Troisième République qui avait fait de sa mère une princesse et lui avait accordé son nom de Bonaparte raya de l'armée les princes des maisons ayant régné en France. Ainsi fut-il inopinément libéré de la carrière d'officier qui ne devait pas convenir à son tempérament individualiste et secret. Il en profita pour voyager davantage. Durant l'année 1887, il fut en Corse et, pour la première fois, en Amérique du Nord. Là, il circula de la frontière du Mexique au Canada, de l'Atlantique au Pacifique. Et il retourna sur le continent américain, six ans plus tard, rapportant de chacun de ses voyages de nombreux clichés photographiques très recherchés aujourd'hui. Ces voyages, la composition de ses livres ne lui laissèrent pas plus de temps à consacrer à sa fille. A cette époque, dans le milieu auquel il appartenait par son nom et sa fortune, les enfants menaient une existence distincte de celle de leurs parents. Si Mimi souffrait de la sienne c'était parce qu'elle n'avait pas de mère pour lui donner la ration d'amour et d'attention nécessaire. Mimau y suppléait de son mieux, spontanément, mais elle ne pouvait empêcher la petite fille de se sentir rejetée par le couple parental que formaient, pour Mimi, son père et Bonne-Maman.

Quand le père et la grand-mère la jugèrent assez grande, ils dînèrent avec elle le dimanche soir. Le menu ne variait pas (Mimi le trouvait monotone) : pot-au-feu, riz à l'impératrice et on servait du champagne, avec de l'eau dans la coupe de la petite fille. Ensuite venait ce qu'elle avait attendu toute la semaine : le moment où elle entrait dans le cabinet de travail de son père. Sa grand-mère s'asseyait à l'écart, avec un ouvrage de crochet « ses éternels châles et jupons de laine pisseuse », et elle s'installait sur les genoux de son père au bureau éclairé par une grosse lampe à huile. Ce bureau était pour elle couvert de merveilles qu'elle ne se lassait pas de contempler.

Certains soirs, le prince la faisait dessiner. Il lui apprit à tenir correctement son porte-plume. Ou bien il dessinait pour elle. Des montagnes, le plus souvent, parce qu'elle se montrait particulièrement curieuse de la Suisse où il voyageait trop à son gré. Il lui fit voir aussi des gravures illustrant les œuvres de Tschudi. Mais plus étonnant encore que les glaciers, les lacs, les chutes d'eau, il lui confiait, quelques instants, un godet contenant du mercure. Elle tint aussi entre ses mains un aimant. Un autre soir, avec un bâton de cire à cacheter frotté contre le manche de sa veste et quelques rognures de papier, il lui démontrait l'existence de l'électricité. Il semble avoir été bon pédagogue, mais n'était-elle pas l'élève idéale ?

Certains dimanches, plus merveilleux encore, il la menait jusqu'à sa chambre, où Bonne-Maman ne les suivait pas, pour qu'elle regardât dans la lunette disposée devant la fenêtre ouverte les étoiles, la lune et les planètes. Toute sa vie, Marie gardera de ces soirs-là le goût d'observer le ciel. Certes, un tel père légua à sa fille plus que sa haute taille et ses yeux bruns. Mais elle s'ingéniait en vain à lui plaire. Elle ne fut jamais comme les autres enfants, négligente ou distraite. La volonté de comprendre et d'apprendre la dominait. Très jeune, elle était assoiffée de victoire intellectuelle et le reste comptait peu. Elle devait manquer totalement de charme, à cause de ses manières obstinées. L'attention de son père qu'elle réclamait tant faisait partie de son désir d'être appréciée par celui qu'elle considérait avec fierté comme un savant. Elle était éblouie par ses connaissances. C'était la raison pour laquelle elle l'aimait avec toute la passion dont elle était déjà capable.

Les relations entre eux ne furent jamais faciles. Il n'essayait pas de comprendre ses aspirations, ses exaltations, ses peurs, et il s'appliquait à saper chez elle le goût de l'étude dont il lui donnait, d'autre part, l'exemple. Il voulait que réussissent les projets que la princesse Pierre et lui-même s'étaient mis en tête concernant l'avenir de la jeune princesse. Il semble avoir été le plus souvent mal à l'aise avec l'enfant qui, inéluctablement, lui rappelait sa femme si peu aimée. Il était rare qu'il lui manifestât de l'affection, et elle avait bien souvent « le cœur brisé », comme elle le raconte à propos d'une mémorable partie de traîneau.

Ce n'est pas si souvent qu'on peut sortir en traîneau à Paris, et Mimi désirait de toutes ses forces accompagner son père. La permission lui fut refusée (il faisait trop froid) et lui, en partant, ne pensa pas à lever les yeux vers l'enfant qui le guettait derrière sa fenêtre. « Est-ce à cause du deuil où me plongeaient ses départs, ses absences, que j'étais souvent si triste et que, sur mes portraits d'alors une telle mélancolie me confronte à travers tant d'années révolues ? » se demande-t-elle alors qu'elle est devenue une vieille dame.

Ces photographies, qui sont remarquables par leur qualité et bouleversantes car le regard de la petite fille reflète toute la misère du monde, ont été prises par lui. Ce qui pourrait indiquer qu'il se rendait compte de l'état de la fillette, mais rien n'est moins sûr. Il paraît s'être complu dans l'agencement du décor, avoir dicté la pose de son modèle, comme il seyait alors, mais sans se préoccuper de l'expression du visage.

Marie ne lui pardonna jamais l'absence d'affection spontanée et de compréhension dont un enfant a besoin et qu'il apprécie même de façon obscure. Ainsi, il l'emmena à l'inauguration de la tour Eiffel, à l'Exposition universelle de 1889 mais durant l'exposition, il donna une réception pour Edison et sa merveilleuse machine parlante. Un événement de rêve pour un enfant car, M. Edison étant américain, on avait fait venir des Peaux-Rouges avec toutes leurs plumes. Mimi demanda timidement la permission de descendre un petit moment pour les voir. Son père refusa. Elle écrivit beaucoup plus tard : « Ô Papa, cruel papa ! Je ne suis pas une femme ordinaire, comme Mimau et Gragra. Je suis la vraie fille de ton esprit, je m'intéresse à la science comme tu t'y intéresses. »

Mimi ignora longtemps jusqu'où allait l'abandon dont elle souffrait. Ainsi, elle ne retrouva que le 2 juin 1949, alors qu'elle procédait au déménagement de la bibliothèque de son hôtel parisien, des lettres d'elle qu'il n'avait jamais ouvertes. Ces lettres-là, Mimi les avait écrites pendant le second voyage en Amérique du prince Roland, qui les avait reçues le 10 mai 1893, à Chicago. Minutieux comme il l'était, il avait pris la peine de le noter lui-même sur les enveloppes. Lettres où la petite fille racontait ses journées et laissait parler son cœur. Cinquante-cinq ans plus tard, il lui fut encore pénible de découvrir que ces lettres n'avaient jamais été lues.

Premiers cahiers de « Bêtises »

D'une façon ou d'une autre, Mimi se sentait toujours étrangère à la vie autour d'elle. Les visites de ses cousins Villeneuve ne faisaient qu'ajouter à cette impression. Elle n'avait que sept ans lorsque le frère et la sœur habitèrent un mois ou deux avec leur grand-mère, pendant que leurs parents déménageaient de l'avenue Marceau dans leur hôtel de la rue de Prony. Bien qu'ils fussent sous le même toit, Mimi menait une vie différente de la leur. Et on ne la laissait pas assister à leur bain, alors que l'anatomie des petits garçons l'intéressait hautement, et parce que c'était l'hiver, on ne la laissait pas non plus sortir avec eux. Ses cousins se promenaient chaque jour alors qu'elle ne sortait que rarement, en compagnie de Mimau et de Gragra. Jeanne était habillée à l'anglaise, mollets nus, et elle portait de jolies robes, de jolis jupons brodés alors que Mimi était toujours engoncée dans des lainages, des châles, des bas de laine qui lui grattaient la peau et que, comme Mimau le lui rappelait encore plus tard — Marie le note dans son journal en 1904 — sa grand-mère voulait qu'elle eût « du linge comme une malheureuse, avec un ourlet, toi de qui venaient la fortune, le bonheur. Et je voyais tes cousins couverts de broderie, de dentelles. Je festonnais tes petites affaires ». Tendre Mimau, qui mettait son amour et sa patience dans cette simple broderie ! L'absence de beaux jupons aux dentelles amidonnées ne devait pas tellement contrarier Mimi. C'est pour sa liste de reproches qu'elle relève ses propos. Les franfreluches ne tinrent jamais beaucoup de place dans sa vie.

La grand-mère avait deux raisons de traiter ainsi l'enfant unique : la maladie et l'argent. Elle parlait constamment du retour de la maladie qu'elle redoutait, et de la fortune fabuleuse dont elle s'enchantait, et qui donnerait à la fille de son fils chéri des possibilités que ses autres petits-enfants ne connaîtraient pas. Il fallait donc préparer Mimi à cette haute destinée, en la laissant le plus possible dans la solitude, qui était, selon elle, l'apanage des aristocrates et des riches. Elle croyait que le peuple, dont elle était issue, avait l'instinct grégaire, c'était son interprétation de ce qu'elle avait jadis connu.

Mimi se réfugiait de plus en plus auprès de Mimau. Et Mimau aimait sa petite princesse, mais elle devenait très vite une vieille femme frustrée. Elle n'était plus en âge d'être séduite par Pascal, aussi nourrissait-elle d'étranges fantasmes concernant les pratiques sexuelles d'autrui. Nounou ayant laissé Mimi s'asseoir à califourchon sur son pied qu'elle balançait, avait ainsi procuré à l'enfant le premier plaisir que Mimi rechercha ensuite en se frottant contre son petit fauteuil. Ce manège avait échappé à Lucie qui avait d'autres intérêts, mais Mimau le surprit et dit tout ce qu'il fallait dire pour remplir l'enfant d'un sentiment de culpabilité et d'effroi. Mimi abandonna cette plaisante activité mais développa une phobie des boutons qui dura très longtemps.

A la phobie des boutons s'ajoutait celle des maladies, inévitable étant donné la manière dont elle était traitée depuis son hémoptysie. Elle avait aussi peur d'être empoisonnée, comme sa mère, et commença à avoir horreur des médicaments, particulièrement du sirop de Flon. Elle avait aussi une autre terreur, celle d'Anubis, le dieu des morts à la tête de chacal des Égyptiens qu'elle redoutait chaque soir de voir paraître hurlant au pied du lit où elle était couchée, telle une momie[1]. La plupart des enfants ont des terreurs nocturnes, mais les siennes durèrent très longtemps. Un cauchemar qu'elle nommait le « Serquintué » reparut de longues années. Il revenait souvent.

Comme au théâtre, elle entendait le Serquintué frapper les trois coups pour annoncer son arrivée. Elle était sûre alors qu'elle ne parviendrait pas à se dissimuler complètement. Si un bout de pied, un morceau de chemise dépassaient, elle allait mourir parce que le monstre la verrait. Le Serquintué était « un chemin de fer mais animé, vivant, un fantastique et terrible animal de fer, de charbon, de vapeur qui entrait dans les maisons... »

Mimau lui avait raconté que les cercueils de ceux qui périssent sur les navires sont jetés à la mer, et dans les mers de Chine les requins les dévorent. Elle reconnaissait ce cauchemar qui faisait, chaque fois, gémir sa Mimi. Quand surgissait le Serquintué, elle prenait Mimi dans son lit pour la consoler, plus tard, ce fut elle qui se couchait à côté de la fillette terrorisée.

Dans la journée, Mimi avait recours à de petites cases qu'elle construisait « dans la maison avec des chaises et des châles jetés par-dessus, de petits abris bien fermés, étroitement clos, où l'air et la lumière pénétraient à peine et où, voluptueusement, elle s'enfermait des heures durant »[2]. Ce jeu fut son « jeu de prédilection », le refuge « fantasme caractéristique du retour au corps maternel », ainsi qu'elle le définit dans son ouvrage sur Edgar Allan Poe, et qui l'aidait à supporter l'incompréhension de ses proches.

Entre sept ans et demi et dix ans, Marie Bonaparte se livra à une activité peu ordinaire pour une petite fille de cet âge. Elle couvrit cinq cahiers d'écoliers d'histoires. Comme elle l'écrivit plus tard : « ... Dès ma huitième année, s'était déjà établie en moi l'attitude psychologique qui devait rester

---

1. Marie Bonaparte, *Identification d'une fille à sa mère morte. Psychanalyse et Anthropologie*, p. 97.
2. Marie Bonaparte, *Edgar Poe*, p. 701.

mienne tout le long de ma vie. Chaque fois, en effet, où mes élans instinctuels, de quelque sorte qu'ils fussent, se brisèrent au mur de la réalité, c'est en montant à l'arbre aux étoiles, c'est-à-dire en me réfugiant dans les sublimations intellectuelles, que je retrouvai la paix et le bonheur [1]. » Marie Bonaparte avait oublié ces *Cahiers* elle les retrouva en triant des papiers à la mort de son père, en 1924. « Je les lus, et en reçus l'impression étrange que bien qu'écrits par moi, j'en avais perdu tout souvenir », note-t-elle dans son introduction au premier volume et elle ajoute : « ... L'énigme des petits cahiers fut l'un des facteurs, ajoutés à d'autres, qui me poussèrent, après la mort de mon père, à demander à Freud une psychanalyse [2]. »

Ces *Cinq Cahiers* portent chacun le titre *Bêtises*. Elle écrivit les quatre premiers en anglais, et le dernier en allemand. Pourquoi utiliser une langue étrangère ? Pour se prouver ses connaissances ? Par prudence vis-à-vis d'autrui ? Peut-être aussi, inconsciemment, pour prendre une distance. Cet usage, qui semble au premier regard restreindre la liberté d'expression — son anglais et son allemand laissent à désirer, elle n'est alors qu'une débutante — n'est pas le seul travestissement de ses récits. A première lecture, ceux-ci paraissent incohérents, comme l'est souvent, pour les adultes non initiés, le discours enfantin. Les retrouvant en 1924, elle-même en ignore le sens. Leur « contenu d'allure fantastique, absurde et grotesque par endroits, m'irritait » [3]. Mais elle venait de lire l'*Introduction à la Psychanalyse*, elle savait donc que les mots de la petite fille, au-delà des histoires qu'ils racontaient, lui feraient découvrir le passé enseveli, qu'elle voulait retrouver pour s'en libérer.

Ces petits cahiers d'écolier à la triste couverture noire, cirée, contiennent aussi bien les traces des conflits qui la déchiraient que celles de ses connaissances, de ses activités et de ce que la mémoire a occulté. Il est rare de posséder pareil témoignage concernant sa propre préhistoire. Peu d'enfants écrivent autant à cet âge. Il fallait un certain concours de circonstances pour arriver à cette persistance de la part de Mimi : L'intelligence de la petite fille ; sa fascination exercée par le père qui, lui-même, passait beau-

---

1. Marie Bonaparte, *Cinq Cahiers*, I, p. 271.
2. *Id.*, *op. cit.*, I, p. 3.
3. *Id.*, *op. cit.*, I, p. 3.

coup de temps à écrire ; la tyrannie de la grand-mère agissant avec l'enfant comme elle avait agi avec la mère, mais la petite fille, plus robuste, trouvait dans l'écriture le moyen de s'y soustraire.

Quand, à cinquante-trois ans, la psychanalyste que Marie Bonaparte est devenue décide de livrer ces textes, leur analyse par Freud, et ses propres commentaires, elle destine la publication aux membres de la Société psychanalytique de Paris, ne doutant pas de l'intérêt du matériel pour ses confrères. Mais la guerre interrompt son projet. Seul le premier volume paraît à Paris, en 1939. Les suivants sont publiés de 1948 à 1951, à Londres. L'œuvre est en quatre volumes, plus un emboîtage qui contient les fac-similés des *Cinq Cahiers*. Il existe une traduction anglaise, bien connue également des analystes américains et anglais, parue à Londres en 1950-1952 et tirée à mille exemplaires, pour les membres de la Société internationale.

Ces textes eux-mêmes avivent le portrait de Mimi, c'est pourquoi j'ai cru nécessaire d'en insérer deux exemples. Ils sont traduits par Marie Bonaparte, qui donne dans les *Cahiers* l'original et, à la suite, la version française de ces *Bêtises*.

MON « JE VOUDRAIS ESSAYER DE PLEURER »

D. Triste, ne trouvez-vous pas, pleurer, triste, pleurer, triste,
Pourquoi, Si je le dis on dira que c'est pour ne pas
travailler ! de la musique, je veux jouer, je veux.
oh ! on dira que c'est pour ne pas travailler.
(« *Oui* ») je voudrais pleurer. Pleurer, pleurer. Non, pas la
bataille
des fleurs, si je suis si tellement triste.
Je suis triste. C'est parce que je suis triste, Pauvre de moi ?
Non, si triste, jamais je n'ai été !
Je veux pleurer, je veux Mimau, c'est elle qui
me (« consolera »). Ne jouez pas ça ça me
rend triste. Mme Proveux aussi me consolera, oh !
C'est dans ce livre que je mets toutes les choses qui
peuvent me soulager !!!!!!!!!
Très triste je suis ! oh ! Papa console-moi je tra-
vaillerai, je le ferai ! triste jamais je ne fus aussi triste !
oh ! je veux

dormir. Ne me parlez pas ou je vais éclater
en « larmes ». (Éclater en sanglonts !)[1]
Je suis sûre que c'est qu'on dira si je le dis
on dira que c'est pour ne pas travailler.
Oh ! ma jambe ! elle me fait très mal ! Non
je veux me surmonter oh ! triste je suis !
Je le veux le dire[1] ....

    D. = demande, d'après Marie Bonaparte
    1. En français dans le texte anglais.

C'est la vie quotidienne de Mimi, triste, en effet. Nous
constatons que ses larmes mêmes l'exposaient à des reproches. On l'accusait d'en user pour ne pas travailler son
piano. Il est surprenant que Mimi, alors âgée de neuf ans, se
rende compte que son cahier est un exutoire. Ses fautes
d'anglais sont touchantes et révélatrices. Ainsi, au lieu
d'écrire : « C'est dans ce livre que je mets toutes les choses
qui peuvent me soulager » (phrase suivie de neuf points
d'exclamation, à remarquer) elle écrit le mot *thinks* pour
things (choses). Or *think* est la forme de l'infinitif du verbe
penser. Voilà donc bien plutôt un *lapsus calami* qu'une
faute. Et si des mots lui manquent, elle emploie le français :
console, larme, « sanglonts », ou l'orthographe française :
surmonte pour *surmount*.

    Mimi n'est pas seulement lucide, elle est aussi brave. Son
« je veux me surmonter » est un cri du cœur. La tristesse
n'en est pas moins au fond d'elle, beaucoup d'autres récits
en témoignent. Mais elle n'affleure pas toujours. Et l'angoisse prend d'autres formes.

LA PHOTOGRAPHIE

Dans un bois une petite fille vit
un homme en train de faire une Photographie
mais à la même minute un « *hanneton* »
Vint et Mme
Kreichenbachen (Mme Plompudding. Nom surnommant)
lui donna un coup et il tomba comme un homme
mort — mais il n'était pas un homme ! Il était

---

1. Marie Bonaparte, *Cinq Cahiers*, III, pp. 232-233.

un « *Hanneton* ». Mais Mme Kreichenbachen le prit et le mit
dans sa bouche. Alors il
devint gros, gros, qu'elle fut obligée
d'ouvrir la bouche aussi grand qu'une maison,
et par la même occasion elle ava-
la une maison ! Mais son estomac éclata au-dedans
parce qu'il y avait de la *Dy* et elle digérait
par les poumons. Alors le hanneton (1) devint
plus gros plus gros que cinq maisons
et ça finit qu'il était aussi grand
que le monde, et ensuite plus que
le ciel et toutes les Planètes qui
existent et on fit la
Photographie de ce formidable « *Hanneton* »
Alors Mme Kreichenbach l'ava-
la, et elle éclata.
Mais tout ça était un rêve Heureusement pour elle [1].
    1. en allemand dans le texte anglais, orthographié la
1re fois « meikäfer », la 2e fois « maikaifer »

Ici, les symboles sont clairs. Le hanneton est une image
phallique. Il y a dans les *Cahiers* de nombreuses histoires
inspirées par les réminiscences de la scène primitive. Les
acteurs varient mais on retrouve, dans chacune, la même
ambivalence attraction-effroi envers le pénis, qui est parfois,
de plus, ouvertement convoité. Car la petite fille solitaire,
privée des jeux qui conviennent à son âge, est peut-être
encore plus qu'une autre intéressée par le sexuel.

Une enfant triste

Malgré ses dons et sa fascination pour la science, avec
Mme Reichenbach, Mimi ne risquait pas de devenir savante.
Elle ne pouvait pas se rendre compte de la médiocrité de
l'enseignement de celle qu'elle nommait Mrs Plom-Pudding.
Elle aimait bien son institutrice. La liberté, la fantaisie de la
jeune femme lui plaisaient. Celle-ci s'évadait dans le rêve de
la lourde charge d'un mariage qui n'était pas heureux. Était-
ce avec sa grand-mère ou avec elle qu'à l'âge de huit ans

---

1. Marie Bonaparte, *Cinq Cahiers*, III, pp. 373-374.

Mimi alla au théâtre voir des spectacles qui l'enchantèrent, une opérette : *La Fille de Mme Angot*, peut-être aussi *Les Cloches de Corneville* et une autre pièce, plus directement adaptée à son âge : *Le Voyage de Suzette* ? Elle se mit ensuite à écrire des dialogues. Mais Mme Reichenbach était sans doute trop nonchalante pour se rendre compte de l'intérêt de l'enfant pour ce qu'on lui donnait en pâture. Les chansons populaires, les contes de Perrault ou les fables de La Fontaine, Mimi appréciait tout. Mais il faut noter qu'elle s'identifiait particulièrement à Peau d'Ane. L'âne à la litière d'or, c'était Petite-Maman, dont Peau d'Ane et son père profitaient.

La Cigale et la Fourmi lui inspira les commentaires prévus sur l'avarice de sa grand-mère et de son père. Et *Le Meunier, son Fils et l'Ane* lui produisit un effet plus durable. « La fable du bon La Fontaine me prépara à braver, au cours de ma vie, les orages de l'opinion, fonda en partie la possibilité de ma vocation, plus tard, de psychanalyste et, dès lors, m'insuffla quelque mépris secret pour papa et Bonne-Maman trop sensibles, à mon gré, aux mauvais procédés des bonapartistes et au dédain des comtes et des ducs du faubourg Saint-Germain. " On ne peut contenter tout le monde et son père "... De même, toute ma vie, je ne devais attacher de prix qu'à l'opinion, l'approbation, l'amour de quelques " pères ", choisis de plus en plus haut, et dont le dernier devait être mon grand maître, Freud. »

Mimi prenait peu à peu conscience de l'existence des autres et ses différences n'étaient pas toutes pour lui déplaire. Elle était certainement remplie d'orgueil, comme le sont souvent les solitaires. Mais à cette époque, pour des raisons singulières, elle se prit d'affection pour Mme Bonnaud. Elle avait entendu Mimau et Gragra, qui ne se lassaient pas de médire, raconter comment l'épouse du secrétaire-intendant du prince Roland avait obtenu de sa Petite-Maman le fameux testament qui avantageait outrageusement son père à ses dépens. Cette mauvaise action dénoncée par les deux commères auréolait de gloire le front de Mme Bonnaud, et la classait juste au-dessous des meurtriers dans le panthéon secret de Mimi.

Mme Bonnaud était vieille, elle n'avait pas d'enfant et elle était, elle aussi, orpheline de mère. La petite fille l'avait appris de sa bouche et s'était vite passionnée pour son amie. En plus de leur situation familiale semblable, elle voulait

trouver des ressemblances entre elles. Elle pensait qu'elles
étaient, toutes les deux, des intellectuelles. Intellectuelle,
Mme Bonnaud l'était, pour sûr, si on la comparait aux autres
femmes de l'entourage qui toutes étaient ignardes. Elle
devint la compagne préférée de l'enfant recluse, à qui elle
enseigna la mythologie antique.

Mimi aimait écouter « la voix mélodieuse » lui conter les
aventures des dieux et des déesses auxquels elle songeait
ensuite longuement. Minerve, née sans mère, sortie tout
armée du crâne de Jupiter, était sa favorite. Mme Bonnaud
semblait l'apprécier également. Elles avaient des conversations qui n'en finissaient pas. Mais sa vieille amie aux
cheveux gris, aux longues dents jaunes se mit à maigrir et à
ne plus manger. Puis elle cessa de sortir, même pour aller la
voir. Elle était trop faible. Sa mort fut une expérience
nouvelle que Mimi ne parvenait pas à accepter. Le vide que
cause la disparition d'un être aimé, elle le ressentait pour la
première fois. Hortense Bonnaud, qui avait été « une jeune
fille évaporée à crinoline » — comme Marie le note, bien
plus tard, dans ses carnets manuscrits [1] — Hortense, que
M. Bonnaud, alors âgé de dix-neuf ans avait enlevée et
emmenée de Paris en Corse, cette présence familière n'était
plus. Elle ne raconterait plus à Mimi son histoire, ni celle
des dieux et des héros de la Grèce et de Rome. « Jamais
plus », se répétait Mimi qui utilisait ces mots pour la
première fois.

Elle était seule, seule, comme elle l'écrit dans ses *Cahiers*.
Parfois, on essayait qu'elle le fût moins. Ainsi, pendant un
certain temps, on lui donna une compagne d'études.
Rolande Escard, de deux ans sa cadette, la filleule du prince,
était la première fille des Escard qui, jusque-là, avaient eu
trois garçons. Le troisième, Jean, était le contemporain de
Mimi. Ils s'entendaient bien, mais c'était par le second fils
Escard, Pierre, beau et « coquin » qu'elle était attirée. Un
jour, Mimau la gronda parce qu'ils s'étaient roulés par terre
ensemble et, se rappelait Marie Bonaparte, « un immense
sentiment de honte m'écrasa, témoin du plaisir que j'y avais
dû prendre ».

Avec Rolande — jusqu'aux bouteilles de bière qu'elles
secouaient, alors que le couvert était dressé, afin que la

---

1. Marie Bonaparte, *Chronologie biographique en huit Cahiers* (inédit).

mousse fît sauter le bouchon et aspergeât la table et, quelquefois, le corsage de Mme Proveux ou celui de l'institutrice — les jeux étaient plus innocents. Celui-là, en le pratiquant, Mimi reconnaissait qu'il lui procurait une étrange sensation et son rire, ainsi que celui de sa petite compagne, était provoqué par l'embarras, le trouble éprouvés. Les adultes qui les grondaient pour les dégâts causés et leurs mauvaises manières ne paraissaient par voir ce que représentaient pour elles les bouteilles secouées.

Face aux grandes personnes, les fillettes étaient solidaires, mais Rolande ne joua jamais un grand rôle auprès de Mimi. Pourvue d'une famille unie, d'une mère et d'un père qui l'aimaient, Rolande ignorait les problèmes de l'orpheline.

Les relations de Mimi avec les Villeneuve étaient plus compliquées. Au cours des ans, le nombre des cousins s'accrut jusqu'à six. Leurs visites dominicales étaient une institution. Ces visites étaient pénibles pour Mimi, qui se sentait lente et gauche en présence de Jeanne de cinq ans sa cadette. Elle ne serait jamais espiègle, pétillante comme l'était sa cousine, et on ne l'aimerait pas. La légèreté seule plaisait. Telles étaient les conclusions pessimistes tirées de ses observations. Son intelligence ne l'aidait en rien, bien au contraire. Elle lui servait tout juste à reconnaître les dons de la coquette détestée. Personne ne songeait à la rassurer. Personne, en dehors de Mimau, ne lui prodiguait des paroles encourageantes. Et bien vite, en dépit de l'amour qu'elle éprouvait, le jugement de Mimau ne compta pas. Mimau, comme les autres, ignorait sa souffrance.

Jeanne était d'une beauté frappante, avec ses yeux noirs très écartés, son nez fin, sa large bouche. Elle possédait deux atouts majeurs : l'assurance de ceux qui se sentent aimés, et de l'esprit. Quand elle se moquait de son frère Pierre ou de Mimi, elle faisait rire tout le monde, y compris son oncle Roland.

Hélas, la confrontation avec Jeanne était fréquente. En plus des visites dominicales, pendant des années, tante Jeanne et ses enfants passèrent les vacances avec la princesse Pierre et Mimi. D'abord à Dieppe puis, à partir de 1893, dans des propriétés louées pour l'été. Le prince Roland s'était finalement débarrassé de la maison de la rue de l'Hôtel-de-Ville. Marie a noté, dans un journal intitulé *La Passion* qu'elle tint l'été 1904, un souvenir des dernières vacances passées dans le port normand. Il n'est pas lié à la présence de sa petite cousine, mais il est typique.

Un jour de régate, alors qu'elle se trouve sur la jetée avec sa grand-mère, celle-ci s'aperçoit que Mimi sursaute à chaque coup de canon. Elle est furieuse. « Comment peux-tu ? Une Bonaparte ne doit pas avoir peur du canon ! » Elle force l'enfant à rester sur la jetée. Il faut que celle-ci s'habitue ! En rentrant à la maison, Marie note qu'elle eut « une petite crise de nerfs », que Mimau soigna seule, avec du tilleul, de la fleur d'oranger et des larmes partagées... Puis, la jeune fille que Mimi est devenue poursuit : « J'avais peur des coups de feu. Et un beau jour je n'eus d'autre désir que de tenir un fusil, ce qui fait peur attire fortement. » Réflexion qui prouve combien elle avait déjà le sens des êtres. Et cette pulsion elle l'éprouva au cours d'autres vacances ; toujours avec ses cousins, sans Jeanne, trop jeune pour participer à ces jeux.

Ils passaient l'été à Malabry, près de Robinson et Mimi avait onze ans. M. Bonnaud, qui était grand chasseur, venait tirer les lapins alentour (Mimi aimait bien les gibelottes, elle était gourmande) et le jour où il apporta un petit fusil de chasse pour tante Jeanne, il proposa à Mimi d'essayer de tirer. Elle note que le choc que lui donna à l'épaule la crosse du fusil quand le coup partit fut une de ses premières grandes joies.

La voilà bien telle qu'on l'imagine : enfant assumant ses craintes et les surmontant. Ayant accompli, comme elle le dit elle-même, « le retournement du passif à l'actif... Désormais, puisque l'agression inhérente à mon complexe des détonations s'était, changeant d'orientation, muée du centripète au centrifuge, l'érotisme devenait libre de largement la lier »[1]. Elle devint enragée. Ses cousins et elle achetèrent des pistolets à amorces. Elle les poussa à s'enfermer dans le noir pour tirer. L'étincelle, le bruit, l'odeur la rendaient ivre de plaisir.

Bonne-Maman qui avait essayé de l'habituer aux détonations en faisant éclater des sacs en papier gonflés d'air devait triompher. Le prince Roland venait, parfois. Il rentrait à peine d'un voyage en Amérique qu'il avait parcourue d'océan à océan. Son secrétaire Leandri avait fait partie de

---

1. **Marie Bonaparte**, *op. cit.*, III, p. 172.

sa suite et il l'accompagnait dans ses visites à Malabry, avec
la jeune femme qu'il venait d'épouser et qui était corse,
comme tout ce monde.

Les retours à Paris où il allait falloir se réinstaller pour un
nouvel hiver attristaient Mimi qui se réfugiait dans l'amour
des animaux, consolation des enfants tristes.

Il y avait eu d'abord les oiseaux qui perchaient dans les
deux marronniers du minuscule jardin du Cours-la-Reine,
de simples moineaux ; ils enchantaient cette petite fille des
villes. Les escargots et les insectes l'intéressaient aussi, mais
ils ne lui appartenaient pas. Les premiers animaux qu'on lui
donna, elle ne put les garder, à cause de sa grand-mère.

M. Moinet, le secrétaire de son père, avait trouvé assis sur
son bureau un bel écureuil roux que l'on mit en cage.
L'écureuil mourut de chagrin à cause de sa liberté perdue,
c'est du moins ce que crut Mimi lorsqu'on lui annonça sa
disparition. Mais que devinrent les deux ouistitis que
M. Bonnaud lui offrit un jour ? Ils s'échappèrent, lui dit-on,
dès le premier soir. Et Bonne-Maman en profita pour
déclarer qu'elle ne voulait ni chat ni chien. Pourtant tante
Jeanne passa outre, comprenant l'envie de sa nièce. Elle lui
fit don d'une jeune chienne au poil gris perle, doux et épais
comme de la soie, bâtarde de sa chienne colley et d'un beau
danois. Mimi l'appela Diablette et pensait bien la garder
après l'été à Malabry. Mais, comme l'écureuil et les ouistitis,
la petite chienne disparut, le jour même de leur retour à
Paris.

Pour la consoler, Pascal, le piqueur, apporta à Mimi un
autre chien, minuscule celui-là et qui ne grandirait pas. Tout
noir, avec le bout des pattes feu et des cercles feu autour des
yeux. Mimi l'appela Zéphyr et l'aima immédiatement. Le
prince Roland, ô surprise ! s'attacha lui aussi au petit
animal. Sans doute est-ce à ce protecteur que Zéphyr dut
d'être toléré. Plus tard, il eut un compagnon, un fils de
Blanchette, la chienne fox-terrier de Pascal. Mimi choisit
d'abord dans la portée un chiot tout blanc mais comme sa
grand-mère refusa qu'elle l'appelât Blanc-Blanc, ou même
Blanchet, pour les raisons que nous savons, Mimi en choisit
un autre et l'appela Satellite, en hommage à Jules Verne
qu'elle lisait avec passion.

Petit Louis, le jeune groom qui l'accompagnait au Bois
quand elle s'y promenait en landau avec sa grand-mère,
était aussi un fervent lecteur de Jules Verne. Il avait dix-sept

ans. La princesse Mimi avait ainsi quelques amis dans la maison. Des amis lointains car on ne lui permettait pas de les fréquenter mais elle les considérait quand même comme ses amis.

Le Bois était, en général, le but de ces promenades en voiture. Il y avait également quelques expéditions à Saint-Cloud.

Saint-Cloud était l'un des endroits favoris de Marie. Toute sa vie, elle demeura fidèle à cette maison. Peut-être parce que sa mère y avait vécu et y était morte. Peut-être parce qu'elle-même y était née. Peut-être aussi parce que ce fut la première maison qu'elle posséda. Elle le sut très tôt et elle « n'en *était* pas peu fière », comme elle le raconte dans les commentaires de ses *Cahiers*[1].

Pour aller à Saint-Cloud, le trajet durait une heure environ et c'était agréable. On laissait le landau à demi découvert. Petit Louis, le jeune groom que Mimi aimait bien, prenait place à côté de Léon, le cocher. On traversait le Bois au trot. Puis le pont de Suresnes et, au bas de la longue côte, les chevaux se mettaient au pas. Sur la route parallèle à la voie du chemin de fer qui conduisait à la maison de Mimi, les chevaux reprenaient le trot.

Mimi observait chaque détail du trajet qu'elle connaissait si bien, et elle se réjouissait à la pensée de retrouver son jardin. Elle fut très jeune sensible à la nature. Dès qu'on ouvrait la grille d'entrée, elle retrouvait avec bonheur les hauts marronniers, le grand pin, le paulownia et les odeurs : celle du buis, celles du sureau, du fusain et du seringa mêlées. Les pelouses s'étendaient au sud du jardin, par-delà l'allée transversale bordée de tilleuls taillés en boule. Là broutait une chèvre attachée à un piquet. La voiture s'arrêtait devant le perron de la villa. Quand elle était petite Mimi sautait et courait dans l'herbe[2]. Eugène, le jardinier lui donnait un panier rempli d'escargots pour jeter aux poules. Jeu dont elle n'avait pas soupçonné la cruauté avant l'arrivée de Mimau qui y avait mis fin, comme elle l'avait fait pour d'autres plaisirs. Ces brèves visites dans la maison que l'enfant aimait tant et qui représentait à ses yeux la campagne restèrent gravées dans son esprit. Marie leur doit d'avoir développé en elle cet amour de la nature, si impor-

---

1. Marie Bonaparte, *op. cit.*, II, p. 121.
2. Marie Bonaparte, *op. cit.*, II, p. 120.

tant tout au long de sa vie. Elle leur doit aussi d'avoir été autre chose que cette petite fille chafouine, renfrognée qui aurait pu devenir une intellectuelle ratée, une femme rongée d'amertume. C'est en grande partie dans l'amour de la nature qu'elle puisa la force de sortir du carcan où sa situation sociale menaçait de l'enfermer.

A présent Mimi était âgée de onze ans, les animaux domestiques de Saint-Cloud la ravissaient encore. Elle aimait le lait de la chèvre et les confitures de la femme du jardinier. Ces échappées (campagnardes) étaient pour elle des événements merveilleux.

1893 fut la dernière année où elle se sentit « encore vraiment enfant ».

Chapitre III

L'ADOLESCENTE BAFOUÉE

Je préfère la vérité à l'amour.

Marie BONAPARTE, *notes inédites.*

Au cours des années, Mimi avait mûri et se rendait compte que les « mères » qui avaient pris soin d'elle : Rose, Lucie, Mimau, tenaient moins de place dans sa vie que la princesse Pierre. Sa grand-mère devint la figure féminine dominante de son adolescence.

Depuis son tout jeune âge, Marie n'avait pas confiance en elle mais elle n'en était pas moins éblouie par les récits de la princesse Pierre concernant les Bonaparte. Or, à un certain moment, grâce à Mimau, elle s'aperçut que sa principale source d'information avait toujours été méprisée et rejetée par la famille. Seule, elle découvrit que l'une des obsessions humaines les plus communes est la fascination qu'exerce ce qu'on ne peut conquérir. Cette obsession-là, elle ne devait jamais la partager car la petitesse lui était étrangère.

Au début de 1893, sa grand-mère l'informa : « Tu sais, Mimi, ne t'effraye pas : les femmes, tous les mois, saignent par en bas. Et cela va un jour t'arriver. Alors, n'aie pas peur ! » Et comme peu de temps après, la tante Jeanne accoucha de son cinquième enfant, en lui apprenant l'événement, Bonne-Maman ajouta : « Je vais te dire, Mimi : les femmes ont des enfants en couchant avec leur mari. » Ces informations étaient insuffisantes et Mimi ne savait qui interroger pour les compléter.

Le mystère de la naissance la taraudait. Elle voulait être informée ; cela avait affaire avec la vérité et, certes, elle raisonnait mieux qu'on ne fait d'habitude à son âge. Pourtant, elle ne pouvait pas d'elle-même trouver l'explication. Un jour, elle décida de demander à Mme Escard qui, comme tante Jeanne, avait cinq enfants. En détournant le regard, la femme du bibliothécaire répondit qu'elle ne savait pas. Ce qui lui gagna la rancune de Mimi, outrée. La petite fille fut réglée à onze ans et demi. Quel plaisir de comprendre tout à coup ce que Mimau et Gragra se chuchotaient certains jours, les soins d'hygiène qu'on lui dissimulait et qu'elle avait entrevus ! Mais l'événement se produisit juste avant sa première communion qui refoula au second plan la fierté qu'elle éprouvait à être devenue femme.

Pour ces raisons sociales qu'ils lui mentionnaient souvent, son père et Bonne-Maman, tous deux athées, trouvaient utile qu'elle fît sa première communion. Plus tard, au moment de ce mariage de conte de fées qu'ils ne manqueraient pas de lui faire faire, il serait ridicule d'avoir à se préoccuper d'instruction religieuse. Il fut entendu que le soin de l'instruire serait confié à un religieux corse, ami de la famille, l'abbé Paoli, et que Rolande Escard, la compagne d'études et de jeux, en profiterait.

Le prêtre, « tout rond, chauve, grisonnant, le visage coloré et jovial », habitait rue Raynouard, assez près de l'ancienne maison du prince Pierre détruite pendant la Commune. Ce fut chez lui que, pour la première fois, Mimi vit des colombes. Il en avait deux, en cage, dans un coin de la pièce où il recevait ses jeunes visiteuses. A cause des oiseaux, la petite fille l'aima aussitôt, et elle était confuse de se tromper en se signant, et aussi de commettre des erreurs en récitant le *Pater* et l'*Ave* que sa grand-mère lui avait appris, en hâte, la semaine précédente. Ces leçons de catéchisme du mardi, Mimi les attendit vite avec impatience.

Transportée et soutenue par la foi de l'abbé, elle devint une excellente catéchumène. Ses devoirs étaient meilleurs que ceux de Rolande et elle rêvait, en secret, de convertir sa grand-mère et son père. Le dimanche, elle allait à la messe ; puisqu'elle s'apprêtait à faire sa première communion, on ne pouvait pas l'en empêcher. Seule Mimau était heureuse. Elle devait s'imaginer que sa chère petite fille serait une chrétienne fervente pour le reste de ses jours.

Avec la passion qu'elle mettait en toutes choses, Mimi communia pour la première fois dans l'exaltation, sanglotant de bonheur « de sentir ainsi le ciel en moi, sans penser à rien qu'à la joie surhumaine qui me terrassait et que j'appelais Dieu. Je ne savais plus où j'étais, si ma grand-mère avec Mimau était là, si mon père avait refusé de m'accompagner, je ne savais plus même ce que tout à l'heure je savais si bien, que j'avais faim ».

A la maison, il n'y eut pas de fête. Le déjeuner fut un déjeuner comme les autres, on n'avait invité personne, pas même les petits Villeneuve. Mimi passa la journée seule, assise sur le canapé de la salle d'étude, dans sa robe blanche qu'elle avait refusé d'ôter. Le secrétaire de son père prit une photographie et, le soir, elle était fatiguée, elle se sentait triste. Plus triste encore que d'habitude. Elle ne comprenait plus pourquoi Napoléon aurait déclaré que le jour de sa première communion avait été le plus beau jour de sa vie. Elle avait aussi lu l'histoire d'une petite fille bénie de Dieu qui désirait mourir ce jour-là, et fut exaucée. Elle le souhaitait elle aussi. Où retrouver ailleurs qu'au paradis la joie qu'elle avait connue ce matin-là ? Avant la tombée du jour, elle finit par s'endormir de lassitude et de tristesse, assise sur le canapé, dans sa robe blanche.

Quand elle remit sa robe pour sa confirmation, elle ne retrouva pas l'émotion intense de l'eucharistie, et la cérémonie ne l'impressionna pas. Le petit soufflet donné par l'évêque lui parut plutôt comique. Dans l'espoir de retrouver sa joie mystique, elle demanda à renouveler sa première communion l'année suivante, mais sa grand-mère refusa catégoriquement, lui répétant ce qu'elle avait déjà dit pendant tout le temps qu'avait duré l'instruction religieuse : il ne fallait pas croire les fables de l'abbé Paoli. La première communion avait été une simple formalité, une assurance sur l'avenir.

Mais à qui se fier ? N'était-il pas difficile pour l'enfant d'avoir confiance, après tout ce qu'elle avait entendu raconter ? Le langage tenu par sa grand-mère (par son père aussi, d'ailleurs) lui paraissait étrange. Comme si les mots n'avaient pas le même sens pour eux et pour elle. Ses observations et les leurs différaient, presque toujours. Les grandes personnes lui mentaient. Elle avait eu maintes fois l'occasion de s'en apercevoir. Elles l'entretenaient dans un monde de mystères qui n'avait rien à voir avec la réalité, au lieu de lui venir en aide. Pourquoi ? Mimi ne trouvait pas de réponse à cette question. Elle était malheureuse et sans espoir. On ne lui expliquait jamais les choses de la vie.

Pendant toute une période, elle dissimula l'élan de foi qui l'habitait encore. Elle composait dans le secret des poèmes religieux. Mais ceux-ci furent découverts par la terrible grand-mère, et il lui fut interdit de continuer. Séparée de l'abbé Paoli devenu inutile, la foi s'étiola vite et Mimi pensait à la position de son père, omniscient à ses yeux. Il y avait « l'arbre aux étoiles », son imagination, qui la sauvait. Et son appétit de vivre, son intérêt pour les êtres venu peu à peu par l'observation qui s'était beaucoup développée la rendaient disponible, prête à aimer encore ceux qui l'avaient déçue. Les enfants sont ainsi, généreux, même lorsque la vie les a déjà maltraités.

Mimi n'avait sans doute pas non plus abandonné l'espoir de se faire aimer de sa redoutable grand-mère. Et découvrir soudain que la princesse borgne jouait au billard, et était prête à lui apprendre ce jeu, dut la combler de joie. Jusque-là, elle n'avait pas eu l'occasion de voir sa Bonne-Maman exercer l'adresse que celle-ci revendiquait volontiers dans ses récits de chasse, qui remontaient très loin dans le passé.

Le billard arriva de façon fortuite.

Un jeu viril

A cause de sa bibliothèque qui augmentait sans cesse — les livres se multiplient d'une manière incoercible — le prince Roland avait fini par se rendre au désir de sa mère de le voir s'installer dans une résidence digne de lui et de sa fortune. Il avait acheté avenue d'Iéna, sur la colline de Chaillot, un terrain surplombant la Seine et le Champ-de-Mars, pour y bâtir une très grande maison.

Cette demeure, un véritable palais de style néo-classique, en pierre de taille, le prince l'habita jusqu'à sa mort. Mais en attendant que la construction fût terminée la maisonnée dut s'installer provisoirement dans un hôtel de la rue Galilée, plus sombre et plus petit que le Cours-la-Reine qui était arrivé à fin de bail. Mimau y dormait sur un lit pliant, dans le cabinet de toilette voisin de la chambre de Mimi et la salle de billard avait été convertie en salle d'étude. Les maisons de son père, toujours adonné au travail intellectuel, n'en contenaient pas, bien que la salle de billard fût à cette époque indispensable dans une demeure bourgeoise. Mimi

trouvait ce meuble « étrange et admirable ». Et quel jeu
essentiellement viril !

Au cours de ses promenades, elle avait parfois aperçu, par
la porte entrouverte des salles de café, des groupes qui
s'affairaient autour de billards. Mais elle avait remarqué
qu'il n'y avait jamais de femmes parmi ceux-ci. Et, comme
elle le note, « la queue de billard devait inconsciemment
m'apparaître comme un objet phallique que je n'aurais pas
eu le droit de manier... et j'apprenais comment tenir la
queue de la main gauche sur le billard et pousser la bille
sans, malheur ! déchirer le drap vert ! Bonne-Maman m'en
avertissait : il faudrait alors changer tout le drap ! quelle
dépense ! Aussi, à chaque coup, la terreur que cela n'arrivât
me glaçait ».

Ainsi cette initiation qui la rendait fière avait, également,
une contrepartie de crainte. Pourtant, les jours où elles
dînaient toutes les deux seules, sans Gragra pour achever la
lecture des journaux à la princesse, Mimi attendait avec
impatience le moment de monter dans la salle d'étude. On
écartait le pupitre, logé dans la journée contre le billard, on
allumait les deux lampes à gaz de la suspension, et la leçon
commençait...D'après les souvenirs, les *Cahiers* et les
manuscrits, ce fut la seule activité ludique que Mimi
partagea avec sa grand-mère.

A cette époque, elle avait commencé de penser sérieusement à ce qu'elle ferait « quand elle serait grande », formule
magique pour tous les enfants. Certains aspects de la
personnalité de sa grand-mère la fascinaient. Pour elle, la
femme virile représentait la vie. Elle savait déjà qu'elle ne
ferait pas partie des autres, « féminines, faibles, maladives,
létales », acceptant leur « triste destin ». Bonne-Maman,
elle, la chasseresse, l'écuyère, la politicienne avait été
jusqu'à savoir « pisser debout, comme les hommes, au
milieu même d'une foule, rien qu'en écartant jambes et
jupes », elle en parlait encore, et voilà ce que Mimi eût bien
voulu apprendre !

Mais ce n'était pas une femme de ce genre que le couple
Bonaparte, mère et fils, souhaitaient qu'elle devînt. Cependant, il est intéressant de remarquer que, dans les écrits de
Mimi, on ne trouve pas d'écho de tout ce qu'on lui racontait
à propos du glorieux mariage qu'elle ferait un jour. Ses
fantasmes ne la poussaient pas à imaginer son futur, ni sa
condition d'épouse et de mère. Elle avait, c'était normal, peu

d'illusions sur son physique. On l'habillait mal, elle se
voûtait à un tel point qu'elle dut suivre des cours de
gymnastique corrective, puis porter un corset de fer.

Après les récits d'un dîner chez son père avec Fridtjof
Nansen, l'explorateur de l'océan glacial Arctique pour qui le
prince avait organisé une réception à la Société de Géographie, elle écrit : « Que m'importe si mon corset de fer me
blesse et si la robe moyenâgeuse que Bonne-Maman m'a fait
faire pour l'occasion m'engonce et me vieillit ! Mes yeux,
mon cœur sont emplis de lui au point que je n'ai pas besoin
que lui m'admire ou m'aime pour avoir chaud au cœur ! »

C'est ainsi qu'elle était et qu'elle demeurera. Bien sûr, elle
préférerait être belle, mais personne encore ne lui a dit
qu'elle l'est. Au contraire, on ne la ménage pas sur ce
chapitre non plus. On ne se gêne pas pour lui répéter que la
beauté n'est pas nécessaire, puisqu'elle est si riche. Et les
commentaires ne sont pas tendres quand, trop souvent, on la
compare à sa cousine Jeanne, sa rivale.

L'été suivant, en 1894, toujours en emmenant les Villeneuve, les Bonaparte louèrent un château à Villereau, près
d'Orléans, où la marquise apprit à monter à bicyclette avec
Théodore, le secrétaire de son mari. Mimi n'avait pas le
droit de les suivre. La bicyclette lui était interdite, comme
tout ce qui faisait la joie des autres. Et le long jeune homme
qui portait le nom du seul roi de Corse, Théodore, adorait la
jolie tante Jeanne. Ce couple intriguait Mimi, comme les
symptômes de la ménopause de Mimau qui avaient commencé.

Cet automne-là, le prince Roland s'occupa enfin de l'éducation de sa fille. Il décida que Mme Reichenbach devait être
remplacée, mais sa mère ne se résignait pas à la renvoyer.

Même s'il s'en occupe peu, le prince Roland sait très bien à
quoi s'en tenir sur les capacités de sa fille dont il n'a pas
l'intention de laisser en friche la remarquable intelligence.
Peut-être se souvient-il que sa grand-mère, la princesse de
Canino, avait la réputation d'être une femme cultivée. Dans
le monde dont il rêve pour sa fille mieux valait ne pas aller
jusqu'à écrire soi-même, comme sa grand-mère l'avait fait,
mais on pouvait lire, voire s'intéresser à la science.

Afin de paraître juste, il décide qu'on ferait passer un
examen à la petite fille pour juger de ses connaissances. Le
bibliothécaire et sa femme avaient un ami qui était « inspecteur d'académie ». Évaluer la qualité d'un enseignement et

les connaissances des élèves était sa profession, personne ne
pouvait être mieux qualifié. Il fut décidé qu'il rencontrerait
Mimi chez les Escard.

Dans le coupé qui l'amène, avec sa grand-mère, vers la rue
de Passy, Mimi tremble. A leur arrivée, l'inspecteur est déjà
là. Il les attend. Il est de petite taille. Elle n'oubliera jamais
son teint jaune, ses cheveux gris clairsemés, son lorgnon et
sa voix sèche un peu nasale. Ce qu'elle oubliera ce sont les
questions qu'il lui pose. Sauf la question d'histoire à
laquelle elle ne sait répondre. Quelle est la date de la mort
de Saint Louis ? Il a beau lui recommander de ne pas avoir
peur, il est impossible qu'elle se rassure. Mais 1270 ne
s'effacera plus de sa mémoire. Elle pense avoir répondu de
façon satisfaisante aux questions de géographie, à cause de
son père. Rien ne le prouve. Dans la dictée d'une page qui
était la première épreuve, elle a fait plus de vingt fautes.
Additions, soustractions, multiplications et divisions sont
aussi une catastrophe.

Après cet examen, il est évident que Mme Reichenbach ne
peut rester. Comme il arrive en pareil cas, Marie a oublié
comment elle prit congé de sa première institutrice. En prit-
elle même congé ? Il n'y eut peut-être ni adieu ni étreinte.
Simplement celle qui la première l'avait « initiée au savoir
humain », comme elle le dit s'évanouit de son existence. La
remplaçante fut choisie par Bonne-Maman.

L'éducation d'une princesse

Cette remplaçante, Mme Jéhenne, était très petite. Elle
avait un visage aux traits minuscules, tout ratatiné, un
dentier étincelant et des yeux gris derrière un lorgnon. Sa
mère était une actrice, Mlle Paturel, que connaissait la
princesse Pierre, et son père, le célèbre comédien Samson
n'était officiellement que son parrain. Âgée de quarante-
cinq ans environ, veuve d'un officier de marine, elle avait
plutôt l'air d'une vieille fille. Elle était l'une des premières
bachelières de France, titre qui impressionnait la princesse
Pierre et il était, en effet, impressionnant car, à la génération
de Mme Jéhenne, peu de jeunes filles accédaient à l'enseignement secondaire. Mais pour les Bonaparte, mère et fils, son
plus grand mérite était son agnosticisme. Ils avaient souffert
de la piété de Mme Reichenbach qui se signait trop souvent à

leur gré. La nouvelle institutrice avait en commun avec la princesse Pierre quelque chose de rigide et de limité dans l'intelligence. Elle préférait Boileau à La Fontaine dont elle redoutait la fantaisie. Ses rapports avec son élève ne furent pas aisés. La sensibilité extrême et la subtilité de la petite fille lui échappaient. Il y eut entre elles des heurts si graves que Mimi ne s'attacha jamais à celle qu'elle appelle généralement « la fille de Samson ».

Alors que déjà à cette époque Mimi avait tant écrit et que le « mouvement de la plume imbibée d'encre sur le papier lisse et pur était pour moi une volupté physique, comme il l'est toujours resté », la fille de Samson déclara qu'elle écrivait mal, sans même découvrir que Mimi s'était forgé une écriture copiée sur celle de son père. La petite fille fut très irritée et n'avait aucun désir de se réformer. Mme Jéhenne n'abdiquait pas si facilement, et alors que Marie était âgée de douze ans, elle lui avait acheté des cahiers d'écriture comme pour une débutante. Elle l'humiliait en l'obligeant à faire des bâtons et à former des lettres isolées. Elle avait une fâcheuse tendance à vouloir donner à son élève un sentiment d'infériorité intellectuelle. Avare de compliments, elle la reprenait sur tout. Sa diction par exemple et les leçons d'arithmétique étaient un cauchemar.

Cependant, elle lutta pour le latin que Mimi désirait tant apprendre alors que le prince refusait d'en entendre parler. Il craignait que la connaissance de cette langue n'entraînât sa fille vers la religion. Il avait l'intransigeance et l'étroitesse d'esprit des libres penseurs de son siècle. Enfin autorisée à commencer les leçons, comme la couverture vert clair de la grammaire latine de Lhomond, apportée un beau matin par Mme Jéhenne, sembla belle à Mimi et quelle joie d'apprendre à décliner rosa, la rose !

La fille de Samson désirait aussi que son élève apprît à jouer correctement du piano. Mimi avait un peu étudié avec Mme Reichenbach qui voulait faire d'elle une pianiste qui jouerait Chopin, mais elle se contentait de lui donner l'exemple en interprétant elle-même valses et préludes. Marie souhaitait, en effet, jouer du piano, comme sa mère, mais elle n'avait aucune envie de s'astreindre à la discipline de l'étude, et apprendre le doigté correct ne l'intéressait pas. Pourtant, finalement, elle a, un jour, un vrai professeur, Mme George-Hainl dont les mains « musclées et potelées maîtrisent avec une douceur veloutée les touches du piano », et qui coûte 30 francs par semaine pour une leçon d'une heure. La princesse a mis du temps à accepter !

Mimi, passionnément intéressée par autrui, et qui savait déjà les malentendus qui existent avec les êtres les plus proches et les plus chers, découvrait dans ses rapports avec la fille de Samson une autre sorte de difficulté. Elle désirait profiter de l'étendue des connaissances de son institutrice et elle avait, en même temps, le sentiment que ce que celle-ci lui enseignait n'était pas tout à fait ce qu'il lui fallait. Elle conservait toujours vis-à-vis d'elle un certain quant-à-soi qu'elle ne pouvait même pas s'expliquer. Son désir d'apprendre n'était jamais satisfait et elle s'en étonnait confusément, comme elle ressentait toutes ces choses, qui n'étaient pas explicites. Mais elle savait, avec précision, qu'elle devait se taire.

Comment n'aurait-elle pas été triste alors qu'elle ne pouvait confier à personne ce qu'elle aurait tant aimé dire, pour le mieux comprendre elle-même ? Elle était seule, seule, comme elle le répète dans ses *Cahiers,* et elle avait hâte qu'arrivent les vacances qui la débarrasseraient de Mᵐᵉ Jéhenne.

En 1895, Mimi se préoccupa moins des Villeneuve. Les pistolets à amorce avaient perdu leur magie. Théodore avait disparu, et la tante, sereine, paraissait flotter loin de tout ce monde, loin de Bonne-Maman qui n'arrêtait pas de se plaindre de la chaleur. Ils étaient réunis au château de Javersy, une longue bâtisse blanche, entourée d'un parc, au milieu des champs de blé de la Beauce. Mimi se sentait détachée elle aussi de ce groupe, qu'elle essayait d'observer avec le regard des deux jeunes étrangères qu'on lui avait données pour institutrices : Fräulein Frieda et Miss Kathleen.

Ces nouvelles arrivées apportaient une ouverture sur le monde extérieur. Et son esprit alerte en manquait. Dès qu'elle pouvait écouter une autre voix raconter d'autres histoires, elle oubliait, tout autant que ses phobies et son angoisse, sa triste condition d'adolescente trop riche et la séduction de sa petite cousine toujours prête à l'éclipser.

Elle est déjà à la recherche de la vérité. Cette quête implique qu'on fasse confiance à autrui. La confiance lui est naturelle et c'est aussi une façon de prendre le contrepied de l'attitude défiante à l'égard de tous qu'ont son père et sa grand-mère. Les jeunes étrangères la fascinent chacune à sa manière.

Fräulein Frieda est la fille d'un pasteur de Bretten, le village de Melanchton, près de Karlsruhe. Elle sort d'une école d'institutrices et a vingt ans quand elle arrive à Javersy, en juillet 1895. Elle a un oncle, le Dr Herman von Hundertmark, originaire du sud des États-Unis qui, marié à la sœur du pasteur, est un médecin homéopathe renommé exerçant à Paris. Elle est petite, avec un long visage, des cheveux filasses et plats, la bouche large et de petits yeux gris, myopes, très vifs derrière un éternel lorgnon. Son père meurt deux mois plus tard, d'une pneumonie, et elle retourne passer quatre semaines auprès des siens.

Miss Kathleen, une Irlandaise de vingt-huit ans, a « le visage carré et volontaire » de magnifiques yeux gris, des dents menues et un charmant sourire. « Une gloire l'auréole » sa chevelure « auburn » frisée, châtain ardent, ondée de reflets de feu, « ... je l'aimais ! J'aimais ses cheveux, sa beauté, la douceur de ses gestes et jusqu'à une certaine morbide délicatesse de ses membres frêles et de ses hautes pommettes rosées ».

Tout de suite, Miss Kathleen « osa » l'initier aux drames de Shakespeare. Elle commença par *Jules César* et en resta là, car à l'automne elle ne parut pas rue Galilée. Bonne-Maman raconta d'abord qu'elle était en vacances, pour un mois. Et puis elle annonça que Miss Kathleen ne reviendrait plus. L'Irlandaise n'était pas bien portante et, d'après le Dr Josias, soi-disant consulté, elle aurait pu contaminer Mimi. Aussi M. Bonnaud lui avait-il écrit pour la remercier... Mimi se sentait de nouveau prise au piège des mensonges de sa grand-mère. Miss Kathleen avait disparu, comme la chienne Diablette, comme les animaux que Mimi avait voulu adopter. Pourquoi ?

Les mensonges étaient si éloignés de son univers qu'elle avait de la peine à les reconnaître et, même après les avoir découverts, elle les croyait toujours un peu. Bonne-Maman avait-elle le génie de la séparer de ceux qu'elle aimait, ou bien Miss Kathleen était-elle poitrinaire et allait-elle, au loin, dépérir de plus en plus et finir par mourir, comme Petite-Maman ? Mimi ne parvenait pas à établir la vérité, elle hésitait entre ces deux pénibles versions. Avec, de plus, le sentiment qu'on se jouait d'elle. Dans cette maison, tout le monde semblait pratiquer le mensonge, au moins par

omission. De plus, à la rentrée, l'étude du latin lui fut
interdite. Mimi se réconfortait en lisant tous les livres
qu'elle pouvait attraper. Mimau lui reprochait de trop lire.

Il y avait, heureusement, une autre consolation. Mimi
s'aperçut vite que Fräulein Frieda avait « un cerveau large
et puissant, un esprit d'homme. Et c'est cet esprit qui, jour à
jour, me conquit, d'autant plus qu'il était aussi réchauffé
par les émanations d'un cœur aussi ardent que le mien dans
ses aspirations vers la vie, la beauté, l'art et l'amour ».
Bientôt, Fräulein Frieda devint Frifri et une grande amie elle
aussi.

Mimi n'oubliait pas que sa Petite-Maman avait eu des
institutrices allemandes, et parlait parfaitement cette langue qui était celle du pays où était née son autre grand-mère,
Mme Blanc. Elle écoutait avec passion les descriptions de la
Forêt-Noire, des promenades qu'y avait faites Frieda, des
animaux qui la peuplaient. Il y avait d'immenses arbres,
comme ceux des gravures des vieux maîtres, avec des
guirlandes de lichen qui pendaient des branches. Frieda et
son élève parlaient aussi littérature. Elles parlaient de la vie
et de l'amour. Elles parlaient, elles parlaient... Elles ne se
lassaient pas de se raconter l'une à l'autre ce qu'elles
aimaient, ce qu'elles découvraient, ce qui les intriguait.
Elles étaient heureuses de s'être trouvées. A Frifri seule,
Mimi osait révéler ses tourments. Et c'est Frifri qui lui
révéla le mystère des relations intimes entre les hommes et
les femmes. Mimi, que cela préoccupait depuis longtemps,
crut comprendre en voyant une représentation du *Tartuffe*.

Elle n'avait pas encore lu la comédie de Molière. Elle fut
tout de suite intéressée par le spectacle où, pour elle, il
s'agissait surtout de ce qu'elle appelait encore « le vice »
(représenté à la maison par Anna, la femme de chambre de
Bonne-Maman, qui séduisait toujours les secrétaires et les
valets de pied). Les scènes entre Tartuffe et Elmire la
fascinèrent. Surtout la seconde. Quand Elmire, qui souhaite
démasquer Tartuffe, a caché son mari, Orgon, sous la table.
Elmire, appuyée à la table, pressée par le faux dévot qu'elle
veut éviter, se penche de plus en plus en arrière. « Tout à
coup, je crois comprendre. Leur attitude indique que
l'homme, dans ses rapports avec la femme, lui fait pipi
dessus ! » Mimi est fière de sa découverte. En même temps,
elle a l'impression que « ce n'est pas tout à fait cela... ». Elle
finit par demander à Frifri qui lui répond : « *Etwas geht*

hinein... » Elle est alors saisie de terreur à la pensée que pareille chose lui arrivera si elle se marie. Il n'est pas étonnant que Petite-Maman soit morte... Elle décrit le tumulte en elle qui ternit ce soir-là la clarté des lampes et, les jours suivants, la clarté du soleil. Et puis, elle ne sait comment, peu à peu, tout s'apaisa. « J'avais accepté la loi de nature qu'il me faudrait subir. »

Ces révélations, qui sont de l'expérience de chacun, revêtirent chez elle une gravité exceptionnelle, créant des réactions d'une forte intensité. Il n'y avait pas, autour d'elle, une présence féminine pour apaiser avec amour son désarroi. Sa mère lui manquait plus que jamais.

Frifri était trop jeune pour pouvoir la rassurer. Il est à remarquer que Mimi ne se confie pas à Mimau qu'elle aime pourtant, mais dont elle ne veut pas affronter les dérobades ou les mensonges. Elle ne dit rien non plus à sa tante Jeanne qui, en d'autres occasions, lui témoigna de la douceur. Mais là, l'affection manque de profondeur. Elle sent peut-être aussi que sa tante a pitié de cette nièce trop riche et qu'elle la trouve disgracieuse. Mimi elle-même reconnaît être gauche et laide, si elle se compare à sa cousine Jeanne.

Elle a quatorze ans, et elle est presque aussi grande que Bonne-Maman qui mesure un mètre soixante-dix. Le soir, après s'être déshabillée pour la nuit, elle aime à regarder son corps nu qui se métamorphose et lui semble à la fois agréable et étrange. Mais elle n'est pas fière de ses seins qui poussent. Rien de sa féminité ne la rend heureuse.

En dehors des Villeneuve et des enfants du bibliothécaire, les Escard, la jeune princesse ne voyait personne de son âge. Elle n'avait pas d'amis. Aussi quelle joie d'être invitée par Mme Émile Ollivier, l'épouse du dernier chef de gouvernement de Napoléon III, pour rencontrer sa fille Geneviève !

Cela se passait en 1896, Émile Ollivier était un vieux monsieur de soixante et onze ans, dont la principale occupation était d'écrire un ouvrage qui aurait seize volumes et serait intitulé *L'Empire libéral*.

Mimi avait d'abord rencontré chez son père, Daniel, le fils du premier mariage d'Émile Ollivier avec la fille aînée de Liszt et de Mme d'Agout, Blandine, qui mourut peu de temps après la naissance de ce fils. Geneviève avait quatre mois de moins que Mimi. Elle était la demi-sœur de Daniel, âgé de vingt ans de plus qu'elle.

Cette famille intriguait Mimi qui s'était fait raconter leur histoire par sa grand-mère. Comme il convenait, celle-ci l'accompagnait au déjeuner rue Desbordes-Valmore et ne partageait pas l'intérêt de Mimi.

La maison des Ollivier se trouvait au milieu d'un jardin rempli de lilas et de chants d'oiseaux. Mimi fut vivement impressionnée par M. Ollivier qui prit la peine de l'accueillir avec beaucoup de bonne grâce, « semblant courber son noble esprit, comme son visage si fin, vers l'adolescente que j'étais ».

Geneviève idolâtrait son père et parla bientôt à sa nouvelle amie de l'importance de l'ouvrage que celui-ci préparait et lui lisait. Elle prenait plaisir à décrire et commenter le manuscrit. Mimi était éblouie par ses connaissances et sa rhétorique. Les relations qui existaient entre les membres de cette famille l'attiraient. Elle n'avait jamais rien connu de pareil. L'oncle Christian n'était pas pour ses enfants un père prestigieux, et il courait à son propos des rumeurs dont elle ne comprenait pas encore le sens, mais qui la troublaient. Chez les Ollivier, elle trouvait tout à coup des liens de tendresse entre parents et enfants, en même temps qu'une atmosphère stimulante sur le plan intellectuel et artistique. On discutait musique, littérature. Mimi, passionnément rousseauiste, découvrit bientôt que Geneviève était voltairienne. Comment pouvait-on ? Elle avait jusque-là peu fréquenté l'auteur du *Traité sur la tolérance*, tandis que Geneviève lui confia s'être familiarisée avec la correspondance de Voltaire en écoutant son père en faire la lecture à haute voix pendant les hivers qu'ils passaient à la Moutte, leur propriété au bord de la Méditerranée.

Geneviève parlait de cette maison, plus rouge que les roches de l'Esterel, des hauts palmiers, des pins, des rossignols et de la mer, et Mimi se rappelait la colline aux violettes, les orangers, le jasmin, tous les parfums de San Remo d'où le tremblement de terre les avait chassés. Depuis, elle avait toujours désiré retourner dans le Sud. N'était-ce pas merveilleux de connaître quelqu'un à qui cette beauté était familière ? Elle devait penser que Geneviève avait beaucoup de chance. Mais elle n'abandonnait pas ses convictions pour autant. Elle voulait essayer de lui faire aimer Rousseau.

L'amitié de Geneviève était précieuse. Elles discutaient ferme quand il s'agissait de leurs goûts littéraires, mais

Marie éprouvait une grande satisfaction à pouvoir enfin s'exprimer. Son père refusait de l'entendre. Il était anti-littéraire. Quant à Bonne-Maman, sortie de la politique, rien ne l'intéressait. Gragra et Mimau étaient trop simples pour qu'il fût question de leur parler. Geneviève demeura son amie toute sa vie, occupant une place exceptionnelle car Marie eut peu d'amitiés féminines.

Élevée sans mère, par des femmes qui n'avaient pas assez de qualités pour s'occuper d'une pareille petite fille, Marie sera longtemps sur la défensive vis-à-vis de son sexe. D'autre part, elle est consciente très jeune que le fait d'être une femme la désavantage. Elle sait qu'on n'oserait pas la traiter comme on la traite, si elle était un garçon. Son intelligence n'intéresse personne autour d'elle, c'est son sexe qui règle le comportement de sa grand-mère et de son père. Elle écrit : « Dans la civilisation faite par des hommes, les femmes n'ont pas la place, la liberté, le bonheur qu'elles devraient ; je me sens une opprimée.

« Mais, à certains points de vue, les femmes ne l'ont pas volé. Je n'aime au fond pas les femmes, qui sont ou simples d'esprit, telles Mimau et Gragra, ou bêtement vertueuses, comme l'austère Bonne-Maman, trompée, bernée par Bon-Papa, mais qui ne sait que répéter dans sa vieillesse : Au moins, moi, j'ai été une honnête femme... Ou bien les femmes sont des " coquettes ", qui se jouent de l'amour et des hommes, qui se moquent de tout et de tout le monde, telle la petite Jeanne, ou bien encore Célimène... »

Ce volume de souvenirs date de 1958. A cette époque, les féministes n'avaient pas encore songé à accuser Marie Bonaparte de ne pas l'être. Pourtant, pendant toute sa carrière, elle a été consciente des problèmes particuliers aux femmes, n'oubliant jamais les difficultés qu'elle avait elle-même rencontrées dès l'enfance.

De l'école du théâtre à celle des mensonges

C'est le puritanisme laïque de Bonne-Maman qui fit de Mimi une rebelle. Pour survivre il fallait s'opposer. Même si cette opposition est muette, car Mimi est entrée dans la période difficile de l'adolescence. Elle a perdu la spontanéité naïve qui lui avait permis d'exprimer ses fantasmes dans les Carnets de *Bêtises* de ses sept ans. Elle est à l'écoute du tumulte en elle, sans parvenir à le déchiffrer. Alors comment oser communiquer ses émois ? Seule Frifri peut l'entendre — et encore, pas toujours.

Durant ces années formatives, « la fille de Samson » joua, à son insu, un rôle qui fut parfois positif.

Mme Jéhenne continuait à se montrer sèche, presque hostile à l'égard de son élève mais, comme elle avait l'amour et la connaissance du théâtre dans le sang, elle pressa la princesse Pierre d'y emmener Mimi. A cette petite fille isolée qui n'avait pas souvent l'occasion de regarder vivre des gens en dehors du groupe limité de la maisonnée dont les relations se déroulaient toujours selon le même scénario, le théâtre apportait les grands mythes, la complexité des rapports humains et des situations qu'elle n'avait jamais imaginés auparavant.

Il fut pour elle une grande école. Et grâce à « la fille de Samson », Mimi découvrit, tour à tour, les classiques, le théâtre lyrique et les émotions de l'amour.

En juillet 1918, Marie Bonaparte ajouta à ses déjà nombreux manuscrits un autre mémoire intitulé *Les hommes que j'ai aimés*. Elle révèle que son premier amour fut « un chanteur d'opéra-comique qui avait chanté Ganymède ». Elle avait treize ans et la *Galatée* de Victor Massé était le premier opéra-comique qu'elle voyait. « Son chanteur » était âgé de dix-neuf ans, Gragra le lui apprit. « La jeunesse attire la jeunesse », tel fut le commentaire de la lectrice de la princesse qui, c'était évident, n'était pas la bonne confidente. Quelque temps plus tard, brûlant toujours de la même flamme, toujours incapable de fixer son esprit ailleurs, Mimi demanda des explications à sa tante Jeanne. « Tu seras mariée à dix-sept ans », déclara celle-ci en l'embrassant. Mimi était perplexe. La prédiction indiquait que le sentiment qui la submergeait avait quelque chose à voir avec le mariage, mais elle ignorait encore qu'il s'agissait d'amour.

Cependant, dès la première fois qu'elle alla à l'Opéra, le jeune Ganymède fut supplanté par le moine qui séduit La Favorite, dans l'ouvrage de Donizetti. Un jeune ténor espagnol nommé Alvarez. Ce soir-là, l'émotion fut plus forte encore, et Mimi était jalouse de la Favorite qu'Alvarez pressait sur son cœur. Heureusement, cette fois, Frifri partageait son enthousiasme. « Et cela fait du bien de n'être plus seule à subir ces extases langoureuses et douloureuses, et d'en pouvoir parler, fût-ce en allemand ! » Non seulement elle en parlait, mais la nuit, elle ne pouvait dormir. Elle eût voulu caresser les cheveux, la jolie barbe fine de l'Espagnol. Et elle étreignait frénétiquement son oreiller, pour enfin trouver le sommeil.

Avril 1896, le mois de l'installation avenue d'Iéna, changement attendu depuis longtemps par toute la famille, fut principalement pour Mimi celui de la découverte de Mounet-Sully. Le grand tragédien jouait à la Comédie-Française l'*Œdipe Roi* de Sophocle. Mimi était tout aussi fascinée par le thème, la signification de la pièce — qu'il lui était en apparence impossible de déceler — que par le talent, le physique de l'interprète. Mais elle ne s'en rendait pas compte. Elle n'avait aucun moyen de savoir que, cette année-là, le mot psychanalyse fut imprimé pour la première fois. Il parut dans un article de Freud [1], en français d'abord, le 30 mars 1896, puis en allemand, le 15 mai [2]. Freud n'avait pas encore découvert le complexe d'Œdipe. Mimi note les réactions de son entourage. Tandis que sa grand-mère réprouve les cris qui l'agacent, que Mme Jéhenne demeure impassible et que Gragra déclare que Mounet-Sully louche, elle est transportée. Elle n'a encore jamais rien vu d'aussi sublime. Elle est incapable de dire un mot. Le lendemain, au réveil, alors qu'elle a eu ses règles deux semaines plus tôt, elle baigne dans son sang. C'est là le signe de son bouleversement profond. Tout en elle a changé. Ce qu'elle aimait la veille, elle ne l'aime plus. Elle n'aime plus Mimau, qui comme les autres jours, lui apporte son petit déjeuner. Elle n'aime plus son chien, le doux petit Zéphyr. Elle est à Thèbes et non à Paris, dans cette maison de la rue Galilée qu'elle est sur le point de quitter.

Durant le déménagement, on perdit le petit chien. Mimi n'en éprouva aucune peine, même lorsque Mimau suggéra que c'était peut-être le valet de pied Eugène, l'ami d'Anna qui l'avait étranglé. Tout ce qui se passait autour d'elle lui était indifférent. Elle en voulait à Bonne-Maman de n'avoir pas compris la beauté des cris d'Œdipe, elle en voulait à Gragra et elle ne parvenait pas à faire sentir à Frifri ce qui la

1. Freud, *Ges. Werke*, I, p. 416.
2. Jones, *Freud*, I, p. 270.

hantait. Elle ne pouvait parler à personne et sûrement pas à
tante Jeanne qui, sur le point d'accoucher de son sixième
enfant, promenait son ventre lourd qu'elle lui demandait de
palper pour sentir, à travers l'étoffe de sa robe, les mouve-
ments du bébé.

L'envoûtement allait durer. Avec l'autorisation de sa
grand-mère, Mimi acheta une double photographie de Mounet-Sully dans le rôle d'Œdipe, dont l'une avec le visage
couvert de sang. Au bout de quelque temps, Bonne-Maman
exigea qu'elle ôtât ces photographies du chevet de son lit.
Sans doute suivait-elle là les instructions du prince Roland
qui méprisait les acteurs. Il les appelait « cabotins » et ne
les situait pas plus haut que les comédiennes, qu'il qualifiait
de gourgandines. Mais qu'importe ! Mimi obtint de retourner plusieurs fois voir *Œdipe*.

Hamlet, un autre des triomphes du célèbre tragédien la
transporta tout autant. Elle alla même peut-être jusqu'à se
demander si elle n'était pas une sorte de Hamlet féminin.
Mais elle ne poussait pas plus loin la comparaison avec la
situation familiale. Pourtant quelque part en elle, elle savait
que Bonne-Maman était comme Gertrude, la mère de
Hamlet qui tenait à sa merci Claudius, son complice, frère et
assassin du roi. Il était également entendu, à ce niveau-là,
que papa ressemblait à Claudius. Le sang de la victime du
couple odieux devait être vengé, comme au théâtre. Certes,
tout cela, Mimi ne se le formulait pas mais le spectacle du
drame shakespearien, qu'elle insistait pour revoir, comme
Œdipe, chaque fois que l'occasion s'en présentait, la bouleversait.

Elle n'était pas sans remarquer non plus que Bonne-
Maman qui, curieusement, ne refusait pas de l'y conduire,
était elle aussi très mal à l'aise.

Pourtant, mieux que la plupart des adolescents, Mimi est
prête à faire la différence entre le théâtre et la vie. Elle a soif
d'amitié, de distractions, de tout ce qui est de son âge et dont
on la prive. Elle est si forte, malgré tout, qu'elle ne se laisse
pas décourager. Du moins pas en permanence. Et elle paraît
sensible au succès.

L'été de l'installation avenue d'Iéna, la famille Bonaparte
le passe à Saint-Cloud, dans la maison de Mimi, avec les
Villeneuve et « la fille de Samson » a la bonne idée de
monter *Athalie* pour des spectateurs qui composent l'entourage habituel : M. Bonnaud, M. Escard et sa famille, le

secrétaire Leandri et sa femme ; et la troupe se compose de Gragra et des cousins. Mimi porte un costume de reine fait de voiles brodés d'or et d'argent. Mais son institutrice trouve moyen de lui gâcher une part de son plaisir en prétendant que ses seins ballottent. « Je déclame cependant fort bien le fameux songe et l'auditoire m'applaudit, tout comme si j'étais Mounet-Sully. » Cette faible compensation trompe un peu son attente, car pendant toutes ces vacances, elle ne pense qu'à la réouverture des théâtres.

En dehors de son système d'éducation par le spectacle, « la fille de Samson » était mauvaise pédagogue. Sans doute la princesse Pierre en avait-elle conscience depuis le début, mais elle n'avait pas l'intention de prendre d'autres initiatives dans ce domaine. Les changements lui déplaisaient, et introduire de nouvelles personnes auprès de sa petite-fille était une tâche ardue et un risque. Ainsi la recherche de la remplaçante de Miss Kathleen se révéla laborieuse. Et quand Miss Kitty parut, Mimi sut immédiatement qu'elle n'aimait pas sa nouvelle institutrice anglaise.

Miss Kitty restera néanmoins auprès d'elle de 1896 à 1903. Elle venait des comtés du centre de l'Angleterre. Elle avait des « cheveux blonds frisés, un petit nez en l'air, des dents proéminentes dans une bouche menue de rongeur narquois. Elle se moquait de tous les enthousiasmes, vantant sans cesse le *self control* et le prosaïsme. Ce qui me faisait horreur ». Dans les souvenirs qui ont été publiés, l'Anglaise est désignée sous ce nom de Miss Kitty alors que dans les notes manuscrites qui servirent à les rédiger, elle a pour prénom Hetty. C'est ainsi que je la nommerai.

Il est probable que la princesse Pierre appréciait son peu d'affinité avec Mimi. Elle se méfiait des amitiés que la spontanéité de Mimi pouvait faire naître et dont le contrôle lui échapperait.

Mais la situation qui s'était peu à peu développée entre Mme Jéhenne et son élève était grave. Jusque-là, on avait eu soin de ne pas pousser Mimi dans la voie des études sérieuses, mais il était évident qu'elle était douée. Même peu et mal instruite, Mimi témoignait toujours d'un désir d'activité littéraire.

Elle créa, seule, une « revue mensuelle » qu'elle appelait *Le Sphinx* et qui eut deux numéros, en mai et en juin 1897. Il est intéressant de noter qu'elle donne à ses rédacteurs des pseudonymes empruntés à l'histoire et à la mythologie

grecques. Parmi lesquels Minos est Mme Jéhenne; Crésus,
M. Bonnaud; Créon, M. Escard. Le surnom de Leandri
rappelle son origine corse : Cyrneusis et Zacharie est
Rolande Escard, secrétaire de rédaction; le prince Orlando
est le directeur-gérant, et elle-même, Mimi qui, modestement n'est que membre du conseil d'administration signe
Rhadamante[1]. Dans le premier numéro on trouve un récit
de l'incendie du Bazar de la Charité, tragique événement
d'actualité qui émut Paris et eut lieu dans un bâtiment situé
rue Jean-Goujon, juste derrière l'ancienne demeure du
prince Roland, Cours-la-Reine. Il y avait aussi, dans ce
numéro, un article intitulé *Un téléphone à Fouillis-les-Oies*,
le téléphone était alors une nouveauté; et « une souscription
pour le Jubilé de diamant de la reine d'Angleterre à Paris ».
Le second numéro contenait un article antigrec et pro-
crétois : *Courrier de l'Orient : les Grecs veulent dominer la
Crète.* Le membre du Conseil, Rhadamante, ne pouvait alors
se douter que celui qui deviendrait l'année suivante Haut
Commissaire des Puissances en Crète, le prince Georges de
Grèce, serait, un jour, son époux.

Le Sphinx était clairement une façon de montrer ses
capacités et de se rassurer.

L'été 1897 fut pour Mimi rempli de découvertes. Son père
avait décidé qu'il était temps pour elle de l'accompagner en Suisse : le prince Roland était bon alpiniste et son
amour de la montagne l'avait naturellement conduit à
l'étude des glaciers. Ses travaux dans ce domaine font
encore autorité[2].

---

1. Marie Bonaparte, notes inédites.
2. Une lettre adressée le 28 juillet 1973 par un membre de la Section
française de l'International Glaciological Society, le Professeur Robert
Vivian, directeur de l'Institut de Géographie alpine, à la princesse Eugénie
de Grèce en témoigne : « J'ai été, par publication interposée, un interlocuteur passionné du prince Roland Bonaparte dont j'ai pu admirer l'enthousiasme, le dynamisme et le grand savoir », écrit le professeur Vivian qui
rappelle, dans un article postérieur, qu' « on vit alors (le prince Roland),
dès 1890 et jusqu'en 1905 environ, parcourir les montagnes savoyardes et
dauphinoises, sans oublier la montagne pyrénéenne, marquant le front de
chaque glacier d'une chaîne de repères aux initiales RB surmontées par une
croix et la date d'installation. Chaque chaîne était rivée à ses deux
extrémités au rocher ou à quelque bloc géant... Plus tard, on retrouva les
précieux repères. Peut-être aujourd'hui en existe-t-il encore quelques-uns
en place... Mais à quelle distance du glacier ? Lorsqu'on veut savoir ce
qu'étaient les glaciers alpins français à la fin du XIXe siècle c'est le plus
souvent une littérature signée Roland Bonaparte qui apporte les renseignements recherchés... Il a été en France l'initiateur du contrôle des glaciers et

C'était la première fois qu'il emmenait sa fille, les Villeneuve et toute la maisonnée. Pour transporter tout son
monde, le prince avait loué deux « extra-postes », des
diligences privées. Et quel itinéraire grandiose ! les cantons
qu'ils visitent sont très différents les uns des autres. Le
premier glacier que verra Mimi est celui du Rhône dévalant
les pentes de la Furka. Ils allèrent aussi au lac de Thoune, à
Interlaken, à Brienne, à Andermatt. « J'ai comme Barbe-
rousse passé le col du Julier », écrit Marie dans ses souvenirs. Elle est sensible à la beauté de la flore dans la vallée de
l'Engadine, elle parle de « la fine gentiane bleue » que son
père regarde soudain attendri, comme elle. « Ce bleu pénè-
tre par les yeux jusqu'au cœur. » Elle a trop le sens de la
nature pour ne pas aimer les montagnes des Grisons couvertes d'aroles et de mélèzes, les lacs couleur d'émeraude. Elle
est fière de son costume de montagnarde : un tailleur en
laine beige, des blouses blanches « qu'on peut laver », des souliers comme ceux de son père, avec des clous, une canne ferrée
que celui-ci a achetée pour elle et un chapeau de feutre.

Le matin à six heures, ils partent en file indienne : le
prince, tante Jeanne, les deux cousins (Pierre et la petite
Jeanne qui essaie d'éclipser Mimi auprès d' « oncle
Roland »), le secrétaire corse Leandri et sa femme, Jean le
valet de chambre du prince. On emporte généralement un
pique-nique. La pauvre Mimi est vite essoufflée — sa tante
aussi — mais elle ne voudrait pas rester à l'hôtel avec sa
grand-mère, M. Bonnaud, Hetty, Frieda, Mimau, Anna et
Marguerite.

En dehors de quelques moments de jalousie à l'égard de
ses cousins, l'événement principal de ce voyage décrit par
Mimi est la visite que leur fit à la Maloja la princesse Letizia
fille du prétendant impérial, le prince Napoléon.

Letizia était devenue la nièce du roi d'Italie, Humbert Ier,
en épousant le duc d'Aoste. Et c'était un honneur pour les
Bonaparte qu'elle acceptât de déjeuner avec eux. Elle arriva
de Saint-Moritz accompagnée de son chambellan et d'une
dame d'honneur. Comme toutes les femmes Bonaparte, elle
aimait, disait-on, beaucoup les hommes. A table, elle ne
cessa de s'entretenir en italien avec Leandri dont le cham-

à ce titre demeure un des grands hommes de la glaciologie alpine. » Article
manuscrit accompagné d'une lettre adressée à l'auteur en date du
1er février 1978.

bellan semblait jaloux. Tante Jeanne elle-même ne paraissait pas satisfaite : quant à Angèle Leandri, elle pressait frénétiquement son mouchoir sur ses lèvres tremblantes et gonflées. L'enthousiasme poussa la duchesse d'Aoste jusqu'à vouloir chanter en duo, avec Leandri, un air en vogue, *Funiculi funicula*, accompagnés par la dame d'honneur sur le piano de l'hôtel. « Si jamais mon mari me trompait avec une autre femme, je les tuerais », déclara Angèle à Marie qui s'était approchée d'elle pendant cette scène.

Le retour à Paris fut plus difficile que d'habitude. Marie avait passé plus de temps qu'elle n'en avait jamais connu avec son père et à la veille d'une nouvelle année scolaire, le désespoir violent des adolescents s'empara d'elle. Malgré ses efforts, elle était incapable de comprendre l'arithmétique telle que la lui enseignait Mme Jéhenne. Pareille défaite lui était insupportable et fit basculer ses prudentes constructions protectrices. Tout la faisait souffrir. Elle se prit à douter de son intelligence, et même de la nécessité de vivre. Elle si sensible à la nature se sentait, soudain, exclue de cette beauté par son manque d'agilité d'esprit.

Heureusement, son père qui avait eu l'occasion de l'observer pendant le voyage en Suisse, décida de renvoyer « la fille de Samson », dont il admettait qu'elle n'était qu'une « pionne ». Mais inutile de lui demander pourquoi il l'avait conservée si longtemps. Jamais il ne se prêtait au dialogue.

Mimi commença de nouvelles classes, en cet automne 1897, avec deux professeurs de lycée, deux jeunes agrégées qui enseignaient au lycée Racine, et que son père avait lui-même choisies. Marie Bonaparte les décrit d'une plume alerte. Elle retrouva vite avec elles son goût de l'étude et sa confiance en ses capacités. Elle sut tout de suite qu'avec Mlle Boutry, qui lui plaît « par son allure accorte, on dirait avec son parler haut et franc quelque servante de Molière », elle allait apprendre l'orthographe et la grammaire. Mlle Boutry non seulement lui parla de littérature, mais elle l'initia vite aux explications de texte, et lui donna une composition à rédiger chaque semaine.

Le professeur de sciences et de mathématiques, Mme Grünewald, avait trente-deux ans. Elle était d'un an plus jeune que Mlle Boutry et très différente. Elle avait le lent parler des Flandres. Elle aimait les mathématiques, elle résolvait pour son plaisir des problèmes dans le train qui l'amenait de Meudon à Paris... au lieu de regarder les gens ou les arbres, ou les maisons — Mimi était surprise mais voilà que ce qu'elle n'était pas arrivée à comprendre avec Mme Jéhenne, elle le comprenait quand Mme Grünewald le lui expliquait. Elle en fut rassérénée. Elle avait eu si peur de manquer d'intelligence !

Hélas, dans les initiatives du couple familial il y avait toujours quelque chose qui heurtait Mimi et qu'elle n'oublia pas, après toute une vie. Il existait un tarif pour les leçons particulières données par des professeurs agrégés qui se rendaient dans les familles. Les leçons de deux heures coûtaient, en général, vingt francs. Sans révéler l'identité de leur future élève, M. Bonnaud avait marchandé avec les deux jeunes femmes pour obtenir de chacune un rabais de quatre francs.

Cette besogne dont s'était chargé M. Bonnaud au nom de ses employeurs était, comme le reste, basée sur le mensonge. Mimi fut indignée quand elle apprit l'histoire, et honteuse vis-à-vis de ses professeurs.

Ayant récupéré à la fois son désir d'apprendre et la confiance dans ses moyens intellectuels, elle prit conscience également de l'émulation qui existe dans une salle de classe. Quelle joie ! Pour la première fois elle avait le sentiment que sa vie ressemblait à celle d'autres filles de son âge. Mlle Boutry et Mme Grünewald lui parlaient de leurs élèves et la comparaient aux meilleures d'entre elles. Ces mois de travail intense furent aussi des mois d'espoir et de bonne humeur. Elle s'intéressait également aux beaux-arts. Elle alla au Salon voir le *Balzac* de Rodin, exposé pour la première fois et que sa grand-mère traitait de sac de pommes de terre, avis contre lequel elle s'insurgeait. Elle essayait de son mieux de former son goût et son esprit. Apprendre était un plaisir qui l'exaltait.

En elle, il y avait le secret espoir qu'un examen, puis un autre, la conduiraient vers la liberté. Mais elle se gardait bien d'y faire allusion.

Puisque le latin était indispensable à la préparation du baccalauréat, et que son père le lui avait fait abandonner à peine commencé, elle ne pourrait se présenter qu'au modeste brevet élémentaire, qui préparait à devenir institutrice primaire. Elle plaida sa cause avec énergie, rappelant l'examen que lui avait fait subir, chez les Escard, un inspecteur d'académie et qui avait abouti au renvoi de Mrs. Plum-Pudding. La situation n'était pas la même, elle le souligna, mais elle avait besoin qu'on reconnût ses capacités et ses efforts. Bonne-Maman et son père ne semblaient pas disposés à la contrarier. Ils l'écoutèrent sans commentaires hostiles, et elle obtint assez facilement la permission désirée. Elle mit alors toute son ardeur à l'étude, car elle attendait beaucoup de cette minime consécration, et ses deux professeurs prenaient leur tâche au sérieux en vue de l'examen.

Or, une semaine avant le jour de l'inscription, Mimi fut convoquée par sa grand-mère qui la reçut cérémonieusement, dans sa chambre, et lui annonça que le nom de Bonaparte étant maudit pour bon nombre de républicains, il ne fallait pas risquer que des examinateurs républicains trop zélés ne la fissent échouer parce qu'elle était une Bonaparte. Le prince, en accord avec sa mère, avait décidé que sa fille ne devait pas se présenter. « Pour t'éviter une humiliation, une déception inutiles. »

Cette fois, Mimi comprit aussitôt que toutes ces explications étaient mensongères. Ils avaient consenti à ce qu'elle travaillât, à ce qu'elle fût finalement à peu près instruite mais, dès le début, leur décision était prise. Pourquoi cette tromperie ? Elle soupçonna qu'elle la devait à son or. Ce fameux mariage extraordinaire dont son or les faisait rêver ne passait pas par le brevet élémentaire. « Malédiction de mon nom, de mon rang, de mon or ! Malédiction surtout de mon sexe ! Car si j'étais un garçon, on n'eût pu m'empêcher de me présenter au baccalauréat, malgré mon nom, comme autrefois Papa qui d'ailleurs n'échoua pas ! » Mimi était seule à se débattre contre cette malédiction, contre les mensonges qui en faisaient partie.

Mimau ne lui était d'aucun secours et tante Jeanne ne s'intéressait qu'à ses enfants. Elle s'occupait d'ailleurs de faire travailler ses deux aînés qui, plus tard, eux, passeraient leur baccalauréat. Frifri, aussi indignée que son élève, poussa Mimi à l'impossible révolte. Seule Mlle Boutry fut réconfortante, en faisant remarquer que le travail accompli cette année-là avait considérablement enrichi l'esprit de Mimi. Celle-ci le reconnaissait mais elle n'en demeura pas moins pleine de ressentiment à l'égard de sa grand-mère et de son père qui, par sa lâcheté, s'était fait « le tacite complice de l'escroquerie perpétrée par sa mère sur son enfant ».

Il y avait pourtant parfois des différends entre la mère et

le fils, mais alors leurs intérêts n'étaient pas en cause, et c'était uniquement des prises de position idéologiques qui les séparaient.

Un maître chanteur sans finesse

Ainsi l'affaire Dreyfus. Dans la maison du prince Roland comme dans la plupart des foyers français, l'affaire avait divisé, et là sans doute, comme ailleurs, on se déchirait avec autant de passion et de chagrin qu'on le fit quarante-cinq ans plus tard, au moment de l'occupation nazie et du gouvernement Pétain.

Mimi avait entendu parler de cette affaire depuis le début, cela remontait à ses douze ans. La princesse Pierre et sa lectrice étaient antidreyfusardes. Elles trouvaient normal que cet officier français ait été condamné aux travaux forcés et à la déportation. Selon elles, le capitaine Dreyfus, étant juif, ne pouvait être innocent. Mais le prince Roland ne partageait pas le point de vue de sa mère et il était horrifié de la réclusion de l'officier à l'île du Diable, en Guyane. Sans être « dreyfusard », il était révisionniste, estimant que le procès avait été mal instruit, mal jugé et qu'il était inadmissible d'avoir condamné un homme à la dégradation militaire et aux travaux forcés sans que ses avocats aient eu accès à toutes les pièces du dossier sur lesquelles on l'avait condamné. Mimi approuvait, mais l'attitude de Leandri à propos de « l'affaire » lui paraissait plus admirable. Le secrétaire de son père était prêt à se battre en duel pour son héros victime des machinations ou de la bêtise des militaires. Il le fit savoir à ceux qui, devant ses éclats, s'apprêtaient à le traiter de « vendu », « comme il est de règle en ces cas », note Marie en rapportant les faits qui remontent à 1898, l'année qui précéda la révision du procès. Elle était à cette époque déjà très intéressée par Leandri, qui ne manquait pas de raconter longuement devant elle ses exploits au Palais. Impressionner la jeune princesse était pour lui aisé.

Contrairement aux hommes qu'elle avait aimés jusque-là, son quatrième amour était proche et dangereux. « Le secrétaire corse, cheveux noirs, yeux bleus, barbe en pointe — j'avais seize ans, lui trente-huit. J'étais laide. Il était beau. » Pauvre Mimi ! Cet été 1898, elle devait, en effet, être particulièrement disgracieuse. La grande désillusion du brevet élémentaire venait d'avoir lieu, et elle n'avait pas encore pu pardonner ni oublier les mensonges de ses parents.

Elle était si malheureuse qu'elle renonçait à s'embellir. Elle voulait ressembler à ce père qui la faisait souffrir et qu'elle aimait. Elle s'affublait d'une paire de bretelles inutiles pour maintenir en place sa jupe beige de l'année précédente, elle refusait de porter une ceinture qui affinerait sa taille, maintenue dans le corset de fer. Elle avait la démarche d'un guide, avec ses gros bas à carreaux et ses souliers cloutés. Sur sa tignasse mal lavée qu'elle tirait en arrière en une courte natte, elle portait un chapeau mou d'homme. Ce qui n'arrangeait rien. Les bords n'étaient même pas assez larges pour dissimuler l'acné de ses joues. C'était probablement à cause de cette peu séduisante apparence que ses vigilants gardiens ne devinèrent pas les stratagèmes du Corse.

Cette année-là encore, le prince Roland emmène tout son monde en Suisse. Sa sœur n'est pas du voyage, les enfants Villeneuve ont la diphtérie. Le départ pour Bâle a lieu par le train, comme d'habitude et tout se passera dans l'Oberland bernois. D'abord à Adelboden d'où le prince a projeté de faire de grandes excursions. Cette fois, Mimi suit les hommes, tandis que les femmes restent entre elles. Elle ne rechigne plus à se mettre en marche dès l'aube. Elle prend goût à la montagne, toujours à cause de son père, et s'extasie sur un orchis vanille que celui-ci a découvert — il n'a pas encore commencé à herboriser sérieusement mais il aime les plantes, les prairies « où l'herbe rase disparaît sous un tapis de marguerites blanches étendu à perte de vue, que ponctue de-ci, de-là, la marguerite bronzée de l'arnica ». Après un pique-nique où Mimi a bu de l'*Exportbier* qui lui a monté à la tête et où le Corse, pour montrer son adresse a tiré au revolver, décapitant les six bouteilles vides de leur repas, ils s'éloignent ensemble, parmi les marguerites, et il lui demande d'en effeuiller une, en murmurant la litanie : « je l'aime, etc. » Le dernier pétale, comme il se doit, conclut « passionnément ». Alors, en hâte, ils retournent vers les autres et plus tard, il lui adresse quelques phrases sibyllines impliquant qu'elle a accepté son amour. Mimi, affolée, se récrie : elle n'a rien voulu dire ! Mais c'est pourtant vrai qu'elle l'aime déjà...

Leandri ne fait pas preuve de beaucoup d'imagination. Il emploie des moyens qui ne sont pas très personnels. Un jour, dans le chemin de fer à crémaillère qui les conduit à la Kleine Scheidegg, pour contempler de plus près la Jungfrau, il presse sa main sous la couverture qu'on a jetée sur les genoux des voyageurs et prononce des phrases du genre : « La Jungfrau ! La Vierge me rend fou ! » Cette excursion-là est particulièrement mémorable, car ils redescendront à pied dans la vallée, une longue marche qui se termine à la lueur des étoiles. Plusieurs années plus tard, Marie en parle comme un des moments les plus parfaits de sa vie. Elle décrit toujours très bien cette phase de l'amour où rien n'est encore consommé.

Parce qu'il souffre d'entérite le prince Roland doit renoncer à une partie de son programme et on s'installe à Grindelwald, dans un hôtel « au fond d'une sombre vallée », dans la verdure. Les malaises du prince prolongeront le séjour plus longtemps que prévu et surviennent les pluies qui annoncent la fin de l'été. Dans cette atmosphère recluse, Angèle Leandri découvre que quelque chose se passe entre son trop beau mari et la jeune princesse. Elle provoque une explication. « En vraie femme, je nie, je mens. Je ne veux pas me laisser arracher mon secret sacré et mon jeune bonheur. » Voilà donc Mimi se reniant soudain. Elle l'accepte. Sans en paraître troublée. Elle est à un âge où l'instinct est plus fort que les principes. Ensuite, pendant quelque temps, elle n'ose plus livrer ses pieds à ceux de Leandri sous la table... Mais bientôt, ces petits manèges reprennent et, comme par enchantement, la jalousie d'Angèle s'est apaisée. L'innocente Mimi ne se pose pas de questions à ce propos non plus. Elle se rend avec joie à l'invitation qui lui est faite, par Angèle, d'aller bavarder dans la chambre du couple, le soir, après que Mimau l'a déshabillée et revêtue de sa robe de chambre. Mimau encourage cette nouvelle amitié. Son cœur de Corse s'en réjouit car, de plus, Mme Leandri lui plaît : c'est une bonne chrétienne dont l'influence sur Mimi ne peut être que bénéfique. Elle se débrouille pour cacher à la princesse et au prince les visites nocturnes aux Leandri.

Au cours de ces soirées, dans la chambre d'hôtel de Grindelwald, il y eut quelques pressions de mains furtives, et une fois, debout derrière la porte, Leandri posa ses lèvres sur celles de la jeune fille. Elle était éperdue. « Ce soir-là, le Corse eût pu faire de moi tout ce qu'il eût voulu. » Mais Angèle ne les laissait pas seuls plus de quelques instants.

Pendant une autre de ces absences, au lieu de l'embrasser, Leandri réclama à Mimi une mèche de cheveux qu'il désirait porter sur lui. Il avait bien préparé son histoire car il spécifia : « Et enveloppez-la dans un petit papier sur lequel vous écrirez que vous m'aimez, avec ce crayon, ce crayon-là ! N'oubliez pas de mettre mon nom — et écrivez ce qu'a dit la marguerite, quand vous l'avez effeuillée. Je serai si heureux ! » Elle obéit, se retira dans le seul endroit qui fermait à clé pour écrire, en mouillant le crayon-encre récalcitrant avec l'eau qui coulait dans la cuvette : « A Antoine Leandri, Marie qui l'aime passionnément et ne l'oubliera pas. » Un autre soir, après une scène ridicule où il lui reprocha sa passion « indigne » pour Mounet-Sully, un « cabotin », elle s'enferma de nouveau dans les cabinets et, toujours avec le même petit crayon qu'il lui avait redonné pour la circonstance, elle lui écrivit qu'elle n'avait pas aimé Mounet-Sully d'amour, qu'elle n'aimait que lui, le Corse, et qu'elle donnerait sa vie pour lui. On ne pouvait rêver victime plus consentante. Marie, si soigneusement tenue à l'écart de la vie, était prête à tomber dans le panneau le plus grossier d'un maître chanteur qu'elle avait dû inspirer par son incroyable innocence.

Beaucoup plus tard, à propos de cet amour qui fut si dévastateur pour elle, Marie nota : « J'ai pris le pli, dès mon enfance, de toujours aimer dans un grand halo de rêve qui me cache la réalité. » Elle était si éprise, à seize ans, qu'elle ne mesurait pas l'étrangeté de la situation. Elle ne semble pas avoir éprouvé le moindre sentiment de culpabilité à l'égard de la femme légitime dont elle n'était pas non plus jalouse. Les Leandri étaient devenus tous les deux ses amis, ses défenseurs et, en secret, elle l'aimait, lui. Sans trop savoir encore ce que signifiait aimer.

Ce dont les Leandri prétendaient se faire un devoir de l'informer, elle eût préféré ne pas l'entendre, ou plutôt ne pas le réentendre, car elle savait depuis longtemps les médisances et les calomnies qui couraient sur le compte de sa grand-mère et de son père. Jusque-là, elle était tout de même parvenue à vivre auprès d'eux dans une paix relative. Trop souvent, leurs mensonges la blessaient, mais « leurs crimes » ne l'empêchaient pas d'aimer éperdument son père, et elle avait appris à nommer jalousie le sentiment qu'elle éprouvait pour sa grand-mère. Néanmoins la campagne de dénigrement rondement menée par les Leandri produisit son effet et Mimi se révolta. Mais c'était, bien sûr, par amour pour le bel Antoine.

« Défendez-vous ! défendez-vous ! ayez enfin de la volonté ! » s'écrie-t-il, sans cesse, dénonçant la pseudo-faiblesse de la jeune fille. Les réunions nocturnes clandestines continuent jusqu'à ce qu'enfin le prince décidât de rentrer à Paris. Le départ de Grindelwald accable Mimi, la chambre du couple où elle a passé ces soirées lui semble un lieu privilégié qu'elle ne retrouvera jamais plus.

En reprenant le train à Bâle, ils apprennent le suicide du colonel Henry, consécutif à la découverte du faux commis par l'officier, pièce à conviction utilisée contre Dreyfus lors de la condamnation de celui-ci. Le Corse exulte. Le prince proclame sa satisfaction que partagent Frifri et Mimi, qui triomphe, après avoir retenu si longtemps sa colère, en voyant l'œil unique de l'antidreyfusarde princesse Pierre exprimer le plus énergique mécontentement.

Ce nouvel épisode de l'affaire Dreyfus est l'un des seuls événements de la vie politique ou sociale qui semblent avoir retenu l'attention de la jeune fille. On trouve rarement dans ses carnets des notes se rapportant à ce qui se passe en France et dans le monde. L'intérêt passionné que portait sa grand-mère à la politique l'en écarta. Il faudra que s'écoulent beaucoup d'années et que des circonstances bien particulières surviennent pour qu'elle s'y intéresse à son tour.

La princesse Pierre avait dû vivement insister auprès de son fils pour faire entrer Leandri comme deuxième secrétaire, en 1890, alors que les Bonaparte habitaient encore Cours-la-Reine. Le jeune homme venait de Bastia et, alors qu'il était juste licencié en droit, presque avocat, après des débuts dans le journalisme, il avait pris longtemps le maquis pour d'obscures raisons. Il aurait même, disait-on, tué. Un gendarme ou quelqu'un d'autre. Bandit d'honneur, coupable fuyant la justice ? Il ne s'en expliqua sans doute jamais avec le prince Roland qui l'aida à devenir docteur en droit et réussit, malgré son passé trouble, à le faire admettre par l'ordre des avocats. La princesse Pierre croyait, comme elle le répétait souvent, que « les Corses sont vifs et mauvaises têtes, mais nous sont et nous seront à jamais fidèles et dévoués ». En 1893, Antoine Leandri avait épousé Angela Agostoni, une jeune fille de Morosaglia, la patrie de Paoli héros de la Corse. Mimi la trouvait beaucoup plus belle qu'elle. La comparaison lui était venue naturellement car la femme du secrétaire n'avait que quelques années de plus qu'elle. Angèle était petite, elle avait une peau blanche, laiteuse, des cheveux et des yeux noirs. Le nez un peu épaté et des lèvres gonflées qu'elle essuyait avec un petit mouchoir. Ses mains, ses jambes et ses pieds étaient un peu lourds, mais sa taille était fine, bien prise dans un long corset comme le voulait la mode.

Avenue d'Iéna, Leandri travaillait dans la bibliothèque à un petit bureau « adossé aux casiers à fiches, un peu en arrière du crâne de Charlotte Corday et du squelette de la femme hindoue morte à vingt ans de tuberculose, qu'un ami avait offert à Papa ». Aucun livre appartenant au prince Roland ne pouvait être emprunté sans remplir une fiche. Et, en compagnie de Frifri elle avait été souvent chercher de la lecture, s'arrêtant toujours pour « échanger quelques mots avec le beau Corse ». Au moment de se séparer, il leur décochait une plaisanterie et une œillade, puis il se remettait au travail, tandis que Mimi rêvait de son passé mystérieux.

Mais Frifri devait partir, selon les plans des Corses. Poussée par Angèle Leandri qui veut la dominer exclusivement, Mimi trahit celle qui avait été jusque-là son amie la plus proche, en confessant à son père ce que Frifri lui avait appris de la sexualité. Elle ne sembla pas avoir pensé un instant aux conséquences de son acte. Et elle fut à peine frappée par la sanction immédiate prise par son père. Fräulein Frieda, qui était en vacances chez elle, dans la Forêt-Noire, fut priée de ne pas rentrer à Paris.

Au retour avenue d'Iéna, commence une période durant laquelle Mimi se laissera manipuler. Elle était prise dans un dilemme. Elle n'était pas libre de voir Leandri autant qu'elle le voulait, de trop fréquentes visites à la bibliothèque n'échapperaient pas à sa grand-mère. D'ailleurs, Mme Leandri ne l'incitait pas à prendre des risques sur ce terrain. La plupart du temps, ce fut Angèle Leandri qui la régentait et la harcelait, Mimi devait, selon « ses amis » faire preuve de volonté, en exigeant d'exercer ses droits dans trois matières apparemment bénignes. Ils lui présentèrent sa démarche auprès de ses parents comme des rites d'initiation. Ils voulaient la dominer en la diminuant à ses propres yeux. Elle devait d'abord exiger d'être conduite sur la tombe de sa mère, à Versailles, puis elle insisterait pour voir la sœur de sa mère, sa tante Radziwill, et troisièmement elle refuserait de continuer à être habillée comme une pauvresse.

Mimi avait vécu si isolée qu'elle ignorait ce qui se passe d'habitude en dehors de la maison paternelle. Elle croyait normal qu'une fille n'allât jamais sur la tombe de sa mère. Quant à sa tante Radziwill, elle ne l'avait jamais vue puisque la brouille entre les Radziwill et les Bonaparte était antérieure à sa naissance, remontant à la mort de sa grand-mère Blanc. Et elle n'éprouvait pas de curiosité à l'égard de cette tante inconnue. Enfin, bien qu'elle eût envié les vêtements des autres, il ne lui était jamais passé par la tête de demander pour elle-même des vêtements élégants.

A présent qu'elle commençait de revendiquer ses droits, s'attachant à la simple logique des faits, elle se heurta à une opposition farouche, et réagit avec violence : elle bouda, elle s'enferma dans sa chambre. Ne voulant voir personne, elle se plaignait d'autre part d'être séquestrée. Employant un vocabulaire dont elle ne s'était jamais servie jusque-là, elle provoqua son père et sa grand-mère au cours de scènes où elle les accabla de reproches, souvent justes, mais qui n'étaient pas dans sa manière, jamais ouvertement rebelle auparavant. Son attitude vis-à-vis de sa tante Jeanne, en qui elle avait toujours eu confiance, changea elle aussi. Leandri avait révélé à Mimi que tout le monde, excepté elle, bénéficiait de son argent. Ainsi tante Jeanne percevait une rente de 5 000 francs par mois ; Mimi le lui reprocha. Pourtant ce fut tante Jeanne, la froufroutante tante Jeanne qui emmena sa nièce place de la Madeleine, chez sa corsetière, Mme Léoty, la plus en vogue de Paris. Le Dr Josias accepta enfin de libérer la jeune fille de son corset de fer, et Mimi alla aussi chez la couturière de sa tante, qui l'aida à choisir. Mimi était éblouie. Elle n'avait jamais vu tant de belles étoffes. On lui ferait d'abord une blouse en satin broché cerise ; jusque-là elle avait toujours porté des couleurs neutres et des vêtements coupés et cousus par les ouvrières qui travaillaient pour les bonnes œuvres de sa grand-mère.

La visite à Versailles au cimetière des Gonards eut lieu pour la Toussaint. Mimau s'en réjouit. Elle se méprit, croyant que Mimi éprouvait le désir d'aller prier sur le tombeau de sa mère. En pénétrant dans la petite chapelle mortuaire où étaient enterrés côte à côte son grand-père, le prince Pierre et la jeune princesse Roland, Mimi fut émue.

Elle pleura devant la vieille princesse borgne impavide, tante Jeanne et M. Bonnaud qui l'accompagnaient. Mais ce n'était pas, comme ceux-ci le pensaient peut-être, l'amour filial qui l'avait poussée.

La rencontre avec la princesse Radziwill dut attendre. Mimi avait atteint l'âge des obligations mondaines. On commença de la sortir. Elle alla avec sa grand-mère, sa tante Jeanne et M. Bonnaud faire une visite à l'impératrice Eugénie, le 21 novembre. Trois jours plus tôt, la princesse Mathilde s'était rendue avenue d'Iéna. Naguère, Mimi l'aimait beaucoup, et se plaisait à l'écouter. C'était à l'époque une vieille dame de soixante-dix-huit ans, mais on pouvait encore voir qu'elle avait été belle, et elle gardait assez de jeunesse de cœur pour s'émouvoir de la présence d'un jeune et beau mathématicien, Georges d'Ocagne. Elle « est autrement avenante, humaine, que la sèche impératrice Eugénie », remarqua Marie. Elle était la fille du roi Jérôme, la propre nièce de l'Empereur. Mimi se souvint d'avoir vu une fois, à San Remo, son frère, le prince Napoléon qui s'était lui-même déclaré prince héritier après la mort du fils de Napoléon III, et qui était le père de cette princesse Letizia, épouse du duc d'Aoste qui, l'année précédente à la Maloja, chantait des romances napolitaines avec Leandri. La princesse Mathilde, elle, n'avait pas d'enfant et, comme toutes les femmes Bonaparte, elle avait, disait-on, mené une vie plutôt dissipée. Mariée jeune à un prince russe qui la battait, elle avait divorcé après avoir exhibé ses belles épaules meurtries à une réception du tsar. Depuis, elle vivait à Paris, au milieu d'une cour de gens cultivés et d'artistes. Pendant le second Empire, elle avait reçu tous les écrivains célèbres : Renan, Flaubert, Théophile Gautier. Les écrivains que Mimi et sa grand-mère virent chez elle étaient de moindre grandeur, mais les temps avaient changé. Et même eût-elle rencontré Shakespeare, Mimi n'aurait eu qu'une hâte, s'enfuir pour rejoindre Leandri.

L'idée que c'est grâce à son or qu'elle est reçue dans ces salons où sa grand-mère l'accompagne, après en avoir été écartée si longtemps, ne l'effleure pas. Quand on le lui dit, elle n'en est nullement troublée.

Elle ne s'émeut pas davantage lorsqu'on lui parle des prétendants qui commencent à paraître. A la fin de cette année 1898, le prince Louis Murat faisant visite à la grand-mère demande à être présenté à Mimi. Il ne l'est pas. Le

18 décembre, il revient avec son neveu, et, de son propre
chef, Mimi prévenue descend les voir. Sa grand-mère était
seule en compagnie de M. Bonnaud pour les recevoir, le
prince travaillait avec Leandri et ne voulait pas se déranger.

Quand la demande de Mimi de rencontrer sa tante
Radziwill fut finalement refusée par la princesse Pierre qui,
comme toujours, se retrancha derrière son fils à qui elle
faisait dire ce qu'elle souhaitait, les Leandri suggérèrent à la
jeune fille de demander à aller chaque dimanche à la messe
à Saint-Pierre-de-Chaillot, la paroisse des Bonaparte, qui
était aussi celle des Radziwill, leurs voisins. Le moyen était
habile pour tourmenter les tourmenteurs mécréants. De
plus, Leandri prévint l'oncle Edmond Blanc qui devait
servir d'intermédiaire auprès de la tante. L'entrevue eut
lieu, mais le prince Roland, furieux, veilla à ce qu'elle n'eût
pas de suite.

Il est difficile pour le prince Roland d'admettre la trahison
de Leandri. Il paraît avoir eu avec son secrétaire une de ces
relations privilégiées si rares pour lui. L'intelligence du
Corse lui plaisait, et aussi sa tournure d'esprit. A plusieurs
reprises, Marie rapporte que son père et Leandri riaient
ensemble. Ils partageaient des plaisanteries d'hommes, et
étaient tous les deux montagnards. On ne doit pas oublier
non plus que le prince avait aidé Leandri à se réhabiliter.
Grâce à lui, Leandri, réintégré dans l'ordre des avocats,
avait même participé, comme membre libre, à la Conférence
Molé-Tocqueville et y avait fait des interventions[1]. Ce qui
était un honneur pour lui, et aussi une justification de
l'intervention du prince en sa faveur.

Seule la fortune, quand elle atteint des proportions aussi
grandes que celle que posséderait un jour Marie, peut
pousser certains êtres à une telle aberration. Afin de s'en
rendre maîtres, ceux-ci tentent alors d'échafauder toute une
série de manœuvres compliquées avec des implications
affectives, morales, d'une indélicatesse et d'une hypocrisie
extrêmes. Marie Bonaparte parla très bien, plus tard, de la
fascination exercée par l'or. Elle en avait fait tôt la dure
expérience à ses dépens. Son père, pourtant d'un naturel
méfiant, commit l'imprudence de ne pas se renseigner avec
précision sur le passé corse de son secrétaire.

---

1. *Bulletin de la Conférence Molé-Tocqueville*, notes, déc. 1896, n° 13 ;
févr. 1898, n° 15.

Bien que tardive, la riposte du prince Roland vint enfin. Le secrétaire fut mis en congé illimité. Il recevrait son salaire (Marie Bonaparte écrit « ses gages ») mais ne paraîtrait plus avenue d'Iéna, sa femme étant encore autorisée à voir Mimi une fois par semaine. Pour Mimi, ce fut l'effondrement. Elle appelle la mort. Elle fait à son père des scènes quotidiennes qui les ravagent l'un et l'autre. Bientôt, le prince, las des leçons récitées par sa fille, supprime les visites d'Angèle, ajoutant à la fureur et au désespoir de Mimi.

Les Corses ingénieux trouvèrent alors une alliée dans la place en la personne d'Hetty, l'Anglaise qui n'avait jamais été la favorite de son élève. Mais, faute de mieux... Mimi lui fut reconnaissante d'acheminer la correspondance qui s'établit vite sur une base régulière. Il lui était ordonné de brûler les lettres. Elle demanda aux Leandri d'en faire autant. Là encore, en général ce fut Angèle qui communiqua avec leur victime. Elle écrivait surtout pour que Mimi proteste contre leur éviction, car ils souhaitaient être réintégrés.

Pour faire cesser les rumeurs qui circulaient dans Paris, le père et la grand-mère voulurent faire la preuve que Mimi n'était pas séquestrée. Le 25 juin 1899, alors qu'elle va avoir dix-sept ans, le prince Roland donne un grand bal pour elle. « Je suis belle pour la première fois », note-t-elle dans ses carnets. Il existe un portrait d'elle pris par un photographe, ce soir-là. Les volants de mousseline plissés de la robe recouvrent son épaule. Elle a des fleurs au corsage. Cheveux ondulés, cou assez long, joli profil avec un nez et un menton fins, un regard sombre où se lisent l'intelligence et la curiosité qui contraste avec le sourire à peine esquissé, inquiet, mélancolique. Elle semble grave, cette très jeune fille, et surtout, elle ne paraît pas tellement jeune. Elle ne s'attend pas à une vie facile. Elle observe ses invités avec appréhension. Elle les voit pour la première fois pour la plupart et elle découvre dans le regard des hommes et des femmes qu'elle n'est pas le laideron qu'elle croyait.

Dans ses *Carnets*, comme dans ses *Souvenirs*, elle a relevé les noms de certains. Il est intéressant de voir qui elle a retenu de ces cinq cents personnes réunies par son père. La grande-duchesse de Mecklembourg est venue, ainsi que le landgrave de Hesse, cousin de l'empereur d'Allemagne. « Un pauvre aveugle mais une âme d'artiste. Il me parle de ses voyages en Corse, des oranges cueillies sur l'arbre ». Caran d'Ache, le dessinateur ; Carolus Durand, le peintre ; Madeleine Lemaire, peintre, elle aussi ; Bartholdi, le sculpteur qui fit la statue de la Liberté pour le port de New York, le prince Henri d'Orléans, l'explorateur géographe ; des savants : Darboux, Cailletet, d'Arsonval qui parle à la jeune fille de l'air liquide, une récente découverte ; le capitaine Gouraud « qui vient de prendre en Afrique un chef noir jusque-là irréductible, Samory ».

Marie devient très vite hypocondriaque. Dans son journal elle note que vers le 11 juillet 1899, elle a eu « une légère oppression, craché des mucosités blanchâtres puis grisâtres ». Elle note aussi : « Ma grand-mère... devenue borgne et sa lèvre inférieure pendante, dégoûtante d'une bouche qui empestait de fausses dents jamais nettoyées... était dure et autoritaire. »

La jeune fille souffre bientôt d'un syndrome hépatique et la princesse Pierre, qui la traite d'hystérique, demande au Dr Josias d'intervenir encore une fois. On appelle en consultation le professeur Raymond, le successeur de Charcot à la Salpêtrière, pour mesurer le degré d'hystérie de la jeune fille. Sur les conseils de celui-ci, il est question d'envoyer Mimi comme pensionnaire au Sacré-Cœur. L'idée de l'éloigner de sa famille n'est pas mauvaise. Mimi elle-même n'y est pas hostile, mais les études offertes par le couvent ne sont pas ce qu'elle désire. Pour se sauver du remords et de la peur du Corse qui l'affligent tant, elle rêve de nouveau de faire sa médecine. Tante Jeanne qui, sur sa demande, en parle au prince lui rapporte la réponse qui n'a pas changé. Cette fois, sans discussion, Mimi se plie à la volonté paternelle.

L'oncle Christian de Villeneuve fit enfin, durant cet été 1899, une enquête en Corse sur le passé de Leandri qui se révéla être un escroc minable, sans envergure, qui avait écrit « Je déteste l'Empire et les Bonaparte », à un homme d'Ajaccio, à qui il offrait un journal de Bastia dont celui-ci ne voulait pas. Cet homme l'ayant dédommagé et s'étant conduit honorablement vis-à-vis de lui, Leandri qui avait accepté l'argent écrivit un article où il éreintait son bienfaiteur avec violence. Son mariage avec Angèle avait aussi été un abus de confiance.

Marie passa un été désastreux. Une fois encore, avec son père, sa grand-mère, sa tante Jeanne et ses cousins, elle partit pour la Suisse. Mais elle n'aimait plus les montagnes,

à cause du Corse. Et bien qu'il ne lui fût plus permis de voir
les Leandri, elle était encore en contact avec eux, par
l'intermédiaire d'Hetty. Lassé par les scènes continuelles et
ayant appris que Leandri s'était fait promettre une forte
somme (un demi-million de francs) pour soutenir la candidature de l'un des prétendants qui commençaient à s'intéresser en grand nombre à la riche princesse, le prince
Roland prévint sa fille et décida de prendre la mesure
appropriée : il transforma le congé illimité de Leandri en
renvoi.

A partir de ce moment-là, le ton des Leandri changea et ils
n'y allèrent pas par quatre chemins. Marie ne fut pas longue
à comprendre. Ils lui rappelèrent ce qu'ils avaient fait pour
elle, par amour, par dévouement pour elle et, en remerciements, les voilà renvoyés, réduits à la misère ! Elle ne devait
pas être ingrate, il fallait les aider ! Ils lui suggérèrent de
demander à son oncle Edmond une indemnité de 100 000
francs-or qu'elle lui rembourserait à sa majorité. Ainsi elle
serait quitte, il n'y aurait plus d' « affaire Leandri » « qui,
ajoutaient-ils, semblait peser »... Ou bien, si par manque de
courage, elle n'osait faire cette démarche auprès de son
oncle, elle pouvait demander à M. Bonnaud, un autre Corse,
de verser en son nom les 1 000 francs du salaire mensuel,
jusqu'à sa majorité, c'est-à-dire pendant quatre ans. Ils
concluaient qu'ainsi ils n'auraient pas besoin de recourir à
un procès contre le prince, où son nom à elle apparaîtrait, et
où les lettres qu'elle avait écrites seraient reproduites
comme pièces à conviction.

De quoi la dégriser ! Elle est prête à payer, mais elle ne sait
par quel moyen agir. Elle est seule, et sans idée. Elle n'ose
pas mettre son oncle au courant, non par manque de
courage, comme les Leandri le prétendent, mais parce que le
désastre lui paraît d'une étendue plus grande encore que
dans la réalité. Sa crédulité est impardonnable, pense-t-elle,
alors que lui reviennent à la mémoire les mots que Leandri
lui a dictés, et qui seront désormais pour elle si difficiles à
prononcer, ou à croire ?

Elle ne peut partager son secret avec personne. Elle va
devoir le supporter seule plus de quatre ans. Une fois de
plus, Mimi est confrontée au mensonge. Et quel mensonge !
On a joué avec ce qu'il y avait de plus précieux, de plus
touchant chez un être, l'épanouissement de son cœur. Et,
une fois de plus, elle doit garder le silence. Personne n'est

prêt à entendre sa vérité. Le monde dans lequel la précipi-
tait le bandit, elle n'imaginait même pas qu'il existait.

Toute sa vie, Marie Bonaparte fut poursuivie par le
souvenir du maître chanteur de ses seize ans, qui avait eu
l'intention de la déshonorer, pour divorcer ensuite et l'épouser. S'il échoua dans ce projet, c'est parce qu'il n'eut jamais
l'occasion d'être assez longtemps seul avec elle. Angèle avait
compris le risque. Ensuite jusqu'où alla sa complicité ?
Celle-ci était-elle tout entière due à sa passion pour son
mari ?

Beaucoup plus tard, en 1948, Marie Bonaparte alla de
Saint-Tropez jusqu'à Vence pour rencontrer de nouveau
Angèle Leandri, veuve depuis 1934, qui devait retourner un
jour mourir à Morosaglia, la patrie de Pascal Paoli.

A l'époque du chantage, M. Bonnaud fut forcément mis au
courant, mais loin de lui l'intention de parler à Mimi ou de
trahir le secret. Il était terrorisé par la violence de Leandri,
et il promit de lui donner, au nom de la jeune fille, et avec
intérêts, près de 50 000 francs — en attendant les exigences
que ne manquerait pas d'avoir le bandit à la majorité de la
princesse. Mimi en voulut de plus en plus à Hetty qui s'était
faite la complice du maître chanteur. Et elle supportait avec
difficulté la présence quotidienne de l'Anglaise. Là encore,
c'était le mensonge qui l'insultait. Saisissait-elle que
l'homme qui voulait la séduire avait aussi courtisé l'institutrice, qui préférait le tennis à Keats ou à Shelley ?

Son désespoir, sa désillusion la rapprochèrent de son père.
Dans un des derniers billets qu'elle adressa à Angèle Leandri, elle écrivait : « Je n'en puis plus. Je ne peux plus
continuer ! Je suis à bout ! Je suis malade ! Et puis j'aime
mon père, je ne peux plus lui faire tant de mal. » Elle avait
conscience de son besoin d'admirer quelqu'un. Aussi allait-
elle essayer de reconstruire une autre idole. Elle se croyait si
coupable et avait tellement honte que sa grand-mère devint,
elle aussi, un personnage admirable. Cette image fut plus
laborieuse à construire, mais Mimi y parvint : « La plé-
béienne des faubourgs devenue princesse n'est parvenue à ce
degré d'élévation sociale qu'à force de courage et d'abnégation... Et si elle fut dure envers moi, c'est qu'elle est d'abord
dure envers elle-même et ne comprend que ce mode-là. »
Elle se sentait encore plus coupable vis-à-vis de son père.
Dans sa folie amoureuse, elle n'avait pas hésité à boulever-
ser son travail, et à cause d'elle, il avait abandonné son

projet de livre sur *Les idées géographiques à travers les âges*, qui devait être son œuvre majeure. Il ne toucha plus jamais à ce manuscrit, qui resta enfoui dans un tiroir de son bureau. S'il était avare, c'était parce qu'il avait connu la misère. Il était de plus en plus malade, déprimé, souffrant d'entérite, de douleurs de nuque. Il se levait tard. Il avait l'air abattu. Passionnée et désespérée, elle lui attribuait des qualités bien au-delà de celles qu'il possédait.

Elle compatit même à ses faiblesses qu'elle ne se dissimule pourtant pas. Il lui semble puéril que, tandis qu'on lui conteste le droit d'être traité d'Altesse Impériale, il fasse précéder son nom des initiales S.A.I. Il répète qu'en 1815, en reconnaissance des services rendus pendant les Cent-Jours, Napoléon a élevé enfin son frère Lucien à cette dignité, et refuse de reconnaître les actes de Napoléon III qui, lui, a rabaissé la branche de Lucien au rang de famille civile de l'Empereur. « Mais, écrit-elle, Papa est bien mieux qu'une Altesse Impériale ! Papa est lui-même, un homme bon, intelligent, au jugement droit qui aime la nature et comprend la science. Quand je le vois le matin dans son bureau, penché sur quelque livre ou quelque travail, je me dis qu'il n'a vraiment pas besoin, sur une enveloppe d'un I. »

Mais cette attitude ne durera pas longtemps, Mimi se persuade qu'elle va commencer à dépérir et devenir tuberculeuse comme sa mère. Elle pense qu'elle n'atteindra pas vingt ans, et le diagnostic des médecins qu'elle a demandé à voir ne la rassure pas. Elle va peu à peu s'éteindre. Personne ne songe à la sauver. C'est l'histoire de sa mère qui se répète. La protagoniste a changé mais les deux autres acteurs sont les mêmes. Elle croit que le Dr Josias lui ment, lui aussi, pour lui cacher qu'elle est condamnée.

L'image de sa grand-mère bourrue mais bienfaisante ne reparaîtra plus jamais. « Tout meurt, tout souffre autour d'elle, comme autour des grands arbres trop forts », écrira-t-elle le 15 novembre 1903. Et, entre-temps, elle a noté d'autres remarques aussi sévères. Tandis que les relations entre père et fille subissent des hauts et des bas.

Durant cette période, Mimi une fois de plus se tourne vers Mimau. « Pourtant j'ai grandi enveloppée de tendresse, par toi, ô ma pauvre Zinzin ! » Mais elle ne lui confie pas le chantage des Leandri, sachant Mimau incapable de vivre avec un pareil secret.

À l'âge de seize ans, il lui a été légalement permis de

tester, et elle a alors légué à Mimau une large pension. A présent à dix-huit ans, elle va refaire son testament car non seulement elle veut protéger l'avenir de Mimau mais aussi léguer « une grosse somme à une œuvre antituberculeuse, moi qui sans doute vais bientôt mourir de phtisie, de la même maladie qu'avait ma pauvre mère ». Cependant sa méfiance tenace, ou plutôt l'ambivalence de ses sentiments à l'égard de son père lui a fait ajouter une clause demandant que le testament soit publié « dans deux grands journaux, afin d'en assurer l'exécution ».

Terreurs et fantasmes

Marie ne se rendait pas compte du rôle utile que jouait sa « maladie » et l'idée qu'elle allait mourir avant vingt et un ans, l'âge où elle devrait de nouveau faire face à Leandri. Tout en reprochant à ses médecins de lui mentir, elle se dissimulait le fait que son propre mensonge hystérique, inventant des symptômes imaginaires qu'elle savait bien, au fond, ne pas éprouver les empêchait de la comprendre et de l'aider. C'est ainsi qu'agit la névrose, et Marie allait demeurer névrosée longtemps encore.

Sa pseudo-maladie la hantait et gâchait tout le reste. Il lui était difficile de se concentrer sur quoi que ce soit d'autre. Pourtant chaque année lui apportait de nouvelles responsabilités. Quand elle eut dix-huit ans, son père lui remit ses comptes de tutelle, en présence du notaire de la famille — qui a été celui de la famille Blanc, William Bazin. « Mais Papa a agi de façon correcte, voire scrupuleuse ! S'il m'a fait acheter dans ma petite enfance ma maison natale de Saint-Cloud, c'est un bien immeuble qui me restera. S'il a vendu pour moi, en même temps que pour lui, mes actions du Casino de Monte-Carlo, il a bien agi. Mieux valait sortir de cette sombre affaire, dont la prospérité ultérieure reste d'ailleurs douteuse. Papa est honnête et bon, et c'est de plein cœur qu'acceptant pour ce qu'ils sont mes comptes de tutelle, je signe au bas mon nom. »

On lui remet aussi les bijoux de sa mère dont elle a hérité et, passée la surprise de l'éblouissement que lui donne la beauté des pierres encore jamais vues, elle referme le coffre et le renvoie à la banque. Elle ne garde qu'un simple rang de

perles. Elle est déjà, telle qu'elle sera plus tard, peu disposée
à perdre du temps pour ce qu'elle juge futile.

1900 est l'année de l'Exposition universelle, et aussi celle
où a lieu à Paris le Congrès international de physique. Les
intérêts du prince Roland le font participer aux deux. Il
donne une grande réception pour les membres du congrès de
physique au cours de laquelle Mimi rencontre des hommes
de science : Lord Kelvin, « l'un des plus grands physiciens
du monde, un petit vieillard malingre à la barbiche blanche... Graham Bell, l'inventeur du téléphone ». Son père
organise chez lui des démonstrations des plus extraordinaires inventions récentes : les rayons X, la radio et elle voit
Pierre Curie sortant « de la poche de son gousset un tube
minuscule qui, dans l'obscurité, luit verdâtre comme un de
ces vers luisants qui, voici peu de jours, à Azay, la nuit,
étoilaient l'herbe. C'est le radium... » De quoi, certes, intéresser un esprit comme le sien.

Mais Mimi a aussi besoin de s'enthousiasmer pour une
cause et, probablement parce qu'elle déteste Hetty, elle est
travaillée par la propagande antibritannique et proboer.
Elle serait prête à accompagner un jeune cousin hollandais
de l'oncle Christian, qui part pour le Transvaal. Elle se
rappelle son grand-oncle Paul Bonaparte, qui mourut
devant Navarin, à dix-neuf ans, et aussi, en bonne petite
Française, Jeanne d'Arc. Elle rêve. Comme lorsque dans son
enfance, elle rêvait de s'enfuir de la maison, sans jamais
parvenir à descendre plus de trois marches. Là, « je n'ai
même pas descendu trois marches », remarque-t-elle.

L'appel de l'action était contrebalancé par son amour de
la littérature. Lire et écrire, ces deux activités solitaires lui
convenaient également. Elle lut les grands romanciers
russes du XIXe siècle, puis Diderot et Voltaire. Après ces
adorateurs de la raison, Mimi revint à Rousseau. En lui, elle
avait trouvé l'âme sœur et n'était-il pas, comme elle, né un
2 juillet ? « Et en naissant il avait coûté la vie à sa mère ! »
Dans ce même journal qu'elle dédiera plus tard à sa fille, elle
écrit le 27 janvier 1901, en se rappelant sa découverte :
« Rousseau m'a toute remuée, je ne dirai pas changée : il a
seulement réveillé tout, tout en moi... Mon Jean-Jacques, je
voudrais être chaude et éloquente comme toi, je voudrais
t'être égale, je voudrais retourner les hommes et le monde
comme le vent un tas de feuilles sèches, comme tu fis, je
voudrais avoir le génie comme toi, je voudrais, je vou-

drais... » (quand elle lut ces pages à Freud, à Vienne, le 12 novembre 1925, au soir, Freud dit, bien sûr, qu'il s'agissait là d'un amour sur le mode narcissique).

Les Bonaparte passèrent l'été 1901 à Saint-Cloud, il pleuvait beaucoup et la maison était triste. Marie habitait à présent la chambre où elle était née, et où sa mère était morte. Elle avait l'habitude de lire tard la nuit cet été-là. Et il n'y avait pas encore de lumière électrique. C'était une lampe à huile qui brûlait sur la table où était posé le livre et la pièce derrière la jeune fille s'enfonçait dans l'ombre. Elle avait conscience des ténèbres, du silence tandis qu'elle se plongeait dans les récits d'Edgar Poe. Son père, qui en général n'aimait pas la littérature d'imagination lui avait recommandé certaines des *Histoires extraordinaires* dans la traduction de Baudelaire. Celles qu'il avait choisies pour elle étaient ses préférées, parce qu'elles comportaient chacune une sorte d'énigme policière qui l'amusait. Sur ses conseils, Marie lut d'abord *Double meurtre dans la rue Morgue*, puis la *Lettre volée* et le *Scarabée d'or*. Ces contes lui faisaient peur mais ils lui plaisaient tant qu'elle voulait en lire d'autres. « Le style de Baudelaire a l'éclat des pierres précieuses et me fascinait. » *Le Masque de la mort rouge* l'effrayait particulièrement car la sueur de sang sur le masque au faciès de cadavre la faisait songer aux hémoptysies de sa mère.

Un autre soir, à cause du titre qui l'attirait, elle décida de lire *Ligeia*. L'histoire de cette jeune femme à la beauté et aux connaissances surnaturelles qui meurt puis fait périr par des maléfices celle qui l'a remplacée auprès de son mari et revient habiter le cadavre de sa rivale... « Mais ayant commencé *Ligeia*, un conte que mon père méprisait, je fus prise d'une telle épouvante à la description du cadavre vivant et vengeur de la femme, que je ne pus alors, je crois, finir l'histoire. J'abandonnai bientôt le livre terrifiant... Et pendant vingt-cinq ans de ma vie je n'ouvris pas de livre où eût pu se trouver une histoire de revenants — surtout de revenantes[1]. »

L'automne suivant elle eut un cauchemar, à propos du squelette d'une jeune Hindoue, morte de phtisie à vingt ans qui demeurait suspendu dans la bibliothèque et auprès du-

---

1. Marie Bonaparte, « L'identification d'une fille à sa mère morte », in *Psychanalyse et Anthropologie*, p. 103.

quel naguère travaillait Leandri. Elle se revoit en train de chercher un livre sur les rayons, sans l'aide du bibliothécaire, alors que c'est interdit et soudain elle entend un cliquetis d'os. « C'est le squelette qui s'est détaché de son crochet et se promène. Je me retourne, je vois son rictus grimaçant, son bras qui se tend vers moi. Je me réveille épouvantée. » Au moment de l'épisode du squelette de la jeune Hindoue, Mme Grünewald lui enseigne l'anatomie qu'elle étudie avec passion. Sans comprendre qu'elle l'associe à sa mère morte phtisique, elle croit qu'elle a simplement peur des squelettes. Elle prie son père de lui confier celui-là afin de dominer sa peur. Et pendant des jours, elle gardera dans sa salle d'étude, l'objet de son effroi « installé dans le coin près de la fenêtre, à gauche de la cheminée qui fume ». Comme elle déteste la lâcheté et que le malaise ne passe pas, elle achète, rue de l'École-de-Médecine, un crâne dont tous les os sont attachés par de petits crochets qu'on peut détacher. Le crâne éparpillé est moins redoutable, mais la nuit, dans son rêve, il se reconstitue et comme le squelette de la jeune Hindoue, il la nargue. Finalement, elle fait disparaître le crâne au fond d'une armoire et renvoie le squelette dans la bibliothèque paternelle.

Mais en ce qui concerne son état de santé physique, elle n'a aucun courage. Elle est toujours obsédée par sa « tuberculose latente » dont elle guette les symtômes, en dépit de l'avis des médecins qui devrait la rassurer. Dès qu'elle se sent enrhumée ou fiévreuse, elle se couche. Ses fantasmes de mort ont pris le dessus et la dominent.

L'année suivante, en 1902, elle passe tout l'été en Touraine, au château de l'Aubrière. Elle lit Tolstoï, la *Sonate à Kreutzer* et *La Guerre et la Paix*, et quand le temps le permet, elle fait des promenades, ce qui est toujours un plaisir pour elle. Ce fut cet été-là qu'invité en séjour avec Laure, sa femme, le colonel Gabeau, le vieil ami de son père qu'elle connaissait depuis l'enfance, lui déclara sa flamme. Mimi n'en fut pas trop épouvantée, car il ne dépassa pas les limites supportables. Il était surtout audacieux en paroles et Mimi qui savait poser des questions apprit beaucoup de choses de lui.

L'automne étant beau, la princesse Pierre et la jeune fille restent en Touraine jusqu'au mois de novembre mais, sitôt rentrées à Paris, Mimi reprend mal à la gorge, maigrit, jaunit et est de plus en plus convaincue d'être tuberculeuse. Le

Dr Josias finit par recommander qu'elle parte pour le Midi afin de soigner son anémie. Elle rit et pleure à la fois de ce qu'on ne prend pas sa maladie au sérieux. Elle a peur de ce qui va arriver, selon elle. Sa grand-mère n'aime pas l'idée de partir. Les journaux politiques de la capitale vont lui manquer et elle ne se plaît qu'à Paris où elle aime à fureter chez les antiquaires pour dénicher des « occasions ».

Pourtant, les voilà bientôt installées à Valescure, dans une grande maison aux murs jaunes, la villa Magali, d'où l'on aperçoit Saint-Raphaël et la mer. Les mimosas sont en fleur et le jardin en regorge. L'intensité du jaune des fleurs duveteuses et leurs parfums exaltent Mimi qui arrive mal à se concentrer sur l'étude de l'art au XIXe siècle qu'elle a entreprise. Bientôt, le prince Roland vient remplacer sa mère à Valescure. Aussitôt la vie devient plus intéressante. Le père et la fille visitent ensemble des ruines romaines et comme le prince a abandonné la géographie pour la botanique, il herborise. Mimi est tout au plaisir de s'instruire avec son père. Dans la plaine de Fréjus, juste derrière le grand jardin de la villa, coule un petit ruisseau ombragé par de grands arbres et, sur ses bords, le prince botaniste découvre une fleur qu'il ne s'attendait pas à trouver là, une petite orchidée, l'orchis abeille « menue, brun sombre, ponctuée d'or, de forme étrange, quasi animale », pareille en petit aux orchidées rares. Mais en dépit de cette joie, elle continue à s'inquiéter.

Le matin, Mimau aussi toussote et crache. Après cette découverte, qui, bien entendu, la terrorise, Mimi se soucie d'elle. Elle craint de l'avoir contaminée. Il n'y a pas moyen de la ramener à la raison. Elle ne veut croire personne et pense que tout le monde lui ment dans ce domaine, comme on lui a menti tant de fois déjà à propos d'autres choses. Le journal qu'elle tient à Valescure, Mimi l'intitule *Journal d'une jeune poitrinaire*. Elle y raconte une visite que sur le chemin du retour son père et elle font à Frédéric Mistral à Arles. Ils visitent ensemble le « Museon Arlaten », le musée provençal que Mistral a créé, puis le poète les invite à déjeuner au restaurant. Et, pour finir cette journée, bien remplie, en attendant le train du soir, le père et la fille assistent à une course de taureaux, une course à la cocarde.

Le contraste entre ces faits heureux et le titre du journal dans lequel ils figurent ne saurait étonner. Mimi a trop de vie en elle pour laisser échapper les occasions d'apprendre ou de se distraire, malgré son angoisse. Ce fut pendant ces trois années où le fantasme de la tuberculose domina sa vie que lui revint le désir d'étudier la médecine. Bien entendu « *mon* père s'y opposa, disant que cela nuirait à mon futur mariage. Je me soumis aussitôt. A quoi bon lutter ? J'étais certes trop malade pour pouvoir aller à la faculté, et puis l'idée de désobéir à mon père ne pouvait alors m'effleurer [1] ». Elle est tout à fait ambivalente dans son comportement car elle, qui ne pourrait songer à suivre des cours de faculté, travaille, elle étudie du matin au soir dans sa solitude. « Ce fut pour moi une période intellectuelle héroïque », écrit-elle, et elle fournissait sûrement un travail acharné, pour oublier sa terreur de tomber malade. Dans la vie qu'elle menait à Paris, elle n'avait pas beaucoup d'occasions de se distraire. Heureusement, l'oncle Christian s'attacha à elle. Il fut sans doute le premier à reconnaître l'originalité de l'esprit de Marie. Pour elle, il était quelqu'un qu'on écoutait mais il n'était pas quelqu'un à qui on parlait de soi. Leurs rapports restèrent plus intellectuels qu'affectifs.

L'oncle Christian avait été le premier à lui réciter des vers de Mistral. Elle avait une première fois rencontré le poète à Paris, chez son oncle, qui était fier d'être lui aussi un félibre. Les félibres sont « ces gens du Midi qui, sous l'égide du grand poète provençal Frédéric Mistral voudraient ressusciter les mœurs, la littérature, la langue de Provence ». « Des séparatistes culturels », comme elle les appelle. L'oncle Christian lui fit également découvrir les romantiques allemands et lire *Ainsi parlait Zarathoustra*. Il était admirateur de la beauté masculine et de Platon qu'il lui lisait de sa voix chaude « que réchauffait encore son léger accent méridional ». Avec la lecture de Platon, il la fit accéder à « ces plaisirs de l'intelligence » dont il est parlé dans le *Phèdre*, elle s'en souvint avec reconnaissance.

Les prétendants impossibles et le dénouement du chantage

Marie était invitée, avec son inévitable grand-mère, aux dîners où la marquise de Villeneuve réunissait le samedi

---

1. *Id.*, p. 101.

plus d'artistes et d'écrivains que de duchesses. Marie rencontra Henry Houssaye, l'historien ; Abel Hermant, le
romancier ; des médecins célèbres : le chirurgien Doyen, le
Dr Maurice de Fleury, neurologue et surtout mondain
accompli ; Mme Juliette Adam, Mme Léo Claretie (qui plus
tard, devenue Mme Caillaux, tua le journaliste Calmette).
Aussi Mounet-Sully qui « en habit, avec sa barbe blanche
avait l'air d'un ambassadeur ». (Devant son héros du passé,
elle ne retrouva pas l'émotion éprouvée quelques années
plus tôt.) Ce fut aussi chez sa tante Jeanne qu'un soir, elle
écouta le cycle des *Amours du Poète*, chanté en allemand
« les vers de Henri Heine sur lesquels Schumann a brodé des
chants aussi éternels que ces cris d'amour et de détresse. La
voix gémit, la voix sanglote et moi aussi. Cachant mon
visage dans l'ombre, je pleure, je pleure des larmes chaudes
qui s'échappent de mes yeux fermés !... Pourquoi l'amie de
Henri Heine était-elle si misérable ? Sans doute parce
qu'elle ne savait pas aimer... Il est riche, lui, de la force de la
vie, de la splendeur de son amour. Ainsi de moi ! Ce ne sont
pas les bijoux de Petite-Maman dans leur coffre qui sont ma
vraie richesse, c'est mon cœur, c'est mon esprit. Et qu'on
m'aime ou pas, moi je sais aimer ! »

Mais il n'y avait personne à aimer. Chaque dimanche
après-midi, dans le salon bleu de la maison de son père,
Mimi était présente pour aider sa grand-mère à recevoir les
visiteurs.

Certains d'entre eux ne venaient que pour amener un
prétendant. Ces prétendants sont tous, croit-elle, des coureurs de dot, parmi lesquels un chevalier hongrois, un duc
italien, un junker prussien, un assortiment de princes l'un
autrichien, l'autre roumain. La liste est longue et serait
fastidieuse. Chaque personne de l'entourage paraissait avoir
son ou ses candidats. L'oncle Christian s'était aussi mis de la
partie. Lui, l'ancien carliste, rêvait de faire épouser à sa
nièce Don Jayme, le descendant de son héros. Il avait
d'ailleurs quelques autres candidats de rechange et ne
s'entêta pas à pousser trop longtemps son postulant. Mais
tous semblaient à Marie plus intéressés par son argent que
par elle-même. « J'ai la nausée de toute cette cupidité
surtout quand elle simule l'amour », écrit-elle. Les seuls
prétendants désintéressés étaient des vieillards. En dehors
de son colonel qu'elle retrouvait chaque été en Touraine, il y
avait un dermatologue, aussi un vieux gouverneur de l'Indo-

chine à la retraite et surtout Jules Janssen. Un vieil homme
de près de quatre-vingts ans. « Il a un pied bot et boite, mais
ça ne l'a pas empêché de s'envoler en ballon de Paris assiégé
en 1871, et tout récemment de se faire porter au sommet du
mont Blanc où il présida à l'érection du plus haut observatoire d'Europe... » Il lui propose de lui donner des leçons sur
le mouvement des astres ; mais au lieu de lui enseigner les
lois de Newton, il lui parle d'Héloïse et Abélard. « Rien n'est
plus beau, plus élevé, déclare-t-il d'une voix tremblante
d'enthousiasme, qu'un amour grandi sous la constellation
de la science. » Il y a peut-être de quoi être un peu flattée,
étant donné la qualité du personnage, mais il y a aussi de
quoi rire. Hélas ! Marie n'a pas la disposition d'esprit qui
permet la gaieté. Elle est tendue, inquiète, ses succès auprès
des vieillards n'ont rien de rassurant.

D'autre part, ses cousins, qui sont ses contemporains, se
marient sans difficulté. C'est à l'occasion du mariage de son
cousin Loche Radziwill, qui a demandé à faire sa connaissance, que son père et sa grand-mère acceptent enfin une
réconciliation. Mimi rencontre bientôt la sœur de Loche, sa
cousine Lise, mariée au fils du duc de Doudeauville, pilier
du légitimisme. Mais l'aristocratie française ne la tente pas.
Elle se sent inférieure par les manières et supérieure par
l'esprit. Elle s'ennuie à la Vallée aux Loups, la propriété du
vieux duc où flotte encore pourtant l'ombre de Chateaubriand.

Le 2 juillet 1903, Mimi est à Paris et c'est son anniversaire.
Elle a vingt et un ans. Quelques jours plus tôt, elle a reçu une
lettre d'Ersa, en Corse. Avant de l'ouvrir elle en connaissait
le contenu. Leandri n'avait pas oublié. Il lui rappelait qu'elle
allait être en mesure de tenir à son égard ses « serments cent
fois répétés ». Il se plaignait de ce que Bonnaud, après lui
avoir versé trois années d'appointements sur l'ordre de
Mimi, ne lui avait rien envoyé la quatrième année. Mais il
l'assurait que c'était sans importance. Puisqu'elle allait
avoir bientôt le contrôle de son argent, il ne doutait pas
qu'elle allait réparer le préjudice causé à ses bons amis. Il
offrait deux solutions : ou Mimi lui versait une rente viagère
de 12 500 francs par an ou elle lui donnait une somme de
200 000 francs dont le revenu, au taux actuel, serait de
6 000 francs, juste la moitié de ce qu'il avait perdu, à cause
d'elle. Il y avait, évidemment, aussi une menace : Leandri
était prêt à produire ses lettres. L'affaire devait être réglée

tout de suite afin que « si je ne vous trouvais pas à Paris, je ne sois pas obligé de courir après vous ».

Ce secret gardé quatre ans, il faut à présent qu'elle le confie car il lui est impossible de sortir seule de cette situation. Elle choisit de parler à l'oncle Edmond, parce qu'il est éloigné du couple Bonaparte. Elle lui montre la lettre du maître chanteur sans commentaire. Elle a trop honte de sa stupidité.

L'oncle Edmond lui recommande de parler à son père. Mais comme il était difficile de confesser une chose pareille à un tel homme ! Elle dut pourtant s'y résoudre. Son père, l'air navré, lui adressa des reproches « avec tristesse et douceur ». Il se plaignit de son manque de confiance. Il dit qu'il fallait garder la lettre, ne pas répondre et attendre la prochaine. Au grand étonnement de Mimi, il lui fit grief de lui avoir préféré Mimau qui n'avait rien à faire avec cette histoire. Mimi était loin d'imaginer que son père pût être jaloux de ses sentiments. Elle avait toujours l'impression de compter si peu pour lui. La joie qu'elle en éprouva fut sans doute de courte durée. Les relations quotidiennes entre les êtres ne se transforment pas aussi vite. Le plus souvent, les rôles sont distribués une fois pour toutes.

Peu de temps après, Mimi repartit pour la Touraine, au château de l'Aubrière. Elle était trop tourmentée pour se réjouir des prairies, des fleurs, des papillons, des bois, comme elle l'avait fait l'année précédente. Mais le dialogue amoureux reprit avec le vieux colonel Gabeau — ce qui donne la mesure du désert affectif où elle se trouvait.

Au retour à Paris, à l'automne, elle alla rendre visite à la princesse Mathilde qui s'était cassé le col du fémur dans son appartement. Agée de plus de quatre-vingts ans, on chuchote que la fille du roi Jérôme mourra sans doute de congestion durant l'hiver. Mais, toujours vaillante et alerte d'esprit, elle ne semblait pas le redouter. Mimi, qui n'avait pas encore vu de cadavre, alors qu'il y avait déjà eu tant de morts autour d'elle, connut le bizarre désir de voir morte cette femme qu'elle aimait bien. L'idée du cadavre de la princesse Mathilde qu'elle ne pouvait chasser de son esprit lui faisait éprouver une honte secrète, comme ses aspirations à l'amour.

Elle souhaitait que viennent vite les mois d'hiver et le long séjour dans le Midi. Comme elle redoutait le mistral qui souffle fort dans la plaine de Fréjus, on loua une villa, l'Albertine, à Cimiez, au-dessus de Nice. Après les terrains siliceux des Maures et de l'Esterel, il y avait beaucoup moins de mimosas, le calcaire des Alpes n'étant pas propice à ces arbres. Mais le jardin avait son charme, « un fouillis d'eucalyptus et de palmiers ». Tante Jeanne vint passer quelques semaines auprès d'elle pendant cet hiver 1903-1904. Puis l'oncle Christian arriva à son tour et son journal contient de curieuses descriptions de l'état dans lequel il trouva sa nièce. Marie Bonaparte les a aussi recopiées :

« Mardi 29 décembre 1903... j'ai vu cinq minutes Mimi engoncée dans des vêtements de vieille, habitant une chambre sans rideau, de peur des microbes, sans feu, de peur de manquer d'oxygène, etc., etc.

« J'ai causé un instant avec Jeanne : Mimi mène la vie la plus singulière qu'il soit possible d'imaginer, vit dans la terreur des microbes, n'entre pas dans un salon quand il y a plusieurs personnes, de peur que l'air ne soit vicié, se croirait perdue si elle était dehors après que quatre heures ont sonné. Son père est désolé de cela, déclare qu'elle n'est pas mariable et je suis de son avis. Un mari — si patient qu'il soit — ne supportera pas ses folies pendant quinze jours. Mimi déclare bien que cette vie lui coûte et qu'elle ne s'y astreint que par nécessité. »

Néanmoins, elle se sent beaucoup mieux. Elle a bien meilleure mine qu'elle n'avait à Paris. La douleur dans la poitrine, la toux inquiétante, la rougeur de la gorge disparaissent, un temps, dans cet air embaumé. Un médecin recommandé par Josias, le Dr Gaston Sardou, lui fait suivre un traitement dont il est l'inventeur : l'opothérapie. Elle est prête à avaler n'importe quoi, même ces cachets qui contiennent du pharynx de porc pulvérisé ayant l'aspect d'une poudre jaunâtre. Le nouveau docteur est à la fois le neveu de Maupassant et celui de Victorien Sardou, ce qui n'est pas pour déplaire à sa jeune patiente. Au cours de leurs conversations littéraires, il essaie de la persuader qu'elle n'a jamais été tuberculeuse. Mais, au fond, elle sait que c'est la peur du Corse qui la tenaille.

L'attente est toujours le pire moment, pire que la réalité la plus dévastatrice. Marie éprouve une sorte d'étrange soulagement en recevant la lettre tant redoutée. Celle-ci est timbrée de Nice, datée de l'Hôtel des Étrangers. Le maître chanteur est donc là, tout près. Il écrit qu'il est dégagé de toute autre préoccupation et peut se consacrer entièrement à leur « affaire ». Il se vante d'avoir été discret mais entend être fixé au plus vite. Il ne quitte pas Nice avant d'avoir une réponse.

Quand l'homme que l'on a aimé à seize ans se conduit ainsi, on n'a plus jamais ensuite le pouvoir de s'abandonner tout à fait à l'amour. Quelque chose meurt que rien ne pourra ressusciter. Le lendemain, ce fut Mimau qui reçut un autre message, plus violent. « Si on veut la guerre, on l'aura et sans merci », telle en était la conclusion. Mimi ne pouvait parler à sa grand-mère. Mais tante Jeanne toujours présente, servirait d'intermédiaire. Mimi la mit au courant. Elles décidèrent de faire venir le prince, contre l'avis de la grand-mère qui voulait simplement avertir son fils, redoutant que le Corse ne lui fît un mauvais parti. Dès son arrivée, Roland demanda à l'avocat Edgar Demange de s'occuper de l'affaire. Demange avait été mêlé à l'histoire de leur famille. Sa première cause avait été le procès du prince Pierre à Tours après l'assassinat de Victor Noir. Il avait été aussi l'avocat d'Alfred Dreyfus. « C'était un lourd vieillard à favoris blancs, l'œil bleu, l'air bon, le pas lent. » Désirant savoir jusqu'où étaient allées les choses, il eut un entretien seul avec sa cliente. Il apprit la vérité avec soulagement. Sa tactique fut de ne pas bouger, et d'attendre l'assignation du Corse. D'autre part, il recommanda à Mimi de ne pas « se ronger ».

Mais Mimi se rongeait, bien sûr. Il y avait de quoi. Autour d'elle, tout allait mal. Son père avait de terribles douleurs dans la nuque, une fatigue chronique, des troubles intestinaux. Elle pensait au manuscrit inachevé qui reposait toujours dans le tiroir du bureau de l'avenue d'Iéna. Et Pascal lui manquait. Il avait été écarté de la maison, ayant paraît-il, joué aux courses avec l'argent destiné aux fournisseurs de l'écurie. Les chevaux avaient toujours été sa passion, autant que les femmes.

Pour retrouver un peu de calme, Mimi, sur les conseils de Mlle Boutry, se plonge dans les romans de George Sand. Elle fait de son mieux, mais fixer son attention était difficile. Bientôt elle allait découvrir que son piano était sa seule véritable évasion. La nuit tombée, les rideaux du salon tirés, elle jouait *Parsifal* — l'imploration au Père céleste. Un soir, déjà assise sur le tabouret, elle s'avança trop brusquement et se cogna le nez sur le rebord du piano. Le sang ruissela. Le nez n'était pas cassé mais portait une profonde entaille à la racine. La plaie béante laisserait une marque, prédit tante Jeanne. « ... Je retournai contre moi une agression latente mais violente qui eût certes préféré s'orienter contre le vrai objet la méritant, le Corse du maquis. »

L'assignation arriva enfin. Le bandit semblait avoir réduit ses exigences. Au tribunal il ne réclamait que 18 000 francs pour une situation perdue par la faute de Marie. « Il se démasque », tel fut le commentaire du prince qui était d'avis de ne pas donner d'argent. Demange, lui aussi, conseillait de laisser les choses suivre leur cours. Marie s'attachait à son avocat, qui était pour elle une image paternelle. Mais en apprenant que Leandri avait choisi pour le défendre un avocat corse de bonne réputation, elle fut choquée. Comment quelqu'un d'honnête pouvait-il accepter de défendre une pareille cause ?

La date du procès fut fixée au début de juillet.

Les premiers jours de mai, Marie était de retour à Paris et Leandri commença une nouvelle offensive. Il rend, par l'intermédiaire de Demange, quelques-uns des billets les plus compromettants, avec une lettre, nouveau chef-d'œuvre d'hypocrisie qui fit trembler Mimi pour l'avenir. Le prince était toujours d'avis de ne pas céder, mais Demange amena sa cliente à concevoir que des tractations avec l'avocat de Leandri seraient préférables à un procès. Le prince fulmina contre les avocats. Il avait raison, bien sûr, Mimi détestait d'avance ce qui allait se passer, mais elle ne voulait pas courir le risque de voir ses lettres divulguées. Elle allait payer pour sa bêtise. Le bandit réclamait 100 000 francs. Demange ne fut pas long à l'apprendre. Et il n'y avait pas moyen de négocier à moins.

La veille du procès qui n'aurait pas lieu puisque Leandri se désistait, Mimi participa à une scène odieuse. Elle attendit d'abord seule dans le grand salon bleu de son père. Elle avait préparé les 100 000 francs destinés à Leandri. On fit entrer Demange qui portait dans sa serviette un lourd paquet : le reste de la correspondance de Mimi avec les Leandri. Il produisit aussi une lettre que l'avocat corse lui avait adressée en même temps, et que la jeune fille était supposée lire. « Avouez que le geste de Leandri ne manque ni de noblesse ni d'élégance », avait eu l'audace d'écrire l'avocat. L'avoué était là. Il entra à son tour. C'était lui qui se chargerait de remettre les 100 000 francs au bandit. Tous ces mensonges, cette hypocrisie qu'elle avait souhaité ne jamais connaître, elle ne les oublierait plus. Et comment cela avait-il pu arriver ? Elle ne comprenait pas. Ce n'était pas vivre que de leurrer les autres et s'abuser soi-même. Après une pareille expérience, les prétendus bons sentiments lui feront toujours horreur.

Elle constata que les billets de banque ne formaient qu'une mince liasse et puis elle ajouta : « Je suis délivrée ! Ma liberté d'esprit valait bien cent mille francs ! L'argent n'a jamais beaucoup compté pour moi. Il n'a de valeur que pour acheter la liberté ! »

Elle remboursa aussitôt M. Bonnaud à qui elle devait 36 000 francs, plus les intérêts à 4 %. Me Demange refusa de fixer ses honoraires ; l'avoué suggéra de lui envoyer 10 000 francs. Une fois de plus, le prince s'indigna, mais n'offrit pas de les payer, pas plus qu'il n'avait offert de payer le reste. « Moi je trouve que les services du vieil avocat valaient bien cette somme. Seulement, m'étant acquittée envers lui en espèces, je ne m'acquittai plus en amour. Je l'aime beaucoup moins. Je me détache de ce père fictif. »

Elle savait depuis toujours que son père était « tourmenté par cet or dont il eut trop »[1]. Il s'était toujours montré avare avec elle, et comment ne pas penser à lui en lisant ce qu'elle écrivit à propos du père adoptif d'Edgar Poe : « L'avarice du riche marchand était d'ailleurs, comme l'est toujours l'avarice, une avarice *par rapport à quelque chose* et à quelqu'un[2]. » Poe en souffrait, elle le révèle, comme elle en souffrit. Elle qui savait obscurément que « le don d'argent... est toujours pour l'inconscient l'équivalent du don d'amour »[3], ne pouvait accepter le vice de son père.

Pendant plus de quatre ans, elle avait gardé le secret du chantage. Elle avait l'habitude de cacher ses sentiments, et même Mimau ne se rendit pas compte combien profonde était sa blessure. Les relations avec son père étaient particulièrement pénibles. Elle était, comme elle l'a écrit, « toute soumise, depuis ma révolte avortée au vouloir paternel ». Le but principal du prince était alors de trouver le mari qu'il souhaitait pour elle. « Papa a pour moi des ambitions plus hautes. Ayant lui-même souffert, toute sa vie, d'une situa-

---

1. Marie Bonaparte, *Monologues devant la vie et la mort*, p. 69.
2. Marie Bonaparte, *Edgar Poe*, p. 65.
3. *Id.*, p. 206.

tion sociale douteuse, il rêve pour moi d'un mariage qui mettrait moi et ses petits-enfants à naître dans " une situation sociale incontestée ". Il m'aime et voudrait pour moi le bien qu'il estime au plus haut mais qu'il n'obtint jamais. » En même temps, il était capable de lui dire « assez brutalement », remarque-t-elle : « Si je vous trouvais dans une maison de femmes, ce n'est certes pas sur vous que se porterait mon choix[1]. » Elle ne replace pas la remarque dans le contexte qui l'a amenée, mais c'est un propos bien curieux de la part d'un père si peu communicatif d'habitude.

Dans sa solitude, elle écrit à Tolstoï. La lettre, qu'elle n'envoya jamais mais qu'elle garda, est datée du 17 juillet 1904. On le voit, son besoin de communiquer avec un père admirable qui, peut-être, pourrait l'entendre est là, tenace :

« Voilà plusieurs mois que j'hésite à vous écrire, sans avoir encore osé le faire. Vous avez éveillé tant d'admirations auprès desquelles la mienne, celle d'une jeune fille, vous semblera insignifiante. Elle ne peut cependant être plus sincère, plus ardente ni plus profonde. Je vous ai voué dès le jour où, comme une grande lumière, vous vous êtes révélé à moi par vos œuvres, *Anna Karénine* et *La Guerre et la Paix*, un culte de moi-même, tel que je n'essaierai pas de l'exprimer, la faiblesse des expressions étant pénible.

« Si j'avais un seul mot de vous sur une carte, n'importe comment, je m'en sentirais fortifiée pour la vie. Le bonheur de vous dire mes sentiments cependant me suffirait si je vous suis trop importune. Veuillez excuser ma hardiesse et croire, Monsieur, à mon admiration respectueuse et dévouée, Princesse Marie Bonaparte. »

Envoyer cette lettre était trop pour elle. Elle n'osait plus prendre d'initiative, même dans un domaine où elle n'avait pas à craindre d'être rejetée.

Le plus souvent, elle oubliait qu'elle était jeune, elle n'avait guère plus de vingt ans, et des prétendants impossibles semblaient l'accompagner partout. Pendant l'été de 1904, certains la suivirent jusqu'en Touraine, où elle séjournait au château de la Branchoire ; l'hiver 1904-1905 en amenèrent d'autres jusqu'à Cimiez, où de nouveau les Bonaparte avaient loué une villa, Giramonte, située plus haut que la précédente sur la colline et possédant une vue

---

1. Marie Bonaparte, *Cahiers 1904-1905* (inédit).

superbe. D'un côté la ville et la mer, de l'autre les contreforts des Alpes avec le mont Chauve qui les domine. La villa blanche s'élevait au-dessus de deux larges terrasses en escalier, plantées d'oliviers et couvertes de violettes. Mimi lisait Anna de Noailles, *Le Visage émerveillé* et Anatole France dont elle admirait la prose, comme le fera son maître Freud. Elle vit dans une incertitude totale. « Le son des cloches entrant par la fenêtre ouverte, le son des voix, la clarté blanche du ciel, tout me navre. La mort est partout, mais les uns la voient et les autres l'oublient. » J'ai recherché cette note de Marie Bonaparte (qui ne porte pas de date précise mais figure dans un carnet de 1904-1905) et par hasard, au même moment, je lisais dans le dernier livre de Jean Guéhenno [1] une citation de Katherine Mansfield qui, le 1er janvier 1904, écrivait dans son journal « Que le monde est merveilleux ! que je l'aime ! Ce soir, je remercie Dieu d'exister. » La romancière n'avait alors que seize ans et elle eut la vie et la mort que l'on sait. Le désespoir de Mimi, aussi intense que le bonheur de Katherine, n'est pas sans fondement.

La réalité de la mort

L'été de ses vingt-trois ans, elle est de nouveau à la Branchoire, avec ses cousins Villeneuve. Un jeune châtelain de la Sarthe est invité en séjour. C'est un beau parti pour la petite Jeanne qui, de plus en plus jolie, séduit tout le monde. Ses parents la poussent à ce mariage. Elle possédera terres et châteaux. Mimi observe ses manèges avec irritation. Là encore elle découvre le mensonge.

Mais cet été-là, vers la fin du séjour à la Branchoire, la princesse Pierre a une première crise d'angine de poitrine, qu'elle prend pour une indigestion. Elle éprouve une douleur terrible, et la crise passée, on l'oublie.

Peu de temps avant de rentrer à Paris, un soir, sans que rien l'ait laissé prévoir, la princesse Pierre fait venir Mimi dans sa chambre et lui raconte « sa vérité ». C'est-à-dire l'histoire de sa vie. La jeune fille ne manque pas d'être touchée, surprise aussi. Jusque-là, elle ignorait les faits qui

---

1. Jean Guéhenno, *Dernières lumières*, p. 198.

expliquent, pense-t-elle aussitôt, une part du caractère de son père. Et sa grand-mère, en dépit de son incroyance et de toutes ces années, se sent encore coupable d'avoir vécu avec son prince en dehors des liens du mariage et elle implore son pardon.

De retour à Paris, le vendredi 13 octobre 1905, le soir après son dîner, la princesse Pierre a une violente discussion avec Mme Proveux, sa lectrice. Mais ces discussions font partie de leurs habitudes et nul ne s'en soucie.

Mimi va passer la soirée dans le bureau de son père, qui lui raconte la séance de l'Académie des sciences à laquelle il a assisté l'après-midi. Elle sait qu'il souhaite faire partie de cette assemblée et elle y songe en l'écoutant. Gragra a dû partir car à l'autre bout de la maison, les voix se sont tues.

Soudain, on frappe à la porte. C'est Juliette, la couturière qu'emploie Bonne-Maman, qui leur demande de venir tout de suite. La princesse est très mal. Le père et la fille se précipitent et Juliette leur dit que la princesse est tombée dans le petit cabinet de toilette voisin de sa chambre. Elle s'est fait, contre la table basse placée devant son fauteuil, une large entaille sanglante au nez. Anna, la femme de chambre, s'est enfuie épouvantée.

La princesse est livide et son œil unique demeure ouvert et fixe. Le père et la fille la portent jusqu'à la chaise longue de sa chambre, ils s'efforcent de la réchauffer avec des boules d'eau chaude aux pieds. Ils lui frictionnent bras et jambes. Mais quand le médecin arrive, il constate le décès. Juliette la couturière reste auprès du cadavre tandis qu'Anna ne veut pas revenir. On va chercher une religieuse pour la première veillée et un prêtre appelé par on ne sait qui arrive, dit une prière et s'en va, sans même regarder Mimi et le prince.

Pendant que Juliette et la religieuse font la toilette de la morte, Mimi reste debout dans la chambre, fascinée. C'est la première morte qu'elle voit. Et alors qu'elle l'a toujours vue habillée, sa grand-mère est quasi nue. Mimi regarde les jambes, les cuisses, le ventre. « Sa chair est blanche et belle. » Les paroles du médecin, autrefois rapportées par Gragra me reviennent : « Ce n'est pas de la chair, c'est du marbre. »

Juliette demande comment l'habiller. Elle suggère la robe de brocart que la princesse aimait tant, celle qu'elle lui a faite, avec un tablier de dentelle au point à l'aiguille. Marie acquiesce, tout en pensant que sa grand-mère ne peut se voir et qu'il serait plus approprié de l'enterrer en chemise de nuit. On a tendu une alèse sur le lit et on y installe la morte. On lui fait une mentonnière avec un mouchoir et on lui ferme soigneusement les yeux. La religieuse est agenouillée sur un prie-Dieu et le cadavre repose entre deux hauts cierges allumés. Mimi sort. Elle va rejoindre son père qui n'a pas assisté à la toilette mortuaire.

Le prince Roland est agité. Il n'a pas encore pris la mesure du chagrin qui vient de s'abattre sur lui. « Sa mère était le plus grand amour de sa vie », observe Marie. Elle est elle-même si étonnée de ce qui vient d'arriver qu'elle ne sait pas non plus ce qu'elle va éprouver. Elle reste auprès de son père et, à tout moment, elle souhaite retourner dans la chambre de la morte, avide de voir ce qui s'y passe.

CHAPITRE IV

UN FAUX BONHEUR

> *L'âge et la situation de mon fiancé me*
> *permettaient de faire sur lui le transfert de*
> *mon amour pour mon père.*
>
> Marie BONAPARTE,
> *(Psychanalyse et Anthropologie).*

Marie, qui a si souvent pensé à la mort, est pour la première fois confrontée à la réalité. Elle épie avec fascination et douleur tout le rituel funèbre. Les symboles des gestes accomplis ne lui échappent pas, non plus que la transformation de la chair.

La société de cette époque n'essayait pas d'éluder la mort, bien au contraire. Le plus longtemps possible, le cadavre demeurait exposé aux yeux des proches dans sa terrible vérité. Puis après le cérémonial de la mise en bière, le cercueil refermé restait dans la chambre où il était d'usage de le veiller jusqu'aux funérailles.

Ces jours-là, la princesse Pierre est plus présente encore que vivante dans la maison mais Marie paraît avoir davantage pensé à ce que serait sa propre mort qu'à toutes les morts non vues qui ont déjà eu lieu autour d'elle. Elle a aussi le sentiment de la vie qui continue avec une acuité plus forte. Pour l'enterrement, elle s'enveloppe de longs voiles noirs et à l'église — dont ni la mécréante princesse ni son fils n'auraient su se passer — comme au cimetière, ses larmes sont intarissables.

Ensuite, elle se sent d'abord délivrée. « On semble avoir enterré avec Bonne-Maman, la Mort. Il ne reste plus que la vie, la vie enfin libre, sans l'œil noir unique qui me surveillait. » Elle comprend la raison de ses larmes et de ce deuil qu'elle porte. Elle note qu'elle a pleuré « de ce que (Bonne-Maman) ne puisse plus m'opprimer ». Mais elle s'aperçoit bientôt qu'aucun rapprochement ne se produit avec son père. Elle est consternée par le chagrin de celui-ci. Son sentiment de libération ne dure pas. Sa névrose l'envahit de nouveau. Elle demeure de plus en plus hantée par la mort, et se met à redouter celle de Mimau. Elle ne peut faire face à aucune forme d'indépendance et est incapable de s'apercevoir que la vieille femme devient de plus en plus paranoïaque. Elle se sent perdue. Elle va même jusqu'à envisager le suicide.

Les Villeneuve ne sont d'aucune aide. Tante Jeanne a beaucoup prié pour l'âme de sa mère, mais elle n'avait guère d'amour pour celle-ci et ses enfants n'en avaient pas davantage. Le prince Roland doit éprouver un sentiment de grand isolement. Personne dans son entourage ne trouve les mots qui pourraient peut-être un peu l'apaiser. Mimi redoute de vivre seule avec lui.

Par affection pour elle, les Gabeau proposent de quitter leur existence campagnarde, qui leur convient si parfaitement, pour s'installer auprès d'elle. Ce qui est, de leur part, une action généreuse que Mimi accepte avec gratitude. Leur présence la réconforte. L'admiration du vieux colonel la rassure. Elle a un tel besoin de plaire que plaire à un vieillard ne la dérange pas. La tendresse que lui témoigne Laure Gabeau, âgée elle aussi à présent et cardiaque, lui est également précieuse.

La vie dans la grande demeure du 10, avenue d'Iéna est toujours aussi austère. Marie en fournit de nombreux exemples. Ainsi, dans l'un de ses carnets, elle décrit une journée qui ressemble aux autres et qui s'est déroulée quelques mois après le décès de sa grand-mère. Elle l'intitule : *La morne journée du 9 janvier 1906.*

« Lever à 6 h 30 — besoins à 7 h, arrivée de la femme de chambre Nelly, douche, déjeuner, laver les cheveux, coiffée jusqu'à 9 h — lettres deux heures — puis fournisseurs introduits par Jules et Michel. — Puis Gabeau à midi moins 10, il faut se préparer pour le déjeuner qu'Adrien vient annoncer à midi. Au salon avec les Gabeau puis mon père et on passe à table. Mon père, la tête dans ses mains, répond par monosyllabes, engouffre la nourriture — Ensuite dans la chambre de mon père qui me fait un sermon tout en marchant de long en large. Il fait un métier de galérien, il n'a plus le temps de travailler depuis que sa mère est morte. Il se lamente aussi sur la situation politique en porte à faux et finalement me recommande de ne pas dépenser mon argent.

« A 1 h 30 je vais au Bois avec les Gabeau. Ils sont vieux tous les deux et la promenade est sinistre. Je rentre à la maison, reçois une ou deux dames (probablement des relations de grand-mère) puis je vais retrouver Mimau qui me raconte ce qu'a fait « le Fidèle » (Bonnaud) qui persécute les domestiques. Plus tard je reçois Bonnaud dans ma salle d'étude.

« Dîner avec mon père et le même sermon a lieu après. Plus : " Ma fille ne m'aime pas. " Je le rassure et vais me coucher. »

C'est, en effet, la journée la plus morne qu'on puisse imaginer pour une fille de vingt-trois ans, qui ne s'intéresse qu'aux choses de l'esprit et de l'art. Et l'emploi du temps de cette journée-là n'est pas exceptionnel. Les relations avec son père dominent cette période. Comment Marie les accepterait-elle avec calme ? Cette passionnée réclame son dû d'amour, et ne peut pas encore comprendre qu'elle demande l'impossible. Jusque-là, même au moment de la crise Leandri, il semble qu'ils se soient toujours abordés de profil. Sans jamais se regarder dans les yeux. Pour toutes les questions importantes, le prince Roland préférait s'en remettre à sa mère qui se chargeait de les résoudre pour lui, ou avec lui. Il n'y avait de vrai dialogue qu'entre eux. Le père et la fille ne parlent pas la même langue.

Les sentiments ne semblent pas avoir joué un grand rôle dans la vie du prince Roland. Son personnage ne le porte pas à l'intimité. Pourtant sa fille insiste pour le tutoyer, alors qu'il lui dit vous. Il n'oublie jamais leur rang. Mais souvent, il emploie en s'adressant à elle, un mode d'expression plus troublant : il utilise la troisième personne quand il parle de lui-même ou qu'il lui parle d'elle. « Papa est si inquiet quand il voit sa Mimi sortir », dit-il à cette fille de vingt-trois ans. Toutefois, cette notable régression ne le gêne pas pour discuter de questions financières. Comme sa mère, il est intarissable sur le sujet. Il se plaint de dépenser trop. 1 200 000 francs par an, c'est trop, c'est beaucoup trop, répète-t-il. Une forte somme, en effet, à l'époque, mais il est si riche que sa fille ne s'en émeut pas. Elle est habituée à ce genre de récrimination.

Ce à quoi elle ne s'attend pas, c'est à cette demande qu'il lui fait un jour de tester en sa faveur, « pour des raisons d'ordre », précise-t-il. Il ne voudrait pas avoir à discuter avec Edmond Blanc ou les Radziwill, qui hériteraient eux aussi, s'il arrivait quelque chose à la jeune fille. Elle n'a pas oublié qu'il s'est autrefois empressé de faire rédiger un testament à sa femme. Elle en a entendu parler toute son enfance. Quand il lui répète que « Mimi devrait faire venir Bazin (le notaire) pour tranquilliser son papa qui l'aime tant », elle se garde de protester mais ne s'exécute pas. « Et ce testament ne sera jamais rédigé. »

Cette demande de testament est rapportée dans un cahier entre les dates des 10 et 13 janvier 1906. Le 10 janvier, Marie note qu'elle se décide à louer Saint-Cloud. En cela, elle suit les conseils de son père qui s'intéresse toujours de près à ses affaires, comme lorsqu'il les gérait pour elle avant sa majorité.

Ne peuvent-ils parler d'autre chose que d'argent ? En sa présence, son père paraît toujours mal à l'aise. Aussi n'ose-t-elle pas lui parler d'elle-même comme elle aimerait à le faire. Jamais il ne parle de lui, sauf les quelques cris que lui arrache la souffrance provoquée par la mort de sa mère.

Dominé par sa mère à qui il demeura fixé toute sa vie, le prince n'était pas un grand connaisseur, ni un grand amateur de femmes. Cependant, l'habile princesse Pierre ne l'avait pas trop gardé dans ses jupes, elle avait été assez avisée pour veiller à ce qu'il eût un attachement sexuel féminin. A seize ans par les Leandri, Marie Bonaparte découvrit que son père qui, dans son enfance, sortait dîner chaque soir, sauf le dimanche, avait une liaison avec une dame replète qu'il ne montrait nulle part[1]. « Eugénie Baudry, amie de mon père » a écrit Marie Bonaparte au dos d'une photographie datant de l'année 1910 et qui est celle d'une femme simple, entre deux âges, sans beauté et sans caractère particulier. Il y eut aussi une autre personne, au nom flamand, avec qui le prince voyagea et fit des séjours en Suisse. Elle dessina de lui une bonne caricature et paraît avoir eu plus d'esprit. Mais Eugénie Baudry est la seule que

---

1. Marie Bonaparte, *Journal d'analyse*, 21 octobre 1925.

le prince ait mentionnée, la seule qui vint le voir lors de sa longue maladie et qui revint le voir sur son lit de mort. Plus tard, dans son *Journal d'analyse* avec Freud[1] à la date du 28 janvier 1926, Marie Bonaparte rapporte que son père fêta ses noces d'argent avec Eugénie Baudry en juin 1909. La liaison, qui existait donc avant le mariage de ses parents, fut interrompue puis reprit. Il est certain, toutefois, que ce long attachement ne devait pas tenir une grande place dans le cœur de cet homme renfermé et insatisfait.

Une trop grande solitude

Marie aurait voulu s'enfuir, mais rien ne l'avait préparée à une existence autonome. Après la douloureuse expérience Leandri, on avait continué de la protéger de la même façon absurde. C'était sans doute afin de la guérir de ses aspirations intellectuelles que son père, comme sa grand-mère, la maintenait dans cette dépendance exagérée pour sa génération et leur milieu. A côté de l'éducation qu'elle avait reçue, celle de sa cousine Jeanne apparaissait comme libérale.

Jeanne avait passé son baccalauréat et, à dix-huit ans, la voilà mariée à son jeune baron des bords de la Loire. Elle ne fera donc rien de son diplôme alors que « moi, si j'avais mon baccalauréat, j'entrerais demain dans cette lourde bâtisse, rue de l'École-de-Médecine ou un peu plus loin, où l'on dissèque les cadavres. J'apprendrais l'anatomie, les secrets hermétiques de la structure interne du corps humain... J'ai le cœur et l'âme solides, et j'aimerais, pour commencer d'étudier la médecine, disséquer des morts ». Elle n'abandonnera jamais le vieux rêve d'être médecin, auquel elle tenait plus qu'au mariage.

Ce rêve était entre son père et elle la cause majeure de mésentente. Nous l'avons vu, le prince était persuadé que des études sérieuses seraient un obstacle au mariage qu'il convoitait pour elle. Marie était dans un trop mauvais état psychique pour s'opposer au désir de son père. Elle était encore loin d'être capable de conquérir l'indépendance qu'elle manifesta plus tard. Elle allait d'abord se soumettre,

---

1. Marie Bonaparte, *id.*, 28 janvier 1926.

comme une petite fille qu'elle n'était plus depuis longtemps, aux décisions paternelles.

Pour le jour du mariage de Jeanne, le deuil a été levé et Mimi « l'air gauche, empêtrée dans une robe trop claire », ne parvient pas à retenir l'attention du frère du marié qui l'intéresse. Elle n'a eu que rarement l'occasion d'observer les manœuvres qui, pour tant de femmes, sont une seconde nature, la tradition les y a obligées. Elle ne sait pas plaire. Elle a été conquise par un escroc alors qu'elle n'était pas encore séduisante et, pour elle, à partir de ce moment-là, tout a été faussé et le demeurera longtemps. Elle a peur, à présent, sans se l'avouer. Elle voudrait être aimée mais elle ne voudrait pas être une proie. Elle ne s'identifie plus à sa mère autant qu'elle le faisait naguère. Elle est dans sa vingt-quatrième année, elle croit avoir acquis, chèrement, une lucidité que sa mère ne paraît pas avoir connue, mais elle ne se rend pas compte que son monde est aussi irréel et limité que celui de cette autre Mimi qui l'enfanta et mourut à vingt-deux ans.

Elle souffre elle aussi d'une trop grande solitude. Elle connaît peu de personnes de son âge. Elle ne voit guère Geneviève Ollivier. Ni l'une ni l'autre n'en sont responsables, mais Mimi ne se sent pas libre d'accepter des invitations ou d'inviter. Tout un dispositif maintenu par son père lui donne conscience d'être soumise à des règles qui ne sont pas celles des autres. Les obligations familiales sont les seuls événements sociaux qui lui sont permis. Elle allait en visite chez l'ex-impératrice Eugénie, alors âgée de quatre-vingts ans et de passage à Paris. (« J'admirais sa beauté : tout ce qu'elle possède »), ou la princesse Letizia déjeunait chez eux. (« On se voit sans plaisir, mais on aurait du déplaisir à ne pas se voir. »)

Contrairement aux jeunes filles de son milieu, elle sort peu. Son premier bal, chez la princesse Murat, elle y va à près de vingt-cinq ans. Elle porte une « robe Empire toute pailletée de nacre, avec un diadème d'aigrettes blanches dans les cheveux ». Elle n'a pas oublié qu'on lui a dit autrefois qu'avec tout son argent elle plairait toujours. Non seulement elle n'a ni la beauté incontestable ni la grâce de sa cousine Jeanne — c'est la comparaison à laquelle on revient sans cesse — mais elle ne sait pas se distraire comme elle. Ce n'est pas dans son caractère de prendre les choses légèrement. Elle doute trop d'elle-même, et elle aime trop peu le monde pour tirer vanité de son rôle de riche héritière. Elle n'a pas le respect des titres qui exaltent son père. Un souverain, une altesse royale ne l'impressionnent pas plus que les mots altesse impériale précédant le nom de son père — qui n'y a pas droit...

A présent, c'est Mme Gabeau qui la chaperonne. Avec elle, au moins, Marie peut parler. Elle rappelle dans ses Carnets une conversation qu'elles eurent, le 18 janvier 1906, à propos du mariage. Marie dit que la vie avec son père était intenable, et elle se souvient qu'il fut ensuite question du prince Georges de Grèce.

Le père de Mimi avait examiné avec minutie la situation des candidats au mariage les plus prestigieux, parmi lesquels le prince Hermann de Saxe (Weimar), qui allait peut-être devenir le grand-duc de Saxe-Weimar, et le prince Louis de Monaco, dont la candidature avait été posée, c'était drôle, par l'intermédiaire de la pieuse Mimau. Mimau elle-même avait écouté d'une oreille attentive et bienveillante les allusions de quelque prélat qui souhaitait sauver l'âme du prince de la Riviera en l'éloignant d'une vie de péché.

Au mois de février, Marie part de nouveau pour le Midi, où elle espère rencontrer le prince Louis et où, de nouveau, la villa Giramonte les accueille. Tante Jeanne l'accompagne, avec ses deux plus jeunes filles et les Gabeau. Comme celui de Monaco, l'évêque de Nice désire marier le prince et il accepte de déjeuner à la villa louée par les Bonaparte. L'idée du mariage monégasque ne déplaît pas à Mimi. Ce n'est pas l'exil, et le candidat de Mimau a aussi l'avantage d'être très riche, ce qui donne à la jeune fille la certitude de n'être pas choisie pour son or. Mais Louis de Monaco n'est pas prêt à écouter les pieux conseils, c'est l'évidence. Marie ne le verra pas une seule fois...

Heureusement, ses rapports avec Mimau la consolent, dans une certaine mesure. Ils ont repris comme dans le passé. Peu de temps avant la mort de sa grand-mère, Mimi avait fait cette confidence à sa cousine Jeanne : « L'amour que j'ai pour Mimau a quelque chose de si profond, de si spécial... La vie a comme trois piliers : le Beau, l'Amour et l'amour que j'ai pour Mimau. » Elle note aussi que Mimau a parlé d'un lézard en brillants qu'elle voudrait lui donner. Sa vieille bonne a même rédigé un papier pour que Mimi hérite de ce lézard qu'elle devra porter le lendemain de son mariage pour ensuite le léguer à sa fille. En écoutant Mimau lui faire part de ce désir, elle a pleuré, elle le rappelle, et puis : « Je lis en ce moment le *journal* de Marie Bashkirtseff. Elle est l'intelligence, la beauté, elle comprit la gloire et l'amour mais la pauvre ne connut pas la douceur d'aimer sa mère. » Cette même pensée revient — toujours angoissante, malgré l'amour qu'elle porte à Mimau. Et, de plus, Mimi est poursuivie par l'appréhension angoissée de la mort de cette dernière. La crainte de sa propre tuberculose a disparu. Comme tous les hystériques, elle ne peut avoir qu'une hantise à la fois. A présent, la recherche d'un mari occupe ses pensées comme celles de son père, et le mariage deviendra, un jour, sa nouvelle maladie.

En 1906, la jeune princesse passera son troisième été à la Branchoire près de Tours, avec sa tante Jeanne, Laure, Mimau et le colonel Gabeau. C'est une période où, dans la solitude de la nature, elle s'interroge avec anxiété sur l'avenir, sans se rendre compte à quel point elle est profondément névrosée et combien sa névrose influe sur ses actions et ses pensées.

Elle rentrera plus tôt que les autres années parce que son père veut qu'elle soit à Paris en septembre. Il mène campagne pour son élection à ce fauteuil de l'Académie des sciences qu'il désire depuis si longtemps. Il est prêt à différer ses travaux pour faire les visites d'usage. Mais il n'abandonne pas pour autant les projets de mariage concernant Mimi. Et c'est la principale raison pour laquelle il veut qu'elle rentre.

Le prince Georges de Grèce était son candidat favori. Avec un pareil mariage tous ses vœux de réussite sociale seraient exaucés. Mimi n'avait pas oublié l'air crâne du prince sur une photographie remarquée quelques années plus tôt dans le *Graphic*, un magazine de Londres. Cependant elle n'était pas intéressée, l'idée de vivre à l'étranger lui déplaisait.

Le fils d'un roi

En septembre, Georges Ier, roi des Hellènes, sera de passage à Paris, et le prince Roland se promet de donner un grand déjeuner en son honneur. Roland vit dans la légende napoléonienne, entouré de tableaux, de gravures, de mobilier Empire. Même le linge de maison a des abeilles impériales tramées dans la toile fine. Sûrement il avait toujours conscience de sa naissance illégitime et souffrait du mépris de la vraie aristocratie pour les Bonaparte. Les généalogies le passionnaient. C'était un moyen de se racheter à ses propres yeux.

Christian IX de Danemark, le père du roi des Hellènes et le grand-père du prince Georges qui avait une si belle figure sur sa photographie du *Graphic,* ne descendait pas d'une lignée de rois de Danemark mais était un prince allemand, de la famille de Glücksburg — une branche de la maison de Holstein — à qui sa femme, Louise de Hesse-Cassel, cousine du roi Frédéric VII qui n'avait pas d'héritier, avait donné ses droits au trône de Danemark, avec l'autorisation du protocole de Londres, signé le 8 mai 1852, par les cinq grandes puissances : Autriche, France, Grande-Bretagne, Prusse et Russie, plus la Norvège et la Suède. Ce document était un compromis non seulement sur la question de la succession danoise, mais aussi sur les revendications du Danemark et de la Prusse concernant le Schleswig-Holstein.

Christian IX poursuivit une politique matrimoniale qui lui valut le surnom de « beau-père de l'Europe ». Son fils aîné qui accéda au trône en 1906 sous le nom de Frédéric VIII, avait épousé Bernadette, une princesse de Suède. Alexandra, l'aînée de ses filles, épousa le roi d'Angleterre Édouard VII, un Saxe-Cobourg, tandis que Georges Ier des Hellènes qui était le troisième des enfants de Christian avait épousé une Romanov, la grande-duchesse Olga, petite-fille de l'empereur Nicolas Ier de Russie. La quatrième, Dagmar, épousa également un Romanov, Alexandre III, empereur de Russie ; Thyra, la cinquième était devenue duchesse de Cumberland ; et le dernier fils, le prince Valdemar de Danemark, avait épousé une Française, petite-fille du roi Louis-Philippe, Marie d'Orléans, la sœur du duc de Guise, prétendant au trône de France, et du prince Henri d'Orléans, l'explorateur dont le nom était le seul qui fût familier à Mimi, parce qu'il lui avait permis de rêver.

Le prince Roland ne rêve pas, lui. Il ne fait pas mystère de ses intentions. L'idée de ce mariage avec le prince Georges de Grèce et de Danemark a été suggérée au ministre de Grèce à Paris, Delyannis, par l'un de ses amis, M. Vlasto. C'est la raison pour laquelle le prince Roland a déjà reçu une fois à déjeuner deux des frères du prince Georges, le diadoque Constantin et le prince Nicolas, qui n'ont pas laissé un grand souvenir à Marie.

Le roi Georges lui fait une tout autre impression, qui n'a
rien à voir avec ce que lui avait raconté son père, content de
lui apprendre que le prince Guillaume-Georges était devenu
roi des Hellènes en 1863, après la chute d'Otton Ier, fils de
Louis Ier de Bavière. Otton avait accédé au trône en 1832,
après que la Grèce était devenue indépendante de la Turquie. La couronne de Georges était due au support britannique et à un agrément international, tout comme celle de son
père. Mais peu importait à Marie.

Le déjeuner en l'honneur du roi rassemble une cinquan-
taine de convives, Marie est assise à sa droite et nous révèle :
« Il me plaît, il me charme, c'est un des hommes les plus
séduisants que j'aie jamais vus. » Mais lorsque son père lui
annonce solennellement que le roi serait prêt à l'agréer
comme belle-fille, épouse de son jeune fils, elle est affolée.
Elle répète qu'elle ne veut pas quitter Paris. Et bien qu'elle
clame vouloir changer de vie, elle est saisie de terreur à la
pensée que cela pourrait arriver. Sa relation avec son père
est trop névrotique pour être aisément brisée. Mais le prince
est trop près du but qu'il s'est fixé depuis que sa fille était au
berceau pour y renoncer. « Vous avez tort, me dit mon père.
Vous êtes une enfant. Vous ne retrouverez jamais un pareil
parti. Outre sa situation sociale, le prince Georges est un
homme sérieux, charmant, et tel que bien des pères le
voudraient pour leur enfant... »

Comment est-il, ce prince dont Roland dit qu'il « vient de
quitter son poste de haut-commissaire des Puissances en
Crète et voyage en Extrême-Orient » ? Mimi semble ne plus
se rappeler quelle allure magnifique elle a trouvée au bel
officier de marine à l'œil clair, à la longue moustache blonde
du portrait du *Graphic*. Un fils de roi ne l'intéresse pas. Elle
n'a pas oublié que ses grands-parents maternels, sans parler
de la princesse Pierre, étaient issus du peuple, et sa citation
favorite de Napoléon était « les fautes sont personnelles ».
(Napoléon devant ratifier la nomination d'un haut fonctionnaire, le document qu'on lui présenta était accompagné
d'une note l'informant que le père de ce personnage avait
fait de la prison. L'Empereur écrivit en marge de la note :
« Les fautes sont personnelles » et il entérina la nomination.) Sur ce point l'attitude de Marie ne changera jamais.

Elle accepta pourtant de ne pas aller en Touraine, l'été
1907, parce que le prince Georges devait passer par Paris. Il
y a bien longtemps qu'elle a renoncé à lutter ouvertement

avec son père (et lorsqu'elle l'a fait, c'était poussée par Leandri).

Le 19 juillet 1907 est une journée torride. Le diadoque Constantin et le prince Georges de Grèce ont accepté de se rendre à quatre heures de l'après-midi avenue d'Iéna. Pour tout arranger, « l'indisposition mensuelle me tord les entrailles », note Marie. Elle est verte et souhaiterait rester dans son lit. Son père lui a demandé de faire un effort, et il est sorti pour attendre à la porte les visiteurs princiers, tandis que Marie les accueillera dans le salon bleu dont les fresques, qui ornent le haut des murs, ont été prélevées dans l'hôtel Bonaparte de la rue Chantereine. Sa tante Jeanne l'assiste.

Le prince Georges est un géant scandinave, qui dépasse le diadoque et le prince Roland d'une demi-tête. « Élancé, blond, avec une longue moustache blonde comme son père, un nez droit, des yeux bleu de ciel qui sourient. Peu de cheveux seulement, il est chauve. Qu'importe ? Il est grand beau, blond, et surtout il semble si bon, si bon. De plus il paraît un peu souffrant, ce beau géant, ce qui le rend encore plus touchant, plus sympathique... Il a maigri, beaucoup maigri. Pâle, les traits tirés, on dirait qu'il relève d'une fièvre typhoïde... »

Le journal de l'oncle Christian rapporte évidemment cette rencontre : « Mimi a causé tout le temps avec le prince Georges... Jeanne est restée avec le prince royal qu'elle a trouvé très simple, aimable et intelligent. » Les Delyannis, le ministre de Grèce à Paris et sa femme, étaient présents et, comme le remarque Mimi, chacun pensait à autre chose qu'à ce qui était dit. Les princes restèrent deux heures, et Marie trouvait Georges charmant, elle regrettait qu'il habitât si loin, mais elle n'en dit rien à personne, et paraissait de nouveau absorbée par ses douleurs d'entrailles.

Le lendemain, alors qu'elle est encore couchée, Mimau lui apporte une énorme brassée d'orchidées retenues dans une sorte d'échelle de bambous. Ce cadeau du prince de Grèce ravit le cœur simple de la fidèle Corse. Ce jour-là, Roland ira faire une visite à l'hôtel Bristol, place Vendôme, où les fils du roi des Hellènes sont descendus. Peu de temps après, les princes royaux, les Bonaparte, les Villeneuve et le ministre grec, Delyannis visitèrent Versailles et les Trianons aux yeux ébahis des touristes. Un autre jour, le jeune couple fit une promenade à Bagatelle, accompagné par tante Jeanne, le diadoque et les Delyannis. C'était le 29 juillet 1907, et, comme l'oncle Christian le rapporte dans son journal, les jeunes gens se parlèrent près de deux heures. Georges dit à Mimi que sa naissance lui imposait de grands devoirs, et qu'il n'y manquerait jamais, que si la Grèce avait besoin de son retour en Crète, il y retournerait, que si la flotte avait besoin de lui, il s'embarquerait ; qu'il était donc à la merci des événements, que, d'un autre côté, il tenait à garder sa femme auprès de lui, et à mener avec elle une vie d'intimité bourgeoise. Dans ces conditions, si disposé qu'il fût à venir à Paris, il ne pouvait s'engager à y faire des visites d'une durée déterminée. Il dit aussi à Mimi que ses sentiments religieux étaient très vifs.

« Cette conversation a surpris Mimi et l'a complètement déroutée. Elle en a conçu beaucoup d'estime pour le prince Georges, mais elle s'épouvante à l'idée de vivre à Athènes », note l'oncle Christian dans son journal.

Tante Jeanne fit de son mieux pour persuader Mimi. L'oncle Christian conseilla à son beau-frère de promettre à Marie une certaine somme par mois, prise sur les revenus du prince Roland, lorsque le jeune couple serait à Paris. Ce qui était un moyen de tenter le prince Georges de passer plus de temps en France.

Mimi va, avec Mme Gabeau, voir la princesse Sophie (l'épouse du diadoque Constantin) qui lui parle de la vie à Athènes, qui n'est pas très animée, et où on ne peut guère voir que les femmes de marchands de tabac. Mais elle ajoute que le prince Georges n'a presque aucune obligation officielle, et qu'il est parfaitement libre de faire de longs séjours à Paris.

Pour échapper aux indiscrétions des journalistes et des gens du monde, tout en lui permettant de mieux connaître le prince, Marie et Georges se rencontraient chaque jour chez la marquise de Villeneuve. Mimi arrivait accompagnée du vieux colonel et de son épouse. Ils prenaient le thé tous ensemble, puis tante Jeanne et les Gabeau disparaissaient, les laissant seuls dans le grand salon. « Le prince et moi causions, assis sur un haut canapé Empire, tendu d'une soie vieux rose délavé. Quatre cygnes verdâtres et or au col recourbé formaient les coins. C'était un meuble affreux et peu confortable. Qu'importait ! Nous étions là pour apprendre à nous connaître et non pour admirer le mobilier. » Marie avait déjà cette horreur du style Empire qui la poursuivit toute sa vie. Plus tard, elle s'arrangerait toujours, pour qu'au moins sa chambre et son bureau échappent à ce style, qui avait envahi toute la maison de son père.

Georges ne partageait pas son opinion. Il aimait l'ancien, meubles, tableaux ou objets. Il n'avait pas de goût pour l'art en général et le disait simplement. Il n'aimait pas non plus la poésie ni les romans. Shakespeare lui paraissait « ampoulé ». Il aimait l'histoire et « les choses vraies ». Cette confession qui aurait dû lui déplaire, Marie l'acceptait sans la juger. Elle était touchée par le récit de ses malheurs. Elle n'avait pas beaucoup de points de comparaison, si peu de personnes s'étaient jusque-là confiées à elle. Elle croyait ce qu'il lui racontait et compatissait. Sa première impression était juste, elle allait vite l'apprendre. Le prince avait subi des revers sérieux, qui l'avaient marqué profondément. Elle savait écouter. Et elle était curieuse de ce géant blond qu'elle trouvait si beau.

Georges, né à Corfou, le 25 juin 1869, avait été élevé à Athènes. A l'âge de quatorze ans, ses parents l'emmenèrent au Danemark, pour qu'il devînt marin. Il devait entrer à l'École navale de Copenhague. Ils l'avaient confié à son jeune oncle Valdemar, qui avait dix ans de plus que lui, et était amiral de la flotte danoise. Au moment où ses parents repartirent, alors qu'il se trouvait sur le quai, à Bellevue, entre son grand-père le roi Christian IX et son oncle, soudain, Georges se sentit abandonné. Son oncle s'en aperçut et lui prit la main. Ils rentrèrent ensemble à pied à Bernstorff qui était la demeure du prince et, écrit Marie dans ses *Souvenirs,* citant Georges : « De ce jour, de cet instant, je l'aimai, et je n'ai jamais eu d'autre ami que lui. » Le 22 octobre 1855, le prince Valdemar épousa, à Eu, une Française, Marie d'Orléans, « une Marie comme moi... Et le bon prince me décrivait son ami, me vantait sa bonté, sa droiture, sa sûreté de caractère. Nulle part il ne se sentait aussi heureux qu'au Danemark auprès de lui. « Vous l'aimeriez aussi », concluait-il. Quand il se mettait à parler de Valdemar, Georges était intarissable. Son oncle était son seul ami et Marie, la solitaire, l'enviait. Mais il y avait d'autres épisodes dans la vie de son prétendant qu'elle écoutait aussi avec intérêt et surprise.

En 1891, alors qu'il était dans sa vingt-deuxième année, Georges accompagna son cousin le tsarévitch Nicolas, le futur Nicolas II, autour du monde, comme lieutenant de vaisseau dans la marine russe. Ils voyageaient tous les deux sur le croiseur *Azov*, encadré de trois autres navires de guerre russes. Ils allèrent à Ceylan, à Singapour, à Java, au Siam, en Cochinchine et en Chine. Ils visitèrent des temples et de nombreux monuments anciens. Ils chassèrent le tigre, l'éléphant, le crocodile. Le 27 avril 1891, les quatre navires de guerre entrèrent dans le port de Nagasaki, et le 9 mai ils arrivèrent dans le port de Kobé. De là, le tsarévitch et son cousin allèrent à Kyoto, et le lundi 11 mai, avant midi, ils se rendirent à Otsu, par le train. A Kyoto, le tsarévitch et sa suite s'étaient déplacés en pousse-pousse, ils firent de même à Otsu, mais dans une rue étroite, l'un des policiers assurant la garde de la rue sortit son épée et, courant derrière le pousse-pousse, frappa Nicolas à la tête. Il frappa deux fois, mais son chapeau melon protégea le tsarévitch. Georges dont le pousse-pousse suivait celui de son cousin, se précipita et, avec sa canne, assomma l'agresseur. Le prince fut conduit dans une boutique où on lava sa blessure avec l'eau du ruisseau et, très vite, les visiteurs reprirent le train pour Kyoto. L'empereur et l'impératrice du Japon envoyèrent des télégrammes de condoléances au tsar et à l'impératrice. Le tsarévitch fut invité par l'empereur Meiji tenno à résider dans son hôtel de Kyoto, tandis que le prince Georges reçut un message de remerciements accompagné « d'un immense éléphant en porcelaine, en vieux Satsouma ».

Mais dans les nouvelles envoyées à Saint-Pétersbourg par l'entourage du tsarévitch, Georges n'apparaissait plus comme sauveteur. Au contraire, il était accusé d'avoir provoqué l'attentat. Selon une version, il aurait entraîné son cousin dans de mauvais lieux, selon une autre, il l'aurait poussé à violer la sainteté d'un temple en y entrant sans se déchausser.

Georges, disgracié à la suite de ces accusations mensongères, dut quitter son cousin ; une canonnière russe l'emmena à Yokohama, d'où il gagna l'Amérique par Vladivostok. A son arrivée en Angleterre, la reine Victoria refusa d'abord de le recevoir, mais son oncle, le prince de Galles, l'interrogea et frappé par son accent de vérité convainquit sa mère de l'innocence du jeune homme.

Marie, qui rapporte cette histoire dans ses Mémoires, met en note une citation du journal de Nicolas II, datée de cinq mois après le drame. Les deux cousins se retrouvèrent à l'occasion d'une réunion de famille au Danemark. « Je suis outré des bruits qui courent, écrit Nicolas II, Bariatinsky se permet d'affirmer, paraît-il, que ce n'est pas Georgie qui m'a sauvé la vie. Je ne comprends pas où il veut en venir. Veut-il se disculper ? (Mais qui l'accuse de n'avoir rien fait ?) Ou alors noircir Georgie ? Mais pourquoi ? C'est à mon avis tout simplement lâche. »

Le prince Georges parlait avec la même simplicité de ses expériences malheureuses que des endroits fabuleux qu'il avait visités et de la pompe des cérémonies auxquelles il avait assisté en Extrême-Orient. Il ne semblait pas embarrassé en racontant les affronts subis. Mais il ne cachait pas qu'il était devenu mélancolique et amer. Il expliquait combien il avait changé moralement autant que physiquement.

Autrefois, il pesait beaucoup plus lourd et avait un appétit d'ogre, surtout quand, après un séjour sur un bateau de guerre, il retrouvait la cuisine de son grand-père. Un jour, mis au défi par le roi Christian, il avait mangé dix-huit côtelettes. Lors des premiers Jeux olympiques, à Athènes, en 1896, Georges était président du jury. Après l'épreuve de la levée du poids, des athlètes ayant laissé derrière eux d'énormes haltères qui encombraient l'arène, d'une seule main, le prince Georges les avait déplacées et jetées au loin, sous les applaudissements des spectateurs qu'il ne s'expliquait pas. Ensuite, il courut toute la longueur du stade aux côtés du vainqueur du premier marathon, qui était un Grec, et qu'il voulait protéger de la foule en délire pour que celui-ci arrivât indemne aux pieds du roi.

Après la guerre gréco-turque qui dura trois mois, fut un désastre pour la Grèce et se termina par un traité signé à Constantinople le 4 décembre 1897, sur l'intervention de Nicolas II, les grandes puissances s'étaient engagées à donner à la Crète son autonomie, avec un gouvernement national, sous la souveraineté du sultan que l'on obligeait d'autre part à retirer ses troupes. Les puissances devaient appointer un haut-commissaire pour administrer l'île au nom du Sultan. La majorité de la population étant grecque, leur choix se porta sur le prince Georges.

Dès le début, la tâche fut difficile. Anglais, Français, Italiens et Russes s'étaient partagé le territoire qu'ils occupaient militairement, mais ne s'entendaient pas entre eux, et Georges ne se sentait pas soutenu par Athènes. Il raconta à Marie comment il vécut isolé, « pleurant de nostalgie comme un enfant, la première année, le soir de Noël, seul dans sa petite maison, loin de sa famille ». Il menait sa lutte en solitaire pour accomplir son devoir, tel qu'il le comprenait et se l'était fixé depuis le commencement. Bientôt, Venizelos, un Crétois, ministre de la Justice et des Affaires étrangères du gouvernement autonome placé sous le contrôle du haut commissaire, s'insurgea contre Georges, l'accusant d'être un tyran. A défaut du rattachement à la Grèce, il voulait faire de l'île une principauté indépendante de l'Empire ottoman. Georges crut bon de l'écarter et Venizelos prit, en quelque sorte, le maquis, préparant l'insurrection qui éclata en 1905. La Chambre crétoise proclama alors l'union de la Crète à la Grèce. L'opinion du prince n'avait pas changé, malgré les événements, il décida de démissionner, le 23 juillet 1906 et il partit de La Canée, le 25 septembre suivant, la nuit, en se cachant. Totalement découragé d'avoir échoué dans sa tâche, idée qu'il ne pouvait supporter car il était un homme de devoir, un marin, comme il le répétait à Marie. Il avait perdu trente-quatre kilos en six mois.

Incapable de juger ses vues politiques, Marie comprenait qu'il était sincère et elle avait pitié de ce beau prince long et blond, comme un sucre d'orge — surnom qu'elle ne tarda pas à lui donner. Mais elle avait du mal à se décider. Elle avait, elle aussi, des choses dont elle aurait aimé parler — le chantage de Leandri, par exemple, qu'il serait malhonnête de lui cacher — mais chaque fois qu'elle essayait d'aborder un sujet la concernant, il ne l'écoutait pas. N'était-ce pas curieux ? Marie était troublée profondément sans savoir au juste pourquoi. Elle hésita vingt-huit jours avant d'accepter la demande de Georges.

Elle ne pouvait dire oui sans l'autorisation de son père, qui désirait traiter la question du contrat avant de donner son consentement. Pour le prince de Grèce, le contrat était tout à fait secondaire. « Nous nous entendrons toujours et il ne peut y avoir aucune difficulté au sujet des affaires. » Il insiste pour donner immédiatement à Mimi sa bague de fiançailles. La jeune fille veut attendre jusqu'à l'arrivée du roi, qui doit avoir lieu le lendemain.

Le jeudi 29 août 1907, où ont lieu les vraies fiançailles, tout a été réglé au sujet du contrat. Le roi et le prince ont été d'une délicatesse parfaite. Ils ont accepté la séparation de biens et ont refusé tout droit de survie. Pour s'assurer que la fortune de sa fille ne servirait pas à des fins politiques, le prince Roland, toujours soupçonneux, a fait rédiger une clause spéciale qui empêche le réemploi des valeurs que Marie possède en France autrement qu'en immeubles ou en certains titres négociables spécifiés, dont les valeurs grecques sont exclues. Mais, en vrai gentilhomme, Georges a refusé la dotation que son futur beau-père voulait lui faire par contrat, comme cela se passe parfois quand la mariée est la plus riche. Georges se veut marié sous le régime de la séparation de biens absolue. Me Bazin est ébloui par un tel désintéressement. Roland lui-même, stupéfait, est obligé de reconnaître qu'il y a « encore de braves gens dans le monde ». Il abandonne à sa fille son usufruit de l'héritage de Marie-Félix, son épouse, c'est-à-dire 250 000 francs de rentes.

Marie cite encore une fois le journal de l'oncle Christian : « Vendredi 30 août 1907, Georges est arrivé à 10 h 30 pour faire sa demande officielle à Roland. Le roi est venu à 11 heures avec les Delyannis, Mimi et Georges l'attendaient au haut du grand escalier et Mimi lui a dit qu'elle était heureuse d'entrer dans sa famille et qu'elle aimait beaucoup son fils. Le roi l'a embrassée à plusieurs reprises et l'a engagée à l'appeler " mon père ". »

En feuilletant les journaux, ceux de Paris en particulier, qui ont publié en première page des photographies des fiancés, Marie découvre qu'elle n'est pas indifférente à cette soudaine notoriété. « Je les regardais avec une vanité enfantine, en pensant à tous les yeux qui, à cette heure même, nous admiraient et m'enviaient. Car nous étions très beaux tous deux sur les portraits des journaux et des centaines et des milliers de jeunes filles devaient m'envier le noble, le bon, le beau prince blond qui m'avait choisie. »

Le dimanche suivant, il y a un *Te Deum* à l'église grecque de la rue Georges-Bizet. Sa grand-mère et son père s'étaient trompés en la faisant baptiser catholique pour faciliter les choses au moment du mariage ! Tante Jeanne est chargée de discuter avec l'abbé Odelin la question du mariage catholique. L'abbé, offusqué par la célébration des fiançailles à l'église grecque, n'a pas caché qu'il faudrait traiter directement avec Rome. Athée comme son père et sa grand-mère, Marie a découpé, moins d'un an auparavant un discours de René Viviani, ministre du Travail et de la Prévoyance sociale sur l'irréligion prononcé le 8 novembre 1906 et elle a

souligné cette phrase : « Ensemble, et d'un geste magnifique, nous avons éteint dans le ciel des lumières qu'on ne
rallumera plus. Et voilà notre œuvre, notre œuvre révolu-
tionnaire. » Elle est logique avec elle-même quand elle
refuse d'abjurer la foi qu'elle n'a pas, ou de faire un serment
qu'elle ne tiendra pas concernant la religion de ses enfants.
Son fiancé est très religieux. Il le lui a dit. Il est orthodoxe
comme sa mère russe, alors que son père, danois d'origine,
est luthérien — ce qui peut surprendre pour un roi des
Hellènes.

Pour tâcher d'apaiser le pape, l'oncle Christian part pour
Rome, le 27 septembre, en compagnie de Mgr Charles de
Curel, l'évêque de Monaco où la famille Blanc avait ses
attaches. Mais le pape, « Pie X, un saint », note Marie, est
inflexible. Devant se passer de sa permission elle sera
mariée seulement à l'église orthodoxe, mais elle sera
« mariée dûment » parce qu'il existe entre l'Eglise orthodoxe et l'Eglise romaine équivalence de sacrements, et pour
« cause disciplinaire », elle sera excommuniée. Il s'agit
d'une « excommunication mineure », dont son père lui-
même paraît troublé. Lui, le mécréant, c'est le côté social
qui le gêne. Tante Jeanne, qui est croyante, est affectée d'une
autre manière, ainsi que Mimau, bien sûr.

Un mariage de conte de fées

Il existe une jolie photographie de Taponier prise pendant
les fiançailles. Le prince Georges, en uniforme d'amiral, est
assis dans une sorte de stalle néogothique. Debout à côté de
lui, la princesse Marie pose la main sur son épaule. Elle
porte, sur une robe de mousseline claire dont le corsage et le
bas de la jupe sont brodés, la chaîne en perles et rubis que
Georges lui a donné, une semaine après leurs fiançailles.
Mais ce qu'on remarque surtout dans ce double portrait
c'est la mélancolie de ce beau visage aux yeux bruns qui
contraste avec l'assurance tranquille du prince. Il a un air de
bonté paisible et le regard droit.

Il semble mieux adapté qu'elle aux circonstances. Il a
l'habitude d'être en représentation et de voir des gens. La
solitude n'a jamais été son lot, il a sept frères et sœurs.
Né le 25 juin 1869, moins d'une année le sépare du
diadoque Constantin qui a épousé Sophie, princesse de

Prusse, fille de l'empereur d'Allemagne Frédéric III et de l'impératrice Victoria, elle-même fille de la reine Victoria. Ils ont déjà cinq enfants et en auront un sixième. Sa sœur, Alexandra, née un an après Georges, était mariée au grand-duc Paul de Russie. Leur fille Marie épousera Guillaume de Suède. Le prince Nicolas de Grèce, que Marie a déjà rencontré et qui s'est intéressé à la bibliothèque du prince Roland Bonaparte, a épousé la grande-duchesse Hélène de Russie. Leur fille aînée, Olga épousera le prince Paul de Serbie, alors que la dernière, Marina, deviendra duchesse de Kent.

Deux autres sœurs suivent, Marie, épouse du grand-duc Georges de Russie qui sera, comme son beau-frère le grand-duc Paul fusillé en 1919 par les bolcheviks et Olga, née et morte en 1880. Puis deux frères : André, né la même année que Marie est déjà marié à Alice, princesse de Battenberg, (une autre petite-fille de la reine Victoria et sœur de la reine d'Espagne) ; ils ont deux enfants, trois autres naîtront et le plus jeune, Philippe épousera, en 1947, celle qui deviendra Elisabeth II d'Angleterre. Christophore, le dernier frère du prince Georges, né en 1888, épousa en secondes noces une princesse d'Orléans, Françoise, fille du duc de Guise et sœur du comte de Paris. Ce sont les parents du prince Michel de Grèce, l'écrivain.

Le prince Roland a bien joué. Il est grisé par toutes les parentés royales de Georges. Mais Marie qui n'a pas hérité de son snobisme est moins impressionnée. Selon sa fille Anna, Freud remarqua, plus tard, qu'on ne savait jamais s'il s'agissait d'un chien, d'un domestique, d'une personne quelconque ou d'un prince quand Marie Bonaparte parlait de quelqu'un qu'elle aimait.

Les premiers jours des fiançailles se passèrent en visites d'usage. Marie se pliait volontiers à ces obligations. Elle était curieuse des gens qu'elle allait découvrir, et tout autant des réactions de ceux qu'elle connaissait déjà. Elle emmena Georges chez sa tante et son oncle Radziwill. L'oncle Constantin ne cachait pas « son mépris pour l'arrière-petite-nièce de « l'Usurpateur ». Georges le surnomma aussitôt « le grand seigneur ». A son tour, il emmena Mimi à l'hôtel Bristol, où descendait la famille grecque, pour faire la connaissance de sa belle-sœur Hélène, la grande-duchesse de Russie mariée au prince Nicolas. Mimi la trouva superbe, mais elle ajouta : « Ma future belle-sœur me fait un peu peur par sa beauté et par sa fierté. » Ils rendirent aussi visite à une autre grande-duchesse, Anastasie, parente de Georges, dont le père avait été vice-roi du Caucase. Devenu un vieillard infirme, il ne pouvait se soulever de son fauteuil et semblait irritable. Marie se montra charitable avec lui.

Elle qui avait toujours vécu en recluse était prête à écouter l'histoire de chacun et heureuse d'exercer son don d'observation. Mais il n'y avait pas que les visites, il fallait aussi songer à la maison qu'elle aurait dans son nouveau pays. Le 20 septembre, avec Georges, elle commanda « nos meubles et nos autos ». Et le 29, Georges la quitta, pour se rendre au Danemark où il devait rester jusqu'au 10 novembre. Son « Sucre d'orge » partait souvent en voyage vers le nord pour rejoindre son meilleur ami, l'oncle Valdemar.

Aucune note datée de cette période n'indique les sentiments qu'elle éprouve en le voyant partir. Pendant ce mois qu'ont déjà duré leurs fiançailles, ils passaient leurs soirées seuls dans son ancienne salle d'étude. Et, tout au long de ces soirées, c'était déjà une habitude, Georges monologuait. Il parlait surtout de politique, lui répétant indéfiniment ses démêlés avec Venizelos. Marie éprouvait alors une telle envie de dormir qu'elle avait du mal à ne pas le renvoyer avant onze heures. Leurs fiançailles ne ressemblaient pas du tout à celles de sa cousine Jeanne, qui embrassait son fiancé à bouche que veux-tu dans tous les coins de la maison. Georges était plus réservé que la jeune fille ne l'eût été s'il l'avait laissée faire.

Durant ces semaines, Marie n'arrivait pas à reprendre pied. Le tourbillon dans lequel elle était soudain jetée l'entraînait malgré elle. Elle ignorait ce qu'était le bonheur pour lequel tant de personnes lui offraient leurs vœux. Parfois, elle espérait qu'elle allait le découvrir avec le prince qu'elle aimait. A d'autres moments, particulièrement quand la nuit elle était enfin seule, elle songeait avec terreur à cette vie inconnue et proche à Athènes, parmi tant de gens qu'elle ignorait. A son doigt, la bague de fiançailles, un cabochon de rubis entouré de diamants, ne la rassurait pas. Le changement qui allait avoir lieu menaçait les défenses qu'elle s'était si péniblement construites. De nouveau, elle méditait sur la mort et comment échapper ? Elle n'était pas maîtresse de son destin. D'autres qu'elle disposaient de son existence et de son avenir.

Sa belle-mère avait fixé la date du mariage à Athènes au 12 décembre. Pour éviter ses ennemis, les politiciens grecs, Georges eût préféré se marier à Paris, mais le roi était d'un autre avis, et il fallait se plier à la volonté du roi. Tout cela avait un côté irréel pour Marie.

Comme sa grand-mère n'était plus là pour l'empêcher de dépenser de l'argent, Marie se commanda un trousseau fabuleux : des robes, des souliers, des chapeaux, du linge personnel et du linge de maison. La maison Drecoll qui l'habille et ses autres fournisseurs lui demandèrent la permission d'exposer tous ensemble ce qu'ils avaient fait pour elle. Elle était si naïve qu'elle accepta et l'exposition eut lieu le 3 novembre dans le grand hall de l'hôtel des Modes. Dès le premier coup d'œil qu'elle jette en entrant à ces mannequins, ces piles de linge dans les vitrines, elle se rend compte soudain de la folie de robes, de chapeaux, de paires de souliers et « tout cela m'offusque et m'oppresse », écrit-elle.

Cet acte est une revanche. Mais Marie est âprement critiquée, sauf dans les journaux payés par les fournisseurs. Son père lui fait « un sermon » parce qu'elle a payé pour 500 000 francs de factures. 40 000 francs chez Cartier, 180 000 francs pour des « toilettes », comme on disait alors, auxquelles vinrent s'ajouter 30 000 francs supplémentaires. « Il ne me reste plus que 5 000 francs », elle va être gênée pendant plusieurs mois. Elle avait 800 000 francs de rentes par an, à cette époque, en dehors des 250 000 francs d'usufruit que son père avait promis de lui abandonner.

Le mariage civil a lieu à la mairie du XVIe arrondissement, l'arrondissement de l'avenue d'Iéna. Marie a pour témoins ses deux tantes, la marquise de Villeneuve et la princesse Radziwill ; Georges, le ministre de Grèce, Delyannis et son frère Nicolas.

Le nouveau marié part pour la Grèce bientôt après. Le 5 décembre, Marie part à son tour en compagnie de son père, de sa tante Jeanne, de son oncle Christian, de Mimau et de Nelly, sa femme de chambre. Georges lui-même a invité Mimau à rester avec eux à Athènes. Il ne semble pas redouter la présence de cette sorte de belle-mère qui s'est déjà révélée assez tyrannique vis-à-vis de lui. Mimau, elle se réjouit de ce changement. Elle n'a pas de peine à quitter Paris. Où que ce soit, vivre avec sa Mimi est tout ce qu'elle désire. Marie l'envie. Pourquoi ne peut-elle se résigner plus naturellement ? Elle aime son prince qui est déjà son mari devant la loi. Bientôt elle se donnera à lui. Ils auront des enfants très vite, sans doute, puisque Georges lui a dit qu'il le souhaite. C'est sa façon à lui de parler d'amour, croit-elle. Elle voudrait rentrer à Paris dès qu'elle sera enceinte. Elle a peur de mourir en couches, ou juste après, comme sa mère. Elle est angoissée sans en connaître la raison.

Elle a le temps de faire et défaire des projets, de réfléchir à toutes les pensées moroses qui roulent dans sa tête. Par le Simplon et Milan, il faut deux jours et deux nuits de train pour arriver à Brindisi où les attend le yacht royal, l'*Amphitrite*. Une fanfare les accueille à bord, les marins présentent les armes.

C'est la première fois que Marie met le pied sur un bateau. D'abord, elle sera malade, ainsi que Mimau et Nelly, sa femme de chambre rousse. Le lendemain, la mer s'est calmée et l'*Amphitrite* vogue vers le golfe de Corinthe. Ils arrivent le soir en vue du canal. Le yacht royal s'arrête. Il lui faut attendre un petit remorqueur pour s'y engager. Marie observe avec intérêt ces manœuvres, et elle est toujours sensible à la beauté des paysages. « Les parois du canal, pâles, sèches, calcinées par le soleil, de plus en plus s'élèvent, enserrant le navire, ne laissant bientôt paraître qu'une étroite bande de ciel. » La bande de ciel étoilé au-dessus du canal la fascine. A la sortie, « une escadre grecque... nous enveloppe des faisceaux d'argent de ses projecteurs ». Elle a peine à s'endormir après tant d'impressions nouvelles. Et elle est réveillée, le lendemain, à huit heures, par le canon des trois navires. Mimau et Nelly l'habillent d'une robe de soie blanche à ceinture bleue, les couleurs grecques. Son chapeau aussi est bleu et blanc. Cette « toilette » ne lui sied pas. Qu'importe ! Elle a le sentiment du devoir accompli et monte sur le pont. Quand midi sonne, une vedette s'approche. C'est Georges qui vient à sa rencontre. En uniforme d'amiral, sa casquette posée crânement de côté, il ressemble à son portrait du *Graphic.* « Ses yeux bleus me sourient. Et toute la mer et tout le ciel semblent soudain plus clairs, comme irradiés de sa blondeur aimée. » Des embarcations entourent l'*Amphitrite,* et Marie est acclamée.

Sa belle-famille l'accueille au Pirée. Ils sont tous venus en vedette et ils montent à bord du yacht royal. Le roi porte l'uniforme d'amiral, lui aussi. « Comme tous deux (Georges et le roi) se ressemblent, note Marie, mais en deux dimensions différentes ! L'un semble l' " étui " de l'autre. » Sa belle-mère a « de tendres yeux bleus de myope », « un doux visage fin » et elle l'embrasse en lui faisant, à la manière orthodoxe, le signe de croix sur le front. Sa belle-sœur Hélène lui paraît toujours aussi resplendissante et son autre belle-sœur Alice, « une belle et blonde Anglaise aux formes plantureuses, sourit beaucoup et sans beaucoup parler car elle est sourde ». Le mari de la princesse Alice, le prince André, encore plus grand que Georges « semble un cheval de race ». Christophore « de vingt ans plus jeune que son aîné (est) un bon gros qui sourit gentiment ». Mais le personnage auquel Marie accorde toute son attention, c'est évidemment le prince Valdemar, cet oncle dont Georges lui a tant parlé. « Plutôt grand, mince et élégant, une barbe en pointe châtain complète son visage aux gris yeux myopes derrière un lorgnon posé sur un nez un peu retroussé au bout. Le tsar Nicolas II et le prince de Galles, Georges, lui ressemblent en blond. Valdemar me sourit et me parle avec aménité. Je suis heureuse de connaître le grand ami de celui que j'aime et de voir que je lui plais. » Ils repartent bientôt tous dans la vedette et débarquent sur le quai du Pirée aux sons d'une fanfare militaire. Marie écoute, sans comprendre, le discours en grec lu par le maire du Pirée. Elle sourit à un enfant qui lui offre des fleurs. Le trajet du Pirée à Athènes se fait en wagon puis en voiture découverte et une foule dense l'acclame. Les Grecs ont adopté la fable de la duchesse d'Abrantès attribuant une origine grecque aux Bonaparte. Des banderoles portent le nom de Bonaparte en grec, Kalomeri.

Le bain de foule, comme on dirait aujourd'hui, est aussi nouveau pour elle que cette belle-famille qu'elle découvre. Marie sent qu'elle fournit au peuple grec une occasion de se divertir. « La rue du Stade à Athènes était plantée de mâts d'où battaient à la brise de grandes oriflammes aux couleurs grecques et françaises, guirlandes de feuillages piquées de fleurs blanches, bleues, rouges », rapporte *Le Figaro* du 10 décembre 1907 relatant son arrivée dans la capitale grecque. Et *Le Gaulois* du même jour parle de « la personne et de la qualité de la princesse ».

Marie ainsi que son père et les Villeneuve, logent au palais royal, « une lourde et longue bâtisse de style pseudo-classique bavarois élevé par le roi Othon », un Wittelsbach. Ils habitent au second étage et elle ne parvient pas à

s'orienter dans cet énorme palais aux nombreux corridors.
Le lendemain, 11 décembre, veille du mariage, un déjeuner
réunit tout le monde à Tatoï, l'une des résidences royales en
dehors de la ville, sur les pentes du mont Parnasse. Il y a les
réjouissances populaires et le cérémonial de la cour, mais en
dehors de cela, Marie s'aperçoit que c'est la même vie qui
continue.

La cousine Jeanne plaît au roi qui ne cesse de complimen-
ter « la petite baronne » qu'il trouve « si charmante ».
L'oncle Christian est allé le matin s'asseoir à un café de la
place de la Constitution pour voir combien de passants
avaient le type grec. Il n'en a trouvé qu'un, « un jeune
homme d'une rare beauté », qu'il décrit avec enthousiasme.
L'oncle Christian n'est pas pour rien un enthousiaste du
Phèdre de Platon... Le prince Roland, qui a toujours refusé
les décorations, s'obstine à ne pas vouloir porter le grand
cordon de l'ordre du Sauveur de Grèce, que le roi souhaite
lui donner pour orner son habit vert d'académicien le jour
du mariage. Il faut de longs efforts de Georges, pour le
persuader.

Le soir, dans l'immense chambre où elle est seule pour la
dernière fois, Marie revoit les événements de cette journée et
elle est accablée par l'idée que le lendemain, « par tous les
fils télégraphiques de la terre, on *enverra* des comptes
rendus de ces cérémonies qui, après tout, célèbrent ce seul
fait qu'un homme et une fille, celle-ci longtemps entravée,
vont enfin accomplir la simple loi de nature, qui veut que les
espèces se perpétuent ».

En cette fin d'année 1907, les nouvelles qui font la « une »
des quotidiens étaient rares. Aucune grave menace ne pesait
sur le monde. L'accord anglo-russe signé au mois d'août
avait mis fin à la rivalité des deux puissances en Asie, et
affaibli la position de l'Allemagne en Europe. Les journaux
eurent donc beaucoup de place à consacrer à l'événement,
politique et mondain à la fois, que représentait ce mariage.

La présence de personnages familiers qui l'ont suivie
depuis Paris rassurait Marie. Son coiffeur est venu afin
d'être sûr que ses cheveux seront ondulés de façon irrépro-
chable. C'est Loisel, « mon vieil ami ». Mme Annette, sa
vendeuse de chez Drecoll est là, elle aussi, pour ajuster la
robe de mariée en satin blanc broché de roses d'argent. Le
voile de point à l'aiguille — ce point à l'aiguille hérité de
Bonne-Maman — recouvre la traîne de la robe. Il est lourd.

« Que tu es belle ! » s'écrie Mimau. Elle aussi s'est faite belle. Ses cheveux blancs sont joliment frisés et elle porte une robe de velours mauve. Les larmes aux yeux, elle embrasse sa Mimi et part pour la cathédrale où « la place de choix que son long passé d'amour a méritée » lui est réservée parmi les invités.

Le carrosse doré qu'a racheté le beau-père de Marie est celui que le petit-fils de Charles X, le comte de Chambord, avait commandé en 1875 pour son entrée triomphale à Paris, où il comptait régner sous le nom de Henri V, Marie y prend place à côté de la reine, pour aller à la cathédrale. Le roi et ses fils caracolent aux portières.

Selon le rite orthodoxe, la cérémonie religieuse est longue, et Marie a de la peine à se tenir longtemps debout. Valdemar et la reine « sont ce qu'on appelle en grec les *koumbaros* et *koumbara*, des sortes de parrain et marraine du couple qui s'unit ». Ce sont eux qui croisent les anneaux au-dessus de leurs mains et les leur passent au doigt. Ensuite les beaux-frères et les cousins s'avancent, portant au bout de longues perches de grandes couronnes dorées, et ils suivent les mariés qui évoluent autour de la table entourée de cierges où est ouvert l'Évangile. Ces évolutions symbolisent le voyage à travers la vie que les mariés accompliront ensemble. Puis le prêtre en robe d'or leur fait boire dans la même coupe un vin vermeil. Les couronnes sont lourdes à porter, les hommes de la famille se relaient, les chants s'éteignent, reprennent, Marie est près de défaillir. C'est enfin la sortie de la cathédrale, au bras de son mari. Plus tard, avant le déjeuner de famille, elle apparaîtra encore au balcon du palais.

Le soir, il y a un grand banquet pour tous les notables d'Athènes et le jeune couple a la préséance, occupant le centre de la table. « En ce grand jour, nous passons même avant les rois », écrit Marie Bonaparte. Cette notation est unique dans ses cahiers, ses journaux, ses souvenirs. Elle fait croire qu'au moins ce jour-là Marie éprouva une certaine satisfaction de sa condition nouvelle. Si elle s'était montrée triste avant son départ de Paris, ses proches étaient persuadés que cette mélancolie venait de la crainte qui saisit bien des filles au seuil de leur vie d'épouse et, d'autre part, chacun savait qu'elle avait un caractère imprévisible et difficile. Elle n'était jamais contente, son père n'avait pas tort de s'en plaindre.

Le prince Georges, dont elle était indiscutablement amoureuse, semblait lui apporter toutes les garanties de bonheur. Les rumeurs que les envieux avaient fait courir sur son compte n'avaient aucun fondement, c'était l'évidence. Ce prince profondément religieux était ce qu'on appelle un homme de devoir. Les étiquettes de « buveur » ou de « coureur » qu'on avait essayé de lui accoler ne lui convenaient pas. Pourtant, il existait un revers à cette trop parfaite médaille. Personne ne semble, autour de Marie, l'avoir soupçonné et longtemps, comme elle est crâne, elle fera de son mieux pour sauver la face.

Dans un cahier, daté de Copenhague, janvier 1939, qui porte en titre *Le vieux compagnon*, Marie Bonaparte retrace trente années de vie commune avec le prince Georges. « Nous étions de races différentes. Non seulement par la couleur du teint et des cheveux, mais par les résonances de l'esprit et du cœur », commence-t-elle par lui dire dans ces pages que, sans doute, Georges ne lut jamais. Elle lui raconte qu'elle a pleuré en se mariant et que, pendant leurs fiançailles, elle pleurait aussi, la nuit, après son départ. Il lui parlait de l'Ami (Valdemar) et de l'Ennemi (Venizelos) mais il ne la prenait jamais dans ses bras. Elle pensait que c'était à cause de sa religion qu'il était ainsi, parfaitement chaste. Elle souhaitait qu'il l'embrassât. Elle l'aimait, mais elle était si déconcertée qu'elle songea plus d'une fois à rompre ses fiançailles.

Le soir des noces, à Athènes, quand il vint chez elle, il sortait de chez son oncle Valdemar et « il fallut la chaleur de sa voix, de sa main et sa permission, pour t'enhardir à venir vers la vierge... Tu me pris, ce soir-là, d'un geste court, brutal, comme t'y forçant toi-même et t'excusant : " Je hais cela autant que toi. Mais il faut bien, si l'on veut des enfants "[1]... »

Le surlendemain, le 14 décembre, ils partirent en voyage de noces, sur l'*Amphitrite*. Valdemar s'embarqua avec eux. Ils passèrent trois jours ensemble. Georges pleura quand ils se séparèrent de son oncle, à Bologne.

---

1. *Notes diverses*, « Le vieux compagnon ».

Craintes et joies de la maternité

Son voyage de noces, Marie le raconte dans des lettres à son père. Cette correspondance est très intéressante car elle montre un autre aspect de son caractère. La jeune femme lyrique et déçue ne s'y perçoit pas. Son intelligence sait cacher son affectivité blessée et elle fournit à son père ce qu'il souhaite : des informations qui peuvent l'intéresser par leur contenu général ou flatter son snobisme. On peut imaginer le prince Roland heureux de ces lettres où, comme il l'a tant désiré, il a enfin accès, par sa fille, au monde du Gotha qui l'a toujours hanté et dont il était rejeté, à cause de sa naissance et de sa mère bien-aimée, mais vulgaire en diable. Au cours des années à venir, le ton de cette correspondance ne changera pas et l'on n'y trouvera jamais aucune trace de complicité, de chaleur entre père et fille.

Dans sa première lettre, Marie raconte que la traversée de l'Adriatique a été retardée de vingt-quatre heures par une tempête et les jeunes mariés sont en Toscane, « depuis trois jours, avec un temps si mauvais qu'on se croirait à Londres ». En P.S. elle demande à son père de lui envoyer « une méthode Berlitz ou n'importe quelle autre pour apprendre le danois ». Elle va aussi « piocher » le grec. Déjà, à force d'écouter les conversations entre Georges et son chambellan Lembessis elle comprend un peu. Plus tard, de Rome, elle parle du roi Victor-Emmanuel III « qui a tout à fait l'air d'un homme de famille et ce doit être un mari parfait. La reine a l'air d'une excellente femme et nous avons beaucoup causé ensemble ». Arrivée à Athènes. « Tout le monde est bien gentil avec moi et le roi et la reine si bons. » Elle raconte qu'elle est très fatiguée par la vie de la cour qui se passe en bals et en réceptions. « Enfin, depuis que ce pauvre Carlos[1] a été tué on a un peu plus de repos parce qu'on est en deuil. — Et c'est tout habillée de noir comme un corbeau que je t'écris. Je ne croyais pas, quand je regardais le portrait de cet énorme personnage dans le salon bleu, qu'un jour je porterais son deuil. » Marie engage aussi son père à aller les voir dans leur petite maison qui n'est pas encore meublée. Rien n'est encore arrivé. « Les automobiles seules

---

1. Charles Ier, roi du Portugal, assassiné en même temps que son fils aîné.

sont en notre possession et nous roulons sur les routes sud, nord, etc., Tatoï, la mer Égée, Marathon, Kiphissios, résidence d'été des Athéniens. » Il y a de la neige. « La demoiselle d'honneur n'est pas terrible à supporter. Je la vois fort peu, chaque jour pour les correspondances grecques, les audiences à demander... » Une autre fois, elle mentionne l' « empereur Guillaume, qui va en effet venir à Corfou et cela m'intéressera de le voir. Nous parlons souvent de lui avec Sophie qui a un grand culte pour son frère ». Elle écrit qu'elle va assister aux conférences de l'École française d'Archéologie.

Cette correspondance nous renseigne aussi sur ce qu'était la vie quotidienne, bien différente de celle que Marie menait avenue d'Iéna mais certainement pas mieux adaptée à ses aspirations profondes. Marie en a conscience et dans les premiers mois elle va tâcher de se sentir moins coupée de son passé en maintenant le plus possible ses liens avec Paris.

Elle écrit à M. Bonnaud pour qu'il règle avec M. Pioche (le secrétaire-comptable) les questions d'assurances à propos d'un incendie qui a détruit dans le grenier de la maison de son père une armoire qui contenait des objets lui appartenant, parmi lesquels sa poupée Clinette dont il est beaucoup question dans les *Cinq Cahiers*. Elle pense à habiller « pour leur première communion quatre enfants de la maison plus ceux de Félix et Adrien (d'autres domestiques) car il y a peu de temps qu'ils sont partis ».

Dans *Le vieux compagnon*, elle avoue qu'en mars 1908, elle eut « envie de quitter Athènes et de rentrer à jamais », sans revoir Georges. Puis elle resta. Le mois suivant, il était trop tard car elle était enceinte. Elle souffre toujours de la même incapacité à prendre une décision, même si elle se trouve très malheureuse. On peut dire qu'elle est encore, à ce moment-là, typiquement une femme de son époque, enfermée dans le mariage comme elle l'a été naguère sous la domination paternelle.

Au début de sa grossesse, elle retourna en France, il était déjà entendu que, comme elle le désirait, elle accoucherait à Paris. Georges l'accompagna. Ils habitèrent ensemble cette maison de l'avenue d'Iéna qu'elle avait si souvent souhaité fuir. Depuis qu'elle était enceinte, elle se sentait menacée. Elle n'arrivait pas à chasser le souvenir de sa mère morte un mois après avoir accouché. La pensée de la mort était toujours présente en elle. D'ailleurs, Mimau y contribuait en lui parlant fréquemment de sa propre mort : « Le seul chagrin que je te causerai, ma fille, auquel je ne pourrai rien, ce sera lorsque je mourrai. » Elles pleuraient volontiers ensemble au cours de pareilles conversations. Mais Mimau se refusait à croire que sa Mimi (qui était aussi son Zinzin, ces noms d'amour impliquent une réciprocité, en général) risquait de mourir en couches.

Pourtant, certains jours, la mort semblait la seule issue. Marie avait espéré que le mariage la rendrait plus libre. « Il faut beaucoup d'amour, un esprit simple, un cœur tranquille et nulle imagination pour être heureuse d'obéir, pour aimer le joug conjugal », écrira-t-elle plus tard, en 1913, dans un recueil de petits textes, des aphorismes pour la plupart et jamais publiés, qu'elle a intitulés *Tristesse féminine*. Cette expérience du joug conjugal, elle la fit immédiatement bien que Georges ne fût pas despote par tempérament ; mais il avait un certain nombre d'habitudes auxquelles il trouvait naturel de la soumettre.

Ainsi, il passait tous ses étés au Danemark, à Bernstorff, le château de son oncle Valdemar, proche de Copenhague. Il continuerait, et enceinte ou pas, Marie devrait le suivre. Il souhaitait lui faire rencontrer les membres de sa nombreuse famille qu'elle ne connaissait pas encore.

Le roi de Danemark Frédéric VIII est le frère aîné du roi Georges. « Aimable et narquois », il devient aussitôt pour elle l'oncle Freddy. La reine, une princesse suédoise, est surnommée « Le Cygne » à cause de son long cou, de son corps ondoyant. Marie n'a pas perdu l'habitude de noter au jour le jour impressions et événements. Plus tard, elle dédiera à sa fille Eugénie une portion de ce journal qui va de 1908 à 1910 et qui commence le 13 août 1908 par une évocation des « désolantes et lentes soirées après dîner chez l'oncle Freddy, dans le froid palais que Marguerite de Magenta surnomme Palais de la Désolation ».

Mais elle parle également de la vie à Bernstorff « ensoleillée par cette femme vibrante et éclairée qu'est Marie Valdemar ». Elle a tout de suite été séduite par l'épouse française de Valdemar qui s'appelle Marie, comme elle, et qui fait de la peinture. Cette Marie-Valdemar, comme elle l'appellera généralement, est la sœur de l'explorateur Henri, duc d'Orléans, mort à Saigon en 1901, que Marie admire parce qu'il a ramené de ses expéditions en Asie : Inde, Tibet, Mongolie et en Afrique : Érythrée, Abyssinie, Somalie,

Madagascar de quoi remplir un édifice entier du Muséum d'Histoire naturelle et qui écrivit avec Bonvalot *De Paris au Tonkin à travers le Tibet inconnu*. Marie-Valdemar, paraît avoir à la fois du caractère et de la fantaisie. Marie sent en elle une qualité humaine à laquelle elle est sensible, cette aristocratie de l'esprit et du cœur qu'elle aime et qui est si rare. Les enfants de Marie-Valdemar lui plaisent aussi. « Aage, vingt ans, beau, grands yeux clairs dans une figure basanée, nez au vent. Erik, dix-huit ans, l'air d'en avoir quatorze, mou et taciturne. Viggo, quatorze ans, singe intelligent et spirituel. Baby (Margrethe) douze ans, blonde et fraîche, attifée comme une gamine, intelligente et vive. »

Dans ce journal, à la date du 23 août, Marie raconte comment se passe une journée à Bernstorff. Elle est prête à 11 heures (levée, baignée, habillée et coiffée) et alors elle rejoint Georges qui est avec Valdemar depuis 7 heures du matin. Ils se sont promenés ensemble ou bien ils ont lu dans la chambre de Valdemar. Elle les appelle ses « deux maris » et se promène avec eux, embrassant tantôt l'un tantôt l'autre, jusqu'à l'heure du déjeuner. Ensuite, elle écrit tandis que Valdemar et Georges vont en ville. Vers 4 heures, elle entend des pétarades sous ses fenêtres. C'est Georges et Valdemar qui reviennent de leur tournée à motocyclette. Ils prennent le thé tous ensemble et s'ils ne sont pas invités au palais royal, ils dînent à Bernstorff où ils passent la soirée. Le 13 août dans ce même journal dédié à Eugénie, elle parle de « la joie profonde et douce des tête-à-tête à trois, Georges, moi et le doux Valdemar. Mais je ne peux rien décrire, mon esprit ne peut, ne pourra jamais s'appliquer aux objets extérieurs. Il ne peut peindre que lui-même, coloré tour à tour des différents reflets du dehors ».

Le jour suivant, elle note ce qu'elle appelle une scène du soir : Valdemar et Georges sont dans la chambre alors qu'elle est étendue sur une chaise longue. Valdemar l'embrasse et Georges refuse de l'embrasser comme le fait son oncle. Le 19 août c'est une scène de ménage entre Valdemar et Marie, mariés depuis vingt-trois ans, qu'elle évoque. Les époux se querellent à propos des chiens, à qui Marie-Valdemar donne du café au lait alors que Valdemar ne le veut pas.

Tout cela est écrit avec légèreté. On sent durant ces premières semaines de son séjour au Danemark, pour la première fois dans son écriture, une sorte de joie de vivre

acidulée. Marie semble jeune, plus jeune que son âge même.
Elle paraît être plutôt une ingénue un peu perverse qu'une
jeune femme épanouie par l'amour et la maternité proche.
Les jeux amoureux avec Valdemar y sont sûrement pour
quelque chose.

Le duc et la duchesse de Cumberland viennent en séjour à
Bernstorff. Le duc de Cumberland, Ernest, dont le père fut
roi de Hanovre avant d'être chassé par la Prusse, est un
beau-frère de Valdemar, il a épousé Thyra. Les Cumberland
arrivent par train spécial, avec dix domestiques et quinze
malles. Ils sont accueillis à la gare par le roi et la reine.
Tante Thyra a l'air d'une souris blanche, de beaux cheveux
blancs, de grands yeux gris, petit visage simiesque, mouve-
ments très doux. Oncle Ernest possède une figure et un
costume inénarrables, grand, maigre, le nez cassé, enfoncé
dans son visage plat et large, grosses lunettes, petits yeux,
crâne pelé, gros cou, chemise en batiste sans col, lèvres
épaisses. Il raconte volontiers des histoires salaces. Il est
gentil, amusant, mais quand « les autres l'embêtent il ne dit
pas un mot ». Marie-Valdemar et lui sont « parmi la famille
comme deux bougies allumées parmi des bougies éteintes,
originaux mais intéressants. Aux autres il manque cette
forte empreinte que donne, dans une psychologie, l'existence
d'une volonté. Mous, indécis, pâles... Le tsar ne sait pas
choisir entre deux partis à prendre pour le salut de l'empire.
Et Valdemar ne sait pas, avant de sortir, choisir entre deux
pardessus : « Georgie, tell me what I shall put on. » (Georgie, dis-moi ce que je dois mettre !)

L'impératrice douairière de Russie, autre tante de Georges, est de passage, elle va rejoindre sa sœur Alix, la reine
d'Angleterre, à Christiania, à bord du yacht l'*Étoile polaire*,
où ils dînent tous dans la splendeur des Romanov, le 28 août
1908. Tante Minny est « une petite femme mince, à la
sombre perruque descendant jusqu'aux yeux, visage ridé,
nez pointu très en l'air, voix rude et grave ». Marie observe
et tâche de donner à sa nouvelle famille l'image que l'on
attend d'elle. Elle raconte au Dʳ Ranau, le précepteur qui
parle français, qu'à Athènes, Georges et elle ont une « maison » avec maréchal de la cour et « autres dignitaires »,
mais qu'ils n'ont pas jugé nécessaire d'emmener tout ce
monde avec eux.

Ce genre de vie qui est si peu celui auquel son intelligence
aspirait, elle l'accepte d'abord avec bonne humeur. De plus,

sa grossesse la sauve. Quand ils sont seuls, Georges et elle parlent du « mioche » et pour l'anniversaire de leurs fiançailles, le 29 août, elle donne à son mari deux cendriers en porcelaine et aussi un mioche en porcelaine, avec la main sur le cœur. Au début, elle s'amuse un peu de sa nouvelle condition. Elle ne s'identifie pas avec les membres de sa belle-famille mais elle est frappée par ce monde qui a conscience d'être sans cesse l'objet du regard d'autrui et qui, en même temps, se sent au-delà des règles du commun, même de celles de la religion qu'ils pratiquent tous avec une apparente dévotion ; que ce soit une religion ou une autre peu importe. Marie n'a personne à qui faire part de ses étonnements. Georges, né dans le sérail, ne comprendrait pas et « le Paternel » (c'est ainsi qu'elle nomme son père en l'absence de celui-ci) ne comprendrait pas non plus ; pour d'autres raisons. Il est béat d'admiration devant les personnages royaux.

Il arrive, un beau jour, à Copenhague pour le Congrès des Orientalistes. Plusieurs fois il est invité à dîner à la cour et une voiture du palais va le chercher à son hôtel, ce qui l'enchante. Il est invité à un petit dîner et aussi à un banquet qui réunit tous les membres du congrès. Marie est très contente car elle a l'occasion alors de s'entretenir avec Guimet, « le fondateur du musée des religions, semblable à un bouddha lui-même... Le Paternel parle beaucoup à la reine, il doit en être ravi ».

Dans un autre carnet elle a noté à la date du 31 août 1908 : « Georges me raconte comment son père lui a parlé de moi. Il l'a convoqué dans son cabinet et lui a dit qu'il avait vu Skouzé qui lui avait montré une lettre pouvant m'intéresser et que Skouzé (le ministre des Affaires étrangères) irait me voir. « C'est tout. » Georges croyait qu'il s'agissait d'une affaire politique de la Crète ou de la marine mais voilà la lettre de Vlasto. J'ai prié Skouzé de ne pas se mêler de mes affaires et j'ai bien fait car il se vanterait à présent d'avoir arrangé mon mariage.

« Après mon père s'est plaint à ses amis que je ne lui dise rien, mais je leur ai raconté comment l'affaire s'était passée. »

Et Marie ajoute : « Je l'écoutais, attentive, assise sur un banc du parc au soleil. Un coup de vent plus fort me glaça.

« Rentrons, dis-je et je me levai et rentrai à son bras[1]. »

Ce bref épisode marque la fin soudaine, imprévue de la bonne humeur de Marie. L'atmosphère libertine s'évanouit elle aussi. Pourtant dans ce château, au milieu d'une campagne poétique proche de la mer, où le ciel a des couleurs suaves, où les jours d'été qui ne veulent pas finir exaltent l'imagination et les sens, elle paraissait naturelle.

Dans son journal, elle s'adresse à Georges : « 3 septembre... J'aurais besoin de me réfugier à l'abri du monde entier, de me blottir dans des bras tendres. O mon chéri, comprends-le, ouvre-moi les tiens ! » Mais il n'est pas question qu'il le fasse. Georges n'est pas tendre envers elle, elle s'en aperçoit de plus en plus.

A mesure que le départ de Bernstorff approche, l'humeur de son mari devient de plus en plus mauvaise. Elle ne sait quoi faire. Tout se transforme en sujet de chagrin, même ce dont elle se réjouissait le plus. Georges essaie de détruire l'image de Marie-Valdemar. Un jour qu'ils rentrent tous les deux à pied de la gare de Copenhague à Bernstorff, il lui raconte que Marie-Valdemar se compromet avec Riss, l'écuyer, il lui apprend aussi que celle-ci a eu dans le passé des histoires d'ivrognerie dont elle ne peut effacer les marques. Il ne lui vient pas à l'esprit que Valdemar puisse avoir une responsabilité quelconque dans l'inconduite de son épouse. Marie croit au pouvoir de la parole. Si Valdemar et elle discutaient ensemble, ils parviendraient à se comprendre, bien des problèmes seraient résolus.

Lorsque, ce même soir, Marie est seule allongée sur son lit, Valdemar vient lui faire visite, elle essaie de lui parler, il « s'esquive, trop égoïste ». Après son départ, elle pleure, elle est toute glacée. « C'est dans de tels moments que j'ai envie de mourir. »

Le 2 octobre, dans le train qui les ramène de Copenhague vers la France, elle écrit : « Mon Georges, près de son Valdemar est comme un jour éclairé de soleil, et loin de lui comme un jour de brume... la veille du départ, Marie vint me trouver sur mon lit. " Ils sont là-bas. Ça commence comme chaque fois au départ. Georges pleure. Valdemar est vert comme une pomme ". » Les deux femmes se consultent. Il n'y a rien à faire. Marie-Valdemar a l'habitude. Elle sait

---

1. Marie Bonaparte, *Notes diverses,*.

depuis si longtemps. « Le train va partir, délivrance. Nous y montons enfin. Valdemar monte avec nous, il nous accompagnera jusqu'à Gjedser limite extrême du Danemark. » Enfin, le train avance sur le bateau. Valdemar reste sur la haute passerelle du bac... Georges rentre dans le wagon et s'endort. Il se réveillera un peu avant Berlin. « Maintenant ils se mettent à table », dit-il tirant sa montre. Et notre pensée va vers Bernstorff.

« Berlin, Hôtel Continental. Dîner au son des violons. Lembessis qui voyage avec nous est rayonnant de rentrer à Paris. » Nuit à l'hôtel ; départ le soir suivant. Arrêt le matin à Aix-la-Chapelle. « Journée passée au lit à reposer la maison du Mioche, secouée la nuit. » A la gare, à Paris, ils sont accueillis par le préfet de police, Lépine, qui accompagne le prince Roland. Marie retrouve Mimau, « Mon Zinzin », qui lui caresse le ventre. Sa vieille bonne est la seule réelle tendresse qu'elle ait connue jusque-là.

Et l'ancienne vie quotidienne va reprendre dans cette grande demeure trop solennelle qui est à jamais la maison du père, et où Georges trouve facilement sa place. Seuls l'un avec l'autre, Georges et Marie connaissent des moments de paix et même parfois de tendresse. Mais tourné vers soi-même et vers le passé, Georges projette une sorte de non-vie autour de lui que Marie a déjà appris à connaître et qu'elle redoute. Elle se sauve encore une fois par le même mécanisme de défense qui consiste à s'intéresser aux autres et aux événements. Le 6 octobre, elle écrit dans son journal à propos de l'indépendance bulgare qui vient d'être proclamée qu'elle trouve les Bulgares « intéressants » car « ils font quelque chose et nous pauvres Grecs nous ne ferons rien, absorbés par les querelles intérieures de personnes ». Quelques jours plus tard, elle esquisse un portrait de la tante Alix, la reine d'Angleterre épouse d'Edouard VII : « Soixante-trois ans, surprenante de jeunesse, peau émaillée. Inquiétante la jeunesse recouvrant une vieille peau. Elle semble bonne et aimable, mais aussi l'insignifiance en personne. » Le roi Georges Ier passe le mois de novembre à Paris, à l'Hôtel Bristol, s'apprêtant à se rendre à Vienne où aura lieu, début décembre, le jubilé de l'Empereur-Roi, François-Joseph. « Souple, alerte, vaguement sceptique, n'admirant rien, blaguant tout. Il est séduisant et si jeune à soixante-deux ans. Mais on ne se sent pas à l'aise avec lui. » Souvent, il les invite à déjeuner dans le petit salon de son

hôtel. Le père et le fils évitent de se parler, et surtout le père
ne dit pas un mot à son fils de la Crète qui vient de se
proclamer grecque et Georges en prend ombrage.

Malgré toutes les échappatoires qu'elle invente pour ne
pas se désespérer de cette existence si différente de ce qu'elle
aime, Marie ne peut esquiver un sujet d'angoisse très réel
qui augmente à mesure que son temps approche : la crainte
de mourir en accouchant. Or l'ombre de la mort surgit de
nouveau et remet tout en question : Mimau est frappée
d'une crise d'angine de poitrine. C'est la première crise et
elle est légère, mais qu'arrivera-t-il si la vieille femme n'est
plus auprès d'elle ?

Trois jours après l'alerte, l'esprit encore obnubilé par les
douleurs de Mimau et ses propres terreurs, elle se laisse aller
à ces jugements à propos de son père : « 25 novembre 1908.
Lui n'a pas de cœur, lui n'est pas heureux, jamais, à aucune
minute. Sa morne vie sans joie tourne autour de deux
pivots : soucis pour sa santé et pour son argent. Sa sensibilité, c'est de souffrir si on lui dépense 100 francs à réparer un
pan de mur. » Elle ne lui a même pas confié ses inquiétudes
à propos de Mimau, alors qu'elle pleure encore sur l'épaule
de Georges qui la comprend et qui dit en parlant de Roland :
« Je crois qu'il n'a jamais aimé personne. »

Pendant ces jours qui précèdent la naissance de leur
enfant, Marie et Georges se sont beaucoup rapprochés.
Georges est bouleversé, l'enfant qui va naître le comble déjà
de bonheur. Son enthousiasme est, quel que soit le tourment
profond de la jeune femme, encourageant pour Marie, qui
est, elle aussi, exaltée. Elle a écrit un fragment de journal
intitulé *Mon premier-né* : « Le 3 décembre 1908 je me
réveille à 7 h moins 20 mouillée d'une eau très chaude et je
réveille le « Sucre d'Orge » qui dormait à côté de moi. Il
passe sa robe de chambre beige et allume les lumières car il
fait noir dehors. Bientôt Mimau arrive, couverte de fichus.
Le docteur propose du chloroforme mais je refuse " Ah !
non ! c'était beau, c'était grand de se sentir ainsi donner la
vie à un être nouveau. " Après le coup de canon de la Tour
Eiffel, à midi 5, le docteur dit : " A la prochaine douleur, je
vous accouche. " Six minutes passèrent, longues, longues.
Enfin la douleur vint : " Ne poussez plus ", dit le docteur, et
il tira dehors quelque chose d'important qui me semble très
long. » Le docteur resta deux heures encore avec Marie et lui
dit de se reposer mais elle « parle, parle avec Mimau, avec

Georges ». Elle est si heureuse d'avoir un fils : Pierre. Le prince Pierre de Grèce. Puis, quelques jours après, elle se met à pleurer. La peur l'étreint de nouveau. La peur de perdre son enfant. La peur de ne pas en avoir d'autres. Elle a besoin de Dieu, et elle envie la foi de Georges rayonnant de bonheur.

C'est pendant cette crise qui ne lui ressemble guère, car elle paraît n'avoir jamais recherché Dieu, ni même avoir été disposée à comprendre la foi, qu'elle reçoit la visite de l'évêque de Monaco, Mgr de Curel qui lui apporte l'absolution de Rome. Avant qu'il entre, elle avait cru qu'elle allait peut-être entendre « à travers la parole de l'homme un écho très lointain de la parole de Dieu ». Elle était dans son lit, lui, gros et rouge s'assit à son chevet, jeta un coup d'œil au bébé dans son moïse et les propos de ce prêtre, « comme toujours l'éloignèrent encore plus de la religion ».

Sa première démarche ayant échoué, Mgr de Curel avait accepté de se rendre à Rome une seconde fois pour intercéder en faveur de S.A.R. la princesse Georges de Grèce et de Danemark. D'Athènes, le roi Georges Ier avait été un appui précieux en menaçant, si la levée de l'excommunication mineure n'était pas accordée à sa belle-fille, de ne plus « tolérer » à Athènes la présence d'un évêque catholique romain, lequel n'y était que toléré. « Ainsi va le monde à Rome », note Marie. Le 7 novembre 1908, Mgr de Curel, accompagné de Mgr Béquignot, évêque de Nîmes, avait été reçu au Vatican par S.E. le cardinal Gasperi, et il avait été dit que Marie serait absoute si elle se mettait dans certaines dispositions.

La décision avait été lente à obtenir et Marie avait envoyé et reçu bien des lettres. Georges lui avait plusieurs fois demandé pourquoi elle voulait tant cette remise d'excommunication, et aussi pourquoi elle allait chaque dimanche à la messe quand elle était à Athènes. Elle reconnaissait qu'elle allait à la messe par esprit de bravade, mais son insistance à voir lever l'excommunication était d'une autre nature. Sa tante Jeanne, son père lui-même y tenaient beaucoup. On lui disait que sans cela l'Église catholique lui refuserait des funérailles. Elle le faisait pour eux. Autrement, « l'Église grecque se serait aussi bien chargée de m'enterrer que de me marier ». Cette absolution difficilement obtenue terminait ses relations avec l'Église catholique romaine.

Ce qu'apportent les rencontres

Son agenda du mois de décembre 1908 est rempli d'événements concernant son fils. Elle est éblouie, comblée par sa maternité, et autant qu'elle, Georges est heureux. Il aime tant son fils qu'il envie Marie de l'allaiter. Il prend des photographies, il se promène à travers la chambre avec le petit prince Pierre dans les bras, en lui chantant une berceuse en danois qu'il copiera lui-même le 7 décembre 1951 et qu'il signera de son initiale G. se souvenant encore des paroles, Marie en fait mention dans ses papiers. Comme des parents ordinaires, ils photographient le premier bain, le premier sourire de leur bébé.

Il y a bien, durant cette période faste, quelques complications pénibles mais sans grandes conséquences. Elles sont créées par Mimau qui joue les belles-mères. Sa Mimi est encore couchée et Mimau qui, d'abord, ayant la grippe, reste plusieurs jours à l'écart pour ne pas contaminer le nouveau-né, est ensuite exaspérée du fait que Marie a décidé de nourrir elle-même son fils. Elle accuse l'une des sages-femmes de « faire de l'œil » à Georges, et Georges de tromper Marie avec cette gourgandine. Rien n'est plus faux mais Marie est obligée de céder à ses fantasmes et de renvoyer la garde-sage-femme, pour avoir la paix. Après ces scènes, Mimau et elle pleurent dans les bras l'une de l'autre, comme d'habitude. Et Marie fait à sa vieille bonne toutes les promesses qui peuvent l'apaiser.

Marie ne se relèvera que deux mois après ses couches, au moment du départ pour la Grèce. Elle est en très bon état physique, embellie, radieuse. Ils rentrent à Athènes le 5 février, et le baptême du petit prince a lieu le 20. La joie de la maternité ne peut la combler longtemps, Marie ne se le dit pas clairement, mais elle l'éprouve dans son esprit, dans son cœur et dans sa chair. A la date du 6 mars 1909, on trouve dans le journal dédié à Eugénie : « Hier soir, je pleurais seule dans mon cabinet de toilette en défaisant mes cheveux... baptême joyeux de mon petit dans les rues blanches, par le soleil, à la chapelle d'or, souvenirs radieux de mon mariage, images ternies. » Elle se sent seule de nouveau et

sa vie l'ennuie. Georges a des intérêts bien éloignés des siens.
Le 6 avril, elle écrit qu'il fait passer tous les examens de
gymnastique aux écoles d'Athènes pour les jeux panhelléni-
ques, tandis qu'elle est « bête à lait pour Pierre ».

Athènes ne lui convient pas. La vie intellectuelle n'y est
pas assez intense, et le serait-elle, son rang dans la société
l'empêcherait de s'y mêler. Cette vie inemployée lui pèse
plus qu'elle ne l'avait prévu. Certes, elle n'en avait pas
mesuré d'avance le vide. Elle écrit le 20 mai : « Quatre mois
passés avec des réunions de famille trois fois par semaine.
C'est trop pour moi. Il y a eu, la semaine dernière, les visites
des tantes de Russie et d'Angleterre. Tous bourgeois royaux,
ces Danois, qualités et défauts bourgeois, unis, honnêtes,
bons, simples, aimables, la voie commune désespérément. »

Avant la fin du mois, Georges et elle vont rentrer en
France par la mer : partis du Pirée, ils gagneront Naples,
Gênes puis Marseille. Elle l'annonce dans une lettre à son
père, datée du 25 mai : « Ce sera superbe. Le temps est beau
et Pierre est un marin, ne l'oublie pas ! » Le ton est celui
auquel nous sommes habitués, il ne révèle rien de ses
sentiments. Le séjour à Paris est bref. Ils partent pour
Bernstorff au début de juillet. Georges lui a de nouveau
échappé. Cette année-là, la saison n'est pas belle. Il fait très
froid, vent et pluie. Le 14 on décide de sevrer son fils mais
Marie voudrait rentrer à Paris car elle n'a pas confiance
dans le médecin albinos qui soigne Pierre. La nurse se plaint
que le nouveau régime, destiné à combattre la diarrhée est
trop lourd et risque de donner des convulsions au bébé. De
plus, Marie est de nouveau enceinte. Ils restent tous au
Danemark.

Cet été-là, elle se lie avec Aage, le fils aîné de Marie-
Valdemar, qui l'embrasse dans les coins et lui raconte ses
fredaines à Paris. Elle le compare à son bébé que, comme
toutes les mères, elle ne voudrait pas voir grandir. Elle n'a
pas d'illusion concernant son cousin. Il se laisse volontiers
entretenir, il est léger, superficiel, mais il a l'avantage d'être
jeune comme elle. Elle écrit dans ses Cahiers, le 26 juillet
1909 : « Nous ne rencontrons jamais l'objet total d'amour.
Ramassons alors les beaux fragments. J'ai trouvé un beau
fragment. » Le grand ami de Georges, Valdemar, a perdu
pour elle toute sa séduction : « Il ne fait rien du matin au
soir que dormir sur un même journal, inactif, indolent, sans

intérêt pour rien, et incapable d'en avoir, borné par son défaut d'intelligence. »

L'été passe lentement. La grande distraction de ces vacances danoises est l'arrivée de Cook qui a soi-disant découvert le pôle Nord. « 5 septembre 1909. Le découvreur du pôle Nord. L'autre soir, pendant que je regardais Pierre boire son biberon, Georges me dit : " Tu sais, le pôle Nord a été découvert. " L'information mit du temps à me pénétrer. Avant-hier toute la ville attendait avec impatience l'*Ejede* qui arrivait au port à 9 heures du matin avec Cook à son bord. » A 9 heures, Marie dormait, tandis que Marie-Valdemar et Georges étaient en ville pour regarder la foule qui se pressait dans les rues de Copenhague. Valdemar, en sa qualité d'amiral de la flotte danoise, était allé saluer Cook, il rentra ravi et annonça que l'inspecteur groenlandais pensait que la découverte était sûre. Dommage que Cook n'ait été accompagné que par deux Esquimaux à qui il avait dit : « Nous retournons en arrière, nous avons atteint notre but, l'axe de la terre. »

Tout le monde alors croyait en la bonne foi de Frederik Albert Cook, le médecin explorateur qui, après avoir été le chirurgien de plusieurs expéditions arctiques, organisa seul son voyage de 1907-1909. Sa découverte du pôle ne fut finalement pas reconnue par les savants, et, plus tard, en 1923, une escroquerie dans des affaires de pétrole l'envoya en prison. Marie-Valdemar téléphone au ministre d'Amérique d'amener le héros du jour pour prendre le thé à Bernstorff et Marie le décrit : « Vingt-cinq ans environ (en fait Cook est âgé de quarante-quatre ans), petit visage énergique, blond, yeux bleus, petits, long nez, menton un peu proéminent, petite moustache claire. Il lui manque trois dents en haut à gauche. Il est lavé, rasé, cheveux coupés (ils étaient longs jusqu'aux épaules quand il est arrivé au port) et les Magasins du Nord l'ont habillé gratis. Il raconte ce qui est d'ailleurs dans tous les journaux. Il prend une tasse de café. Il n'en a pas pris depuis deux ans et demi, nous lui demandons des autographes. » Marie semble avoir oublié l'émotion qu'elle avait éprouvée douze ans plus tôt en dînant chez son père avec l'explorateur Nansen et combien l'avait fait rêver le récit du voyage de ce dernier à bord du *Fram* pris dans les glaces de l'océan Antarctique. Elle a changé et, depuis son mariage, elle se concentre, sans en avoir pris conscience et sans non plus savoir pourquoi, dans l'observation des êtres autour d'elle.

Pendant ce temps des événements graves se déroulent en Grèce que Marie observe avec détachement. En avril 1909, les jeunes Turcs avaient finalement réussi à déposer le sultan Abd ul-Hamid, et tout l'Orient était en effervescence. Sur le modèle d'Union et Progrès, le mouvement original des jeunes Turcs, une ligue militaire formée en mai 1909 à Athènes, réclame la réorganisation de l'armée et de la marine. Dans une lettre à son père datée du 20 juillet, Marie mentionne la chute du ministère grec qui vient d'avoir lieu et nomme plusieurs hommes politiques, Théotokis, Rhallys, Dragoumis qui ne veulent pas se risquer à former un nouveau cabinet. « On ne sait qui prendre », écrit-elle, sans paraître prévoir le coup d'État qui aura lieu au mois d'août. Le 6 septembre, elle note dans son journal : « La pauvre Crète va mal. Les officiers se sont révoltés et le roi a cédé et les a amnistiés. Le ministère est tombé. Le nouveau (dont Mavromichalis est président du conseil) a promis tout ce que voulaient les militaires. » « Mais céder est la méthode de gouvernement du beau-père et de toute la famille », écrit-elle encore. La ligue militaire appelle Venizelos à Athènes, et, dès le mois de septembre, les princes doivent quitter l'armée. « Tino (le diadoque Constantin) est à Kronberg où Georges l'a vu. » Il a pu sortir de Grèce pour aller chercher sa femme, mais il a reçu un télégramme de ne pas rentrer pendant plusieurs semaines au moins, écrit Marie toujours dans une lettre à son père, datée du 18 septembre. Donc Georges non plus n'ira pas en Grèce. « Très bien », ajoute-t-elle. La pensée de ne pas passer un troisième hiver à Athènes lui plaît. Le 27 septembre, elle demande à son père de faire remettre les tapis pour son retour. Elle sera sans doute lourde et craint de tomber.

Cette année-là, Marie restera très tard à Bernstorff seule avec Marie-Valdemar, tandis que Georges et son oncle vont chasser chez les Cumberland. Puis le jeune couple ne regagnera l'avenue d'Iéna que quelques jours avant le 12 novembre, date à laquelle Valdemar et ses trois fils partent pour le Siam.

Mais Valdemar et ses fils reviendront au Danemark plus tôt que prévu. Le 5 décembre 1909, Marie-Valdemar meurt. Elle n'avait que quarante-quatre ans. Quand la nouvelle leur parvient, les voyageurs sont aux Indes. Pour rentrer, ils prennent un grand paquebot anglais, différent du petit chargeur danois de l'aller. A bord du navire britannique, Aage mène joyeuse vie. Marie l'apprendra sans surprise. « Il est faible. Il n'a pas hérité du caractère de sa mère. »

La mort soudaine de Marie-Valdemar affecte Marie, qu'une véritable affection liait à cette femme malheureuse. Mais son côté morose ne va pas prendre le dessus, et elle ne se lamentera pas comme on pourrait l'imaginer. Son esprit est occupé ailleurs.

A cette époque débute une amitié qui comptera beaucoup pour elle, jusqu'à la rencontre avec Freud. Elle vient de commencer de s'attacher à Gustave Le Bon. Médecin, sociologue, grand voyageur, il avait écrit plusieurs ouvrages qui lui valaient une grande notoriété. Certains de ses livres avaient atteint d'énormes tirages. *La psychologie des foules*, *Les lois psychologiques de l'évolution des peuples* exposaient ses idées sur ce qu'il appelait « la psychologie collective », et lui donnèrent une réputation de « penseur » à laquelle il n'était pas insensible. Il avait aussi écrit auparavant un ouvrage intitulé *La Civilisation des Arabes*, et un autre sur *Les Civilisations de l'Inde*. De plus, dans son appartement parisien de la rue Vignon, proche de la Madeleine, ou dans sa maison de Marnes-la-Coquette, commune voisine de Saint-Cloud, il réunissait à déjeuner le mercredi ou à dîner le dimanche soir, une compagnie brillante d'artistes, de littérateurs, d'hommes politiques, de savants et de gens du monde. L'avocat Henri-Robert, Mme Bulteau qui avait, elle aussi, un salon à la fois politique et mondain, le professeur Pozzi, célèbre gynécologue père de Catherine Pozzi, poète et épouse d'Edouard Bourdet, les académiciens Brieux et Gabriel Hanotaux, Maurice Maeterlinck, l'infante Eulalie, la marquise de Ludre, la marquise de Ganay, le général Mangin, le professeur Jean-Louis Fabre étaient ses hôtes habituels. Déjà âgé de près de soixante-dix ans, comblé, il était volubile et débordant d'énergie. Il se trouvait donc prêt à remplir ce rôle de père dont Marie recherchait l'affection, et dont elle souhaitait qu'il la guide et qu'il l'encourage dans le domaine de l'esprit.

Le prince Roland lui amena sa fille curieuse de le rencontrer et de Bernstorff, cet été 1909, Marie écrivait tous les deux jours à ce personnage qui ne manquait pas de

pittoresque avec « son visage charnu et rose, tout embrous-
saillé de poils que le soleil d'Orient avait décolorés »[1].

« Il m'a donné confiance en moi-même et courage et m'a
montré, vérité rassérénante, que l'esprit passait *d'abord*... La
supériorité chez la femme humilie l'homme et ne doit être
dévoilée qu'aux égaux ou aux supérieurs. » Ces découvertes
qu'elle lui doit lui font écrire dans un autre Carnet, le
26 juillet 1919 : « L.B. (Le Bon) est devenu le noyau de ma
vie. Tout se groupe autour, hiérarchisé. » Elle se soumet,
transportée de joie, à ce père qui lui apporte enfin ce que son
véritable père lui a toujours refusé. Elle a plus que jamais
besoin d'être à la fois rassurée et poussée à entreprendre
quelque chose par elle-même.

Il existe de nombreuses notes manuscrites dans les *Carnets* de Marie Bonaparte à propos de Gustave Le Bon. J'ai
surtout choisi celles du début. Ce sont les plus importantes
car elles montrent la candeur de la jeune princesse prête à
s'enthousiasmer pour les poncifs que son maître dispense
avec, sans doute, une certaine grandiloquence. Il faut, aussi,
faire la part du style et de la tournure d'esprit de l'époque.
Au début du printemps 1910, alors que Le Bon rentre du
Midi et qu'elle se relève de son second accouchement : « Son
œuvre est vaste et profonde comme son esprit, écrit-elle.
Tout son enseignement est spiritualité. Il m'a appris à
discerner l'*élite*, m'en donna l'amour et le sentiment. L'élite
des âmes et des esprits. Il m'a appris à sentir le dosage des
esprits, leurs valeurs respectives. Mais il m'affermit aussi
dans l'indulgence, en me faisant sentir la rareté des som-
mets, ajoute-t-elle. Pour lui, je lis et m'intéresse aux plus
hautes questions les plus étrangères jusqu'à ce jour, telles
que la politique. Pour lui, j'écris, aujourd'hui, je m'astreins
chaque matin au travail régulier d'un petit livre, parce qu'il
dit que je le peux... »

... et les découvertes

Le 10 février 1910, le second enfant de Marie et de Georges
était né, à 11 h 14 du soir. Une fille. La princesse Eugénie de
Grèce. Les douleurs avaient commencé au début de l'après-

---

1. Georges Suarès, *Briand*, vol. II, p. 438.

midi mais Marie rangeait encore des papiers à 7 heures du soir. Elle accoucha facilement, sans crier. Mais elle allait souffrir ensuite d'une double sciatique et avoir la hantise de ses seins abîmés. Elle ne nourrit que partiellement sa fille à qui on donnait du lait d'ânesse, une tétée sur trois. « Je passai un mois au lit, écrit-elle, lisant toute l'œuvre de Maupassant sans une minute d'oisiveté, de rêverie, qui eût peut-être ouvert la porte à l'affreuse crise de psychose puerpérale, philosophico-religieuse dont je souffris après la naissance de Pierre. » C'est là une exagération qui est bien dans sa manière car la brève dépression et les aspirations religieuses n'étaient pas une vraie psychose puerpérale.

Cette fois le prince Georges ne l'aide pas à se réjouir. Leur petite fille est admirée par la maison entière mais il aurait préféré un second fils. Il ne cache pas sa déception et il est préoccupé. Il traverse une période de ressentiment à l'égard de la politique de son père, qui n'a pas reconnu son dévouement en Crète et qui permettra l'élection au parlement, le 8 avril 1910, de Venizelos que Georges considère comme son pire ennemi. Néanmoins, il voudrait retourner s'installer à Athènes, dans cette maison de la rue de l'Académie toujours dépourvue de meubles et que Marie refuse de finir d'installer craignant d'en être chassée, par Venizelos justement. Alors Georges décide d'aller passer quelque temps au Danemark pour tenir compagnie à Valdemar, qu'il n'a pas revu depuis les funérailles de Marie-Valdemar, auxquelles Marie n'avait pas assisté à cause de sa grossesse.

Grâce à Le Bon, ce printemps parisien sera tout de même agréable. « J'aime l'intelligence, la compréhension par-dessus tout », écrit Marie. Depuis longtemps, elle rêvait de recevoir chez elle l'élite intellectuelle. Le Bon lui amena « sans compter sa peine, les plus grands, les plus rares esprits de France. Mes petits dîners hebdomadaires étaient un délice pour moi et (j'éprouvais) une fierté joyeuse de sentir que je plaisais à de tels esprits. » Poincaré, Tardieu (un président de la République et un Premier ministre) furent parmi les premiers invités de ces dîners qui ne commencèrent qu'en avril 1910.

Mais Mimau faisait des scènes perpétuelles à propos de tout. Elle accusait Marie de mal s'occuper de la maison. Les domestiques étaient devenus sa bête noire. « Et le Bon Dieu qui me fait vieillir devrait me rajeunir pour veiller sur toi. »

Le 10 mai, Georges rentra du Danemark et Mimau commençait d'avoir des soupçons, juste comme elle en avait eu après la naissance de Pierre. Elle était persuadée qu'il trompait Marie avec une petite nurse à qui elle fit une scène devant les autres nurses. Finalement, elle décida de ne plus rester et d'habiter ailleurs. C'était une catastrophe pour Marie qui eut, une fois de plus, le sentiment que tout s'écroulait autour d'elle. Elle ne supportait pas les changements et Mimau était ce qu'elle avait de plus cher. Elle n'eût pas voulu s'en séparer mais elle se rendait compte que la pauvre femme était devenue tout à fait paranoïaque, et ne pouvait vivre avec autant de personnes à propos desquelles elle bâtissait toutes sortes d'histoires délirantes. Mimau s'installerait à Monte-Carlo où l'une de ses nièces prendrait soin d'elle. De temps en temps, elle ferait des séjours auprès de sa Mimi, ou bien celle-ci irait la voir, avec les enfants.

Comme les précédents, l'été 1910 se passe à Bernstorff. Dans la mémoire de Marie, il restera comme l'un des plus malheureux de sa vie. D'abord, la jeune femme se rend compte à quel point le charme trouvé naguère à la demeure était dû à la fantaisie de Marie-Valdemar. Puis aussi un nouveau deuil l'affecte beaucoup. « Tante Jeanne est morte hier (25 juillet 1910) victime des suites d'une opération... » Georges a ouvert l'enveloppe du télégramme et retardé le coup de quelques instants en disant : « Tu sais, ta tante Jeanne va très mal. » Marie est accablée de remords car elle n'a pas été voir Jeanne avant son départ pour le Danemark. Elle se reproche d'être « irrégulière dans les manifestations de ses amours. Condamnée aux flambées suivies de longues couvées sous la cendre où je cherche, sans la retrouver, l'étincelle ». Après l'annonce de cette nouvelle, elle s'est sentie incapable d'aller, comme prévu, visiter le bateau anglais avec les autres membres de la famille royale. Elle n'a pas paru non plus au dîner chez le roi. « Et Georges dont le cœur fait la grandeur reste avec moi. »

Malgré cette remarque bienveillante à son propos, Georges ne peut lui apporter la consolation dont elle a besoin après ce deuil. Elle rêve de la morte qu'elle voit « dans des hypogées, muette qui m'attend en vain... Ma tante Jeanne que j'ai tant aimée » et elle ne peut aller aux obsèques à cause d'Eugénie qu'elle allaite et qu'elle ne veut pas sevrer. Une fois de plus, elle est seule. Plus seule encore qu'autrefois car Mimau n'est plus là pour l'aimer.

Sensibilisée par son chagrin, peut-être aussi parce que l'absence de Marie-Valdemar rend certaines choses plus claires, Marie s'aperçoit que les relations entre Georges et son oncle ne sont pas telles qu'elle les avait imaginées. Dans ce texte daté de janvier 1939 à Copenhague et intitulé *Le vieux compagnon*, Marie s'adresse à Georges : « Ton corps adverse aux corps féminins, ton corps comme ton âme voué à l'homme, fixé chastement mais ardemment au seul Ami », lui dit-elle. C'est en regardant un livre sur Michel-Ange et en le rapprochant des dessins d'athlètes qui ornaient le cabinet de toilette de son mari qu'elle comprit, Georges « droit d'âme comme de stature... être aux passions anormalement fortes et fixes... n'aima qu'un ami à l'âge de quatorze ans. De dix ans son aîné et comme lui voué à la mer ». Mais qui était donc Valdemar pour qui elle commence alors d'éprouver une jalousie qui ne la quittera plus ? Dans ce texte, nous voyons se dégrader l'image qui avait déjà pâli l'année précédente. « Un être fort ordinaire, pas très beau, peu intelligent, peu généreux et souvent acariâtre, surtout avec ses enfants. » Mais Marie reconnaît qu'il a su inspirer à Georges « l'une de ces grandes passions qui sont, au dire de Rousseau, aussi rares qu'un grand génie ». Sa découverte de la vérité créa un affreux tumulte en Marie. Étant donné l'époque et l'éducation qu'elle avait reçue, elle était totalement ignorante. Il y avait le précédent de l'oncle Christian, héros ou victime de disparitions et d'accidents dont elle ne comprenait pas le sens, et que se chuchotaient autrefois sa grand-mère, Gragra et Mimau. Bien qu'elle ait noté la recherche par son oncle, à Athènes, de jeunes gens au type grec, au moment de son mariage, il n'est pas certain qu'elle ait, à ce moment-là, compris de quoi il s'agissait. Au début de son adolescence, Frifri l'avait renseignée sur ces choses. Mais même à l'égard de Frifri, qui fut certainement la plus proche de ses amies, Marie n'éprouva pas « la flamme » que bien des filles connaissent au moment de la puberté.

L'homosexualité, même latente, provoque chagrin et colère chez le conjoint qui se sent plus démuni que devant l'adultère et Marie, forte par l'intelligence et vulnérable par la sensibilité, éprouve plus qu'une autre l'injure faite à son sexe en creux et souffre de ne pouvoir rivaliser avec les corps mâles que Georges admire, même s'il ne les touche pas.

Le seul remède à son chagrin était de trouver d'autres

partenaires pour son rôle féminin. Et dans les notes *Les hommes que j'ai aimés*, elle en arrive bientôt au cinquième. Les trois premiers étaient de bien innocentes passions d'adolescente : d'abord deux chanteurs, ensuite le tragédien Mounet-Sully. Le quatrième amour de Marie était le dangereux maître chanteur Leandri dont les actions furent si destructrices. Le cinquième est décrit de cette façon : « Hantée de souvenirs shakespeariens et de *Pelléas et Mélisande* qui m'avait fait sangloter à dix-huit ans, j'étais prête à la banale aventure, l'inceste seul parfait. Je pris pour Pelléas le jeune et vulgaire soudard (il s'agit de l'un des frères de Georges, qui devient Gollo pour la circonstance), cinq ans après l'avoir connu puis perdu de vue dans l'absence. Deux jours plus tard, Pelléas se faisait rappeler et fuyait. Sa femme songea à se tuer, délaissée six mois. Ivrogne et grossier », conclut-elle. Mais elle passa avec lui « des jours orgiaques ». Ces courtes rencontres clandestines étaient suffisamment excitantes pour que la frigidité qui devait être le grand problème de Marie pendant toute sa vie amoureuse ne la perturbe pas dans ces occasions. Une brève parenthèse dans le cours des événements familiaux auxquels elle devait faire face.

Sa tante Louise Radziwill mourut le 14 février 1911. Marie se rendit à l'enterrement qui eut lieu à Ermenonville, car ce château des environs de Paris qui abrita Rousseau pendant ses dernières années, et où il avait été prévu que les parents de Marie passeraient leur nuit de noces, appartenait encore à la famille Blanc. Le 24 mars, Marie va à Wiesbaden, pour voir sa belle-mère, elle y reste une semaine avec Georges, en compagnie de ses deux beaux-frères Constantin et André. Elle rentre seule à Paris, dès le 30 mars, alors que Georges reste quelques jours de plus.

Le 22 juin, Marie accompagne Georges à Londres. Il représente son père au couronnement de George V. « Nous ferons le troisième enfant après, ajoute-t-elle... je suis remarquée surtout par l'envoyé de la République du Panama... Je suis écrasée par la beauté de Marie de Roumanie [1]. Divination de Le Bon au retour devant ma tristesse. »

Le Bon fait de son mieux pour lui donner confiance en soi, mais Marie demeure pleine de doute en ce qui concerne son

---

1. Petite-fille de Victoria. A publié des *Mémoires* intéressants.

aspect physique et son pouvoir de séduire. Son mariage n'a pu la rassurer dans ce domaine et ses récentes expériences amoureuses ne l'ont pas rassurée non plus. Elle ne laisse rien transparaître de son angoisse et accomplit ce qu'on attend d'elle. Entre Londres et le séjour à Bernstorff, qui lui paraît encore inévitable, elle va avec Georges et les enfants à Sandrigham reconstruit par Edouard VII ; puis en Suisse, Mürren, la petite Sheidegg et Interlaken. Elle lit Schopenhauer, lecture qu'elle poursuit à Paris, à l'automne.

Son amie Geneviève Ollivier a épousé, l'automne précédent, le Dr Jean Troisier, jeune médecin plein de promesses. Le mariage semble la combler. Marie doit comparer leurs sorts. Elle s'ingénie à trouver des dérivatifs. Ainsi depuis longtemps elle désire subir une petite intervention chirurgicale qui la débarrasserait de la cicatrice un peu boursouflée qu'elle s'est faite à la base du nez, en se cognant contre le piano durant la crise Leandri. Elle est demeurée hantée par cette cicatrice qui, pense-t-elle, la défigure. Elle subira au cours de sa vie des opérations variées. C'est à cette époque qu'elle donne des rendez-vous clandestins à Lembessis, le chambellan de son mari. Ils se retrouvent à Bagatelle et bien qu'il n'aime pas ses mains, comme elle le dira à Freud, il deviendra son amant. « Scènes dans ma chambre la nuit. Ej proecox. » Ses relations amoureuses ne sont décidément pas réussies !

A cette époque, en dehors des enfants qui se portent bien et croissent normalement, le reste de son existence n'est pas gai. Le 11 novembre, Laure Gabeau, à demi paralysée depuis le temps des fiançailles de Marie et de Georges meurt chez elle, en Touraine, dans la vieille abbaye qu'elle avait abandonnée pour Mimi après la mort de la princesse Pierre. Marie et Georges assistent à ses funérailles à Fontaines-les-Blanches. « Visite désolée. » Marie retrouve avec chagrin les bois jaunis où elle s'est souvent promenée en compagnie de Laure qui les aimait tant.

En novembre 1911 dans le numéro du 14 de *La Gazette des Hôpitaux* parut le premier article français sur *Le rapport affectif dans la cure des psychonévroses*[1]. Mais il échappa à l'attention du docteur Le Bon qui n'était pas encore au

---

1. Ernest Jones, *Freud*, vol. II, p. 91.

courant de l'existence de la psychanalyse et n'en parla pas à Marie dont il était le mentor.

Marie aura bientôt trente ans et sur les conseils de Le Bon qui la pousse à écrire, elle commence un texte intitulé *Les Murs* qu'elle finira l'année suivante. Ces murs sont ceux de la maison de son père qu'elle n'a pas quittée et qui renferme pour elle tant de souvenirs. Elle continue d'être hantée par la mort qui peut venir à tout moment et ce n'est pas seulement à la mort des quatre siens qu'elle pense. Son mariage, ses deux maternités n'ont pas réussi à l'ancrer dans la vie. Elle se sent aussi fragile, aussi menacée qu'elle l'était adolescente. Seuls ses rapports avec son père paraissent avoir évolué. Elle ne redoute plus le despotisme paternel, et le ton qu'elle a adopté une fois pour toutes dans ses lettres indique qu'avec lui elle joue sans fléchir son rôle de fille mariée, mère de famille tranquille et équilibrée. Dans son journal, il n'est plus que rarement mentionné. Elle énumère juste ses déplacements, ses activités. On ne sent plus en elle le douloureux désir de lui plaire, toujours repoussé. Elle s'est aussi vite guérie de vouloir plaire à Georges.

Cette année-là, elle emmène ses enfants en Engadine où elle herborise, posant des questions, dans ses lettres à son père, sur la *gentiana acaulis* ou « une espèce de plantain jaune » qu'elle ne réussit pas à identifier et qu'elle a trouvé dans les prés de la Maloja. Ensuite, elle et les enfants rejoignent Georges au Danemark où elle va apprendre à nager. Depuis ses premiers étés à Dieppe, elle adore la mer et a toujours rêvé de pouvoir s'y baigner. Mais il n'en était pas question pendant toutes les années où on la croyait et où elle se croyait aussi malade. Dans une lettre datée du 17 juillet, elle raconte au prince Roland qu'elle fait des progrès rapides et se promène seule dans l'eau, avec un petit ballon en aluminium sur le dos pour ne pas couler. Elle a une dame comme professeur de natation et, après une semaine de leçons, enfin, elle sait nager ! Nager sera jusqu'aux derniers jours de sa vie l'un de ses plus grands plaisirs.

On se bat dans les Balkans

Bientôt, son rôle d'altesse royale grecque va dominer sa vie pour un certain temps.

Depuis 1910, l'agitation a repris en Macédoine. Les jeunes Turcs qui n'ont pas réussi à instaurer un gouvernement conforme à la façade libérale d'Union et Progrès sont retombés dans la tradition ottomane. L'année suivante, la Turquie s'engage dans une guerre avec l'Italie qui s'est emparée de la Tripolitaine, province turque. Poussés secrètement par la Russie, les États balkaniques finirent par se décider à s'unir pour prendre l'offensive contre la Turquie. Un traité secret bulgaro-serbe fut signé le 13 mars 1912 et il y eut le 29 mai 1912, un traité gréco-bulgare ; ils prévoyaient tous les deux une guerre offensive contre les Turcs.

Georges décide qu'ils partiront pour Athènes le 10 octobre, en emmenant les enfants. Il va être versé dans le service d'État-major au ministère de la Marine. « Si ça va mal, nous pourrons toujours aller à Corfou », écrit Marie à son père, le 10 octobre avant son départ de Paris. « Et Georges ne croit pas à une révolution (sauf contre Venizelos). Les choses doivent se décider en Macédoine. » Venizelos était Premier ministre de Grèce depuis le 8 juin 1911, et ses seuls adversaires, peu nombreux, se recrutaient pour la plupart dans les milieux influencés par l'entourage royal. Il avait déjà accompli des réformes importantes : il avait fait réviser la Constitution, institué des ministères économiques, des contrôles. Il avait aussi organisé l'instruction et les services sociaux, fait assécher les marais. Il était prêt à présent à acquérir de nouveaux territoires par une guerre gagnée d'avance contre la Turquie.

Marie se rend compte de la situation.

« On dit que la guerre va éclater aujourd'hui », écrit-elle encore à son père, d'Athènes, le 17 octobre 1912.[1] « Nous avons offert à l'armée quelques ambulances, il n'y en avait que quatre pour 120 000 hommes. »

La Turquie était alors sur le point de signer avec l'Italie le traité de paix d'Ouchy par lequel elle renonçait à la Tripolitaine. La Serbie et la Bulgarie lui déclarèrent la guerre un jour plus tôt que la Grèce. « Les armées " nicéphores ", comme écrivent les journaux grecs, avancent en territoire turc, annonce Marie le 22 octobre 1912. Il faut attendre le grand choc d'Andrinople. La reine et nous les femmes essayons d'organiser les soins et le transport des

---

1. En fait la guerre a éclaté la veille, Marie le met en P.S.

blessés ; or il y a beaucoup à faire... Moi, j'ai un hôpital improvisé dans l'École militaire et surtout l'organisation d'un ou deux bateaux-hôpitaux (destinés à évacuer les blessés de Volos sur Athènes...) » Elle tient son père au courant de l'argent dont il faudrait disposer, de celui qu'elle donne, les serviteurs de sa maison ont répondu généreusement à la souscription qu'elle a ouverte. Elle demande à son père de participer.

Le 10 novembre 1912, elle écrit de Volos, elle rentre d'Elassona, « village pittoresque avec ses cinq minarets ». Elle a pris beaucoup de photographies. Ce soir-là, arrivée à Volos sur le bateau-hôpital l'*Albania*, « je m'y embarquerai avec 140 blessés à ramener à Athènes. Georges est aide de camp général de son père, le roi. Nous nous sommes dit adieu à Salonique. »

Le lendemain, elle part pour un troisième voyage sur l'*Albania* qui ira cette fois jusqu'à Salonique et ramènera 300 blessés. Le 16 novembre, elle pense à demander à son père douze gravures pour orner sa maison d'Athènes « et faire passer dans l'inconscient de Pierre le culte de son grand-oncle ! ». Des batailles seraient le mieux, il semble, mais aussi quelques portraits du « tyran » ne feraient pas mal. On vaccine les enfants et Pierre vaccine les poupées. A la mi-novembre, elle-même est en rapport avec Venizelos qui l'envoie consulter un des secrétaires du ministre de la Guerre pour connaître la meilleure façon d'utiliser son temps. L'hôpital ne recevant plus de nouveaux blessés, le bateau subit un arrêt. Le 3 décembre, la Turquie demande l'armistice.

En décembre, Marie écrit d'Athènes : « On redoute l'autonomie de la Macédoine avec Salonique proie bulgare future — on redoute d'avoir fait couler le sang grec pour le profit des Slaves. Si Salonique ne nous reste pas, on ne peut répondre de l'attitude populaire. Le Premier ministre l'a compris. Il est préoccupé. » Elle ne cache pas sa sympathie pour Venizelos. Elle voulait pouvoir organiser l'évacuation des combattants d'Épire.

Elle passera Noël à Athènes, en famille, avec les enfants. Elle a fait faire pour Pierre un costume crétois. C'est une surprise destinée à Georges. Elle agira toujours ainsi. Elle est « régulière » : elle essaie autant que possible de respecter les engagements que Georges et elle ont pris l'un vis-à-vis de l'autre lorsqu'ils n'étaient encore que fiancés. Cette

période d'activité, à condition qu'elle ne se prolonge pas
indéfiniment, lui convient, et lui donne confiance, temporairement tout au moins.

Le 29 décembre, elle s'affaire de nouveau. Elle écrit à son
père qu'à présent elle va avoir trois entreprises : son hôpital
de l'École militaire à Athènes, son navire-hôpital et l'hôpital
d'Épire. Fin décembre, un article du journal *Scrip* d'Athènes, lui est consacré. Il chante ses louanges et raconte
qu'obligée « d'aborder à Skiathos, se rendant à Salonique,
elle a visité la maison d'Alexandros Papadiamandis et la
tombe de « ce pauvre poète qui passa toute sa vie dans
l'entier abandon et la misère ». Sa visite de la maison et de
la tombe du poète est un acte spontané. Elle charme par son
naturel et sa vivacité. Dans une lettre du 13 janvier 1913,
elle parle à son père d'un jeune chirurgien genevois, de
bonne famille qui est délégué de la Croix-Rouge suisse à
Philippiade, « le neveu du grand Reverdin » (c'est-à-dire
l'inventeur de l'aiguille de Reverdin que des générations de
chirurgiens ont employée). Il est venu l'accueillir à Préveza.

Albert Reverdin devint le sixième des *Hommes que j'ai
aimés*, « l'autre amant » comme elle l'appelle. « Ses bras
étaient jeunes, frais, j'admettais tout et ne rien savoir
pourvu qu'il revienne. » Et puis, l'évoquant, dans un petit
texte *Les événements du cœur* qui fait partie du manuscrit
inédit *Tristesse féminine — 1913 :* « Les seuls événements,
pour la femme, sont ceux du cœur : une larme, un baiser.

« Que m'importe si croulent les empires ? Il a baisé mes
lèvres ce soir », écrit-elle. Aussitôt, elle s'organise : « Le 20
décembre, enrhumée, l'*Albania* repart sans moi. » Le rhume
paraît avoir été une maladie diplomatique et elle note qu'à
Janina, des gens sont tués le lendemain à « notre poste
d'observation ». Sans en donner la vraie raison, bien sûr,
elle déclare rapidement, dans une lettre à son père, qu'elle
veut rester en Épire.

« Mon bateau maintenant très bien organisé continuera à
fonctionner tout seul avec le personnel qui y est. Il évacuera
régulièrement sur Athènes les blessés éventuels. »

Marie tâche de rejoindre souvent « l'autre amant », tout
en n'abandonnant pas pour autant ce qu'elle pense être son
devoir. Mais, bien que le gouvernement ottoman rompe
l'armistice le 3 février 1913 et que la guerre reprenne
pendant quelques semaines, Marie sera bientôt séparée de
Reverdin. Il reparaîtra plus tard, plusieurs fois à Paris.

Elle rentre d'Épire à Athènes à la mi-février 1913, et là, elle doit faire face à d'autres problèmes tout aussi réels que ceux de son navire-hôpital et de l'argent à trouver pour soigner les blessés. Deux jours plus tard, la nurse « demande à être relevée de son poste » (« après une scène avec Georges », note Marie). C'est alors que paraît « Croisy », la nurse anglaise, qui s'appelait Violet Croisdale et qui joua longtemps un grand rôle auprès du prince Pierre et de la princesse Eugénie. Marie lit Diderot, *Jacques le Fataliste.* Nul événement ne l'a jamais empêchée de lire et c'est ce même livre de Diderot qu'elle relira au moment de sa mort.

Le 18 mars, le roi Georges Ier est assassiné à Salonique. Marie se trouvait alors à Athènes ; accompagnée de son beau-frère Constantin et de Venizelos elle s'embarqua sur l'*Amphitrite*, le vaisseau qui devait ramener le corps du roi.

Après les funérailles à Athènes auxquelles quatre-vingts métropolites en or participèrent, Georges rentra à Paris avec Marie et les enfants. Puis il repartira pour la Grèce où se déroule à présent la guerre gréco-bulgare.

Marie avait tenu avec beaucoup d'allure, payant généreusement de sa personne, son rôle d'altesse royale. Son activité profitable aux autres l'avait aussi été pour elle-même. Après avoir été si longtemps en tutelle, elle découvrait soudain qu'elle pouvait être efficace et mener à bien des actions pratiques. Mais cette découverte n'était pas ce qui comptait le plus. Elle était encore la proie de *Regrets obsédants.* « La folie de fouiller le passé, pour le reconnaître autre qu'il ne fut, est ma folie obsédante, douloureuse. Je fouille le passé et je me dis : si tel jour, à telle heure, tu eusses placé ici, au lieu de là, telle pierre, l'édifice de ton présent serait autrement grandiose et brillant.

« Ne pleure plus le Palais impossible, debout ! ô ma Sagesse, pour parer de tes mains charitables ma maison du Présent et la nudité de ses murs[1]. » Elle écrivait cela à bord de l'*Amphitrite*, de Salonique à Athènes, le 28 mars 1913 au cours du voyage où l'on ramenait le corps du roi assassiné.

1. Marie Bonaparte, *Tristesse féminine*, 1913, recueil inédit de textes courts.

CHAPITRE V

L'AMOUR, LA GUERRE ET L'AUTRE AMOUR

> *Après quelques vains essais d'amours malheureuses, je vécus deux grandes passions. De trente à cinquante ans, deux hommes m'ont accompagnée. Le premier aurait pu être mon père par l'âge et l'autorité et nul ne m'aima autant jamais. Le second était un grand frère et c'est lui que j'ai le plus et le plus longuement aimé.*
>
> Marie BONAPARTE, *Notes diverses.*

Quelques jours après l'assassinat de son beau-père le roi, Marie Bonaparte écrit : « *Mon mari.* Il m'ennuie, il m'enchaîne mais il est le seul qui m'aimera jusqu'à la mort. Ainsi il faut à mon cœur, lorsqu'il souffre, la large poitrine fidèle de l'époux. D'autres ont passé, d'autres passeront et nos enfants avec, que la vie en souriant nous prendra.

« Nous resterons vieux, seuls, et nous serons alors l'un pour l'autre tout ce qui, la vie passée, restera. » Et, toujours à Athènes, elle ajoute : « 12 avril 1913, ce que j'écris là de mon mari, bien des hommes pourraient l'écrire de leurs femmes qu'ils délaissent au foyer mais viennent retrouver toujours. »

Elle n'est pas tous les jours aussi sûre d'elle qu'il paraît dans cette conclusion. Elle a souvent le sentiment de partager le sort des autres femmes et c'est pourquoi elle écrit à la même époque : « *L'oppression du mariage :* mariage sécurité mais mariage sacrifice et tombeau de soi-même.

« Le libre épanouissement de soi se flétrit entre les murs

de la maison conjugale et l'âme et le visage prennent cette attitude accablée que l'on voit à tant d'épouses.

« L'oppression du mariage est une maladie universelle, si nécessaire et j'ose croire qu'il est davantage de veuves délivrées que de veuves éplorées [1]. »

Ces commentaires sur l'effet du mariage sur les femmes sont remarquables pour l'époque. En 1913, la plupart des femmes acceptaient leur lot sans se poser de questions sur l'injustice de leur condition. Marie s'identifiait au sort commun, mais l' « oppression universelle » dont elle se plaint si amèrement s'appliquait aux autres plus qu'à elle-même. Georges était plus absent physiquement et affectivement qu'il n'était tyrannique.

C'était l'indifférence vis-à-vis d'elle, qu'elle ne pouvait supporter chez aucun homme, qui alimentait sa colère. Et, bien qu'elle en fût encore inconsciente, ses généralisations étaient en partie déterminées par son ressentiment contre son père. La liberté que lui assurait sa grande fortune et dont elle profitait au maximum, ne compensait pas son sens de l'oppression. Marie avait besoin à la fois d'amour et d'égalité avec un homme, mais ses conflits névrotiques la handicapaient au point qu'elle ne pouvait ni vraiment aimer ni accepter d'être aimée complètement.

Cet été-là, tandis que Georges était au Danemark pour régler la succession de son père, elle resta en France avec les enfants. Ceux-ci grandissaient, ils étaient charmants. Pierre, âgé de quatre ans et demi, jouissait de toutes les faveurs. Son père l'adorait et Marie était particulièrement fière d'avoir enfanté ce petit mâle. Malgré ses principes de justice, qui lui faisaient consacrer un temps égal à chacun des enfants, s'intéressant à leur éducation, prenant part à leurs jeux, elle ne partageait pas avec égalité sa tendresse, mais en favorisant son fils, elle n'avait pas conscience de répéter l'attitude courante d'oppression des femmes. Elle n'avait pas conscience non plus que son amour était plus traumatisant que constructif pour Pierre.

Pour ses contemporains, la princesse Georges de Grèce était à présent une belle femme, femme du monde habile et sophistiquée à souhait, connue pour sa générosité. Bientôt

---

1. Marie Bonaparte, *Tristesse féminine,* manuscrit non publié, 1913.

pourtant, son infirmité intérieure allait appauvrir sa vie personnelle plus encore que dans le passé.

La guerre contre la Bulgarie était terminée.

Marie s'intéressait peu aux nouveaux rapports de force dans les Balkans. Elle ne voyait qu'une chose. A présent que son beau-frère Constantin était devenu roi et que Venizelos, la bête noire de Georges, était toujours Premier ministre, elle ne serait plus obligée de passer une partie de l'année à Athènes. Elle allait donc pouvoir, réaliser son vieux rêve d'avoir un salon à Paris. Le rôle d'hôtesse l'attirait depuis longtemps. C'était un moyen de rendre sa vie plus intéressante. Elle s'interdisait encore d'entreprendre une œuvre, un livre publiable, malgré les encouragements de son ami Le Bon. Mais elle était tout de même enfin parvenue à un tournant de sa vie où les choses n'allaient pas se dérouler comme elle les prévoyait encore quelques mois auparavant.

La passion du Premier ministre

Quand elle donna un déjeuner pour Rudyard Kipling, les enfants étaient intrigués par le visiteur. Malgré son âge tendre, on présenta Pierre comme un admirateur des *Histoires comme ça* et même du *Livre de la jungle*. Kipling remit au jeune prince une photographie qu'il avait dédicacée à son intention. Il n'avait rien apporté pour la petite princesse qui n'oubliera jamais la discrimination dont elle fut l'objet ce jour-là.

Mais la princesse Marie ne s'aperçut de rien. Elle ne pensait plus qu'un salon littéraire était une occupation agréable et elle n'avait d'yeux que pour un autre invité : ce diable de petit homme à la dégaine incroyable, avec son costume fripé, sa crinière ébouriffée, son épaisse moustache et ses innombrables cigarettes. Elle l'appelait « Monsieur le Président », les enfants le voyaient pour la première fois.

Aristide Briand avait alors cinquante et un ans, il avait déjà été quatre fois président du Conseil. Il le serait onze fois durant sa carrière, et vingt fois ministre. Un record que personne n'égala jamais, même pendant cette Troisième République (1870-1940) où les ministères furent souvent de courte durée. Briand a laissé un grand nom dans l'histoire politique de la France. Très discuté de son vivant, il le fut

aussi après sa mort mais admirateurs et détracteurs s'entendaient pour reconnaître le charme de sa parole et la finesse
de son esprit.

A cause de ses mains qu'il avait fort belles et de la
séduction de sa voix dont il jouait, certains le prétendaient
de haut lignage. Mais, d'après son biographe, Georges
Suarez, Briand ne l'était pas. Pourtant, Briand entretint une
grande amitié avec la famille Lareinty — les petits-enfants
du baron Clément de Lareinty qui aurait pu être son père.
Son père officiel, d'origine vendéenne était un cafetier de
Nantes. « Il semble bien que Jean Chouan * ait appartenu
assez étroitement à la lignée paternelle [1]. » La mère de
Briand, avant son mariage, était lingère au château des
Lareinty, à Blain, en Bretagne.

D'abord avocat, puis journaliste, Aristide Briand s'était
lancé dans la politique et avait été élu pour la première fois
député en 1902. Il avait été membre puis secrétaire général
du parti socialiste dont il démissionna en 1905. Il était « le
plus grand improvisateur qu'on eût entendu depuis la
Révolution », au dire d'Émile Deschanel, qui fut président
de la Chambre des députés et président de la République [2].
Geneviève Tabouis, la journaliste, nièce de Jules Cambon
m'a raconté avoir entendu, à la Chambre des députés, Marie
Bonaparte dire, un jour, à l'une de ses amies assise auprès
d'elle, alors que Briand, les épaules courbées, la main droite
roulant fébrilement une cigarette au fond de la poche de son
veston, s'apprêtait à monter à la tribune pour prononcer un
discours : « Regarde-moi de quoi il a l'air ! Il marche comme
un souteneur... mais tout à l'heure, il redescendra comme un
seigneur. »

L'activité politique de Briand avait un côté humanitaire
fait pour plaire à cette princesse. Alors qu'il était ministre de
l'Instruction publique, des Beaux-Arts et des Cultes, en 1906,
il avait soumis un projet pour créer un ministère de
l'Éducation nationale qui comporterait un système de sélection, et l'instruction gratuite à tous les degrés. L'année
suivante, rapporteur de la loi sur la séparation des Églises et
de l'État, il avait déployé cette imagination qui fait si

---

* Un des chefs du mouvement contre-révolutionnaire qui déclencha la
guerre civile en Vendée en 1793.
1. Georges Suarez, *Briand*, I, p. 4.
2. Jacques Chabannes, *Aristide Briand*, p. 78.

souvent défaut en politique, où l'esprit partisan empêche de considérer le point de vue de l'adversaire. D'ailleurs il se disait lui-même « flexible ».

De plus, Briand avait la réputation de bien connaître les femmes. Il avait eu, au début de sa carrière de séducteur, une mésaventure cuisante à Saint-Nazaire, où son père possédait, à ce moment-là, un café chantant, et où il s'était installé après ses études de droit à Paris. Petit avocat d'extrême gauche, il était tombé éperdument amoureux d'une jeune femme de la société locale. Sa conquête était mariée. Surpris en flagrant délit dans un pré, ils furent l'objet d'un retentissant procès. Le mari de la dame et les adversaires politiques du jeune Briand s'étaient ligués pour arriver à ce résultat. Mais à la fin du XIXe siècle, en province, un tel scandale pouvait briser une carrière. Heureusement, la jeune femme ne manqua pas de courage et, chassée par son mari, bannie de sa famille, elle s'acharna pour obtenir qu'on leur rendît justice. Ils furent finalement acquittés, après trois procès successifs. C'est à la suite de cette périlleuse affaire que Briand partit pour Paris, où il fit rapidement son chemin.

Ce n'est pas chez Gustave Le Bon que Marie le rencontra pour la première fois mais à un déjeuner à Courances, chez la marquise de Ganay, qui les réinvita ensemble, moins d'un mois plus tard, le 22 novembre 1913. Briand avait tout de suite été séduit par Marie, qui n'était pas insensible à cette soudaine passion.

Ils décidèrent de rentrer tous les deux dans la même voiture. Ils s'attardèrent et la nuit était tombée lorsqu'ils traversèrent la forêt de Sénart. Le premier baiser fut échangé « dans la voiture sombre qui roulait dans la nuit vers Paris, en novembre, la nuit ruisselait de rosée et d'étoiles [1] ».

A cette époque, Briand avait une liaison connue avec une actrice de la Comédie-Française, Berthe Cerny qui, curieuse coïncidence, habitait elle aussi Saint-Cloud. En avril 1911, elle avait trouvé pour son amant, qui ne s'était jamais réellement installé jusque-là, un appartement de trois pièces, 52, avenue Kléber.

---

1. Marie Bonaparte, *Le Bonheur d'être aimée*, I., *Premier printemps, plus tard* (inédit).

Le loyer était raisonnable, 3 200 francs par an, avec un bail renouvelable de trois ans en trois ans.

Briand devait rester jusqu'à sa mort dans cet appartement modeste que Cerny l'avait aidé à arranger et qui se composait d'un bureau-salon tapissé de toile de Jouy, d'une salle à manger chauffée par une salamandre et d'une chambre à coucher[1]. Il n'était pas un homme attaché aux possessions. Marie trop riche pouvait le comprendre. La simplicité lui convenait. Et ils s'aperçurent vite qu'ils avaient en commun l'amour de la campagne et celui de la mer. Briand était chasseur et pêcheur. Il louait à l'année une modeste chaumière à Cocherel en Normandie, au bord de l'Eure, pour s'y retirer chaque fois qu'il le pouvait.

Il était également un marin. C'était sa première vocation. Tout ce qui se rapportait à la mer l'enchantait et quand l'occasion se présentait, il aimait à s'embarquer sur des bateaux d'amis pour quelques jours. Il aimait les histoires de flibuste, Louise Weiss me l'a raconté, mais il était aussi lettré. Il appréciait les poètes et à la fin de sa vie il choisit Saint-John Perse comme chef de cabinet.

Marie fut tout de suite sensible à la qualité du personnage. Il est rare de trouver chez un homme d'État ce mélange de rêve, de désintéressement, de culture que possédait Briand.

Et sans doute pensait-elle à lui quand elle écrivit, toujours dans *Tristesse féminine* : « La vraie noblesse n'est ni dans les parchemins ni sur les trônes. La noblesse est dans le cœur et la pensée et dans leur puissance à vivre sur les hauteurs. » Ce n'est pas aux hauteurs du pouvoir qu'elle fait allusion. Elle parle d'une dimension que possèdent peu d'êtres et que d'autres appelleraient spiritualité ou poésie.

Elle était étrange et le sentait bien elle-même. Elle manquait tant de confiance en soi que sa beauté n'était pas aussi frappante qu'elle aurait dû l'être. Mais Briand ne doutait pas de lui donner l'éclat dont elle manquait. Il voulait en faire une femme resplendissante de bonheur. Sa sensibilité et sa longue expérience des femmes lui faisait deviner à quel point celle-ci était exceptionnelle. Il était attiré par son intelligence autant que par son corps. Et il aimait aussi, certainement, le fait qu'elle était une altesse

---

1. Jacques Chabannes, *Aristide Briand*, p. 85.

royale et que sa vraie aristocratie était celle de son esprit. Mais l'amour faisait peur à Marie.

Elle ne pouvait se décider à céder à cet homme qui, par tant de côtés, l'attirait.

Elle savait bien que le sentiment de Briand était véritable, mais elle était hantée par le souvenir de la trahison de Leandri. Les aventures sensuelles sans amour, elle pouvait les supporter. Il lui était même arrivé de les rechercher, mais elle sentit qu'il lui faudrait longtemps pour parvenir à mêler les sentiments au sexuel.

Peu après leur rencontre, elle entame un nouveau cahier au titre prometteur : *Le bonheur d'être aimée*, où elle confesse, au commencement : « J'aime ton silence où parle ton amour. Mais j'ai peur de ton désir. » C'est la raison pour laquelle, dans les premiers temps de leur passion, elle préférait sortir. Ils allèrent au concert. Dans une loge grillagée, joue contre joue, ils écoutèrent de la musique. Ils se promenèrent. Dans les jardins du Trocadéro, ils s'assirent, sur un banc, à l'écart... Mais, bien vite, la médisance l'effraya, « qui ne prend pas la mesure de l'amour et le salit ». Elle pensait à ses enfants. Briand était possédé par un amour si vif qu'il avait tendance à se montrer imprudent. Lui qui aurait dû, plus que n'importe qui, se méfier, à cause de la mésaventure qui lui avait coûté si cher dans sa jeunesse...

Dans *Les hommes que j'ai aimés*, il occupe la septième place : « Mon grand amour est venu... J'ai senti que le charme physique qui m'asservissait à l'autre (Reverdin), était indigne, me rabaissait et j'ai voulu oublier. Je languissais désespérément autrefois, pendant les absences de l'autre. Le jeune amant écrit qu'il va revenir. Il m'attire encore. Il a vingt ans de moins que le grand amour... » Elle court à ses rendez-vous en se cachant. Elle est tranquille, puisque Reverdin et elle ne s'aiment pas.

Au printemps 1914, elle ne s'est toujours pas donnée à l'homme qui lui procure « le bonheur d'être aimée ». Elle a trouvé des excuses : « Tu vis depuis huit ans sous le toit de ton ancienne maîtresse. Je ne puis subir cela et être en même temps à toi. Mais je ne te dis pas de la quitter. C'est à toi de le faire seul. Je serai à toi le lendemain. »

Cette lettre demeura sans réponse. Briand avait trop vécu pour réagir. Il savait qu'il fallait s'en remettre au temps pour desserrer les liens qui devaient se dénouer. Même

amoureux comme il l'était toujours de cette femme fantas-
que, il n'allait pas rompre une douce habitude qui était pour
lui l'équivalent d'un foyer. Cerny n'entravait pas sa liberté.
Elle avait sa carrière et un fils.

C'étaient alors les derniers mois du temps de paix. Briand
ne faisait plus partie du ministère, mais il n'en était pas
moins un personnage pour qui les événements politiques
étaient une préoccupation quotidienne. Ce fut à cette époque
que Calmette, le directeur du *Figaro*, fut assassiné par
Mme Caillaux, l'épouse du ministre des Finances. Et plus
encore que ce meurtre qui créa de grands remous, la
campagne pour les élections législatives où il allait être
réélu l'absorbait. Cependant, il était prêt à consacrer tout
son temps libre à Marie. Ils se donnaient des rendez-vous à
la campagne. Ils étaient des amoureux aussi chastes que
l'étaient, en principe, les adolescents de l'époque. Ils se
retrouvaient dans la forêt de Marly ou bien au désert de Retz.
Marie aimait plus que tout ces rencontres secrètes avec un
homme qui l'adorait et qu'elle admirait. Un homme à sa
mesure.

Au début de mai, Georges est de retour d'un de ses
habituels séjours nordiques. Ils décident de faire un voyage
en Normandie avec Le Bon et Lembessis. Ils déjeunent à
Duclair, au bord de la Seine, s'arrêtent pour visiter l'abbaye
de Jumièges ; mais Maeterlinck est absent quand ils vont
sonner à la porte de l'abbaye de Saint-Wandrille. Marie est
fervente admiratrice du poète de *Serres chaudes* qui a reçu le
Prix Nobel en 1911 et qu'elle a rencontré à plusieurs reprises
chez Le Bon. Elle est déçue de ne pas le trouver dans la
spectaculaire demeure qu'il partage avec l'actrice Georgette
Leblanc. Mais, en visitant les églises de Rouen, ils font une
rencontre qu'aucun d'eux ne souhaite. Celle de Jean Jaurès
qui, à l'époque, est loin d'être un ami de Briand, et qui ne
manque pas de trouver la compagnie bien mauvaise pour un
ex-socialiste. Mais la vie d'homme public comporte ce genre
de désagrément. Briand a l'habitude...

Il est tout heureux le jour où il montre Cocherel à sa
princesse qui le lui a réclamé. Émile Wolff, un ami, les
attend à Pacy-sur-Eure pour déjeuner, chez son père qui
tient un restaurant. Briand « cueillait dans les propos de cet
homme mesuré, actif et dévoué, les sensations de cette petite
bourgeoisie provinciale qui aime l'audace sans ses excès et

le progrès sans le désordre »[1]. C'était un des traits de son caractère ce besoin de garder le contact avec les individus, d'écouter ce qui se disait hors des milieux politiques. Marie s'intéressait autant à la conversation avec ses compagnons qu'à ce beau site verdoyant, ondulé, où coule une petite rivière.

Elle trouvait un grand charme aux deux maisons dont Briand lui avait tant parlé. « Les Hulottes », la petite ferme le long de la route qu'il se proposait d'acheter, et la chaumière louée qu'on refusait de lui vendre. Il aimait tenir au courant de sa vie cette femme qu'il n'avait encore jamais possédée.

Hélas, au début de juin 1914, il fallut se séparer. Marie dut faire un séjour familial à Liebenstein, « ce vilain village d'Allemagne », d'où elle écrivait, le 4 juin, à son ami qu'elle avait « du chagrin. Et puis si froid, si froid. Et ce n'est pas parce qu'on me mettra des bûches dans la cheminée que j'aurai chaud au cœur ! ». D'habitude, elle ne mentionne pas le froid. L'hiver précédent, la Seine charriait des glaçons et elle aimait à marcher le long du fleuve avec son grand homme, sans songer à se plaindre. Cette lettre qui mit trois jours à lui parvenir inquiéta Briand. Il écrivait chaque jour. Cette séparation venait trop tôt, il le sentait. Marie était loin d'être sûre de ses sentiments à son égard. Dans *Le bonheur d'être aimée*, elle a noté ce dialogue daté de Liebenstein : « *Les deux amies*, V. me demande : " L'aimes-tu ? ne l'aimes-tu pas ? — Si je pouvais le dire ! — As-tu été à lui, jamais ? — Non — Pourquoi pas ? — Je veux attendre. Et si je devais cesser de l'aimer, je regretterais mon abandon... " J'aime trop la pensée pour bien aimer d'amour comme il veut l'être : uniquement[2]. »

Loin de l'envoûtement qu'il opère sur elle, elle réfléchit. « Un grand voile vient de se déchirer. Il est temps d'être franche avec moi-même, je me suis assez leurrée. Je m'ennuyais, (Briand) est venu dans ma vie 'm'apportant son grand amour. Ce fut un beau jouet pour mon imagination désœuvrée, pour que le jeu soit plus beau, j'ai voulu croire que son grand amour était aussi mon grand amour... » Et, plus bas, même page : « Il faut me l'avouer, cela m'est égal de vivre loin de lui encore de longues semaines, je peux vivre

1. Georges Suarez, *Briand*, II, p. 273.
2. Marie Bonaparte, *Le bonheur d'être aimée*, inédit.

sans lui, je peux sans lui concevoir ma vie, le calme, le bonheur... Le voile est déchiré, voici ma découverte : je ne l'aime plus ; je ne l'ai jamais aimé vraiment, avec mon cœur...[1] »

Mais, vis-à-vis de l'intéressé, elle ne se trahit pas. Elle a besoin qu'il continue de l'aimer et loin de le décourager, elle termine par « je vous aime », une lettre qu'elle lui adresse le 11 juin pour annoncer son départ pour Weimar et son proche retour. Dans une lettre précédente, elle prévient qu'afin de rentrer à Paris comme il le souhaite, elle a dû promettre de repartir vers le Nord, l'un des premiers jours de l'été. Il est certain qu'elle ne veut pas le perdre, même si elle prétend encore ne pas y tenir. Mais est-elle capable d'amour cette femme frustrée, encore aussi innocente qu'une vierge, malgré ses expériences et ses maternités ? Elle voudrait aimer mais ne sait pas. Elle n'a connu que sécheresse de la part de ses parents, puis il y a eu Leandri...

Le devoir et l'amour

Pendant ce temps, « désespéré » par son absence, Briand va, le dimanche, en pèlerinage là où ils furent ensemble. Dans ses lettres, il ne lui parle que d'elle, d'eux, sans lui faire part de ses craintes pour la paix du monde. Lui qui avait fait voter la loi pour que le service militaire soit porté à trois ans afin d'essayer de rétablir l'équilibre des forces avec l'Allemagne, est sûr que la guerre est inévitable. Les affaires politiques françaises ne font rien pour l'éviter. Elles se sont compliquées davantage encore depuis les dernières élections après lesquelles il a gardé son siège de député mais n'a pas retrouvé de portefeuille dans le nouveau gouvernement. Au milieu de juin, il fut invité par l'intermédiaire du prince de Monaco aux régates impériales de Kiel où il aurait eu l'occasion de s'entretenir avec Guillaume II qui souhaitait cette rencontre. Il consulta Poincaré, le président de la République, et refusa. Des incidents franco-allemands continuaient au Maroc. La situation était partout tendue entre les Alliés et les puissances de l'Europe centrale.

Mais au retour de son amie, Briand se gardera de l'ef-

---

1. Marie Bonaparte, *Le bonheur d'être aimée,* inédit.

frayer. Il avait d'autres choses à lui dire, le peu de temps qu'ils passeraient ensemble durant les quelques jours où elle resterait à Paris. Il était d'ailleurs en mauvais état physique et aspirait à aller se reposer quelques semaines à Cocherel. Ce fut durant ce séjour qu'il acheta, pour 8 000 francs, la petite ferme des « Hulottes ». Il préparait sa retraite campagnarde, avec Berthe Cerny, dit son biographe Suarez.

D'après Philippe Erlanger, Berthe Cerny était sans illusion. Au courant de la nouvelle passion de son amant, elle aurait déclaré : « Les hommes ! On leur apprend à se coiffer, à tenir leur fourchette et puis ils vous trompent avec des altesses royales ! »

L'altesse royale, même après l'attentat du 28 juin à Sarajevo contre l'archiduc François-Ferdinand, successeur désigné de François-Joseph, ne paraissait pas se rendre compte de la gravité de la situation. Elle repartit, comme prévu, pour Bernstorff d'où elle écrivit dès le soir de son arrivée, le 2 juillet 1914.

Marie reprend sa vie danoise désormais familière, comme tous les étés, entre Georges et celui que les enfants appellent « Papa Two », l'oncle Valdemar. Elle est indifférente à ce qui l'entoure, sauf à la beauté de la nature. Elle écrit à Briand, le 21 juillet, que les enfants apprennent à nager, qu'ils sont ses seuls compagnons, et qu'elle doit déjeuner dans un vieux monastère peuplé de vieilles dames retirées du monde. Le mercredi 22 juillet, à midi, « le perroquet crie dans sa cage, le soleil flambe sur la prairie, les papillons blancs volent. Il va être l'heure du déjeuner ».

Elle décrit une vie hors du temps, hors du réel qui est encore à cette époque celle des princes et des rois, mais qui va s'abîmer dans le gouffre de la catastrophe mondiale et ne sera bientôt à tout jamais qu'un souvenir. La lecture de ses lettres doit frapper le destinataire, déjà plongé, lui, grâce au pouvoir de son imagination, dans l'horreur de ce qui se prépare.

Mais, le lundi matin 27 juillet, Marie se réveille à la réalité. Elle est en mer, depuis vendredi, sur le *Danebrog*, le yacht royal danois, et par radio, ils entendent la nouvelle de la mobilisation en Russie. Elle pleure en pensant à la guerre.

Le lendemain, 28 juillet, fut le jour de la déclaration de guerre entre l'Autriche et la Serbie et le commencement de la Première Guerre mondiale. Le 3 août, la France était en guerre à son tour. D'août jusqu'en octobre, Marie demeurera isolée au Danemark, resté neutre. Dans ses lettres à Briand, elle exprimait sa fureur patriotique contre l'ennemi et son sentiment de frustration.

« Si j'étais à Paris il me semble que je pourrais faire quelque chose ; je serais active... Les voyages en mer sont presque impossibles », mais sa fantaisie ne l'abandonne pas. Elle songe à rentrer par la Russie. Il faudrait gagner Saint-Pétersbourg par la Suède, en voiture et chemin de fer. Puis de Pétersbourg aller jusqu'à Odessa par le train. D'Odessa à Constantinople et Athènes par mer et d'Athènes à Brindisi. Puis le train, puis la France !

Ce tour prendrait au moins un mois. S'embarquer par bateau de Norvège serait plus court. On pourrait partir par Tröndheim, le nord de l'Écosse ou les Féroë, à bord d'un navire norvégien : elle rêve et ces projets ne tiennent pas debout. Elle croit encore tout possible. Le Bon semble rêver, lui aussi, il demande par télégramme l'auto de Marie pour aller prendre les eaux à Évian. Accordée.

Le 11 août, Marie écrit que l'ambassadeur Jules Cambon qui est arrivé à Copenhague avec toute l'ambassade française de Berlin va partir pour la France, elle lui remettra un courrier pour son père avec cette lettre. « Et nos autos ? Je pense bien que si on en avait besoin on les réquisitionnerait ! Seulement ne dites pas que j'en serais ravie. On me gronderait dans mon entourage parcimonieux. » En P.S. : « L'amirauté anglaise a fait savoir qu'elle allait semer des mines en mer du Nord. » Dorénavant, elle rapporte les informations militaires qu'elle a pu récolter, tout en se rendant compte que celles-ci seront périmées lorsque ses lettres arriveront à destination. Elle croit que la guerre va finir très vite. Elle ne doute pas de la victoire des Alliés, et le 28 août, elle rabroue Briand pour son pessimisme, tout en le félicitant car elle vient d'apprendre qu'il a été « nommé à la Justice ».

Il est, en effet, garde des Sceaux dans le nouveau ministère Viviani. Repris par sa passion de la chose publique, il joue un rôle déterminant dans toutes les réunions du cabinet. Il soutient Gallieni, le gouverneur militaire de Paris qui veut défendre coûte que coûte la capitale contre l'avis de Joffre, général en chef des armées qui a l'oreille de Millerand, ministre de la Guerre. Avec l'appui de ses collègues socialistes, Briand réussit à faire arrêter la retraite. Ce fut donc en partie grâce à lui que Gallieni déclencha l'offensive sur la Marne. Le 2 septembre, le gouvernement se repliait à

Bordeaux. Briand était contre, mais pas moyen de faire autrement ; rester à Paris était trop risqué. « Lundi 7 septembre, Conseil : Bataille sévit au-dessus de Paris. Je demande mission pour y aller. Je tiens à y être. — Mardi 8 septembre. Il est décidé que j'irai avec Sembat à Paris. « — Mercredi 9 septembre. Départ à 4 heures pour Paris. Arrêt à Angoulême[1] » et le 12 septembre, Briand est en première ligne sur le champ de bataille, le 15, retour à Bordeaux.

Ses devoirs de ministre, son souci de la patrie en danger ne l'empêchent pas de penser à sa princesse. Il lui écrit toujours régulièrement pour lui clamer son amour. Il évoque son cœur très souffrant bien qu'il demeure à elle toujours tout entier. Les lettres suivantes reflètent encore la même blessure et expriment une soumission totale, un amour immense. Leur correspondance est un double monologue, ils ne peuvent se répondre, le courrier est si incertain qu'il va jusqu'à numéroter ses lettres. Il parle peu de ses tâches et fait à peine quelques allusions à la situation militaire qui le tourmente. Le 23 septembre, il est à Paris et décrit la bataille proche de la capitale. Le prince Roland est installé à Bordeaux où il est arrivé dans l'auto de sa fille et où on lui a donné du service dans un bureau topographique. Briand et lui sont devenus amis, et Briand tient Marie au courant de ce que fait son père, qu'il appelle, lui aussi « le paternel ». Le paternel et lui déjeunent ensemble, Briand trouve que c'est un avatar pour un anarchiste comme le prince de devenir fonctionnaire de la République.

Marie lui envoie un petit libelle où elle exprime son indignation et son dégoût en apprenant le pillage de Louvain par les Allemands et la destruction de la bibliothèque de la grande université catholique. Elle a lu ce texte devant toute la famille assemblée — c'est-à-dire le roi et la reine de Danemark, Valdemar, leurs frères et sœurs, les enfants, les neveux. Tous ont été impressionnés et lui ont conseillé de le publier. Ces pages intitulées *Victimes*, elle demande à Briand de les faire paraître si possible dans *Le Temps*, avec simplement M. B. pour signature. Et elle le prévient qu'il recevra d'autres « gribouillages ».

Dans une lettre du 18 septembre, elle parle d'un monsieur

_____

1. Carnets d'Aristide Briand publiés par Georges Suarez, in *Briand*, III, p. 54.

sérieux qui rentre de Berlin et qui est stupéfait d'apprendre les nouvelles. A Berlin, on annonce « victoire sur victoire même après la bataille de la Marne. Il y a des affiches manuscrites : Donnez-nous la paix et du pain. A bas l'empereur ». Une autre fois, le 25 septembre, elle donne toutes sortes de renseignements sur les armées allemandes. Les lettres de Marie reflètent plus le leurre d'une patriote, la tristesse de l'exil que le désespoir de l'amante séparée.

Pour la première fois, le 3 octobre, elle parle sérieusement de son retour « tout danger semblant écarté pour la Grèce », elle pense regagner Paris avec Georges et les enfants. Le 12 octobre, elle confie : « C'est avec les enfants qu'on fait les hommes et les miens ont, peut-être, plus besoin de moi auprès d'eux que d'autres enfants. Me comprenez-vous, mon ami ? Si vous me compreniez, ce serait un grand bienfait pour mon cœur. » Un autre jour, elle écrit qu'elle partira par n'importe quel moyen de transport dès qu'elle pourra ne pas passer par la mer. « On demandera un passeport en règle à Berlin par notre ministre. Et l'on passera par Hambourg, Brême puis de là en Hollande, jusqu'à Flessingue. (Il suffirait alors que juste la côte belge soit ouverte — et nos soldats vont bien y parvenir !) De Flessingue à Calais, on louerait une auto, les trains sont inaccessibles — et vous vous arrangeriez bien, vous, mon ami chéri, pour me faire donner un sauf-conduit de passage à travers l'arrière des troupes françaises... » Elle rêve toujours en ce qui concerne la situation militaire mais Briand est heureux ! Elle va rentrer.

Le 17 octobre, elle se plaint de Georges. « On fut vraiment avec moi trop dur, trop cruel ! On fut cruel, parce qu'on a l'âme tellement glacée, qu'on ne peut arriver à imaginer même lointainement ce que peut être une âme comme la mienne, vivante. » Après bien des difficultés, autres que celles-là, car la situation évolue dans les Balkans, où la Turquie vient de se ranger aux côtés des puissances centrales et de déclarer la guerre. Le 11 novembre, Marie envoie un télégramme à Briand pour dire que le départ est définitivement fixé au lundi suivant et « nous habiterons d'abord Saint-Cloud ».

Le 13, autre télégramme, de Genève celui-là : « Merci aide voyage et sollicitude partons aujourd'hui. » Enfin, le lendemain : « Bien arrivés, veuillez téléphoner Passy 91 77. »

Marie, Georges et les enfants font donc d'abord halte dans la maison du prince Roland, avenue d'Iéna.

Aussitôt, Briand s'arrange pour rentrer à Paris. Il est prêt à tout faire pour rassurer Marie et veut qu'elle reste en France, sous sa protection. Le 18 novembre, Marie écrit à son père, lui faisant part de ses projets et le prévient que, de retour à Bordeaux, Briand « t'apportera de nos nouvelles... Je l'ai vu. Il dit qu'il n'y a pas de danger à habiter Saint-Cloud. Si les Allemands marchaient sur Paris, il mettrait (Gallieni prévenu) à notre disposition une auto militaire — outre l'auto et le chauffeur non mobilisable que nous avons déjà ». Elle raconte aussi que les enfants habitent au rez-de-chaussée, le salon d'attente. Une semaine plus tard, elle annonce qu'elle s'installe à Saint-Cloud et que Georges part pour quinze jours au Danemark. Dans cette même lettre, elle mentionne « la Grèce est d'ailleurs francophile ». Le 30 novembre, elle écrit qu'elle a vu Gallieni : elle lui a dit « ce que les Grecs envoyaient aux blessés français et il m'a donné la permission — unique — de visiter tous les hôpitaux militaires ». Sa situation à Paris est totalement différente de celle qu'elle avait occupée en Grèce pendant la guerre des Balkans. N'étant plus Française, elle peut donner de l'argent, en rassembler, mais elle ne peut agir de façon directe.

Du Danemark, dès le début des hostilités, elle a envoyé des fonds. D'abord 1 000 ou 2 000 francs pour l'hôpital de Mlle Argiropoulos qui l'avait beaucoup aidée durant la guerre des Balkans, comme elle le rappelle à son père chargé des envois, et deux chèques de 25 000 francs chacun, à Mme Poincaré pour les deux sociétés de Croix-Rouge.

Cette guerre qui a déjà fait tant de morts angoisse Marie. Elle a vite perdu son optimisme du début. Paris a été fortement touché par le conflit dont on savait qu'il allait être long. Les armées allaient demeurer des mois face à face dans la boue des tranchées. Le rythme de la vie civile même s'est ralenti. La rumeur de la ville s'est atténuée. Marie est trop sensible à autrui pour ne pas remarquer la tristesse dans le regard des passants, la lassitude des hommes en uniforme et le nombre des blessés croisés dans la rue.

Briand, comme sa ville, a changé. La patrie menacée pèse sur lui. Il passe beaucoup de temps en réunions dont il n'est pas prêt à discuter avec une femme, même avec la femme qu'il aime. Elle est l'autre part de sa vie, la part du rêve, le luxe. On serait tenté de dire « le repos du guerrier », mais il est impossible de l'imaginer, elle, dans ce rôle. Pourtant celui-ci correspond à l'idée que Briand avait du « beau sexe », bien qu'il ne fût entouré que de femmes supérieures. Supérieures par le talent, l'esprit ou la naissance. La comtesse Anna de Noailles faisait le trajet de Cambo, dans le Pays basque où elle séjournait, jusqu'à Bordeaux pour dîner avec lui ; la princesse Marthe Bibesco, repliée en Roumanie, lui écrivait, ainsi que la princesse Murat qui était alors à Petrograd et Antoinette Bulteau, femme de lettres qui collaborait au *Figaro* sous le pseudonyme de Fœmina, écrivait des romans, et avait un salon célèbre, était devenue une grande amie. De plus, si elle ne l'avait pas suivi à Bordeaux, Berthe Cerny n'en avait pas pour autant disparu de son existence. Mais il semblait certain que Marie seule occupait son cœur. D'ailleurs, elle ne se laissait pas oublier.

Dès son retour, elle semble déterminée à conserver son amour. Ainsi à peine avait-il regagné Bordeaux qu'elle lui écrivit, le 24 novembre, le regret éprouvé en le voyant partir la veille ; et le 26, elle se disait attristée par le souvenir de reproches qu'il lui avait adressés et qu'elle trouvait injustifiés. Son ton était élégiaque. Le 28 novembre, un an après leur rencontre à Courances, il lui avouait qu'elle était la seule femme qu'il avait *aimée* (dans sa lettre, il avait souligné le mot). A présent, elle désirait le croire. Fascinée par le pouvoir qu'il représentait, elle était plus séduite qu'au début. Chaque jour, elle avait hâte de lire son nom dans la presse.

Le 6 décembre, Briand se réinstalla dans le petit appartement de l'avenue Kléber qu'elle ne connaissait pas encore. Il avait devancé de deux jours le gouvernement qui rentrait à Paris. Elle était la raison de sa hâte. Sans rien exiger d'elle, il souhaitait passer le plus de temps possible en sa compagnie. Il aimait lui parler inlassablement de son amour. Il prit vite l'habitude d'aller chez elle et devint facilement l'ami des enfants. « M. Briand était si gentil avec nous », se rappelle encore la princesse Eugénie de Grèce. Et Marie se sentait rassurée dans cette atmosphère à la fois passionnelle et familiale.

Le 27 décembre 1914, elle écrivait à Le Bon, encore à Arcachon, pour le remercier de lui avoir envoyé un pèselettre « avec son petit aigle agressif, symbole de vous ou de moi ? On ne sait ». Elle poursuivait en exprimant son jugement sur ce qu'est cette guerre qui la fait souffrir plus qu'une autre femme dans sa situation ne souffrirait car, comme d'habitude, elle analyse, essaie de comprendre ce qui se passe, aussi bien chez les Allemands que chez les Alliés : « L'ambiance de 1914 fait peser un malaise sur mon âme. » Elle est d'accord pour admirer l'héroïsme partout où il éclate, « mais la non-valeur du moment, c'est la prétendue intelligence des gens soi-disant intelligents — jamais on n'entendit tant parler déraison par des gens croyant parler raison. Cela est effrayant et donne envie de se terrer chez soi.

« Ce ne sont pas les gens les plus intelligents d'ordinaire qui ont gardé le plus d'intelligence des choses de l'heure. L'objectivité est un rapport — celui de la faculté de compréhension à la puissance de passion. Si celle-ci est un peu plus modérée il peut rester un petit coin de compréhension libre, même dans un cerveau moyen — c'est intéressant à observer... Et pour finir, ne médisons pas des fanatismes différents, suivant la rive où l'on est né — on déposerait les armes et l'on se laisserait manger par celui qui aurait l'esprit de rester seul fanatique alors que personne ne le serait plus.

« Le vent de mysticisme qui souffle sur l'Allemagne l'aide à tenir tête à l'Europe — et notre mysticisme à nous, nous fait garder nos tranchées à défaut de prendre celles des autres. Car qui resterait les pieds dans la boue glacée, s'il n'était que rationnel ? » Il n'y a qu'avec le docteur qu'elle se laisse aller à ces considérations générales, qu'Aristide Briand n'écouterait pas plus que Georges.

On commençait à murmurer que le roi Constantin serait favorable aux puissances centrales, à cause de son épouse, la reine Sophie, sœur de Guillaume II. Tandis que le chef du gouvernement serait partisan de l'Entente. Marie, qui avait eu affaire à Venizelos, lui faisait confiance. Mais elle ne parlait à personne de ce qui pourrait se passer dans les Balkans, sûre d'avance de ne pas être écoutée sur ce sujet non plus. Tandis que Georges s'en préoccupait sans cesse. Il était à l'affût de toutes les rumeurs qui circulaient à Paris, et il avait beaucoup à dire.

Briand, curieux de nature, était prêt à entendre le point de vue du prince Georges qui corrigeait, à ses yeux, la slavophilie éperdue du ministre des Affaires étrangères, Delcassé dont il se méfiait. Il souhaitait ménager une entrevue entre le prince et le président de la République afin que Poincaré apprenne ce qu'était, d'après Georges, la position grecque. Le prince prétendait que ce que voulaient les Grecs c'était d'une part être présents aux côtés des Alliés quand ceux-ci entreraient à Constantinople et, d'autre part, la protection des Alliés contre une attaque bulgare. La Turquie était devenue l'alliée des pouvoirs de l'Europe centrale, on s'en souvient, et la guerre des tranchées n'était pas près de finir. Briand était convaincu qu'aucune bataille décisive n'aurait lieu sur le front occidental. Il souhaitait l'ouverture d'un second front pour défendre la Serbie et « venir à bout de ces deux trônes vermoulus : la Turquie et l'Autriche », disait-il à son chef de cabinet, Raymond Escholier[1].

Briand a été accusé d'être l'instigateur de la débâcle de l'expédition de Salonique contre les Turcs. Le prince Georges ne rencontra Poincaré que fort tard, à peu près à l'époque des Dardanelles et, d'après Suarez, Lloyd George aurait d'abord partagé le point de vue de Briand. Pourtant, dans ses *Mémoires,* il attribue la paternité de l'idée de l'expédition de Salonique à Gallieni qui, dès février 1915, aurait proposé l'envoi de troupes dans la capitale de la Macédoine.

A cette époque, dans le journal et les carnets de Marie, on ne trouve plus de passage se rapportant à la guerre ou à la situation politique. La jeune femme est entièrement occupée de sa relation avec Briand dont le caractère névrotique apparaît plus clairement à mesure qu'elle s'attache davantage. Marie voit beaucoup le célèbre homme d'État et depuis février 1915, elle va chez lui et a suffisamment « confiance » en lui pour ne pas redouter qu'il ne la prenne. Ils s'allongent sur le lit et elle se laisse embrasser tout habillée. Elle possède à Saint-Cloud un amandier (ailleurs elle dit un noisetier, c'est plus probable) et elle a décidé de se donner au moment où l'arbre serait en fleur. Le 7 avril 1915, elle note, toujours dans son journal : « Je n'aime pas qu'ils nous regardent, les yeux des passants ! Ils sont malveillants et laids, ils sont comme une souillure. » Pour éviter les rencontres importunes, quand les jonquilles fleurissent, ils s'évadent ensemble jusqu'à Compiègne, une journée. Elle ne peut s'éloigner davantage. Elle a de nombreux devoirs qu'elle ne songe pas à éluder.

Au mois de mai, Mimau et sa nièce, Marie Bernardini, font

1. Georges Suarez, *Briand,* III, p. 87.

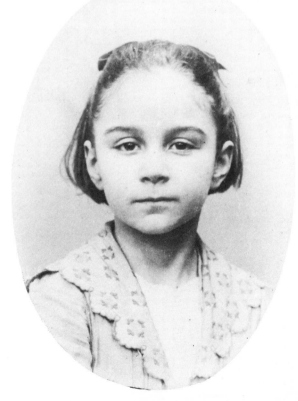

Marie à sept ans.

En haut, les parents de Marie : le prince Roland Bonaparte
et la princesse, née Marie-Félix Blanc.

Marie et ses poupées.

Marie avec ses institutrices
et les enfants
du bibliothécaire du prince.

La princesse Pierre, le prince Roland et Marie dans le « salon bleu », avenue d'Iéna.

Marie à vingt-trois ans.

Marie et son père durant
« la révolte » qui devait
la marquer si durement.

Marie dans le jardin
de la villa Giramonte à Cimiez.

Le prince Georges de Grèce
et son oncle Valdemar,
prince de Danemark.

Mariage à Athènes de Marie et du prince Georges de Grèce, le 12 décembre 1907.

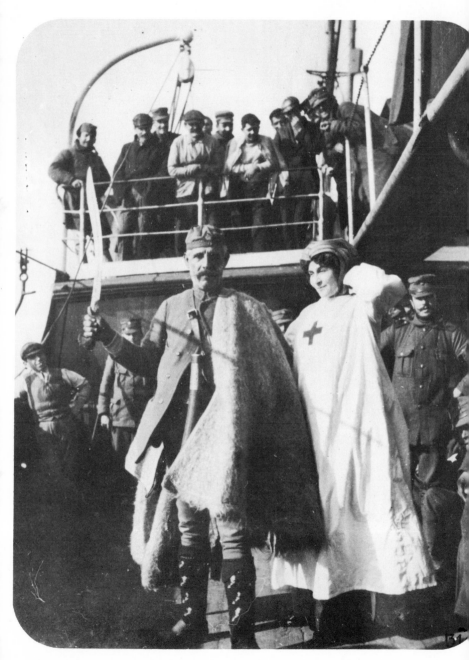

Marie sur son bateau-hôpital, l'*Albania,* pendant la guerre des Balkans.

Marie à la cour de son beau-père, le roi Georges Iᵉʳ des Hellènes.

Marie, le prince Georges de Grèce et leurs deux enfants.

Marie et son fils Pierre en costume crétois, en 1912.

Aristide Briand à l'époque
où Marie l'a rencontré.

Roland Bonaparte faisant un exposé devant Camille Flammarion
à l'observatoire de Juvisy.

Marie
et sa fille Eugénie,
princesse de Grèce.

En 1936, 80ᵉ anniversaire de Freud célébré à la Sorbonne.
De gauche à droite : M. le Professeur Henri Claude, Marie, le docteur Pichon,
le docteur Allendy, président de la Société psychanalytique de France.
(Photo Keystone)

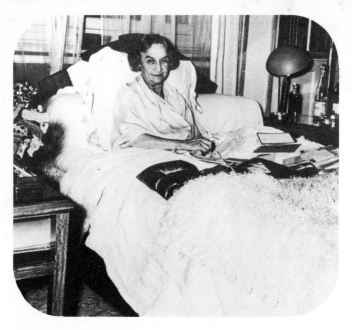

Marie dans sa ruelle.

Marie prenant une photographi

Marie Bonaparte.

Freud à Londres en 1938.

Marie photographiant le prince Georges en Crète en 1954.

Marie et le prince Georges de Grèce, en 1954, à Venise.

Marie à Saint-Cloud, en 1961, une année avant sa mort.

leur séjour rituel à Saint-Cloud et dès le 8 mai, Marie écrit :
« Il va falloir que je parte, parce que mon mari doit
partir... » Or elle a moins que jamais envie de suivre Georges
en Grèce. Elle veut rester près de Briand. Elle est prête à se
donner à lui pour le garder. Briand est « fou d'amour » mais
demeure lucide ; il était si conscient et préoccupé de sa
névrose qu'il paraissait la partager, refusant d'avance le
« don d'elle-même » que lui proposait la femme qu'il chérissait tant. Dans l'une de ses lettres passionnées, il lui parle de
son bonheur. Qu'elle se soit offerte suffit à la faire sienne.
Leur amour est trop vaste pour tenir entre quatre murs et les
deux draps d'un lit. Il était aussi lyrique qu'elle pouvait
l'être et leur passion avait besoin de l'immensité de la terre
fleurie et de l'infini changeant de l'univers. Mais en même
temps, il exprimait avec clarté son point de vue, lui
rappelant ses devoirs envers son époux. En fait, il paraît
craindre qu'elle ne soit prête à abandonner son mariage,
prétendant qu'il mourrait si elle le faisait. Il préfère la
respecter à jamais. Ce langage reflétant l'humeur de son
idole était seulement celui d'une phase de sa forte passion,
mais Marie exultait.

C'était cet amour-là qu'elle souhaitait. Elle voulait rester
à Saint-Cloud oublier la guerre avec lui, ne pas le quitter. Le
2 juin, elle notait : « ... Il prenait mes mains et le soir
tombait, et la maison autour du salon clos où nous étions
tous deux, la maison était pleine de rumeurs, des enfants
déjà couchés qui babillent avant de s'endormir, des servantes qui préparent les lits pour le sommeil et des pas de mon
mari, allant dans le couloir.

« Mon mari passe dans le couloir, son pas résonne à mon
oreille, son pas résonne dans mon cœur. Et mon aimé me
dit : " J'ai des remords, voici un an je n'en avais pas. Alors je
ne connaissais pas ton mari, il m'apparaissait comme un
peu simple et brutal, il me semblait que je vengeais la vie, ta
vie qu'il opprimait et heurtait, en me faisant aimer de toi.
Maintenant je connais ton mari, il est simple, il a confiance
en toi, en moi, il t'aime à sa manière, il t'admire même à
certains jours. J'ai des remords à abuser de la sympathie que
maintenant il me témoigne, j'ai le sentiment de jouer envers
lui un rôle bas, peu digne.

— Mon mari est pour moi un frère.

— Un frère qui est le père de tes enfants. "... »

Briand répète qu'il serait capable de n'être que l'ami sûr

et fidèle. Elle refuse, elle tient à ses baisers, à ce mode de relation périlleux, inconfortable pour l'homme amoureux. Mais il accède à tous ses désirs. Entre eux, elle mène le jeu ; du moins il le lui laisse croire.

Mais encore une fois un changement va se produire :

Le 8 juin, elle dut partir pour Athènes avec Georges. Le roi Constantin avait été gravement malade. Il avait un abcès au poumon et l'on espérait qu'il était à présent assez bien pour les recevoir.

L'Italie s'était rangée du côté de l'Entente et venait de déclarer la guerre à l'Autriche. En route, Marie et Georges firent étape à Naples. Elle va voir le Vésuve de près. « Lauriers blancs, lauriers roses, géraniums tout roses aussi. Voilà ce que je vois de ma fenêtre. Il y a un bateau français, un croiseur dans la rade. J'ignore son nom mais ça fait plaisir de voir son drapeau », écrit-elle à Briand le 12 juin. Georges et elle vont s'embarquer à Bari pour Athènes où ils arriveront le 15 juin. Ils y resteront un mois. Elle recevra de nombreux télégrammes, Briand s'étant chargé de lui donner ainsi, chaque jour, des nouvelles des enfants qui sont au château de Bonnétable, dans la Sarthe, chez la duchesse de Doudeauville, la cousine Lise de Marie. C'est un moyen de rester en contact, car durant ce séjour, il ne lui écrira pas, redoutant que ses lettres ne soient interceptées. Marie, elle, envoie de fréquents messages. Dès le 16 juin, elle écrit qu'elle est accablée par la chaleur. « Tout ici reste impasse, étouffement. Étouffement de la poitrine et aussi de l'esprit. » Le lendemain, elle écrit : « Les Grecs croient à la victoire des Germains, donc ils n'ont pas envie de sortir de leur neutralité. » Le 23, elle dénonce le progermanisme du gouvernement et souhaite le retour de Venizelos « qui du moins est plus intelligent qu'eux ». Elle dit aussi qu' « Elle » ou « une certaine dame », c'est ainsi qu'elle désigne la reine, est moins germanophile que « le reste ». Et elle trouve « sa psychologie assez intéressante ». Une semaine plus tard, elle envoie un télégramme : « Roi mieux, convalescence progresse. » Le 8 juillet, ils ont vu le malade, l'avant-veille, et elle écrit qu'il en a été si heureux qu'il les réclame sans arrêt, matin et soir. Mais « Je veux revenir, revenir, j'en suis malade ! »

« Temps de plus en plus tropical. La nuit seule est supportable, je ne sors qu'alors ou bien à sept heures du soir pour me baigner. La nuit je vais en automobile. Les étoiles

sont de toutes les couleurs, tant le ciel est clair. » Elle
repartira le 14 juillet et arrivera enfin le 20 à Paris. Georges
ira au Danemark, comme tous les étés.

En l'absence de Georges, Marie et Briand ne résistent pas
au bonheur de passer plus de temps ensemble. Ils vont
même jusqu'à commettre des « imprudences », comme elle
le note le 28 août 1915 dans son journal : « Ainsi notre grand
amour est traîné dans les rues de Paris. Nous n'avons pas été
prudents, peut-être était-ce inévitable. » Elle en souffre plus
que lui, pense-t-elle. Mais quand, le 4 septembre, Georges
doit revenir du Danemark, Briand se dit jaloux des droits du
mari. Dix jours plus tard, elle écrit : « Notre amour fait
scandale en ville, je l'apprends de tous côtés. » Et le soir du
même jour : « Mon mari s'est demandé quelle est notre
intimité. Il l'a dit à un ami qui me le redit. Mon mari lui
parle hier soir : " Que penses-tu de l'intimité de (Briand)
avec nous ? Pourquoi vient-il dans notre maison si souvent ?
Quel plaisir y trouve-t-il ? " Et l'ami de répondre : " Le
plaisir de causer, de venir dans une maison accueillante,
animée, (Briand) vivant tristement seul. " Mais mon mari
tout le soir reste mélancolique. Je le regarde, j'ai peur. » Elle
note aussi qu'elle ne peut voir Aristide Briand que chez elle
car sa maison la protège à cause de ses enfants, à cause de
tout ce qui est autour d'elle. Ce terme « protéger » implique
qu'elle redoute encore l'amour de Briand comme un danger.
Pourtant, en septembre, elle se découvre le droit de l'aimer à
son tour, en pensant à son passé et à sa triste solitude avec
Georges. Mais aura-t-elle le courage d'aller jusqu'au bout ?
Elle est toujours habitée par des pulsions contraires dont
elle n'a pas conscience et qu'elle ne peut contrôler.

Le 29 octobre, Briand est de nouveau nommé président du
Conseil et il garde pour lui, comme dans ses précédents
ministères, le portefeuille des Affaires étrangères. Il est donc
fort occupé. Le débarquement allié à Salonique a eu lieu
trois semaines plus tôt, sous le commandement du général
Sarrail ; et aussi la déclaration de guerre de la Russie à la
Bulgarie qui a lancé l'attaque de la Serbie. Plus que jamais,
Georges se sent prêt à jouer les conciliateurs, mais il n'y a
pas place pour lui. Marie, elle, préfère demeurer à l'écart.
Elle agit en solitaire, à sa manière. Sans donner d'explication, elle note dans son agenda : « 11 novembre : Installation de mon hôpital à Salonique. » Un hôpital qu'elle a

offert pour les soldats du corps expéditionnaire. C'est sa façon de prendre position et de participer à la guerre aux côtés des Alliés, malgré la neutralité malveillante dans laquelle se maintient la Grèce.

La nouvelle accession de Briand au pouvoir ne facilite pas leurs rencontres. Marie doit de nouveau se rendre avenue Kléber et le 10 novembre, il neige, elle regarde avec mélancolie la neige tomber sur les arbres de l'avenue. La présence de cette princesse dans ce modeste appartement de célibataire a quelque chose de saugrenu qui lui échappe, car malgré son apparence majestueuse, elle est plus accordée à ce décor qu'à ceux où elle a l'habitude de vivre. Dans la nuit du 11 au 12, elle écrit : « Si je n'avais pas cédé — voici demain huit ans — aux préjugés des autres père, tante, amis et parents, en me mariant, le jour où je t'ai rencontré, j'aurais eu le corps plus svelte et plus droit, j'aurais été vierge. » Curieux fantasme car plus encore que Georges, Briand est une image paternelle. Mais peu à peu, elle s'habitue à l'idée d'avoir avec lui une relation amoureuse complète. Le 16 janvier 1916, elle annonce : « J'ai pris la décision de m'abandonner en tes bras. » Le 24 janvier, il la force à se dévêtir. Oubliant ses promesses, elle lui en veut. Pourtant il ne l'a pas encore pénétrée, « seulement tenue nue entre ses bras nus. Plus forte que toute pitié est mon ressentiment à plusieurs faces. Tu souffres de me voir glacée et cela me fait plaisir. J'ai au cœur, contre toi, comme un désir de vengeance... Nous pleurons, j'aime que tu pleures, et j'aime pleurer, et j'aime surtout m'en aller. »

Peu de femmes, même aujourd'hui seraient capables d'admettre ce qu'elle reconnaît là. Mais c'était à elle-même qu'elle s'adressait avec cette honnêteté qui n'était pas courante à une époque où l'image de la soumission traditionnelle hantait encore toutes les femmes. Il faut se dire aussi que l'amoureux de Marie ne saurait jamais rien de cette analyse lucide. D'ailleurs, le puissant homme d'État ne pouvait suspecter que la princesse qu'il se plaisait tant à idéaliser voulait qu'il pleurât, ou que, par-dessus tout elle aimait le quitter. Il était simple, ainsi qu'il l'avait dit de Georges. Il devait croire qu'il était sur le point de triompher et en être heureux. Dans la mesure où ses tâches ministérielles lui laissaient le temps de se réjouir. La période était rude ! L'expédition de Salonique était discutée à la fois par

les civils et par l'armée et la bataille de Verdun était sur le
point d'être livrée.

Ce fut probablement à ce moment-là qu'arriva l'incident
que Marie a noté ailleurs, à la suite de ce qu'elle écrit de
Briand dans *Les hommes que j'ai aimés* : « Il s'assoupit
auprès de moi, je lui avais presque cédé. Je contai ma
détresse au Docteur (Le Bon) qui me dit qu'il fallait de
nouveau me faire désirer. » Le mot « détresse » donne la
mesure de son état. Si une femme de sa trempe emploie un
mot si fort, au lieu d'évoquer Stendhal et de prendre avec
bonne humeur une défaillance passagère chez un homme de
cet âge à la fois très occupé et très amoureux, c'est qu'elle a,
à l'égard de l'amant qu'elle a pris si longtemps plaisir à
frustrer, une attitude égoïste et narcissique. Mais il y a
également d'autres motifs qui paraissent plus raisonnables
à l'angoisse de Marie. Ainsi, le 3 février, elle écrit : « *Le
fracas autour de nos noms.* Un ami est venu dire " Ne serait-
il pas plus probe de quitter votre mari que d'en faire le jouet
des médisances publiques ? " On fait grand bruit autour de
nos trois noms. » C'est le fait de s'être tant compromise qui
la force. Finalement elle cède mais à travers les larmes des
deux.

Un mois plus tard, ils font ensemble une action qui lui
déplaît car « elle évoque ma vie coupée en deux ». « Nous
avons planté dans mon jardin deux peupliers élancés, en
souvenir de la grande bataille que la France vient de gagner.
Et dans les racines de l'un d'eux, dans un flacon scellé nos
portraits et nos cartes imprimées. Il y a le tien, il y a le mien
et celui de mon mari et de mes enfants. » Sans doute l'idée
venait de Briand, elle montre à quel point il se sentait lié à
cette femme. Le 27 avril 1916, il lui parla de sa solitude,
intolérable selon lui. Elle compara cette vie isolée dans
l'appartement de l'avenue Kléber ou à Cocherel à sa « solitude peuplée » qui la rendait très malheureuse ; elle aussi.
Ils connaissaient les difficultés habituelles des amants séparés par la société. Et ils en souffraient, comme les autres.
D'autre part ils partageaient des joies dont le secret avivait
l'intensité. Contempler des pommiers en fleur était un
bonheur pour eux, d'autant plus grand qu'il était rare qu'ils
se trouvent ensemble dans un champ de pommiers. Le
3 mai, ils partirent en « voyage le long du fleuve ». Ils
allèrent jusqu'au Mont-Saint-Michel, Georges les accompagnait ainsi que quelques amis. Ils dormirent tous à l'hôtel.

Un soir, au bord de la mer, elle repoussa l'aimé, de peur que son mari ne les surprenne dans sa chambre. Ses craintes ne sont pas sans fondement. Georges était jaloux et, le 15 mai, « il fait une scène : " Tu n'as pas besoin d'aller toujours avec lui, comme s'il était je ne sais quoi. " Plusieurs fois déjà il a déprécié devant moi ton aspect, ton allure, la fantaisie de ton esprit. Ce n'est pas qu'il soit jaloux de ma chair, de mon cœur. L'amour de la femme lui est étranger. Anormal et chaste, il passe à travers la vie, privé et de l'instinct de l'amour et de celui de la beauté. »

Les rapports avec Georges sont compliqués par sa liaison avec ce personnage de tout premier plan. Marie a mauvaise conscience et est prête à l'attaque pour se défendre. Mais bientôt, Georges part en voyage vers le nord. Sa jalousie est oubliée alors qu'elle supporte de plus en plus mal cette existence partagée. « Ma maison, geôle de ma vie. Les maisons renferment en leurs murs prisons les âmes antagonistes des maîtres, des serviteurs, des femmes, des maris. Et il faut faire semblant d'être attaché aux maisons. » Elle accuse n'importe quoi du chagrin que lui cause la situation. Le 12 juin, elle est malade et reste couchée. « 13 juin. Il paraît que l'on a répandu que l'on m'a rencontrée avec mon mari, mes enfants et mon ami. »

Elle va faire une visite à Compiègne où son amie Geneviève assurait la liaison avec une organisation anglaise *Women's Emergency Canteens for Soldiers* et où Jean Troisier, le mari de Geneviève, était mobilisé comme médecin. Marie envie à ce couple une union qui lui semble paisible tandis que dans sa vie il y a chaque jour un nouveau problème : « 1er juillet, Georges est de retour. Il crie que la France est sale parce qu'elle humilie son pays. Un vertige de douleur fait vaciller mes yeux. Car la France, c'est mon pays et c'est toi... C'est l'air hors duquel je meurs. » Une autre fois, elle oublie son sac dans la garçonnière où à présent elle retrouve Briand. Elle est affolée parce que la gardienne qui leur fait le ménage va découvrir ainsi son nom que déjà la rumeur publique associe à celui de son amant.

Elle note que, le 25 septembre, Venizelos fondait le gouvernement de la Grèce du Nord, à Salonique et que le 1er décembre il y eut des marins français tués à Athènes. Ces marins venaient récupérer par la force du matériel de guerre promis par le roi Constantin deux mois plus tôt. A la suite de cette bataille provoquée par des réservistes licenciés, la

flotte française bombarda Athènes. Après ce « guet-apens »,
Briand proposa aux gouvernements alliés la déposition du
roi et la reconnaissance de Venizelos. Suarez signale dans
une note[1] que « dans la presse et les milieux politiques
français on soupçonna Briand de chercher à favoriser par la
déposition de Constantin, l'accession au trône du prince
Georges de Grèce ».

La reine éventuelle mais très improbable voit les choses
autrement. Elle écrit le 11 décembre 1916 : « Le frère de
Georges, Constantin, se dresse contre la France. C'est un
crime pour toi de m'aimer, et pour moi, une bravade, dit la
foule, de rester près de toi. » Elle sent l'hostilité des autres.
« Ils ne sont pas dix qui oseraient venir me voir à Saint-
Cloud », note-t-elle le lendemain... Le temps est venu pour
elle de s'exprimer. Elle va, comme d'habitude se confier à
son journal[2], à ses cahiers où elle se répète souvent,
s'adressant à l'homme qu'elle aime mais qu'elle voit clairement et qu'elle accepte tel qu'il est. Le 14 décembre 1916,
elle écrit : « Tu ne sentais pas, tu ne sentiras sans doute
jamais, ce que je voyais la grande tare de ton esprit,
l'Illusionnisme néfaste qui fait croire, aux pires moments
que ce qu'on espère, désire, est ou va arriver.

« Ainsi tu as lancé, là-bas, vers l'Orient, parce que pris de
pitié, de générosité pour un petit peuple égorgé, une armée
française, malgré tous mes cris, qui pressentaient que nous
n'aurions pas assez de canons pour l'armer, d'hommes pour
la renforcer.

« Ainsi, tu laissais à leur place les généraux, les amiraux,
les diplomates, des hommes, tes subordonnés que l'évidence
à mes yeux marquait incapables. Mais rendu timide par trop
de tact et ton espoir, flattant ton indolence, que le temps
toujours tout arrange, tu les épargnais.

« Tu n'as touché à ces hommes que lorsque, trop tard,
après les malheurs créés par ta nonchalance, la foule en
grondant t'y a obligé.

« Vouloir attenter à ton Illusion, c'était, même moi, ton
aimée, faire acte d'ennemi, troubler ta placidité enchantée,
ton calme.

« Et croyant que chaque jour de bonheur est un jour

---

1. Georges Suarez, *Briand*, IV, p. 41.
2. *Journal I, Le bonheur d'être aimée.* Toutes les citations qui suivent sont
extraites de ce manuscrit.

gagné, tu attendais, dans ton rêve, l'instant jamais par toi pressenti, où la Réalité, dont moi je voyais approcher le visage, viendrait te prendre au collet.

« Tu n'as pas compris la raison de mes cris.

« L'horreur d'être dupe domine ma vie. Je ne t'aurais pas voulu dupe. »

Le même soir, elle continue : « Mon esprit est ton égal, il est même, de par son réalisme, parfois meilleur. »

« 20 décembre, la foule voudrait que l'on chasse « cette femme mauvais génie ». Le mari n'a pas compris l'hostilité de la foule et désire rester. On dit qu'il est complaisant par trahison politique, pour faire servir à son pays lointain, contre le tien, ta passion pour sa femme.

« On dit que toi tu es ma proie aveugle et l'on parle de moi néfaste à mon pays natal. »

Il y a tout ce qu'elle appelle « ces images défigurées » qui se créent et la font souffrir. Le lendemain, 21 décembre : « Mon nom de pays ennemi à côté du tien salit ton nom de chef d'État qui devrait rayonner... Et la foule injuste a raison quand elle m'accuse de tes erreurs. » La douleur que cette situation crée en elle, loin de l'aveugler, lui permet de trouver la véritable interprétation de ce qui se passe dans l'esprit des Français. Elle a dépassé l'amour-propre. Elle a rejoint le camp de ceux qu'elle accusait autrefois de ne pas comprendre leur passion. Elle est bien au-delà...

Briand ne se doutait pas qu'elle possédait ce pouvoir d'analyser et de critiquer. « Ton malheur c'est de parler trop bien... Poète amoureux et fermier, telle aurait dû être ta vie, pour vivre — ce qui est le bonheur — suivant ton plus profond rythme intérieur. » C'est ainsi qu'elle le juge.

Les relations entre les amants deviennent difficiles. Le 14 janvier 1917, elle note qu'ils ne peuvent plus sortir librement ensemble et qu'ils se font des reproches l'un à l'autre. Quelques jours plus tard : « J'ai mal à mon nom, le leur (celui de mes enfants) quand je le vois traîner dans les rues de Paris. »

Le 25 février, elle part pour Nice, avec Georges et les enfants, car Mimau a déménagé dans cette ville. Pendant son séjour à l'Hôtel Rhul, elle écrit plusieurs lettres adressées à la présidence du Conseil, quai d'Orsay : lundi matin (sans date) elle raconte qu'elle fera un petit tour avec les enfants, dès que le préfet sera venu les voir. Georges va explorer la ville à la recherche de tableaux anciens. Arrivée la veille, elle s'apprête à passer tout l'après-midi avec Mimau, « faible, blême, maigrie ». « Dans la petite chambre où elle végète, quelque chose de fini dormait : la vieillesse, la vie passée — et dehors le bruit, la ville bruyante criait, passait, chantait et c'était un contraste déchirant entre soi et sa propre vie qui s'en va sans revenir, et le monde autour qui crie, inharmonieux et vivant, toujours le même tous les ans, défilant au soleil... Le médecin dit que Mimau ne passera pas un autre hiver. »

Marie rentre et les tourments reprennent. Le 14 mars, Briand démissionne. Des événements graves qui se déroulaient ailleurs avaient poussé sa chute. Le 10 mars débuta la révolution à Moscou et le 15, Nicolas II abdiqua. Le 25 mars, Marie intercepta une lettre anonyme adressée à son mari mais n'y en aura-t-il pas d'autres ? Son amant et elle devront-ils moins se voir alors que les beaux jours reviennent et qu'il va disposer de plus de temps ?

Mais sa liaison n'était pas son seul sujet de préoccupation. Elle continuait de vouloir réaliser au mieux ses possibilités et elle se préoccupait toujours beaucoup de ses enfants quoi qu'il arrive dans sa vie privée. Le fait que leur père insistait pour leur donner une instruction religieuse stricte la bouleversait. « 12 avril, première confession de mes enfants. Un prêtre en robe noire est venu et les enfants tremblaient, pleuraient de crainte. Une idée de leur père parce que le lendemain ils communient. Et moi, la mère, je suis exilée. Georges fait le guet dans l'escalier pour que je n'approche pas. »

C'est un aspect de sa vie conjugale qu'elle n'a pas révélé jusque-là et qui l'affecte profondément, étant tellement contraire à son éthique. Elle a conservé dans ses papiers beaucoup de documents se rapportant à ses enfants : des lettres envoyées par les nurses quand ils étaient loin d'elle, leurs cartes postales, tout ce qui compose les albums habituels des parents. Mais de plus, elle a écrit entre 1916 et 1919 une soixantaine de pages intitulées *Le livre de l'enfant et des bêtes* « au souvenir de mon fils enfant » qui sont des notations de la vie quotidienne pendant l'enfance de son fils et de sa fille. Elle évoque les fleurs, les jardins, leurs jouets : « le chien sabot » que Pierre traînait derrière lui et attachait le soir à son lit. « Le petit fiancé » est l'histoire du petit garçon qui veut se fiancer à sa sœur bébé. « L'illusion de l'innocence qui croit qu'aujourd'hui sera toujours. » Dans chacun des récits, la même mélancolie, la même pitié tendre se retrouvent. La mort et la cruauté sont aussi présentes dans ces pages ainsi que l'amour. En particulier l'amour pour son fils. Elle commence tôt à mêler ses enfants à sa vie personnelle. En mai 1917, la famille va passer une journée à Cocherel. Après le déjeuner, le mari dort, les enfants jouent dans le jardin. Elle s'est éloignée avec Briand et soudain elle est saisie par l'angoisse : Les enfants risquent de se noyer « et je ne peux rester assise près de mon amour. Je cours les retrouver. Alors je regrette, avec la même acuité que tout à l'heure de l'avoir quitté ». C'est une attitude symptomatique de sa névrose obsessionnelle.

Le 12 juin 1917, Constantin doit s'expatrier et céder le trône à son second fils Alexandre. Le lendemain, Georges rage contre la France, devant Briand et Marie qui devrait s'en aller avec lui s'il quitte le pays.

C'est évidemment la France et les Alliés qui ont soutenu Venizelos et ont permis à celui-ci de rentrer à Athènes pour y prendre le pouvoir. Briand comprend la colère de Georges. Tout ce qu'il voulait c'était ne pas être séparé de Marie. Il croyait la calmer en l'assurant qu'il était prêt à la suivre. Mais elle ne se faisait pas d'illusion et, dans ce journal qu'il ne lirait jamais, elle écrivit : « L'amour que j'ai pour toi... c'est plutôt celui d'une enfant qui a besoin d'un confident, d'un appui, c'est l'amour d'une femme-enfant grandie. »

La première émotion passée, Georges partit seul, comme il en avait l'habitude. Mais avant de se rendre à Bernstorff auprès de Valdemar, il alla trois jours en Suisse, à Saint-Moritz où s'était réfugié son frère. Il passerait par là également au retour. « La pitié est ma chaîne suprême, plus forte que mon amour », écrit Marie en le voyant partir.

Pendant cet été 1917, Marie et Briand furent souvent ensemble et ils paraissaient avoir atteint une certaine forme d'intimité plus réelle que les effusions lyriques qui avaient duré tant de mois. Le 6 juillet, une femme était venue habiter dans la maison de Marie, une femme malheureuse dont l'amant avait été tué. Elle l'avait aimé huit ans. Mais bien qu'elle soit grandie par son amour et son chagrin, ils la sentaient différente d'eux. « Tu m'as dit qu'il fallait avoir la fierté et l'exaltation de soi et conscience d'être plus grand et plus haut lorsqu'on l'est. » Ils se sentent ainsi « plus grands, plus hauts » lorsqu'ils se comparent à cette femme qui reste frivole. Ary, comme Marie l'appelle, lui présente son ami le commandant d'aviation Jules de Lareinty-Tholozan, qui l'invite à visiter son château, Pont-Piétin. Moins d'un an plus tard, elle décide d'acheter le château historique des Lareinty, à Blain, habitant Pont-Piétin jusqu'à ce que le vieux château soit suffisamment restauré. Aristide Briand réalisait un rêve de son enfance. Le château et les terres qu'il aimait quand il était petit garçon, avec un sentiment obscur de leur appartenir, c'est, grâce à lui, sa princesse bien-aimée qui les possède.

Il leur arrive aussi de se quereller. Ainsi, un jour alors qu'ils se promènent en forêt, il lui fait une scène parce qu'elle a accepté d'être marraine du bébé de son amie Geneviève. Il est sans doute jaloux, elle a choisi Édouard Herriot pour parrain. Deux semaines plus tard, elle lui reconnaît le talent de très bien s'occuper des enfants : « Tu sais leur faire préparer la crème et le pain bis des fermes et leur dire les mots qui font rire et s'ouvrir à la vie leur jeune esprit épris de nouveauté et d'univers. »

Le 11 septembre 1917, Georges est de retour. Il passe ses journées dans son bureau dont tous les murs sont encombrés de tableaux. « Le matin, il lit la Bible et le journal, puis le long de la journée il griffonne, en fumant, ses indignations contre l'injustice de l'univers qui prouve la malhonnêteté triomphante et laisse dans l'ombre la capacité alliée à l'honnêteté, tel lui... Après dîner, il allume tous les lustres, nous fait part de ses révoltes et si je bâille, il s'indigne. Je dois partager son indignation. » Le 24 septembre « les raisins de la treille achèvent de mûrir au soleil. Georges me pince la jambe devant A. B. alors que je suis grimpée sur une échelle dans le jardin, mais depuis cinq ou six ans il est délivré de la corvée de s'occuper d'une femme ».

En dépit de la terrible guerre qui continue et les affecte, la vie a pris un rythme régulier entre ces trois êtres qui se supportent grâce à la bonne éducation des uns, l'amour et la gentillesse de l'autre. Pourtant, Marie souffre du « vide affreux des dimanches soirs. Tu es à nouveau parti trop tôt... » Elle joue du piano dans la solitude. Du Schumann « qui parle à son cœur » (30 décembre 1917).

Les événements de Grèce ont eu toutes sortes de retentissements auxquels ils doivent faire face. Ainsi Lembessis, l'aide de camp, n'a pas pu rentrer en France en même temps que Georges car il a tenu des propos imprudents faisant des vœux pour la défaite des Alliés à cause de son roi déposé et humilié. Briand s'efforcera d'obtenir son retour, comme Georges le souhaite.

C'est seulement alors que Marie apprend les rumeurs qui couraient à Paris au moment de la déposition de Constantin, l'année précédente. « Il paraît que j'aurais pu devenir reine et des gens ont cru que cela me tentait, écrit-elle le 5 novembre 1917. C'est aux pauvres qu'il faut laisser les couronnes, aux pauvres du cœur et de la pensée... Je suis plus reine du monde, par mon regard et ma pensée que par toutes les couronnes, extérieures à moi, que j'aurais pu porter. » Cette confession lui ressemble. Et Georges ne fut jamais intéressé par son titre à la succession au trône. Il avait perdu depuis longtemps le goût du pouvoir. Marie ne l'avait jamais connu autrement que désabusé. Seul son père eût été parfaitement satisfait et cela l'aurait consolé de l'énorme perte d'argent qu'il subit à la suite de la chute du tsarisme et de l'effondrement de l'emprunt russe. Marie note qu'il perdit alors la moitié de sa fortune.

Au début de 1918 l'agitation est grande sur la scène politique. Bien que le haut commandement ait été enfin confié à un seul homme, le général Foch, toutes sortes de rivalités persistent. Et il y a aussi des contacts nombreux afin de rechercher la paix. Clemenceau, le président du Conseil, est un vieil adversaire que Briand observe sans mansuétude, mais, généralement, de loin. Le 10 mars 1918, Marie écrit : « La veille, des avions ennemis ont bombardé Paris et A. B. annonce qu'il part à la campagne pour choisir un fermier. Partira-t-il vraiment alors que l'année précédente il blâmait mon mari qui ne rentrait pas de l'étranger sachant Paris bombardé ?... Tu me sacrifies à ta ferme et des étables pleines de vaches chaudes et graves et les poules picorent dans la cour. »

Elle alla avec les enfants voir Mimau à Nice. Briand lui écrivait de Cocherel où il vivait loin du monde parlementaire et où dans son village comme il disait, tout juste quelques lueurs de verdure frissonnaient à la pointe des bourgeons. A Paris, le jour c'était le canon ; la nuit, les gothas. Malgré son désir de la revoir, il lui conseillait de rester éloignée à cause des enfants. Les Allemands étaient de nouveau à Noyon, d'où ils avaient été chassés juste un an plus tôt. Ils faisaient un effort désespéré pour rompre les lignes anglaises, menacer Paris et obliger à la paix. Mais Briand ne croyait pas qu'ils y réussiraient. Ils avaient échoué à Verdun et à présent l'armée avait de l'artillerie lourde et des munitions en abondance.

Marie rentra, malgré ses conseils. Elle se sentait très seule et triste. Sa visite à Mimau, elle avait la certitude que cette fois avait été la dernière. Le 8 mars elle alla à Compiègne pour le baptême d'Annette Troisier. Le choix d'Édouard Herriot comme parrain était heureux. L'homme politique était aussi écrivain et musicien, un compagnon agréable. Ce baptême fut un petit événement distrayant dans une période fort sombre. Marie, vivant aux côtés de son mari, était trop liée à lui pour ne pas être affectée par ses malheurs.

Georges était devenu une figure tragique, car la guerre n'était pas favorable à la monarchie en général et sa famille avait été durement touchée. Son frère avait perdu son trône et les bolcheviks avaient déposé « Nicky » puis l'avaient condamné à mort ainsi que tous les siens, parmi lesquels les deux beaux-frères de Georges, les grands-ducs Paul et Georges de Russie. Marie n'ignorait pas que Georges souffrait aussi du fait qu'elle n'avait d'yeux que pour un politicien qui, selon lui, n'était pas hostile à ces bouleversements radicaux.

Fin mai, Marie notait dans son journal : « Autrefois, l'an dernier, aurais-tu passé trois mois, ceux du printemps, sans me donner une seule de tes soirées ? » Elle avait la coqueluche et les enfants l'attrapèrent. Le canon, « la Bertha » tirait sur Paris. Enfin, le 30 juillet : « Demain je partirai dans notre vieux château au seuil de la Bretagne », écrit-elle à celui qu'elle aimait toujours. Dans ses lettres, qui avaient un ton un peu forcé, il appelait le château « Pompier teint » — encore un trait qui prouve que ce lieu est lié à des souvenirs d'enfance. Elle sentait qu'il l'abandonnait, sans comprendre pourquoi et en éprouvait un grand chagrin. C'est durant cette période qu'elle rédigea *Les hommes que j'ai aimés*. A la fin de la note concernant Briand, on lit, avec étonnement à cause du temps du verbe : « *Anomalie* : J'ai plus regretté ses lettres que son amour. » Et puis, « *Dédicace*, 18 août 1918 (à la dernière page de ce cahier qui en compte 62) à Br. Je souffre, mon ami, maintenant que l'amitié au sein de notre amour — a fondu davantage nos esprits et nos âmes — de ne pouvoir tout te dire, de devoir te cacher une partie de ma vie. C'est pourtant ta grande gloire de m'avoir rachetée, relevée sur la pente où je glissais.

« Mais tu ne pouvais comprendre et ne pouvant te parler

— je te dédie ce livre auquel je me confierai et que tu ne liras jamais. » « Ce livre » est, à n'en pas douter, *Le bonheur d'être aimée*, commencé peu de temps après leur rencontre.

Dans une lettre dont la date est incertaine, elle décrit Pont-Piétin « une rivière où l'on va en barque, trembles, cyprès, aulnes, peupliers, chênes roseaux ; joncs, nénuphars, sagittaires, bois touffu puis plaine plantée de haies, graviers, sapins ». Ces lettres sont adressées à « M. Briand, député, ancien président du Conseil, 52, avenue Kléber ». Il lui écrit à son tour, le 20 août, qu'il doit aller à Nantes et qu'il lui demande l'hospitalité. Il rêve de promenades en barque sur l'Isac, de nymphéas, de cornouillers, de macres... Dans une autre lettre il se compare au prince disant qu'ils n'ont plus, ni l'un ni l'autre, l'instinct du vrai chasseur qui s'est atrophié à cause des vies des villes qu'ils ont menées. Dans une autre encore, il parle champignons car, comme lui, Marie est mycologue. Le ton passionné a disparu chez l'un comme chez l'autre. D'après le journal de Marie, le séjour de Briand est bref et le 11 octobre, il est terminé.

C'est à cause de l'épidémie de grippe espagnole qui sévit à Paris qu'elle reste en Bretagne avec les enfants. Elle raconte à Briand son emploi du temps, qui est toujours à peu près le même : lecture, écriture, promenades, correspondances d'affaires mais pendant ce séjour elle donne des leçons aux enfants et elle fait du latin, puis « un peu de musique pour eux et pour moi avant le dîner ».

Le 1er novembre, elle a lu dans les journaux que la grippe a fait deux mille morts la dernière semaine, la pire, « donc danger minime. Hélas, on m'interdit de ramener les enfants ». Elle fait des calculs, établit des statistiques sur l'épidémie et en conclut qu'elle devrait être obligée de rester éloignée de Paris jusqu'au 1er janvier !... Le climat est doux, l'arbousier pousse en pleine terre jusque sur les remparts du vieux Clisson. Le jour de la Toussaint, enfin une lettre de Briand qui exprime un espoir. Il y parle de la paix avec la Turquie, de l'ouverture des Dardanelles, de Constantinople, disant que le rêve de Guillaume II a tourné au profit des Alliés. « Les intuitifs », comme dirait Le Bon, ne sont donc pas inutiles en politique. Briand termine sa lettre par « toutes mes amitiés à Nemrod », c'est ainsi qu'il appelle le prince Georges.

Le 10 novembre, gelée blanche argentant la plaine, canal bordé de glace. La reprise de Sedan a fait un effet immense à

Paris, c'est ce que Marie apprend et elle avance un peu dans la lecture de Virgile. Mais ce sont surtout les journaux qui l'absorbent. Le 11 novembre, enfin, les trois coups de canon de l'Armistice et toutes les cloches. « Le soir, les enfants, mis en congé, ont avec moi chanté toute la soirée *La Marseillaise* et *Sambre et Meuse,* avec le personnel de la maison rangé autour chantant en chœur. »

« Je veux vous revoir et aussi revoir Paris le jour où les troupes françaises entreront à Strasbourg. » Le 15 novembre, elle rentre par le train. Elle est allée à la gare de Blain, dont dépend le château, pour avoir un wagon réservé et un permis quelconque. Elle a demandé à Briand de lui envoyer « la boîte » à la gare pour la remonter à Saint-Cloud. Mais ignorant son retour, le jour même, il lui écrit à Pont-Piétin.

Cette lettre est l'une des plus belles et des plus touchantes qu'il lui ait adressées. Marie doit s'être plainte d'avoir nui à sa carrière et lui avoir fait des excuses à ce propos. Dans sa réponse, il l'appelle simplement « mon amie » — pour la première fois — et la prie de chasser de son esprit une fois pour toutes l'idée qu'elle a pu lui nuire pendant la guerre. Elle ne lui a pas nui, bien au contraire, elle a été un réconfort précieux, indispensable, pendant les durs moments qu'il a dû affronter. Il ajoute qu'elle sait ce qu'il pense de la popularité et le cas qu'il en a toujours fait. Il ne croit pas aux distributions officielles de gloire, il les trouve sans intérêt. On ne peut changer les faits qui seuls existent et il a eu, rappelle-t-il, l'occasion de constater que le pays ne s'y trompe pas, ayant reçu d'innombrables témoignages de simples citoyens. C'est une lettre désabusée, triste, il n'y est plus question d'amour.

Dans son carnet, parmi les événéments quotidiens, Marie écrivit : « Je ne voulais pas m'éveiller de ce rêve qui avait duré quatre ans... » Commentaire qui ne peut s'appliquer qu'à cette lettre. Ensuite, elle n'écrit plus guère. Pas même des notes dans son agenda. Rien dans son journal. Les visites de Briand s'espacent encore davantage. Les mois qui suivent l'armistice sont vides pour elle. Elle mène la vie que les autres attendent d'elle. Le seul plaisir qu'elle connaîtra sera le contrat qu'elle signe le 2 décembre 1918 avec « MM. E. Flammarion & Fils, éditeurs » pour un ouvrage *La grande guerre « Méditations »,* à paraître dans la collection *Bibliothèque de Philosophie scientifique,* dirigée par le Dr Gustave Le Bon. Elle ne claironnera pas la nouvelle dans son milieu familial où seul, peut-être, son père serait prêt à s'y intéresser. La veille de la fin de cette année qui ramena la paix dans le monde, elle entend chanter à Saint-Cloud la première fauvette. Un événement qu'elle ne manque jamais de noter.

Au début de l'année, les Alliés réunis à Paris préparent le traité de paix. Sir Harold Nicolson a écrit : « Le but que nous nous étions fixé en allant à Paris, ce n'était pas avant toute chose de liquider la guerre mais de créer un nouvel ordre en Europe. Nous voulions préparer non pas simplement la paix mais la paix éternelle. Nous portions le halo d'une sorte de mission divine [1]. » Briand, écarté du gouvernement, ne participa pas aux travaux de la Conférence. Ainsi vont les fluctuations cruelles de la vie politique.

Tandis que Croisy était en Angleterre au chevet de son frère malade, Marie s'occupa elle-même de Pierre et d'Eugénie pendant les deux mois que dura l'absence de la gouvernante, et elle les emmena à Nice voir Mimau. Celle-ci devait mourir peu après, le 23 avril. Ce jour-là, Marie écrit : « Je me rends compte que (Briand) ne m'aime plus de la même façon. Ce n'est plus l'ardeur qu'il me promettait, même pour le jour où j'aurais les cheveux blancs. »

Le 28 avril, le pacte de la Société des Nations dont Wilson avait lancé l'idée devient réalité. Marie l'écrit en grand dans son agenda, pensant à l'importance qu'y attache Briand. Le 6 mai, les funérailles de Mimau ont lieu à Versailles où la vieille nourrice sera enterrée, comme elle le souhaitait, dans le cimetière où sont déjà le prince et la princesse Pierre Bonaparte, ainsi que la mère de Marie. Deux jours plus tard, Marie que la perte de Mimau a vivement affectée écrit : « Tu es là avec moi pour revoir renaître les fleurs du cerisier ou du pommier, passer l'abeille et la fauvette... Ceux qui sont morts dans le tombeau, je ne veux plus les pleurer ni les plaindre... Je n'ai pas le droit... de détourner mes yeux et mon esprit du grand devoir de respirer, avec le soleil, l'Amour. » Mais quelques jours plus tard elle ajoute, avec plus de réalisme : « Tu viens comme on suit une douce et vieille habitude. » Le 18, elle va le voir à Cocherel, ils s'asseyent au bord du bois, à flanc de colline, sous les cytises, mais elle repart seule vers Paris. Il reste se reposer à la

---

1. Harold Nicolson, *Peacemaking*.

campagne. Elle pleure. « Le lendemain j'ai passé le jour entier dans ses bras et tout est oublié. »

Et puis, à la page suivante du même cahier : « *Épilogue :* j'ai appris que depuis un an il aime une autre femme. *Fin.* » Comment réagit-elle devant la nouvelle ? Elle ne le dit pas. Elle dut beaucoup souffrir, pleurer peut-être, mais elle était assez forte pour se reprendre très vite et dominer la situation avec dignité. Les amants qui avaient connu une passion plus forte avant le lien charnel redevinrent amis, sans confrontation ni récriminations. Ils avaient, tous les deux, assez d'expérience pour laisser le temps jouer son rôle. Il ne fallait rien hâter.

Les débuts d'un écrivain

Le 28 juin 1919, jour de la signature du traité de Versailles, Marie note : « Je dois augmenter les gages du personnel. » La vie continue. Marie emmène ses enfants à Verdun afin de leur montrer où se sont déroulés les terribles combats. Ensuite, elle les emmène en Bretagne. En allant à Blain, ils s'arrêtent à Bonnétable, chez la duchesse de Doudeauville, d'où elle envoie une carte à Briand, le 23 juillet.

Cet été-là, elle travaille à son livre dont le titre est devenu *Guerres militaires et guerres sociales*. Briand lui pose des questions sur son travail et elle lui répond, le tenant régulièrement au courant. Ils ne peuvent devenir des étrangers du jour au lendemain. Leurs lettres les rassurent. Tout autant qu'elle, il semble y être attaché. Ils cherchent l'un et l'autre un *modus vivendi* qu'ils n'arrivent pas à trouver encore — en fait, ils ne le trouveront jamais. Il essaie parfois d'être facétieux, il se nomme « Ophélius Corniflard », il dit qu'il pense mélancoliquement à la barque et aux plantes aquatiques de l'Isac, mais il ne peut quitter la Chambre. Il est toujours député.

Pourtant, il s'échappe quelques jours et son séjour coïncidera avec celui de Georges, de la princesse Margrethe (la fille de Valdemar) et d'Annie, la plus jeune des Villeneuve qui vient avec l'architecte chargé de la restauration de Blain. Mais Marie ne se laisse pas distraire longtemps par ses invités. Elle se consacre à son travail pour lequel Briand lui donne des avis pleins de bon sens. Il lui suggère d'écouter les conseils du docteur sans se laisser trop admonester sur l'audace de ses conceptions et la fantaisie de son imagination. Le Bon, lui, n'a pas d'imagination. Elle doit garder son originalité. Un peu d'imagination et d'art sous la couverture rouge ne la gâterait pas, croit-il sans avoir lu son manuscrit. Il a raison de lui faire confiance.

Cet automne-là, Paris connaît des grèves et Marie assiste à des réunions électorales avec Geneviève, Jean Troisier et un ami. Elle lit Trotski, Lénine et « aussi un petit catéchisme bolchevik vendu par le parti socialiste où votre nom est cité comme celui d'un des pères de la Nouvelle Église », écrit-elle à Briand. Ensuite elle lui donne le compte rendu de la réunion à laquelle elle a assisté la veille. Elle a écouté M. Aulard, Franklin-Bouillon aussi et parmi les contradicteurs, Léon Blum. « Ce soir, je vais chez les " purs " léninistes. »

Le 13 novembre, elle envoie à son ex-amant une lettre d'une certaine drôlerie. « Hier Hedwige [1] s'est mariée. La noce était superbe et peu adaptée aux temps nouveaux ! Beaucoup de velours et de perles. Nul n'aurait reconnu en moi-même l'auditrice des meetings.

« La fin de la semaine ne se passera sans doute pas sans que j'aie été voir assommer un candidat. On en est au troisième. Bokanowski, Gelli et hier Boucheron. Tel est le tableau de chasse des gardes rouges, en attendant qu'ils puissent y adjoindre comme trophée suprême la peau de la vieille Société. »

Son intrusion dans la vie politique est destinée à compléter les informations dont elle a besoin pour son livre. Elle s'absorbe dans son travail et ne se plaint pas. Pourtant l'amour fervent de cet homme qui est demeuré cinq ans à ses côtés lui manque de façon cruelle. A présent, c'était au tour de Briand d'écrire à propos « du froid qu'il détestait et que j'aimais, du gel, de sa salamandre éteinte, etc. ». Des années plus tard, à Vienne elle parla de cette lettre, reçue le 1er décembre 1919, dans laquelle « il s'exprimait symboliquement sans doute sans avoir lui-même absolument compris ce qu'il écrivait, pourquoi peu après il devait m'abandonner », dit-elle à Freud le 18 novembre 1929, suivant son journal d'analyse. « Son ardeur me trouvait trop frigide, à

_____

1. La fille de la duchesse de Doudeauville, la cousine Lise de Marie.

tous les points de vue. — Et il n'avait pas tort », remarqua Freud.

Briand n'était pas un homme qu'on oubliait facilement. Cette mobilité permanente de l'intelligence et la sensibilité toujours aux aguets qu'il avait enrichissaient leurs entretiens. Elle se rappelait qu'aimer lui avait demandé du temps et qu'elle aussi s'était plainte du froid, lors de la première séparation. Mais elle avait fait des progrès depuis. Elle n'était plus la femme que Briand avait rencontrée à Courances chez la marquise de Ganay. Il lui avait apporté ce lustre que seul l'amour donne aux femmes et le sentiment de sa beauté qu'il avait mis en elle la rendait désirable aux yeux des autres hommes. Pourtant, elle n'avait pas changé sur un point : elle voulait toujours ne dépendre que d'elle-même. Et s'ajuster à une vie à laquelle il ne participait plus lui était difficile. Quand elle avait entrepris son livre de méditations sur la guerre, elle ne se doutait pas qu'au moment où elle le finirait, il aurait cessé de l'aimer. Elle avait cru que leur amour durerait aussi longtemps qu'eux. Son chagrin est si grand qu'il faut des efforts immenses pour s'intéresser à d'autres choses.

Un premier livre est toujours une aventure, mais la princesse, qui a eu le courage de terminer le sien, n'est pas en état d'en tirer de la joie. Elle devrait en être particulièrement fière car elle a dans le passé bien souvent été velléitaire. Ces temps sont révolus. Il est la preuve qu'elle est capable d'un travail soutenu, ce livre. De plus, il est loin d'être indifférent et reflète l'originalité d'esprit et l'individualisme de son auteur. Je n'ai trouvé aucun témoignage de ce qu'on en a pensé autour d'elle.

Certes, les idées qu'elle y exprime ne sont pas celles de son entourage. On en jugera par cette citation : « Qui réfléchit encore dans la fulguration du champ de bataille ? Un rare isolé, alors muet sous peine de conseil de guerre. Car discuter, c'est déjà déserter. L'enthousiasme fugitif est moins nécessaire au salut des Patries que la durable passivité, condition des longs héroïsmes [1]. » Et encore : « L'organisation sociale tend toujours au moindre effort : il est plus commode à l'élite de ne pas avoir à se recruter sans cesse intégralement d'en bas [2]. »

---

1. Marie Bonaparte, *Guerres militaires et guerres sociales*, p. 46.
2. *Id.*, p. 181.

Marie essaie de ne pas s'accrocher aux souvenirs de ces années d'amour à présent mortes. Elle va explorer des domaines qui n'étaient pas ceux de Briand. L'homme qui l'a tant chérie n'aimait pas la musique autant qu'elle. Elle va se rattraper, en allant au concert, en jouant elle-même, davantage qu'elle ne le faisait les dernières années. Elle emmène les enfants en séjour à Saint-Jean-Cap-Ferrat, à l'Hôtel du Mont-Fleuri, « pour voir Amama », c'est-à-dire la reine mère de Grèce, la mère de Georges, voyage qui durera du 2 au 20 mars 1920 et qu'elle aurait peut-être évité du temps de Briand. Et puis elle commence un autre livre. Il sera fort différent du premier. Il s'appellera *Printemps sur mon jardin*. Malgré son titre, ce sera un livre pessimiste qu'elle dédiera à ses enfants.

Pendant l'été, Marie partage son temps entre le château de Blain qu'elle aime toujours, malgré son inconfort (il faut monter quatre-vingt-onze marches pour y accéder) et l'hôtel du Rivage à Pornic où séjournent les enfants avec Croisy car elle tient à ce qu'ils soient au bord de la mer. Cet été-là, Briand fait du bateau avec des amis. Il est à Trébeurden, dans le nord de la Bretagne puis il passe à Pornic d'où ils vont ensemble à Beg-Meil.

A part cette rencontre en Bretagne, elle ne le verra pas cette année-là. Georges ne pose pas de question sur la disparition de leur hôte familier. Les événements de Grèce réclament toute son attention. Son neveu, le jeune roi Alexandre, est mort en octobre, d'une morsure de singe. Les Grecs sont fatigués de la guerre que Venizelos représentait à leurs yeux et qui après la signature du traité de Sèvres a repris, contre la Turquie de Mustapha Kemal. En novembre, le Crétois est battu aux élections et le 5 décembre a lieu un plébiscite en faveur du roi Constantin. Le 13 décembre, Georges part pour Athènes rejoindre son frère.

Marie ne l'accompagne pas. C'est à cette époque qu'elle fait faire son portrait par Lazlo. Portrait où elle paraît dans la plénitude de sa beauté avec, dans le regard, la même douceur mélancolique qu'elle avait autrefois. L'amour de Briand lui étant retiré, elle se retrouve hantée par la solitude. C'est ce mot *Solitudes* qu'elle choisit comme titre d'un ouvrage qu'elle projette d'écrire et dont elle fait alors le plan. On imagine aisément le contenu de son texte.

En janvier 1921, Briand devient président du Conseil, pour la septième fois, et ministre des Affaires étrangères. Le mois où il va à Londres, pour la conférence qui doit régler la question de frontière entre la Pologne et l'Allemagne en Haute-Silésie, et aussi celle des dettes de guerre, il ne manque pas d'écrire à Marie pour lui donner ses impressions sur ce qui se passe. Il trouve les Allemands beaucoup plus difficiles que les Turcs et les Grecs. Il s'ennuie terriblement au Hyde Park Hotel et la perspective de passer encore huit jours à Londres le terrifie. Le 5 mars, il annonce qu'il n'est pas « bredouille » dans ses efforts. Il raconte aussi qu'il a déjeuné « dans l'intimité » avec le roi et la reine qui lui ont beaucoup parlé de Marie « et du géant ». A présent, elle ne garde pas de double des lettres qu'elle lui envoie. Seules les lettres de Briand nous renseignent sur leurs relations. Les temps ont changé, il lui parle volontiers des affaires du gouvernement. Mais parfois il reprend un ton plus personnel. Ainsi, le 1er septembre, il lui dit dans une lettre qu'elle reçut à Beg-Meil qu'il voudrait être en bateau avec elle pour passer une nuit en mer à pêcher la sardine.

En novembre, il lui écrit de Washington pour lui décrire New York qui ne le séduit pas et qu'il voit simplement comme une gigantesque accumulation de maisons de toutes sortes, un bâtiment de 20 étages à côté d'un hôtel style François Ier, ou un petit Chambord voisinant avec le Printemps et le Bon Marché.

Marie est à l'affût de tout ce qui peut se présenter d'intéressant, ou d'insolite. En compagnie de son beau-frère Christophore, elle assiste au procès de Landru, « le tueur de dames » qui brûlait ses victimes dans sa cuisinière, et dont Charles Chaplin s'est inspiré pour son film *Monsieur Verdoux*. Elle va beaucoup au concert avec ses amis Troisier. Ils font preuve d'éclectisme car ils écoutent à la suite l'*Orphée* de Gluck, *le Sacre du printemps* de Stravinski, *Shéhérazade* de Ravel ou *Le Messie* de Haendel. Elle lit toujours énormément. Quand elle est à Beg-Meil, elle emporte Zola sur la plage, et c'est là qu'elle écrit un *Dialogue avec la mer* qui demeurera inédit.

A Saint-Cloud, elle décide de changer le mobilier et « expulse » les tableaux qui encombrent les murs de Georges. Et son existence d'altesse royale, elle la poursuit avec conscience, assistant aux nombreux mariages et aux diverses cérémonies et réunions qui ont lieu dans la famille. A partir de 1922, la santé de son père la préoccupe. Au mois d'août, le prince Roland sera opéré par le professeur Legueu d'une obstruction urétrale.

En Grèce le retour de Constantin n'a pas rétabli la paix avec la Turquie comme le peuple grec le souhaitait. La guerre continue en Asie sur le sol turc jusqu'à la défaite du Sakarya, en août 1922. Les Alliés n'ont pas soutenu Constantin qui dut faire face à un blocus financier de la part de l'Angleterre et de la France. Les officiers vénizélistes accusent le roi de la défaite militaire et forcent Constantin à abdiquer le 12 septembre 1922 en faveur de son fils aîné qui lui succède le 26 sous le nom de Georges II. Les vénizélistes reprennent le pouvoir tandis que la guerre se termine par l'abandon de l'Asie Mineure et l'incendie de Smyrne occupée par les Turcs, le 11 octobre. Constantin et la famille royale doivent s'exiler. Marie accueille à Saint-Cloud, dans une maison proche de la sienne et qui lui appartient, le prince André, condamné à mort en Grèce, avec la princesse Alice et leurs cinq enfants dont le dernier, Philippe (qui deviendra le duc d'Edimbourg), a un an. Ils resteront des années auprès d'elle et les enfants lui demeureront très attachés.

Le septième gouvernement Briand n'avait duré que jusqu'en décembre 1921. Marie le note dans ses carnets, ils ne perdent jamais le contact. Il lui écrit toujours avec régularité. Ainsi elle reçut une lettre de lui en février 1922, alors qu'elle est en séjour chez les Troisier, dans cette propriété de la Moutte dont les récits de Geneviève la faisaient rêver durant leur adolescence.

Depuis la rupture avec Briand, Marie s'était beaucoup rapprochée des Troisier, qui étaient tous les deux musiciens, et plus libres d'esprit et de manières que les gens de son milieu. Geneviève avait son âge et ses trois enfants : Annette, Solange, Olivier appelaient Marie marraine, alors qu'elle n'avait tenu que l'aînée sur les fonts baptismaux. Elle les aimait beaucoup mais ils étaient trop jeunes pour devenir les compagnons de Pierre et Eugénie. Malgré cela, cet été 1922, Marie décida de passer le mois de juillet à Saint-Gervais à l'hôtel du Montjoly avec les enfants, parce que les Troisier avaient un chalet dans le voisinage. Dans une lettre reçue à Saint-Gervais, Briand se plaignait d'être épuisé et il partait se reposer à Cocherel parce qu'il dormait très mal. Il n'était plus amoureux et il vieillissait, Marie en avait conscience.

En août, Pierre et Eugénie vont à Beg-Meil, tandis que leur

mère reste à Saint-Cloud. Il y a tout un échange de correspondance entre Marie et Croisy qui montre le ton cordial de leurs relations et l'efficacité de Marie dans le domaine pratique. Elle appelle Croisy « Darling » et termine ses lettres en embrassant l'Anglaise. Elle discute des chambres à repeindre, des rideaux à changer. Elle apportera des lits pour les Troisier et leurs enfants qui l'accompagneront quand elle viendra en septembre. Il n'y aura pas de place pour sa femme de chambre Solange, décide-t-elle. Il faut aussi loger le chauffeur des Troisier et le sien. Croisy fait des plans, tout comme elle. Il n'est pas question du prince Georges qui est parti pour le Danemark au début de juillet, le jour où Marie et les enfants partaient pour Saint-Gervais.

Depuis le printemps, il y a dans l'agenda de Marie quelques excursions aux environs de Paris qui sont inexpliquées. Et puis, le 22 décembre 1922, commence un nouveau cahier intitulé... Mémoires[1] : « Laissant un soir mon père seul à sa souffrance, je me suis enfuie à l'appel de mon reste de jeunesse, toute une journée avec X. » Ils ont gagné les bois de Chaville par le petit train et, là, ils font l'amour. Les bois sont nus, il fait froid. Nul autre promeneur ! Seul résonne au loin le cri d'un geai. Sur le tapis de feuilles mortes mouillées... « Ensuite nous avons cheminé vers l'horizon rougeoyant jusqu'à l'endroit où la vallée se creuse, avec au fond l'étang et les premiers feux allumés du village. Nous avons pris le thé dans une auberge. Nos yeux se baisaient (il a des paillettes d'or dans les yeux). »

C'est ainsi, de manière tout à fait secrète, mais directe, que commença la seconde « grande passion », la liaison avec le « grand frère ». Celui qu'elle aima « le plus et le plus longuement ».

---

1. Dans ses carnets, son journal, Marie appelle X par son nom, son initiale, ou le surnom qu'elle lui avait donné et n'essaie pas de dissimuler son identité. Bien qu'il soit mort depuis longtemps, ses enfants apparemment ignorent encore ses relations avec Marie. C'est pour cette raison qu'il est désigné comme X.

Chapitre VI

LA FIN D'UNE VIE

> *Hélas, je ne peux garder les yeux fixés sur un visage, une douleur, un sentiment uniques... L'immobilité des yeux et du cœur est interdite à ceux qui survivent.*
>
> Marie Bonaparte,
> *Monologues devant la vie et la mort,* pp. 62-63.

> *Nos deuils et nos regrets sont souvent faits de nos remords.*
>
> Marie Bonaparte,
> *Edgar Poe,* tome I, p. 63
> « Après la mort de Frances Allan ».

Quand je lui ai demandé quelle qualité elle accorderait à Marie Bonaparte si elle devait la caractériser d'un mot, Anna Freud a dit, sans hésitation : « La droiture » (*straightforwardness*). Cette réponse de la fille de Freud, l'une des personnes qui ont le mieux connu et aimé Marie Bonaparte, ne m'a pas surprise. Elle coïncidait avec ce que j'avais appris en dépouillant les documents confiés par la princesse Eugénie de Grèce et en interrogeant ceux qui avaient connu sa mère.

L'amour secret et la mort du père

Pourtant, pendant de longues années, à cause d'un homme, la vie privée de Marie Bonaparte se déroula non seulement dans le secret, mais aussi dans le mensonge.

Cet homme, X., elle le connaissait depuis déjà longtemps. Il avait épousé l'une de ses rares amies. Il n'eut pas de mal à la convaincre que sa femme s'effondrerait si on lui révélait leur liaison. Ayant passé son enfance dans une famille unie, la femme de X. n'aurait pu supporter ce qui aurait été pour elle un malheur irréparable, l'échec de sa vie. Il n'existait aucun remède à l'époque où se déroulent ces faits. Dans son milieu, aussi bien que dans celui de Marie, un divorce était inconcevable. De plus, il y avait des enfants pour lesquels Marie éprouvait beaucoup de tendresse et qui la considéraient comme une seconde mère un peu fée.

Bel homme, élégant, médecin en renom de surcroît, X. n'en était pas à sa première infidélité, mais son épouse ne s'en était jamais douté. Il avait le comportement classique du séducteur distingué. Quand il était trop tard, parce qu'il s'était donné le mal qu'il fallait pour plaire, il conseillait : « Éloignez-vous de moi ! » et, en mal de confidences, il reconnaissait avoir « tourmenté » ses maîtresses, « fait leur malheur ». Mais Marie le croyait surtout quand il lui disait qu'il l'aimait plus qu'il n'avait aimé les autres ; elle espérait qu'il ne la tourmenterait pas.

Il avait, bien sûr, été au courant de sa liaison avec Briand et il savait que nul n'avait remplacé l'illustre homme d'Etat dans le cœur de la princesse. Depuis la rupture il s'était arrangé pour attirer Marie dans leur cercle. Ils se voyaient plus souvent qu'autrefois, et, peu à peu, il lui avait fait découvrir qu'ils avaient beaucoup d'affinités. Comme elle, il était musicien, jouait fort bien du piano et sa profession était celle que Marie admirait le plus. Elle songeait encore parfois à commencer des études de médecine. Il était évident qu'elle se passionnait plus que sa femme pour ce qu'il faisait. Elle tenait à ce qu'il réussît une carrière déjà brillante. Il l'avait aussi amenée à lui poser toutes sortes de questions touchant au domaine médical et il lui répondait avec compétence et une bonne volonté inlassable.

Elle apprenait beaucoup, retrouvant avec lui tout son zèle pour l'étude, sa passion pour le savoir. Après l'abandon de Briand, elle s'était de nouveau mise à douter de son charme physique. Le changement d'attitude de X. à son égard, qu'elle n'avait pas suscité ni même prévu, lui tourna la tête, pendant un temps. Son arrière-grand-oncle Napoléon qui n'était pas féministe, comme chacun sait, aurait affirmé qu' « on mesure l'intelligence des femmes à la grandeur de leurs bêtises ». Il est certain que, du point de vue de Marie, s'attacher à X. était « une bêtise », même si, grâce à lui, elle connut le bonheur et les affres d'une véritable amoureuse.

Aveuglée par la passion, elle ne pensa pas non plus que la clandestinité à laquelle elle était condamnée ressemblait à celle dont avait été entouré son amour pour Leandri. Elle n'éprouva pas plus de gêne vis-à-vis de l'épouse, son amie, qu'elle n'en avait connu à l'égard de la femme du maître chanteur pour qui sa sympathie avait été vive. La souffrance et la jalousie vinrent plus tard, quand X. éprouva le besoin de la tenir au courant de la fréquence de son devoir conjugal, ajoutant qu'il accomplissait celui-ci sans déplaisir trouvant chez sa partenaire légitime une réponse que Marie ne parvenait que rarement à lui donner. D'autre part, il est certain qu'en dépit de la frigidité de sa maîtresse, dont ils parlaient ouvertement ensemble, X. se prit à son propre jeu et qu'il aimait Marie. En même temps, dans les détails dont l'accumulation crée l'importance, il ne pouvait abandonner son rôle de tyran capricieux : il la faisait attendre des heures à des rendez-vous auxquels pour finir il ne paraissait pas, ou bien il déclarait qu'il n'offrait jamais de fleurs et aussitôt après lui envoyait une primevère dont Marie le remerciait avec une joie disproportionnée. Leur comportement réciproque était puéril par bien des côtés. X. n'en était pas moins ébloui par l'intelligence, fasciné par cette femme qui lui tenait tête avec des raisonnements supérieurs aux siens. Sans doute n'était-il pas insensible non plus à son titre de princesse.

Leur liaison commença à une période où Marie, très bouleversée par la maladie du prince Roland, s'abandonna sans réfléchir au désir de l'amant. Personne, pas même X. qui savait, ne l'avait encore informée de la nature exacte du mal. Mais elle se rendait compte que son père, qui jusque-là avait été assez robuste pour redevenir chaque été « coureur de haute montagne » dans les Alpes suisses, déclinait rapidement.

Après la première opération, au lieu de se rétablir, l'état du malade empira et on commença à parler de la nécessité d'une autre intervention. Marie avait peur et, en même temps, sa secrète intimité avec X. lui donnait une force nouvelle en face du malade. Elle ne se sentait plus dépendante comme elle l'avait été jusque-là. Elle assumait un nouveau rôle. C'était elle à présent qui protégeait, décidait.

Elle retourna vivre avenue d'Iéna, mais cela ne l'empêcha pas d'attraper la rougeole de sa fille. Ce qui la sépara du malade et de X. pendant plusieurs semaines.

Elle sortit de sa réclusion juste après la seconde opération de son père. Et ce fut alors, en avril 1923, que les médecins lui parlèrent. Ils lui apprirent la vérité qu'elle redoutait et avec laquelle il allait falloir vivre, tout en s'appliquant à la cacher au malade qui faisait des projets de voyage et ne demandait qu'à être leurré. Atteint d'un cancer de la prostate, il allait lutter encore un an contre la maladie.

Elle a raconté les sentiments qu'elle éprouva alors dans un court volume intitulé *Monologues devant la vie et la mort* qu'elle ne publia qu'en 1951. Elle y exprimait l'amour qu'elle n'avait jamais cessé d'avoir pour son père et son plaisir de la possession quand la souffrance le lui livra. « Il restera mien, de par la maladie, longtemps, toujours, sans plus pouvoir s'en aller, s'échapper, me faire pleurer comme lorsque j'étais petite et qu'il allait dîner dehors ou partait en voyage [1]... »

Pour les défendre tous les deux, elle a vite recréé, dans la chambre du malade, un monde protégé où, malgré les menaces, ils se sentent à l'aise.

Dans la journée, le prince Roland reste étendu sur une chaise longue. Il s'est laissé pousser de très longs ongles de mandarin et refuse qu'on les lui lime, tandis qu'elle, comme dans l'enfance, s'arrache les petites peaux autour de la lunule et les coupe avec des ciseaux qu'elle transporte partout, ce qui autrefois irritait son père [2]. Les herbiers sont disposés autour de lui et le prince examine longuement chaque jour des spécimens de fougères. Il est reconnu qu'il en a identifié plus de 50 000 et il emploie le peu de force qui lui reste à se donner l'illusion de travailler. Elle lui parle de l'année suivante, elle lui répète qu'ils iront ensemble chercher d'autres fougères. Et parfois, quand il fait beau, elle l'entraîne à faire quelques pas dehors, appuyé sur son bras. Enfin, elle peut lui exprimer sa tendresse. Elle aime leur existence quotidienne et leur nouvelle intimité. C'est elle désormais qui commande les repas qui leur sont servis sur une petite table, près du malade toujours allongé. Ils déjeunent et dînent en tête à tête.

---

1. Marie Bonaparte, *Monologues devant la vie et la mort*, p. 51.
2. Marie Bonaparte, *Psychologie et Anthropologie*, pp. 142-143.

Pendant ces longues heures passées au chevet du prince Roland, elle pense souvent à la mort et ne parvient pas à s'habituer à l'idée que son père va lui être enlevé. Elle refuse qu'il l'abandonne une fois de plus. Elle a le sentiment que lorsqu'elle est présente dans cette chambre silencieuse, à l'écart des bruits du monde, rien de fatal ne peut survenir.

Mais elle est incapable de toujours rester là. La vie est trop forte en elle.

Elle se préoccupe toujours autant des problèmes concernant l'éducation de ses enfants. C'est à cette époque qu'elle fait venir avenue d'Iéna, comme précepteur du prince Pierre, un jeune Suisse du canton de Glaris qui est tout étonné de la voir « dans un déshabillé très vaporeux, une coiffe de dentelles blanches rappelant vaguement certains portraits du xviiᵉ. Elle est accompagnée de ses deux enfants et paraît, tout en souriant, très tourmentée. Elle me parle en allemand et au bout de quelques minutes, elle me déclare : « Je vous engage, j'ai l'impression que vous vous entendrez très bien avec mes enfants et que vous leur serez utile. » Je paraissais à peine plus âgé que le prince Pierre dont me séparaient huit ans [1]. » Ce précepteur, Henri Hoesli, devait devenir un familier et, grâce à la générosité de la princesse il fit de bonnes études de médecine. Il n'est pas le seul à qui Marie Bonaparte a donné sa chance. Elle continua tout au long de son existence à prendre soin d'autrui et à donner aux jeunes en qui elle reconnaissait des possibilités les moyens de les réaliser, payant leurs études et les frais de vie que cela entraîne. Elle ne faisait pas là, comme on pourrait le penser, un geste, donnant une certaine somme d'argent puis passant à un autre sujet. Au contraire elle suivait avec intérêt le développement de ces enfants — enfants de son personnel le plus souvent — et s'en préoccupait comme de celui des siens.

Durant les terribles mois passés au chevet de son père, il y eut des moments qu'elle s'ingénia à voler pour les passer avec son amour. X. lui fut d'une grande aide. Il comprenait son chagrin et, parce qu'il était médecin, le genre de détresse qu'elle éprouvait lui était, hélas, familier. Mieux qu'un autre, il savait apaiser, conseiller, consoler. Pendant les longs mois que durera l'agonie du père, les bras de X. seront

1. Lettre du Dʳ Henri Hoesli à l'auteur, reçue le 27 septembre 1979.

d'un immense secours pour Marie qui souvent se laisse aller
aux larmes. Il l'encourage à réagir et ils s'attachent de plus
en plus l'un à l'autre.

Elle le sent proche d'elle, plus proche qu'aucun homme
n'a jamais été. Il est l'amant et le frère. Georges ne sait être
ni l'un ni l'autre. Elle ne va pas renier pour autant ses
devoirs à l'égard de son mari, des enfants, de la famille de
Grèce. Comme d'habitude, elle fait face. Elle doit s'occuper
de sa belle-sœur Alice et de son beau-frère André, installés
chez elle avec leurs enfants depuis l'automne. Ils comptent
tous sur elle pour régler chaque détail de leur nouvelle
existence. Elle leur procure le train de vie auxquels ils sont
habitués et qu'ils n'auraient pas, sans elle, les moyens de
poursuivre dans leur exil.

Les nouvelles de Grèce ne sont pas ce que la famille
souhaiterait. Constantin, l'ex-roi des Hellènes, meurt, à
Palerme, le 11 janvier 1923. Georges II, qui a succédé à son
père, a du mal à se maintenir sur le trône. Il sera finalement
condamné à l'exil et devra quitter la Grèce avant la fin de
cette année 1923, tandis que l'amiral Coundouriotis deviendra temporairement régent. En juillet, par le traité de
Lausanne, la Grèce qui avait signé un armistice avec la
Turquie à l'automne précédent abandonnera définitivement
l'Asie Mineure tandis que le Dodécanèse restera à l'Italie et
le nord de l'Épire à l'Albanie.

Pour Marie, la page grecque est tournée depuis longtemps.
Elle a son propre jugement sur la manière dont les événements ont été conduits, mais elle n'est pas prête à en
discuter avec quiconque. Elle n'a pas changé d'avis sur le
peu de don pour gouverner dont sa royale belle-famille fait
preuve.

Pendant l'été 1923, elle envoie ses enfants à Beg-Meil, avec
Croisy et elle rentre avenue d'Iéna. X. ne quitte guère Paris.
Elle le voit souvent, il l'aide autant qu'il le peut. Pourtant, le
8 septembre, elle décide de s'échapper pour rejoindre Pierre
et Eugénie qui la réclament. Ils ont vécu loin d'elle trop
longtemps. Elle a envie de les revoir, besoin de marcher au
bord de la mer, de nager. Mais bientôt une dépêche la
rappelle, elle écourte son séjour et rentre seule.

Elle sait bien qu'elle ne peut rien espérer. Elle doit
accepter la maladie de son père et se préparer au pire. Elle le
sait mais elle ne maîtrise jamais ses impulsions. Elle ne
s'explique pas pourquoi elle ne peut changer ce mystérieux

quelque chose en elle sur lequel elle dérape, toujours. Elle retombe chaque fois dans les mêmes erreurs. Elle se heurte quelque part en elle à une porte fermée qu'elle est incapable d'ouvrir, malgré toute sa volonté, toute son intelligence.

Comme elle l'a révélé dans sa préface aux *Cinq Cahiers* [1] elle lut, au chevet de son père, *L'introduction à la psychanalyse* de Sigmund Freud, dont la traduction française de Jankelevitch venait de paraître, et elle se mit à réfléchir d'une manière nouvelle sur sa difficulté à vivre.

Son amitié pour Gustave Le Bon s'était refroidie. L'auteur de *La Psychologie des foules* avait vieilli et Marie était devenue, peu à peu, plus exigeante sur le plan intellectuel. C'était pourtant lui qui lui avait signalé la traduction de Freud. X. et le Dr Talamon, médecin de famille de Marie depuis des années, étaient plus nuancés dans leurs goûts et leurs jugements que l'écrivain qui n'était, après tout, qu'un vulgarisateur, soumis aux besoins du public. C'était avec X. et Talamon qu'elle discutait à présent. Elle dira plus tard à Freud : « Le Bon et Briand sont pour moi morts. Je me suis retirée d'eux avec mon tempérament d'escargot qui rentre dans sa coquille après s'être épanoui [2]. »

Elle ne voit presque plus Aristide Briand. Durant l'année 1923, il ne viendra qu'une fois déjeuner à Saint-Cloud, le 2 octobre. Ce jour-là, elle retrouvera un homme déçu, inquiet. L'après-guerre n'est pas facile. Il n'est pas parvenu à imposer ses vues sur la nécessité d'une entente franco-anglaise, seule capable de sauvegarder la paix future, selon lui. Marie est loin de ses préoccupations. Elle ne peut se passionner que pour les individus. L'homme, tel que l'entendent les politiciens, lui est étranger. En même temps, elle sait que ce jugement tranchant qu'elle porte ne s'applique pas à celui qui l'a tant aimée. Elle est injuste envers lui qui sait encore parler avec grande chaleur de ses idées et qui sait parler tout aussi bien des gens. Mais c'est une période où Marie est incapable d'écouter. Dès qu'elle s'éloigne de la chambre de son père, elle est angoissée.

Cependant, le 29 novembre 1923, un nouveau nom, celui du Dr René Laforgue, apparaît pour la première fois dans ses carnets.

---

1. Marie Bonaparte, *Cinq Cahiers*, I, p. 3.
2. Marie Bonaparte, *Journal d'analyse*, 7 janvier 1926 (inédit).

Le Dr Laforgue venait de s'installer à Paris. C'était un jeune médecin alsacien — il était né à Thann (dans le Haut-Rhin), le 5 novembre 1894 — qui avait fait ses études de médecine à Berlin, Paris et Strasbourg. Il avait découvert la psychanalyse et Freud en 1913, en lisant *Die Traumdentung* et avait soutenu sa thèse en 1922 sur l'*Affectivité des schizophrènes du point de vue psychanalytique*. Sa naissance dans l'Alsace occupée lui avait valu d'être mobilisé par les Allemands, pendant la Première Guerre mondiale. Une fois libre, et son doctorat de médecine en poche, il fut d'abord psychiatre à l'asile de Hoerdt (toujours en Alsace, dans le Bas-Rhin), puis il revint à Paris, en 1923, où le Professeur Claude lui confia un poste d'assistant et une consultation psychanalytique à la clinique psychiatrique de Sainte-Anne. C'était la première consultation du genre, en France, et en octobre 1923, Laforgue entra en correspondance avec Freud [1]. Il était plein d'enthousiasme, de projets. Le fait qu'il ait été parfaitement bilingue le désignait naturellement pour être le lien entre les Français et Vienne. Les Éditions Payot lui proposèrent de superviser les traductions à paraître dans une future *Bibliothèque psychanalytique*. Il avait été analysé par Mme Sokolnicka.

Cette Polonaise avait été la première à pratiquer l'analyse en France. Après avoir étudié deux ans avec Carl Gustav Jung, en Suisse, elle avait suivi une analyse didactique avec Freud en 1913-1914. Elle eut ensuite à Budapest une autre tranche d'analyse avec Ferenczi. Puis, en 1921, après avoir échoué à Varsovie où elle avait voulu créer une Société psychanalytique, avec l'assentiment de Freud, elle s'installa à Paris. Elle fit quelques conférences à l'École des Hautes Études sociales et rencontra Laforgue [2]. Parce qu'elle n'était pas médecin, elle n'avait pas réussi à travailler à Sainte-Anne. Elle en avait été écartée, par le même Henri Claude qui nomma Laforgue.

Marie Bonaparte n'était pas au courant de ces luttes. Si elle désirait s'informer de la psychanalyse, elle n'avait pas de curiosité particulière pour ceux, très peu nombreux en

---

1. André Bourguignon, « Correspondance Sigmund Freud-René Laforgue, Mémorial d'une rencontre, in *Mémoires, Nouvelle Revue de Psychanalyse*, n° 15, printemps 1977, p. 236.
2. E. Pichon, « Eugénie Sokolnicka », *Revue française de Psychanalyse*, vol. VII, 1934, pp. 590-603.

France, qui la pratiquaient. Elle n'avait pas envie de connaître cette Mme Sokolnicka qui, rejetée par le milieu psychiatrique, fut, en revanche, adoptée par le milieu littéraire. Gide devait la décrire sous les traits de Mme Sophroniska, dans *Les Faux-Monnayeurs*. Sa carrière et son passé, qui prouvaient sa ténacité intelligente, auraient pourtant dû attirer Marie. Mais celle-ci n'était pas en quête d'amis nouveaux. Elle cherchait à se sauver. Sa première lecture de Freud avait été pour elle une révélation. Elle avait eu le sentiment qu'en s'engageant dans cette voie, elle trouverait la profession qu'elle recherchait depuis si longtemps, et qui lui permettrait d'accomplir une œuvre selon ses vœux.

Elle écrivait toujours. L'année 1924, elle publia un nouveau livre *Le printemps sur mon jardin*. En vérité, cette année-là, elle ne put profiter ni de l'un ni de l'autre.

Le livre est aussi étrange que les contes qu'elle n'a jamais fait éditer. Il est composé d'impressions sur cette propriété de Saint-Cloud qu'elle aime tant et de quatre contes. Dans chacun, la mort et la souffrance sont présentes. « La nature n'a d'autre miséricorde pour les vivants, quand ils souffrent, que l'anéantissement. » Telle est la conclusion du premier, *Ibb le bûcheron*. Les autres sont tout aussi pessimistes. Marie a rédigé la dédicace de ce livre en janvier 1924. Rien de nouveau la concernant n'y paraît. Le ton n'a pas changé, il est empreint du même désespoir et la mort lui semble encore le seul refuge.

Ce désespoir, son angoisse prêts à renaître sans cesse, elle voudrait les chasser. Elle essaiera tous les moyens qui se présentent pour tâcher de se rendre apte au plaisir car sa frigidité l'obsède. Ainsi, elle a entendu parler du Professeur Halban, de Vienne, « biologiste autant que chirurgien » dont elle se fait bientôt la propagandiste enthousiaste. Sous le pseudonyme de A.-E. Narjani, elle publiera en avril 1924, dans la revue *Bruxelles médical*, un article intitulé *Considérations sur les causes anatomiques de la frigidité chez la femme* où elle pose d'abord « le problème de la frigidité de la femme qui, selon elle, est triple : les hommes bien que parlant vaguement de femmes ardentes et de femmes froides, et préférant les premières, ne s'y intéressent pas vraiment ; les femmes froides n'ont qu'à rester froides et à l'écart de l'amour ! Les femmes ardentes méprisent les femmes froides, et sont enchantées qu'il y en ait, car elles se sentent d'instinct préférées. Les femmes froides se consolent de leur misère en attribuant à l'ensemble du sexe féminin leur infirmité ». Puis elle continue en décrivant deux types de frigidité, l'une la frigidité par inhibition psychique qui peut être soignée par une psychothérapie, l'autre est liée à une trop grande distance entre le clitoris et le vagin. Sa description de telles femmes est révélatrice : « Elles attribuent souvent, au début de leur vie génitale, cette déficience à leurs partenaires, l'accusent d'une trop grande rapidité, de " ne pas savoir s'y prendre ". Mais ces femmes peuvent changer et rechanger d'amant, en rencontrer même chez qui l'acte dure plus d'une heure, sans que cède leur insensibilité à l'étreinte. Elles finissent d'ordinaire par comprendre que le mal réside en elles-mêmes, et se consolent alors avec l'idée que toutes les femmes doivent leur ressembler et que, dans les romans seuls, il est des amantes partageant avec l'amant le plaisir. Ces femmes ne repoussent d'ailleurs pas l'homme, heureuses du plaisir qu'elles leur donnent, et se satisfont des caresses que leur amant leur accorde " avant ou après ". Mais, si elles se trouvent aimer un égoïste, que le souci de la femme importune, leur situation devient dramatique. Elles en sont réduites ou bien à la déception voluptueuse chronique, engendrant maint trouble nerveux, ou bien au recours à l'onanisme toujours psychiquement insatisfaisant, ou encore à la recherche d'un nouvel amant plus attentif. »

Suivant son raisonnement et ses observations sur « 200 sujets pris au hasard dans la population parisienne, prétend-elle, et soigneusement mesurés », les femmes de haute taille sont plus disposées que les autres à la frigidité. Son point de vue n'est pas inattaquable, d'autant qu'il s'assortit de conséquences chirurgicales auxquelles peu de femmes — heureusement ! — eurent envie de se soumettre. L'opération pratiquée par Halban consistait à rapprocher le clitoris du méat urétral. Narjani assurait avoir opéré cinq femmes et avoir obtenu des résultats positifs. Plus tard, l'expérience personnelle de Marie l'amena à s'avouer que l'opération n'entraînait pas toujours l'orgasme. Et, depuis, les travaux de Masters et Johnson ont prouvé « le mal-fondé de la chirurgie de la frigidité »[1]. Mais son article a le mérite

---

1. Hélène Michel-Wolfrom, *Cette chose-là*, p. 282.

d'aborder une question qui était alors taboue et de réclamer à sa manière une égalité des sexes dans le plaisir. Elle ne renia jamais les pages signées Narjani. Leur titre figure dans la bibliographie de ses œuvres qu'elle rédigea elle-même.

En plus des préoccupations que causait à Marie la famille immédiate, il y avait, dans la famille lointaine, des mariages, des enterrements royaux, aux quatre coins de l'Europe où se rendaient le prince et la princesse Georges de Grèce. Ces obligations dont elle s'était volontiers acquittée après la rupture avec Briand, pour se distraire, Marie trouvait à présent qu'elles l'absorbaient trop. Elles l'empêchaient de consacrer du temps à s'informer de bien des événements importants dont elle aurait aimé se tenir au courant. Dans ces familles qui faisaient partie de l'histoire, mais qui étaient déjà nombreuses à avoir été chassées du pouvoir, on ne s'intéressait plus au présent. Marie, qui prend tant de notes, n'a mentionné nulle part l'occupation de la Ruhr ou le putsch de Hitler à Munich, ni même l'arrivée au pouvoir en France du Cartel des gauches qui provoqua des remous sociaux dont il paraît peu probable qu'elle ne se soit pas aperçue. A la date du 25 mars 1924, elle écrit dans son agenda : « La première république grecque. » Pas de commentaire. Juste un repère pour sa future autobiographie. Alors qu'en ce qui concerne la France, elle tient à afficher des opinions républicaines. Ainsi, elle a laissé copie d'une lettre plus tardive, dont elle ne divulgue pas le nom du destinataire mais qu'elle a intitulée :

Lettre sur mon républicanisme :
16 avril 1925

Monsieur,

Je ne puis malheureusement vous promettre aucun appui politique
1) parce que je suis sans influence de cet ordre,
2) parce que la politique ne m'a jamais intéressée, ce qui fait d'ailleurs que je suis doublement sans influence (*sic*),
3) parce que contrairement à ce qu'on pourrait croire, je ne suis en rien bonapartiste. Je crois que la République qui a donné à la France tout ce qu'elle lui donna depuis cinquante-cinq ans est le meilleur régime approprié à ce pays.

Croyez à tous mes regrets et laissez-moi vous dire mes meilleures pensées. Marie [1].

La mort de Sarah Bernhardt, celle de Katherine Mansfield, de Joseph Conrad et de Kafka semblent être passées inaperçues pour elle, ainsi que celle de Barrès et d'Anatole France. Elle aime la poésie depuis toujours mais n'eut pas le temps de lire, alors, les *Élégies de Duino* et les *Sonnets à Orphée* qui venaient de paraître. (Elle ne découvrira Rilke que pendant la guerre.) Sur le plan littéraire, l'époque est heureuse : Cocteau chante les louanges de Raymond Radiguet et de son *Diable au corps*, tandis qu'il publie *Thomas l'imposteur* et Proust, *La prisonnière.* Marie qui avait rêvé d'être écrivain pendant son adolescence et sa jeunesse n'est pas touchée. Elle se tient à l'écart, enfermée entre les murs de la maison de son père.

Le 14 février 1924, avec X., elle est allée au théâtre voir *Knock ou le triomphe de la médecine,* la pièce de Jules Romains créée l'année précédente qui remporte un immense succès. Elle va rarement au théâtre et cette sortie avec X., sans l'épouse, est mémorable. D'autant plus que l'état du prince Roland décline rapidement.

La mort qui approche réveille en elle toutes sortes de sentiments contradictoires. Son chagrin d'être abandonnée n'étouffe pas l'agressivité retrouvée contre celui qui va l'abandonner à jamais et qui l'a tant fait souffrir. Elle vit des semaines de cauchemar, mais elle se défend comme elle peut, remplissant les heures d'occupations futiles : « Mes agendas ressemblent au journal de Louis XVI (au 14 juillet 1789) : visite à des médecins, chez des couturiers, commande de meubles, de plantes de jardin, etc. », a-t-elle écrit.

Elle a recopié une page du journal de l'oncle Christian qui permet bien d'imaginer l'atmosphère de l'avenue d'Iéna au moment de la mort du prince :

« *Dimanche 13 avril 1924.* Après le dîner, Mimi m'a fait porter un mot pour m'avertir que Roland était plus mal. J'ai prévenu Anne (la plus jeune fille de l'oncle) qui s'habillait pour aller au Théâtre des Champs-Élysées et nous sommes allés à l'avenue d'Iéna où nous avons trouvé Mimi, le D[r] et

---

1. Marie Bonaparte, brouillon d'une lettre adressée à un correspondant anonyme, 16 avril 1925.

Mme Troisier et Jocelyn Ollivier (le frère cadet de l'amie d'enfance de Marie). Roland est beaucoup plus mal et rien ne fonctionne plus chez lui. Il est au bout mais il peut vivre encore deux ou trois jours, dit Troisier, comme il peut mourir d'un moment à l'autre. Troisier paraît croire, cependant, qu'il durera jusqu'à demain. Il reconnaît encore Mimi, quoiqu'il ne parle plus. On a fait un lit à Troisier dans le salon et il ne quittera pas l'hôtel. »

« En réalité, note Marie après ce passage, Geneviève et Jean passèrent la nuit dans ma chambre et je les fis appeler dans la nuit. »

Le prince Roland mourra tôt le lendemain matin, 14 avril, à 5 h 17 ou 18, a consigné sa fille, toujours précise. Ses obsèques auront lieu le surlendemain et, coïncidence, dans *Le Figaro* du 17 avril 1924 qui en rend compte, la proclamation de la République grecque est annoncée en manchette car elle vient seulement d'être officiellement notifiée à la France par le chargé d'affaires de Grèce. La messe funèbre fut célébrée à Saint-Pierre de Chaillot, la paroisse du prince où l'absoute fut donnée par le chanoine Sicard, curé de la paroisse.

Les funérailles du prince Roland furent conformes à ce qu'il pouvait souhaiter. Il y eut un maximum de pompe, un bon nombre d'altesses royales, des ambassadeurs et de nombreux éloges funèbres au nom de l'Académie des sciences, de la Société de Géographie, de la Fédération aéronautique, de l'Aéro Club, du Club Alpin, de la Société d'anthropologie. Le prince Roland avait publié de nombreux livres qui furent évidemment mentionnés. Ses confrères de l'Académie des sciences vantèrent sa générosité : « Nos laboratoires maritimes de Banyuls-sur-Mer et de Roscoff lui doivent une importante partie de leur installation et de leurs moyens d'action. Il contribua largement à l'aménagement de la station physiologique du Parc des Princes ; il apporta à Janssen et à Bischoffshein le plus précieux concours pour l'édification de l'Observatoire du sommet du mont Blanc ; c'est grâce à lui que put être poursuivie et menée à bien la mesure de la méridienne de l'équateur, délicate et importante entreprise à laquelle l'Académie des sciences avait donné son patronage.

« Grâce à sa généreuse libéralité fut institué en 1908 le fonds Bonaparte qui a pour but de provoquer des découvertes en facilitant les recherches de travailleurs ayant déjà fait

leurs preuves en des travaux originaux et qui manquent de
ressources suffisantes pour entreprendre et pour suivre leurs
investigations », dit encore Jules-Louis Breton[1].

Vers la fin de sa vie, le prince Roland Bonaparte s'était
surtout consacré à la botanique. Sa collection privée de
roches, de minéraux, de plantes était la plus remarquable
qu'on pût trouver en France. Sa bibliothèque, qui s'était
accrue de la collection formée à l'île d'Elbe par le prince
Demidoff, comprenait près de cent mille volumes et plus de
deux cents revues et journaux géographiques. Le jour où en
reconnaissance de ses mérites on lui avait remis la médaille
Arago, le prince Roland constatait dans sa réponse :
« Tâcher de contribuer à augmenter la somme de nos
connaissances positives a toujours été le but que je me suis
proposé. » C'était de sa part une véritable profession de foi à
laquelle il fut fidèle pendant toute sa vie.

Le prince fut inhumé à Versailles, dans cette chapelle
familiale où reposaient déjà ses parents et son épouse.

Les louanges adressées à la mémoire de son père, Marie les
écouta avec satisfaction. Mais, plus que jamais, elle était
disposée à en mériter elle aussi, un jour. Elle était déterminée à faire une œuvre qui surpasserait l'œuvre paternelle.

De retour à la maison, elle se coucha, ayant constaté
qu'elle avait 39° de fièvre. Son entourage attribua son
malaise à l'épreuve de la journée mais il s'agissait, en fait,
d'une crise de salpingite. Elle allait être en mauvais état
physique pendant des mois. Cependant elle ne pouvait pas
rester inactive. Une succession de l'importance de celle du
prince Roland posait des problèmes. Malgré les pertes qu'il
avait subies pendant la guerre sa fortune s'élevait encore à
60 millions de francs. Il y avait le grand hôtel qu'elle ne
songeait pas à habiter et qu'il allait falloir vider, vendre. Il y
avait aussi l'énorme bibliothèque, une quantité de meubles,
d'objets — Marie, qui détestait le style Empire, en était
soudain submergée ! — les manuscrits, les herbiers, les
papiers à classer et à disperser. Démanteler une maison où
elle avait trop de souvenirs était une expérience très pénible.

---

1. Institut de France. Publications diverses de l'année 1924-4AA 34A.
Discours de Jules-Louis Breton, membre libre de l'Académie, le mercredi
16 avril 1924.

L'appel de l'esprit

Heureusement, le printemps n'était pas fini. Marie retourna vivre à Saint-Cloud et X. en reprit le chemin. Le soir, alors que les enfants dormaient, que Georges s'était retiré dans sa chambre et que les serviteurs avaient disparu, ils faisaient l'amour dans le jardin. Ensuite, ils s'endormaient tous les deux. X. dormait sur elle, dans le jardin, la nuit. Ils restaient ainsi enlacés, jusqu'à minuit, l'heure à laquelle il fallait se séparer et rentrer chacun sous son toit. Elle l'a noté dans le cahier intitulé X. Elle dit aussi qu'elle a toutes sortes de peurs. Elle a peur qu'un jour il ne l'aime plus, peur que sa femme découvre, peur de vieillir et devenir laide. Et elle pense au temps où ils seront sous la terre... Toutes ces craintes inhérentes à l'amour, elle les éprouve pour la première fois.

Au mois de juillet, les enfants partent pour Beg-Meil et Georges pour le Danemark. Elle reste à Saint-Cloud et elle écrit ce qui deviendra *Les glauques aventures de Flyda des mers* et ne sera publié qu'en 1950. Malgré la maladresse du récit, l'affabulation bouleverse. On y devine la profondeur du désespoir de Marie. Les symboles sont transparents. Marie est là, telle qu'elle se voyait à l'époque. Vision étonnante pour une femme de quarante-deux ans qu'on pourrait croire sœur spirituelle de Valmont. Chaque trait de la vie de Flyda correspond à un aspect de celle de Marie, selon Marie. La soumission au père, le coffre rempli de robes tissées d'or et d'argent qui sert à attirer le prétendant que le père recherche, le mariage-prison, l'appel de l'amour, l'abandon par l'aimé, la déchéance (Flyda est entraînée au royaume des sirènes et des tritons où elle connaît la dégradation de la volupté sans amour avec de multiples partenaires). Mais Flyda échappe « au néant des voluptés froides »[1], côtoie le bonheur simple d'une famille dont elle devient la servante. Mais « auprès des enfants, dont l'attention légère sans cesse voltige du poisson à l'eau, du nuage à la vague, se trouve seul, désespérément et d'essence à part, tout cœur passionné, toute âme obsédée ! »[2]. Pourtant bientôt un homme est prêt à l'aimer, elle à le suivre. Hélas, il

---

1. Marie Bonaparte, *Les glauques aventures de Flyda des mers*, p. 62.
2. Marie Bonaparte, *id.*, p. 77.

découvre son « passé d'amour errant »[1] en est jaloux, et l'abandonne alors qu'ils étaient à la veille de connaître ensemble un paisible bonheur. Il ne reste plus à Flyda qu'à se noyer, une pierre au cou. Durant cet été 1924, Marie est retombée dans une de ses dépressions périodiques que les apparences cachent au regard d'autrui, alors qu'au fond elle semble prête à succomber à la tentation de mourir.

Mais il y a X. et quelques éclats de bonheur qui soudain effacent toute la peine de vivre.

Au mois d'août, elle est partie à son tour pour la Bretagne et, le 26, X. s'arrange pour la rejoindre, à Angers. Ils passent une nuit ensemble. Toute une nuit. La première volée à leurs existences de gens mariés. Marie est si heureuse qu'elle se retient de dormir, alors qu'il dort contre elle, pour mieux profiter de sa présence, de leur bonheur. Marie rentre ensuite à Paris où elle est très occupée entre ses travaux d'écrivain et la maison de l'avenue d'Iéna à vider.

Les enfants, restés en Bretagne, lui écrivent. Le 2 septembre, Eugénie raconte qu'elle sait un peu de chinois. C'est M. Soulié de Morant qui le lui apprend sur la plage. Heureuse petite fille qui a pour professeur un sinologue aussi distingué. Elle le doit à sa mère qui, malgré son désarroi intérieur, a le talent d'attirer la qualité et de la rechercher chez les êtres. Rien n'arrête Marie qui, sans fausse honte, va vers ceux qui l'intéressent. Dans ce domaine, elle est tout à fait réaliste, sa position sociale lui permettant d'aborder n'importe qui, elle l'utilise. A plusieurs reprises, elle a noté qu'on la traitait bien parce qu'elle était riche. « L'argent n'a jamais compté pour moi. Il n'a de valeur que pour acheter la liberté. » Elle savait depuis l'enfance qu'on peut être prisonnier de sa richesse. Elle disait aussi détester la philanthropie, « c'est un paternalisme condescendant qui soulage la conscience des riches »[2]. Jugement que rapporte la princesse Eugénie de Grèce.

Marie Bonaparte a désiré communiquer son éthique à ses enfants. Ainsi, alors qu'elle trouvera naturel d'envoyer ses neveux et nièces, les enfants de la princesse Alice et du prince André, dans des écoles privées qui correspondront

---

1. Marie Bonaparte, *id.*, p. 87.
2. Cité par la princesse Eugénie de Grèce dans un article préparé pour le *Reader's Digest*, 1963.

autant que possible à l'éducation qu'ils auraient reçue s'ils n'avaient pas été en exil, elle envoie les siens au lycée. Elle appréciait la qualité de l'enseignement qui était alors donné dans les établissements d'État et aussi le fait qu'ainsi ils seraient mêlés à d'autres classes sociales. « Dans la famille, le lycée, en dehors de mes parents, personne ne savait ce que c'était », dit sa fille, la princesse Eugénie.

Il y avait déjà, en effet, une grande divergence entre la vie que Marie entendait mener et à laquelle elle souhaitait faire participer ses enfants et son existence d'altesse royale. Cette opposition allait s'accentuer bien davantage encore dans l'avenir. Mais Marie s'employait à ce qu'elle n'apparût pas. La provocation n'était pas son genre. Elle tâchait de ne pas heurter les autres, de ne pas créer une atmosphère de tension. Elle traita toujours avec beaucoup de bonne volonté et une grande bienveillance compréhensive, respectueuse, ceux qui, très différents d'elle, ne pouvaient imaginer ses intérêts, ses goûts véritables.

Sachant la partie perdue d'avance avec la plupart, elle n'essayait pas de se faire comprendre. Elle avait une vie coupée en deux, et s'arrangeait pour que chaque morceau paraisse cohérent à ceux qui y étaient mêlés.

Seul son mari eût pu pleinement se rendre compte, mais sa nature autant que son éducation l'empêchait de s'intéresser aux démarches intellectuelles de Marie. Son univers se bornait aux voyages, à la chasse, aux activités sportives que Georges partageait avec son oncle Valdemar et à la famille.

Il avait veillé à ce que ses enfants reçoivent une instruction religieuse conforme à sa foi mais, pour le reste de leur éducation, elle s'en remettait à leur mère. Il était une figure paternelle plutôt indulgente, surtout envers son fils, mais sans grande force.

Les enfants étaient depuis leur plus jeune âge habitués à le voir généralement en compagnie de « Papa two » (Papa numéro 2), son oncle Valdemar et c'était pour eux une figure plutôt lointaine. Plus tard, ils deviendront les confidents de leur mère mais au moment de la maladie et de la mort de leur grand-père, ils avaient été tenus à l'écart et en furent perturbés, ne pouvant comprendre la raison de l'attitude maternelle. Ils avaient senti le chagrin de leur mère qui avait refusé de les mêler à ses terribles souvenirs d'enfance qui étaient aussi des remords. Elle ne voulait pas les plonger dans son triste passé. Elle souhaitait les faire vivre dans le calme et l'harmonie. Elle les voulait heureux. C'était un rêve, étant donné son état et la situation conjugale. Sa tâche d'éducatrice que Marie prenait très au sérieux ne pouvait pas lui apporter beaucoup de joie. Dans ce rôle, elle manquait de naturel, à cause de ses souffrances d'enfant, encore si présentes en elle. Elle aimait son fils et sa fille avec cette passion qui jaillissait d'elle à tout moment, mais en même temps elle n'avait pas la patience nécessaire. Auprès d'eux, comme Flyda, elle se trouvait « d'essence à part ». Mimau, venue trop tard, n'avait pas été une vraie mère et Marie ne retrouvait pas d'instinct les gestes, les paroles qui, d'habitude, renaissent du passé. Elle était aux aguets, tendue, trop présente ou trop absente, toujours un peu à côté de ce qu'il eût fallu. Même avant qu'elle ne soit absorbée par son métier, ses enfants n'avaient pas toute l'attention qu'ils réclamaient. Elle pensait avoir trouvé en Croisy une auxiliaire remarquable. Les années passant, la nurse devenue gouvernante était certes d'un grand dévouement, et fort intelligente mais rien dans son caractère ne lui permettait d'adapter ses principes à la fantaisie et à l'imagination que Marie voulait insuffler au mode de vie de ses enfants. Elle était conventionnelle et elle essayait, subrepticement mais avec fermeté, d'imposer son point de vue à Pierre et à Eugénie qui s'en trouvaient désorientés. Leur rébellion tardive fut très violente à son égard, Ils allèrent même jusqu'à reprocher à leur mère de les avoir laissés si longtemps sous son influence.

Les relations de Marie avec le Dr Laforgue étaient rapidement devenues très suivies. Il n'était pas question d'analyse, mais ils avaient ensemble ce qu'elle appelait des « causeries » qui lui étaient très précieuses. Et quand, l'un ou l'autre était hors de Paris, ils s'écrivaient beaucoup.

Le 21 février 1925, pour la première fois, Laforgue alla dîner chez elle. Marie l'avait invité avec Otto Rank et le dîner leur fut servi auprès de son lit.

Otto Rank avait dix ans de plus que René Laforgue. Il était né à Vienne et n'avait que vingt-deux ans lorsqu'il avait été présenté à Freud qui l'avait très vite adopté. Six ans plus tard, Rank devint, avec Hans Sachs, le cofondateur d'*Imago*, le périodique où s'exprimaient Freud et ses disciples. Il était aussi le rédacteur le plus important de *Zeitschrift*, la revue de la littérature psychanalytique. Son livre *Le traumatisme de la naissance* était paru en 1923 et il avait créé des tensions avec Freud. Un an plus tard, Rank se rendit aux États-Unis puis ensuite voyagea souvent entre New York, Vienne et Paris où il devait s'installer temporairement en 1926. Cette année-là, il démissionna de la Société de Vienne, après le soixante-dixième anniversaire de Freud. A Paris, il se lia avec Henry Miller et Anaïs Nin. Alors qu'il n'était encore que de passage, un dîner chez la princesse Georges de Grèce était pour lui, tel qu'il émerge du *Journal* d'Anaïs Nin, une distraction à ne pas manquer.

Marie Bonaparte reçut les deux psychanalystes couchée car elle avait subi une série d'interventions chirurgicales. On lui avait d'abord enlevé un kyste ovarien, puis alitée trois mois, elle fit venir, à la fin de l'année 1924, Gilliès, un chirurgien plasticien de Londres que le roi George V lui avait fait connaître l'été précédent. Gilliès arriva à Paris pour « corriger » ses seins, ce qu'il fit le 31 décembre 1924 et il rectifia ensuite, pour la troisième fois, la cicatrice de la racine de son nez. Elle-même se rendait compte que toutes ces opérations étaient le signe de son mauvais état psychique. Elle attendait d'avoir la force de partir faire une cure à Salies-de-Béarn. Mais là n'était pas la solution. Elle demanda au Dr Laforgue d'écrire à Freud. Ce qu'il fit, le 9 avril 1925 :

« Je ne sais si Rank vous a fait savoir que nous avons passé une soirée chez la princesse Georges de Grèce. La dame en question souffre d'une névrose obsessionnelle assez prononcée ce qui, certes, n'a pas nui à son intelligence, mais a toutefois perturbé quelque peu l'équilibre général de sa psyché. Rank a déjà quelques idées sur son cas.

« Cette dame a l'intention d'aller vous voir à Vienne et me prie de vous demander si éventuellement vous entreprendriez sur elle un traitement psychanalytique[1]. »

Et Freud répond, dès le 14 avril : « Le Dr Rank ne m'a rien communiqué qui puisse me donner quelque idée sur la princesse Georges. Je suis tout à fait disposé à recevoir cette dame si elle veut venir à Vienne avant le 1er juillet et pourrai également la prendre en analyse si vous vous portez garant du sérieux de ses intentions et de sa valeur personnelle. De toute façon, l'analyse ne pourrait commencer avant le

---

1. André Bourguignon, *op. cit.*, p. 260.

1ᵉʳ octobre, car je suis pris jusque-là. Une autre condition serait que la princesse parlât allemand ou anglais. Je ne me fie plus à mon français depuis longtemps. Au demeurant, cette analysante devrait accepter les mêmes conditions que tous les autres patients [1]. »

Entre-temps, Marie avait réussi à sortir de son lit et était enfin installée à Salies-de-Béarn d'où elle écrivait le 18 avril 1925, au Dʳ Laforgue :

« ... La vie m'apparaît atrocement encombrée. Je ne me sens pas à la hauteur pour lui faire face, et les meubles des chambres, et les barrières entre les champs sont bien lourdes à remuer. Je suis fatiguée, fatiguée... J'ai pitié du monde entier et m'en laisserais dévorer. Je voudrais être un tant soit peu barbare. Mais je ne le suis qu'au-dedans ! Ça ne sort pas. »

Celui qu'elle considère comme le principal introducteur de la psychanalyse en France est donc devenu son confident. Plus tard, elle mentionna à Freud combien il avait été bon pour elle, pendant cette période. Il lui avait fait découvrir l'œuvre de Strindberg et elle s'était mise à lire les ouvrages de Freud qui n'étaient pas encore traduits.

Le 27 avril 1925, toujours de Salies-de-Béarn, elle écrit à Laforgue :

« Je crains que les murs autour de mon âme, malgré vous, malgré Freud que j'espère bien voir à l'automne, ne s'écroulent que bien tard ! Le Josué des murailles de Jéricho n'est souvent que le Cavalier aux orbites creuses ! En attendant ce soir libérateur vivons comme nous pouvons et envions les bateliers sur leurs péniches ! Voulez-vous essayer de vous faire batelier ? Vous vous ennuieriez bien vite.

« Si je suis tourmentée, je ne m'ennuie pas ici — je suis susceptible de souffrance pas d'ennui. »

Dans ses lettres, elle parle aussi de *Vaga*, le roman auquel elle travaille depuis l'automne avec grande régularité et application et dont Vaga, l'héroïne, encore une fois, lui ressemble, elle en a pleinement conscience et le dit.

Le 1ᵉʳ mai, Laforgue écrit de nouveau à Freud, à son propos :

« En ce qui concerne la patiente, je la tiens pour une personne très sensée et consciencieuse. Elle se trouve actuel-

---

1. *Id.*, p. 260.

lement en cure dans le Midi de la France pour des douleurs rebelles du bas-ventre, dont nous avons dû, déjà, mettre en évidence, comme il convient, le point de départ psychique. L'analysante croit fermement — et les médecins aussi — qu'elle pourra, en automne, risquer le séjour à Vienne. Dans huit jours, elle sera de retour ici et prendra alors des décisions définitives. Naturellement, elle devra se soumettre aux conditions générales. Les résistances ne se trouvent pas là, elle relèvent entièrement du domaine intellectuel où la patiente, par la supériorité de son esprit, cherche à disputer la préséance à chacun[1]. »

Dans une autre lettre, datée du 10 juin, Laforgue apporte d'intéressantes précisions sur le désir de Marie Bonaparte d'aller à Vienne :

« C'est essentiellement pour des *raisons didactiques* que cette dame voudrait aller vous voir. Elle a selon moi un complexe de virilité prononcé et d'autre part de nombreuses difficultés dans la vie, si bien que l'analyse serait de toute façon indiquée. Je suis chargé de vous demander si vous pourriez la prendre en analyse de six semaines à deux mois, dans la mesure du possible *deux fois par jour*[2]. Je n'ai voulu donner aucune réponse précise avant de vous avoir posé la question. J'ai toutefois fait comprendre à cette dame qu'elle devrait se soumettre rigoureusement à vos conditions, ce sur quoi d'ailleurs, elle est d'accord. Toutefois, la question du temps entraîne aussi quelques difficultés du côté de la famille. Mais il n'est pas exclu qu'en cas de nécessité l'analyse puisse, après une brève interruption, être reprise pour deux autres mois[3]. »

Ce à quoi, Freud, sans aucun doute ennuyé qu'elle désire apprendre plutôt que d'être soignée, et cela, apparemment, suivant sa propre convenance, répondit, le 16 juin 1925 :

« Avec la princesse, il semble donc qu'il n'y ait rien à faire. Comme je ne prends que très peu de cas, une analyse de six-huit semaines, qui m'oblige à en abandonner une autre, et qui s'étend sur une saison ne peut me tenter.

« Pour la même raison, il m'est impossible de consacrer à un même cas deux heures par jour, ce que je n'ai vraiment jamais fait que très exceptionnellement. En outre, étant

---

1. *Id.*, pp. 260-261.
2. Souligné dans le texte.
3. *Id.*, p. 267.

donné le nombre restreint de mes heures de travail, je ne pense pas avoir le droit de rien gaspiller pour une analyse sans but sérieux (soit didactique, soit thérapeutique)[1]. »

Les tout premiers analystes n'avaient pas eu d'analyse eux-mêmes, ou ils avaient été quelques semaines seulement en contact amical et personnel avec Freud. La seconde génération, qui était alors en formation, avait subi au moins quelques mois de traitement analytique.

Le 27 juin, Marie se décide enfin à écrire directement à Freud, afin qu'il sache ce qu'elle souhaite. Elle fait d'abord un brouillon en français et rédige son texte en allemand. Freud lui répond le 1er juillet, de Semmering, villa Schüler, qu'il l'attend le 30 septembre à Vienne, l'après-midi. « Lettre formelle, à la machine », note-t-elle dans le « cahier noir », répertoire de sa correspondance avec Freud.

Bien que n'ayant pas trouvé parmi les lettres de Marie Bonaparte adressées à Laforgue celle où elle le met au courant de sa démarche directe auprès de Freud et de la réponse de celui-ci, je pense que Laforgue dut être vite informé car il écrit, dès le 25 juillet, à Freud de l'île d'Yeu où il passe ses vacances :

« La princesse vous est très reconnaissante de bien vouloir la prendre en analyse[2]. »

Cet été-là, Marie reste seule à Saint-Cloud où elle est rentrée en mai, après son séjour à Salies-de-Béarn pour constater qu'il n'y a plus de rossignol dans son jardin. Elle est occupée à déménager l'avenue d'Iéna, « à remuer le passé des sous-sols », comme elle l'écrit à Laforgue dans une lettre du 18 juillet 1925. Le 1er août, elle lui raconte :

« Le déménagement où je vis chaque après-midi est une redoutable chose. Je remue de la poussière et du passé à pleins bras. J'ai retrouvé l'autre jour les notes de mon trousseau de bébé, de ma première vaccination, de l'enterrement de ma mère. J'ai pu faire de macabres constatations... » (Concernant les préoccupations de Roland et de la princesse Pierre qui se limitaient à l'argent qu'ils plaçaient au-dessus de tout.)

Pour se distraire, elle apprend à conduire avec **Auguste**, l'un des chauffeurs de sa maison. Ils vont de préférence au

---

1. *Id.*, p. 268.
2. *Id.*, p. 269.

Bois, et Auguste interrogé raconte qu'elle n'était pas une bonne conductrice. « Elle oubliait de tenir son volant, elle se mettait à parler et ne regardait pas la route. » Les enfants sont dans le Pays basque, à Guéthary, Pierre a passé son baccalauréat en juin. Sa sœur et lui sont seuls car Percy, le frère de Croisy, est de nouveau très malade, et Croisy est partie en hâte pour l'Angleterre.

Georges rentre assez tôt du Danemark pour aller rejoindre les enfants, en compagnie de Marie. Il est passé par Saint-Cloud et Marie note qu'ils ont dîné avec X. Ensuite, Marie et X. sont partis dans le jardin. « Une brume chaude alourdissait l'air noir. La demi-lune était voilée de brume. Il pleurait. » Parce qu'elle allait le quitter pour longtemps. Elle lui avait annoncé qu'après le séjour avec les enfants et Georges, elle partirait pour Vienne.

« Il m'aimait donc, écrit-elle encore, malgré ses partages, malgré ses cruautés... Je promettais de revenir s'il m'appelait mais je ne pouvais pas ne pas voir (Freud). L'appel de l'esprit, l'attrait du père à retrouver étaient trop forts. Et, avant, lui m'avait fait trop mal... Je pleurais aussi car je l'avais aimé comme jamais aucun amant. Je l'aimais malgré ses partages, ses mensonges et malgré sa tête qui n'était pas l'égale de ma tête, malgré ses aridités et ses insuffisances. Je l'aimais parce que rien comme lui ne fut pour moi le ravissement des nuits, l'attente du lever des jours, le parfum des feuilles et des herbes, parce que rien avant lui, à un degré égal, ne fut la poésie. »

Ce passage, elle l'a intitulé *L'appel du père* dans le cahier consacré à X.

Georges est, lui aussi, opposé à son départ. Il ne comprend pas ce qu'elle va faire à Vienne. D'ordinaire il ne se pose pas de questions à son propos. Elle va, elle vient, il a l'habitude. Mais là, il se demande si elle ne traverse pas une crise mystique[1]. Alors que vient faire le professeur juif ? Et pourquoi dit-elle déjà qu'elle restera sans doute longtemps partie ? Les enfants ont besoin d'elle ainsi que toute la maison. Il est inutile de se plaindre mais cette fois il ne peut s'en empêcher.

Le mari et l'amant ne savent pas exactement ce qu'ils redoutent. Mais ils se sentent l'un et l'autre menacés,

---

1. Marie Bonaparte, *Journal d'analyse,* 28 août 1925 (inédit).

abandonnés. Ils ont raison. Marie en a conscience. Or pour elle, ce départ est essentiel. La porte fermée contre laquelle elle se cognait, aussi loin que remontent ses souvenirs, cette porte va s'ouvrir. La vie réelle va commencer.

Et cette petite phrase, dans une lettre adressée au Dʳ Laforgue, le 30 septembre 1925, de l'Hôtel Bristol à Vienne : « J'ai vu cet après-midi Freud », marque le commencement de la vie réelle de Marie.

CHAPITRE VII

LE HASARD N'EXISTE PAS

> *Les spectres s'évanouissent à la lumière*
> *du jour. Mais il faut d'abord avoir le cou-*
> *rage de les évoquer en pleine lumière.*
>
> Marie BONAPARTE,
> *Psychanalyse et Anthropologie*, p. 107.

Marie avait longuement interrogé Laforgue au sujet de Freud. Elle avait appris que ce dernier avait été opéré au printemps 1923 d'une leucoplastie sur le côté droit du palais et de la mâchoire. Il s'agissait d'une tumeur carcinomateuse, l'opération était « la première des trente-trois... que Freud allait subir avant de trouver le repos »[1]. Elle avait appris également que Freud était marié et père de six enfants. Il était aussi grand-père. Son entourage s'apprêtait déjà à fêter son soixante-dixième anniversaire qui aurait lieu l'année suivante, en 1926. Il était révéré mais les années de solitude avaient été longues. Quelques amitiés masculines avaient beaucoup compté et elles s'étaient, en général, dénouées de façon douloureuse. L'amitié avec Wilhelm Fliess, l'*alter ego* qui plaça la sexualité au centre de leurs recherches, fut la plus passionnée. La rupture dramatique traîna des années, alors qu'il n'y avait plus entre eux qu'amertume et ressentiment. Adler, Jung, Rank furent d'abord des disciples. Quand plus tard, l'un après l'autre, ils prêchèrent la dissidence, Freud se sépara d'eux. Il était également déchiré par les rivalités qu'il découvrait dans son

---

1. Ernest Jones, *Freud*, III, p. 103.

entourage. Comme Anna Freud le dit à Ernest Jones, le disciple britannique auteur de la biographie majeure de Freud, la qualité qui définissait le mieux son père était la simplicité[1].

La renommée ne l'avait pas changé, Freud avait toujours le même besoin de sentir l'approbation de ses proches. Il était toujours semblable à celui qui avait créé, en 1902, la « Société psychologique du mercredi », qui rassemblait 19, Berggasse, où il habitait déjà, un petit groupe de confrères-amis prêts à participer à son expérience et à appliquer ses méthodes. En 1908, cette société qui avait grandi et formé une bibliothèque devint la Société psychanalytique de Vienne. Mais alors, la pensée de Freud s'était largement répandue, la Société psychanalytique de Vienne n'était plus la seule. Cette année-là, eut lieu à Salzbourg, le premier congrès international de psychanalyse et, en 1910, l'Association internationale fut fondée. Elle entraîna la formation de Sociétés dans les pays qui n'en possédaient pas encore. Celle de Vienne se transporta au Doktoren Collegium, en 1910, des locaux appropriés étant nécessaires. De plus en 1922, une polyclinique fut créée. L'Association américaine de psychanalyse date de 1911. Deux ans plus tôt avait eu lieu le voyage de Freud aux États-Unis. Le maître de Vienne avait été invité par Stanley Hall, président de l'Université Clark à Worcester, dans le Massachusetts. Ce fameux voyage avait été la preuve de l'étendue de sa renommée qui ne devait plus cesser de s'accroître. En 1914, Freud était célèbre en Russie. Il y avait des Sociétés de psychanalyse à Moscou, à Petrograd, à Odessa comme à Kiev.

En France, la psychanalyse ne pouvait se répandre largement qu'après avoir trouvé sa place dans l'enseignement psychiatrique où existaient une tradition et une hiérarchie établies de façon solide. C'était une forteresse difficilement accessible ; jusque-là les efforts de pénétration avaient été vains. Freud attribuait cet échec à la « perpétuelle allusion au génie latin qui (se devait) de clarifier la psychanalyse »[2]. Il y avait des raisons moins honorables : la xénophobie n'était pas rare, et l'antisémitisme non plus. Le milieu psychiatrique — le milieu médical en général — était

---

1. *Id.*, II, p. 431.
2. Marie Bonaparte, 1er octobre 1925.

conservateur. Il montrait donc une grande réserve envers cette nouvelle « science » étrangère, et juive de surcroît.

A l'époque où Marie Bonaparte obtint son rendez-vous avec Freud, il n'existait pas encore de Société psychanalytique de Paris et Laforgue, qui essayait d'en mettre une sur pied, avait posé sa candidature à la Société de Vienne où celle-ci fut acceptée à l'unanimité à la fin de l'année 1925[1]. Dans les milieux intellectuels, le groupe de la *Nouvelle Revue française* avait été alerté par Gide qui fut en analyse avec Mme Sokolnicka et qui, en 1926 publia *Les Faux-Monnayeurs* (où celle-ci paraît, comme j'ai mentionné plus haut). Dès 1922, Jules Romains publiait dans la *Revue* une présentation générale de la psychanalyse et de sa portée thérapeutique, tout en exprimant son scepticisme à l'égard des idées du fondateur. André Breton et les surréalistes, eux, se réclamaient de Freud à qui, de son côté, Romain Rolland, l'exilé, rendit visite, accompagné de Stefan Zweig, en 1924.

Freud était déjà alors si célèbre que Hollywood lui demanda d'écrire des scénarios sur « les grandes amours historiques de l'Antiquité à nos jours ». Cette même année, il reçut des propositions alléchantes (un « nombre incalculable de dollars », dit plus tard sa fille Mathilde à Marie Bonaparte)[2] de Hearst et du *Chicago Tribune* pour suivre le procès de deux jeunes riches meurtriers Leopold et Loeb, auteurs d'un « crime parfait » qui passionnait l'Amérique. Il devait simplement donner son diagnostic sur leur cas. L'année suivante, le critique littéraire danois, Georg Brandès, fit le voyage de Vienne pour le voir, et, en 1925, Freud rencontra Rabindranath Tagore. Les philosophes, les psychiatres, autant que les écrivains et les poètes s'intéressaient à son œuvre. Il ne recevait plus que ceux qui venaient de très loin. La souffrance que lui causait sa prothèse — que l'on changeait souvent, espérant toujours l'améliorer — l'empêchait de plus en plus de s'entretenir avec des visiteurs.

Avant son voyage à Vienne, Marie avait déjà donné quelques gages de son intérêt concernant la psychanalyse, et dans une lettre à Freud du 7 novembre 1925, Laforgue écrit : « Loewenstein, de Berlin, va pouvoir venir ici. Il doit son

1. André Bourguignon, « Correspondance Sigmund Freud-René Laforgue, Mémorial d'une rencontre », in *Mémoires,* Nouvelle Revue de Psychanalyse, n° 15, printemps 1977, p. 238.
2. Marie Bonaparte, *Journal d'analyse,* 8 janvier 1926.

autorisation d'entrée à l'entremise de la Princesse[1]. » Bien
qu'il fût son confident, il ne croyait pas que les activités de
Marie dépasseraient un jour ce genre d'intervention — qui
n'était d'ailleurs pas négligeable car le groupe français avait
grand besoin de soutien. Le groupe avait aussi besoin pour
se développer d'hommes qualifiés, comme ce Loewenstein
que la princesse avait spontanément aidé. Neurologue,
Rodolphe Loewenstein était né en 1898 à Berlin. Il avait fait
ses études secondaires à Zurich et ses études de médecine à
Berlin, où il avait été durant deux années assistant à
l'Institut de Psychanalyse. Il était l'un des premiers à avoir
reçu une formation analytique complète. Il s'installait à
Paris, à la demande de Laforgue qui en avait entendu parler
d'abord par Eitingon, pour y enseigner et former des
psychanalystes. Marie savait que Freud était au courant de
l'aide qu'elle avait pu apporter.

« J'étais très déprimée hier soir en arrivant, au bout de ce
superbe mais interminable couloir du Vorarlberg et du
Tyrol qui vous sépare du reste du monde », écrivait Marie à
Laforgue dans sa lettre du 30 septembre 1925. Avec sa
femme de chambre Solange, elle s'installa à l'Hôtel Bristol,
Kärntnerring. Elle ignorait encore combien de temps elle
resterait. Elle trouvait l'appartement « lugubre », mais
l'hôtel avait l'avantage d'être près de l'Opéra.

Il était gigantesque, comme tant de bâtiments de cette
ville, témoins des splendeurs révolues. Vienne qui avait été
le cœur d'un empire comprenant 40 nations, n'était plus que
la capitale d'une petite république ; mais on y avait gardé le
goût de la grandeur, on savait reconnaître la véritable
classe. Son Altesse Royale, la princesse Marie de Grèce et de
Danemark ne pouvait y passer inaperçue. Elle plut immédiatement. Contrairement à de nombreux visiteurs qui nous
ont laissé des descriptions détaillées des lieux rendus familiers par tant de photographies, la première fois qu'elle
monta les quelques marches de pierre du 19, Berggasse qui
menaient au cabinet de consultations du Herr Professor, elle
ne prêta aucune attention à la maison. « Mais l'impression
qu'il m'a faite dépasse tout ce que j'en attendais. D'abord
cette grande douceur, qui est en lui alliée à tant de
puissance. On le sent en « sympathie » avec toute l'huma-

---

1. André Bourguignon, *op. cit.*, p. 275.

nité qu'il sut comprendre et dont on n'est qu'un imperceptible morceau [1]. »

Néanmoins, elle ne perdit pas de temps et le programme des semaines à venir fut établi dès cette première visite. « Il me prendra tous les jours à 11 heures. Il m'a dit que je jugerai moi-même quand l'analyse serait finie. » Et il était prêt à lui accorder quelques jours d'absence si elle en avait besoin. Elle trouvait qu'il n'avait pas l'air mal portant. Il lui semblait seulement « un peu fatigué ».

Entre eux, la confiance réciproque fut instantanée. Ils se sentaient à l'aise l'un avec l'autre. Comme si leur amitié existait depuis longtemps. Ce que ni l'un ni l'autre n'aurait pu prévoir. Très vite, Freud parla de son cancer : « J'ai soixante-dix ans. J'ai eu une bonne santé mais il y a quelques petites choses qui ne vont plus... C'est pour cela que je vous préviens : vous ne devez pas trop vous attacher. » En réponse, Marie se mit à pleurer et lui dit qu'elle l'aimait. « S'entendre dire cela à soixante-dix ans ! » s'écriat-il plutôt content. Une autre fois il remarqua : « Voyezvous, je ne vous connais que depuis trois semaines et je vous en raconte plus qu'à d'autres après deux ans... Il me faut aussi ajouter que *je ne suis pas un connaisseur en êtres humains.* — Non, ce n'est pas possible », dis-je, oubliant Jung, Adler, Rank, etc. — « Fr. Non, je ne m'y connais pas. J'offre ma confiance et ensuite je suis déçu. Peut-être que vous me décevrez aussi... »

« Je tendis la main en arrière des coussins et il me la prit.

« M. Mon cher ami, osai-je dire les larmes aux yeux, non, je ne vous décevrai pas. — Fr. Je crois qu'avec vous je ne me trompe pas [2]. »

Découvrir une princesse qui correspondait si bien à un rêve de jeunesse touchait Freud. Il avait surnommé « Princesse », au début de leurs relations, celle qui devint quelques années plus tard Mme Sigmund Freud. « Princesse », c'était pour Marie comme un nom familier. Autour d'elle, tout le monde l'appelait ainsi avec plus d'affection que d'égards car elle avait l'habitude de traiter tout le monde avec la même chaleur et tout le monde y répondait. Freud n'avait pas imaginé que S.A.R. la princesse Georges de Grèce se comporterait avec ce naturel qu'il aimait tant. Mais

---

1. Lettre au Dr René Laforgue, 30 septembre 1925.
2. Marie Bonaparte, *Journal d'analyse,* 22 octobre 1925, p. 14.

« Prinzessin » était un mot qu'il aimait prononcer. Longtemps encore il s'adressera à elle ainsi alors qu'elle lui a
demandé de l'appeler Marie ou Mimi. Autrement, il cède à
tous ses désirs. Peu de temps après le début de l'analyse il
consentit à lui accorder deux séances par jour.

Quatre mois après leur première rencontre, il lui dit
« pour elle seule » que lorsqu'elle est apparue, il n'attendait
plus rien de la vie. Sa fille Sophie était morte de la grippe
espagnole quatre ans plus tôt et son petit-fils Heinerle, le fils
de Sophie qu'il adorait était mort, lui aussi, le 19 juin 1923,
d'une méningite tuberculeuse, trois mois après la première
opération de son cancer. La mort de ce petit garçon fut le
plus grand chagrin de sa vie et après cette épreuve toute joie
lui paraissait impossible. Il était âgé, Anna, sa fille bien-
aimée ne se mariait pas. La venue de Marie lui apportait
l'inespéré : un regain d'intérêt, d'espoir. Il attendait quelque
chose d'elle. Grâce à elle, il pensait de nouveau à propager
son enseignement, à le développer en France [1]. « Il y a en moi
un disciple qui ne fléchira pas », l'assura-t-elle. Elle lui sera
d'un dévouement absolu. Elle avait enfin trouvé le père
idéal, celui qui dépassait ses espérances. « Quel être merveilleux, unique, et comme le monde, de longtemps, n'en vit
et n'en verra plus ! La hauteur du caractère est égale à celle
de la pensée, et le contact quotidien avec un pareil esprit est
le plus grand événement de ma vie [2]. »

L'enthousiasme est communicatif, et les compliments de
Marie, s'ils n'étaient pas des plus discrets, sonnaient vrais.
Ils étaient assortis de toutes sortes de questions et de
commentaires dont Freud n'avait pas l'habitude : Avait-il lu
Einstein ? Savait-il qu'avant de le rencontrer elle le comparait à Einstein ? Alors que Laforgue le comparait plutôt à
Pasteur. « Je trouve sa comparaison tout à fait juste : mais il
y a quelque chose de plus à dire. Vous seriez plutôt un
produit du mélange [3]. »

« Fr. Vous le pensez vraiment ? Cela me flatte beaucoup.
Mais je ne peux pas partager votre opinion. Ce n'est pas que
je sois modeste, non. J'ai une haute opinion de ce que j'ai
trouvé, pas de moi-même. Les grands inventeurs ne sont pas
nécessairement de grands esprits. Qui a plus changé le

---

1. *Id.*, 18 février 1926.
2. Lettre au Dr René Laforgue, 7 octobre 1925.
3. En allemand dans le texte.

monde que Christophe Colomb ? Or qu'était-il ? Un aventurier[1]. »

Comme toujours, Marie prenait de nombreuses notes. Freud la laissait faire. C'est aux écrits de cette période que nous devons nombre des renseignements que Jones a utilisés dans sa biographie de Freud. Remis dans leurs contextes, quelques-uns paraissent un peu différents. Ainsi, à propos des femmes, après : « La grande question restée sans réponse et à laquelle moi-même n'ai jamais pu répondre malgré mes trente années d'étude de l'âme féminine est la suivante : " Que veut la femme[2] ? " », Marie transcrivit : « La plupart des écrivains ont été des hommes, ils n'ont pas pu nous dire ce que la femme veut. Et c'est justement à ce point de vue, comme à d'autres, que la littérature est dangereuse. Si Platon revenait à la vie et pouvait établir à nouveau sa république, il aurait le droit de bannir tous les poètes. Car les poètes peignent de l'amour une image fausse, qui sort de leur désir. Et la jeunesse qui les lit attend ensuite, d'après leurs descriptions, de l'amour et de la vie ce qu'ils ne peuvent donner[3]. » Ces commentaires nous font entrer dans un domaine qui nous laisse pressentir celui des « paroles de femmes », plus de cinquante ans avant que les féministes s'expriment.

Un autre jour Freud dit à Marie : « Il est certain que l'analyse ne peut changer le caractère. Vous conserverez, par exemple, toujours le conflit essentiel de votre vie. Le masculin et le féminin ensemble en vous. Mais l'analyse peut mettre de côté les apparitions maladives de ce conflit et libérer les forces psychiques pour une œuvre utile. Cela éclaire, apprend à dominer[4]. » Il la trouve « bisexuée ». Ce qui doit lui permettre de comprendre les hommes, ayant en elle-même un homme, assure-t-il. Cette idée plaît à la nouvelle analysante. Il porte encore d'autres jugements qu'elle a plaisir à entendre : « Lou Andréas-Salomé est un miroir — elle n'a ni votre virilité, ni votre sincérité, ni votre style[5]. » Ou bien il reconnaît qu'elle n'a « aucune pruderie ». Et il ajoute : « Personne mieux que moi ne vous

1. Marie Bonaparte, *Journal d'analyse,* 7 octobre 1925.
2. Ernest Jones, *Freud,* II, p. 445.
3. Marie Bonaparte, *Journal d'analyse,* Cahier 13, 8 décembre 1925.
4. *Ibid., Cahier IV, Domaine de l'analyse,* p. 11.
5. *Ibid.,* 14 décembre 1925.

comprend. Mais dans ma vie privée, je suis un petit bourgeois... je n'aimerais pas que l'un de mes fils divorce ou qu'une de mes filles ait une liaison[1]. » Après un pareil aveu, Marie ne le laisse pas tranquille. Elle lui a montré son sein et elle réclame des confidences intimes auxquelles il se refuse. « J'ose dire à Freud qu'il doit avoir un développement sexuel supernormal. " *Davon*, dit-il, *werden Sie nichts erfahren. Vielleicht nicht so sehr !* " (Vous n'apprendrez rien à ce sujet. Peut-être pas tellement)[2]. »

Il est plus bavard en ce qui concerne ses affaires d'argent. Il lui confie qu'il a perdu en 1918 tout ce qu'il avait gagné au cours de sa vie, 150 000 couronnes qu'il avait placées en valeurs d'État autrichiennes et les 100 000 couronnes de l'assurance sur la vie en faveur de sa femme. Après l'effondrement de l'Empire austro-hongrois, la situation économique du pays fut des plus précaires. Dans le cahier où elle a noté ces chiffres, elle rajoute en marge : « Lui trop peu, moi trop. » Et aussi : « Me garderait-il ruinée[3] ? »

Elle est trop riche pour qu'on puisse l'oublier. L'argent fait partie d'elle, elle a encore du mal à l'admettre. Elle vit une vie différente de la plupart, il lui reste à le reconnaître. Freud lui fait remarquer à la fois sa situation exceptionnelle et son besoin d'être comprise, approuvée par les autres. Il se compare à elle et trouve qu'il a sur elle « le gros avantage d'une indépendance intellectuelle totale ». Marie l'écoute, et note toutes ses paroles.

L'expérience viennoise était une grande aventure. Depuis ses années d'enfance elle n'avait jamais connu pareille solitude. En dehors des heures passées à Berggasse, elle ne voulait voir personne. Elle découvrait la ville qu'elle trouvait d' « une immensité sympathique »[4] et la musique emplissait ses soirées. Elle alla écouter la *Tétralogie* dirigée par Weingartner. « C'est tout à fait splendide[5]. »

Elle était partie de Paris à un moment malencontreux. Croisy sur qui elle comptait pour la remplacer était à Londres, où son frère se mourait. De retour après les funérailles, la gouvernante se plaignait de son absence aussi

1. *Ibid.*, 16 novembre 1925.
2. *Ibid.*, *Cahier 23*, 24 février 1926.
3. *Ibid.*, 31 octobre 1925.
4. Lettre au Dr René Laforgue, 23 octobre 1925.
5. *Ibid.*, 12 novembre 1925.

vivement que Georges et X. Elle menaçait d'abandonner son poste. Elle ne s'entendait pas avec le prince Georges. La coupure avec les enfants était difficile pour eux. Une fois de plus, ils étaient sacrifiés pour une raison qui leur échappait. Eugénie entrait dans l'adolescence. Elle avait besoin de la présence de sa mère. Ses relations avec son père ne s'étaient pas améliorées. Elle se sentait peu ou mal aimée par lui. Ils n'avaient en commun que leur colère contre le séjour viennois. Après plus d'un mois de silence, Pierre adressa une lettre à sa mère « pour *lui* rappeler qu'*il existait.* » Il montrait sa jalousie plus clairement que sa sœur mais ses appels, comme ceux de Croisy, demeurèrent vains. Rien ne pouvait faire revenir Marie. Elle décida même de ne pas rentrer pour se rendre au chevet de l'oncle Christian qui lui aussi la réclamait. Il était paralysé du côté gauche par une attaque d'apoplexie, mais elle espérait qu'il serait encore vivant à son retour[1].

« L'analyse est la chose la plus " empoignante " que j'aie jamais faite. *Ich bin,* comme on dit en allemand, *gepackt! aber vollständig* », ainsi qu'elle l'écrit à Laforgue, le 10 octobre 1925. Dans ses lettres à Laforgue, nombreuses durant cette période, elle ne dit rien de son analyse. Avant la fin du mois d'octobre, elle remet à Freud les *Cinq Cahiers* de son enfance, pour qu'il les déchiffre et restitue leur signification disparue. Quand elle connaîtra la nature des conflits dont elle n'a même pas encore conscience, elle deviendra capable d'agir, et elle aura appris un métier qui lui permettra de réaliser les possibilités qu'elle sent en elle. Elle espère aussi guérir de ses échecs amoureux. Elle est venue chercher chez son maître « le pénis et la normalité orgastique »[2].

Elle a commencé par parler de son mariage. Au cours des années, elle a accumulé une forte agressivité à l'égard de Georges. Freud l'assure que Georges ne menace en rien son développement intellectuel. Il prend souvent la parole, au cours des séances, interprétant à mesure le matériel que Marie lui fournit. Les progrès de l'élève sont rapides. Marie ne semble pas, au début, avoir à vaincre de grandes résistances. Sauf une : durant la troisième semaine, il lui dit, après un rêve qu'elle vient de lui raconter, qu'elle a vu des adultes faisant l'amour alors qu'elle était une très petite

---

1. *Ibid.*, 10 octobre 1925.
2. Marie Bonaparte, *Sommaire d'analyse,* 10 novembre 1925.

enfant. Marie repousse cette allégation avec violence, mais Freud l'assure que plusieurs de ses associations confirment cette interprétation, à mesure que l'analyse se développe.

« La princesse fait une très belle analyse et est, je crois, très satisfaite de son séjour, écrit Freud à Laforgue. Je me réjouis à présent d'avoir cédé à votre désir ainsi qu'à l'impression que m'a faite sa lettre et de l'avoir acceptée. Elle envisage de rentrer à Paris à la mi-décembre, mais me laisse espérer qu'elle reviendra bientôt. Une analyse interrompue après si peu de temps ne laisserait qu'un grand regret [1]. »

Le retour à Paris fut rude. Marie l'avait prévu. Elle éprouve cette tristesse profonde qui étreint lorsqu'on est tout à coup séparé de ce qui vous est essentiel. Bel exemple d'acte manqué : elle s'aperçoit qu'elle a oublié son alliance à l'Hôtel Bristol. Partie de Vienne le 17 décembre, elle écrit à Freud, dès le 19, une lettre mélancolique, et le 21 décembre une autre lettre « hypermélancolique ». « L'ennui est pire que l'angoisse. » La veille de Noël, elle se plaint d'étouffer. Mais cette lettre-là, elle ne l'envoie pas.

Elle doit faire face aux complaintes de tout son monde. Tout à coup, elle se rend compte de la difficulté d'établir un vrai dialogue avec ses enfants. L'analyse plus que l'éloignement lui a donné un certain recul. Elle observe avec moins de passion ce qui se passe autour d'elle. Eugénie voudrait l'accompagner à Vienne et s'imagine qu'elle le fera quand son frère sera à Cambridge. Mais Cambridge est un songe que Pierre ne réalisera jamais. Marie en est déjà certaine. Georges ne permettra pas à leur fils d'aller étudier en Angleterre. Inutile de laisser Pierre espérer comme on l'a laissée, elle, croire autrefois qu'elle pourrait passer son brevet élémentaire. Elle ne veut pas recommencer les mêmes erreurs. Mais « mes enfants sont moitié moi, moitié mes chaînes ». Et, Eugénie, ce n'est pas tellement Vienne qui la tente, c'est l'idée d'échapper à la cohabitation avec son père. « Tout le monde s'ennuie près de Georges. » Croisy souffre parce que le soir — et pas seulement le dimanche — elle est reléguée dans la petite salle à manger. Marie

---

1. André Bourguignon, « Correspondance Sigmund Freud-René Laforgue, Mémorial d'une rencontre », in *Mémoires, Nouvelle Revue de Psychanalyse*, n° 15, printemps 1977, p. 273.

découvre aussi qu'en son absence Georges n'a pas fait une seule visite à l'oncle Christian, ce qui la met en colère.

En revoyant X. après la plus longue séparation qu'ils aient connue depuis qu'ils sont amants, elle s'aperçoit qu'elle n'a pas cessé de l'aimer... Mais elle souhaite s'en libérer davantage encore si elle ne peut trouver avec lui la plénitude de l'amour partagé. Il est opposé à ce qu'elle devienne analyste. Il le lui a écrit : « Il serait ridicule que vous qui n'êtes pas médecin, mais une femme du monde, vous vous mêliez de psychanalyse. » Le jour où elle recopie dans ses carnets le passage de la lettre de son amant, elle ajoute : « Je veux acquérir la technique analytique [1]. » Il n'a plus le pouvoir de la décourager.

Elle lui échappe en pensant à son travail imminent : il est entendu qu'elle va traduire *Un souvenir d'enfance de Léonard de Vinci*, de Freud. Un après-midi, elle entraîne X. au Louvre pour voir la *Joconde*, et le *Saint Jean Baptiste* qu'elle préfère. Ensuite, elle dort onze heures. C'est inhabituel. Les reproches de X. s'ajoutant au reste l'ont poussée à trouver refuge dans le sommeil. Ne pouvant le convaincre et ne réussissant pas à partager son plaisir, elle n'a qu'une hâte : repartir. Elle n'est pas encore en mesure de changer de comportement, donc quoi qu'en pensent les autres, sa présence à Paris n'arrangera rien pour personne autour d'elle.

La belle analyse de la Princesse

Le 5 janvier 1926, elle est de retour à Vienne. Après les fêtes de fin d'année qui n'ont jamais été sa période favorite, l'Hôtel Bristol est un havre.

Comme il arrive quand on retourne dans un lieu où l'on n'avait pas encore de profondes habitudes, elle se sent plus intégrée au milieu de Freud qu'elle ne l'était en partant. Et elle était décidée à participer autant que possible à ce qui se passait autour de lui.

Juste avant son retour, Freud perdit l'un de ses plus fidèles disciples, Karl Abraham, mort d'une gangrène du poumon. Marie ne l'avait pas connu. Abraham était le fondateur de la

---

1. Marie Bonaparte, *Journal d'analyse*, 10 décembre 1925.

Société psychanalytique de Berlin qui fut la première à joindre l'Association psychanalytique internationale dont il devint le président après la démission de Jung, en 1914. Il fut de nouveau président de cette Association en 1924 et 1925 et il avait activement participé à la création, en 1920, de la Polyclinique de Berlin qui devint, en 1924, l'Institut de Berlin où étaient formés les futurs analystes. Freud fut affecté par cette mort d'un collaborateur qui n'avait alors que quarante-huit ans.

Marie se sent à présent tout à fait à l'aise à Vienne, elle travaille beaucoup. Elle est autorisée par le Professeur Wagner-Jauregg, ancien condisciple de Freud qui occupe la chaire de psychiatrie la plus prestigieuse de l'université, à assister à ses consultations à la clinique psychiatrique de l'hôpital général. Et elle commence enfin la traduction d'*Un souvenir d'enfance de Léonard de Vinci*, livre que Freud publia en 1910, et qu'elle eut envie de traduire dès qu'elle le lut. Jones écrit avoir eu « l'impression que Freud en étudiant la personnalité de Léonard de Vinci s'est, '' en même temps, identifié à celle-ci et s'est décrit lui-même ''. Dans cet ouvrage, nous apprenons que le peintre obéissait à deux pulsions : la passion de la connaissance scientifique et celle de la création artistique [1]. » L'identification a joué de la même façon pour Marie Bonaparte. C'est à partir d'affinités de ce genre que se développent et s'approfondissent l'amitié et la confiance entre Marie et son maître.

Marie voulait aussi progresser sur le plan professionnel. Elle avait hâte d'être invitée aux réunions de la Société, hâte de connaître ces confrères-disciples dont les noms lui étaient devenus familiers : Paul Federn, Max Eitingon, Wilhelm Reich, Hélène Deutsch, Heinz Hartmann et sa femme Dora qui était également analyste, les Bibring, les Kris, deux autres couples de psychanalystes.

Ce furent d'abord deux jeunes femmes qu'elle rencontra et il leur fallut un certain temps pour s'apprécier réciproquement.

Ruth Mack était américaine. Elle avait quinze ans de moins que Marie. Elle était élégante, cultivée. Elle avait à la fois du charme et de l'intelligence alliée à un courage moral qui plaisait à Freud. Elle avait fait pour la première fois le

---

1. Ernest Jones, *Freud*, II, p. 456.

voyage de Vienne à vingt-cinq ans. Elle s'appelait alors Ruth Blumgart. Son père, le juge Julian Mack, était un philanthrope juif bien connu. Après des études supérieures à Radcliffe College, la partie réservée aux jeunes filles de l'Université de Harvard, elle était entrée à l'école de médecine de Tufts University. Puis elle avait été interne dans un hôpital psychiatrique et désirait devenir analyste. En fait, sa première analyse se termina pendant le bref séjour de Marie à Paris. A Vienne, Ruth rompit avec son premier mari, Blumgart, qui s'était lui aussi intéressé à la psychanalyse mais qui poursuivit ensuite une carrière de cardiologue à Boston. Ruth Mack était très attachée à Freud et l'arrivée de Marie Bonaparte lui parut être une menace. Plus tard, elles se lièrent d'amitié, comme Freud l'avait souhaité.

Anna, la plus jeune des enfants de Freud, avait treize ans de moins que Marie. Elle était la préférée de son père. Elle avait commencé par enseigner dans une école primaire pendant cinq ans. Plus tard, après avoir été une fidèle auditrice des conférences que Freud donnait à l'université, elle travailla pour son père dont elle assuma tout d'abord le secrétariat. A partir de 1918, sans être membre de la Société, elle assistait aux conférences. En juin 1922, elle y fit une communication qui impressionna les participants — comme son père, elle parlait sans notes. Elle devint analyste en 1923, juste avant la maladie de Freud qui l'avait analysée pendant plusieurs années. Quand Marie la rencontra, elle s'était déjà spécialisée dans les analyses d'enfants.

Anna Freud était brune, petite et menue, avec un air de jeunesse espiègle et grave à la fois, qui lui resta toute la vie. Marie la trouvait jolie, jeune et charmante. Ce qui ne l'empêchait pas de la considérer comme une rivale. Mais entre elles, la jalousie fut de courte durée. Avant que Marie ne regagnât Paris pour Noël, la paix était faite. Freud avait dit à la princesse qu'Anna pensait qu'elle pourrait devenir une excellente analyste.

Dès son retour à Vienne, l'analyse de Marie fait des progrès rapides, servie par les *Cinq Cahiers* qui livrent leur secret. Les *Cahiers* illustraient parfaitement les théories freudiennes, et confirmaient l'opinion de Freud selon laquelle Marie avait assisté très jeune à la « scène primitive ». Les protagonistes ne pouvaient en être que Nounou et Pascal. Marie découvrait soudain qu'elle avait connu, à un âge très tendre, les détails de l'anatomie de l'homme et qu'elle avait observé l'acte sexuel pratiqué dans différentes positions. La petite Mimi avait pris plaisir à sa situation de « voyeuse » ; en être frustrée provoqua chez elle un ressentiment très vif qui se traduisit par son ambivalence à l'égard de sa belle nourrice. Sa haine s'exprime dans le premier souvenir de Mimi à l'âge de quatre ans, qui est évidemment un souvenir-écran où l'aspect de Nounou ne correspond pas à la réalité[1].

Freud est parti de la description inexacte de la nounou affligée dans le souvenir d'une face chevaline, alors qu'elle avait des joues bien pleines et une belle figure ronde, pour en déduire que l'amant devait être Pascal, le piqueur, amateur de chevaux et de femmes. La vision du coït avait été ressentie par l'enfant Mimi à la fois comme une expérience enviable et comme une agression contre la femme. Tous les fantasmes qui en résultent le prouvent et, pour l'enfant, papa a tué Petite-Maman en lui faisant ce que Pascal faisait à Nounou.

Les souvenirs avaient été réprimés chez Mimi avec plus de force encore qu'ils ne le sont d'habitude à cause de Mimau, qui avait étroitement surveillé ses activités sexuelles enfantines, et l'avait tant culpabilisée qu'elle ne parvenait pas à en retrouver le moindre résidu. Mais les histoires des *Cinq Cahiers* contiennent les éléments des observations réprimées.

Freud désigna à Marie le crayon de bouche dont il est question souvent comme un rappel de la fellatio et il y avait toutes sortes d'allusions à des actes sexuels variés dans les *Cahiers*. Le sirop de Flon et le poison se trouvent aussi dans ces histoires et Freud avança que lorsque Mimi ne fut plus un nourrisson, Nounou qui souhaitait recevoir en paix les visites de son amant endormait leur minuscule témoin avec du sirop de Flon. Ce sirop opiacé, dont les placards de la princesse Pierre regorgeaient, donna à Marie un dégoût définitif pour l'odeur et la saveur de la drogue. Venait également de là la peur d'être empoisonnée par Mimau, si vive à une certaine époque.

Pendant l'analyse de ces événements traumatisants de son enfance, Marie devint obsédée par les questions sexuelles et éprouva toutes sortes de pulsions. Ruth et elle étaient à

_____

1. Voir chapitre II.

présent intimes et se faisaient des confidences concernant le sexe. Ruth lui donna son avis sur les techniques masturbatoires et dit à Marie qu'elle était « plus fière de son onanie (qu'elle ne le serait) le 10 Doctor's degrees ! Elle *se croit* (c'est Marie qui souligne) indépendante de Mark, de Freud ! »[1] Ce genre de conversation que les amies avaient entre elles était rare et même difficile à imaginer à cette époque. Je ne prétends pas que toutes les femmes étaient prudes, ou qu'elles étaient chastes mais la tradition, l'éducation empêchaient de transgresser les règles de la morale judéo-chrétienne, en paroles du moins. Ces deux femmes le faisaient sans équivoque, sans même s'apercevoir de leur audace, comme M. Jourdain faisait de la prose sans le savoir — tant elles étaient l'une et l'autre occupées à poursuivre jusqu'au bout leur expérience de libération et, en chemin, à tâcher de trouver le bonheur dans un équilibre sexuel, orthodoxe ou pas.

Quand elle rentra à Paris, après cinq mois de psychanalyse, Marie n'eut de cesse d'obtenir de Pascal, alors âgé de quatre-vingt-deux ans, la confirmation de la lecture des *Cinq Cahiers* faite par Freud. Elle l'interrogea longuement, revint souvent à la charge[2]. Après bien des réticences, le vieillard finit par confirmer les déductions de Freud et donna des détails. Il avait été, en effet, l'amant de la belle nourrice. Leur liaison commencée quand le bébé avait environ six mois, dura jusqu'au départ de Nounou, lorsque Mimi avait trois ans et demi. Au début, bien que le bébé restât souvent les yeux mi-clos dans son berceau, ils ne se gênaient pas et faisaient l'amour en plein jour. « Alors, tels aussi les peuples exaltant en épopées les humbles débuts de leur histoire, je me serais servie des universels symboles de l'humanité pour chanter mes premières observations et mes premiers émois[3]. » Mais les symboles qu'elle avait spontanément réinventés lui avaient échappé au point qu'elle n'avait pu retrouver seule leur sens. La petite fille qui avait écrit ces récits dont l'abondance surprend, avait pris soin de les rédiger en anglais, nous le savons, pour se protéger de sa grand-mère et de Mimau qui, toutes les deux, ignoraient cette langue.

1. Marie Bonaparte, *Sommaire d'analyse*, Cahier 21, 31 janvier 1926.
2. Marie Bonaparte, *Cinq Cahiers*, I, p. 67.
3. Marie Bonaparte, *Cinq Cahiers*, I, p. 66.

Autant que la fin de la première tranche d'analyse, le retour chez elle fut dicté par l'imminence de la création de la Société psychanalytique de Paris. « La Princesse deviendra à coup sûr une collaboratrice zélée », écrivait Freud à Laforgue, le 5 février 1926. Dès le lendemain de son retour, le 27 février 1926, elle annonça à Freud que la première réunion du groupe, qui allait constituer la Société, aurait lieu le soir du 9 mars chez le Dr Laforgue. Elle y était conviée et serait parmi ces inconnus la plus proche de Freud, la déléguée du fondateur de la psychanalyse, en quelque sorte. Il comptait sur elle. Il le lui avait dit et les autres étaient au courant.

Le Dr Laforgue a réussi à réunir autour de lui et de Mme Sokolnicka quelques médecins-psychiatres : le Dr Angelo Hesnard, un médecin de marine qui avait fait ses études médicales à Angers puis à Bordeaux, où il était devenu l'assistant du professeur de psychiatrie de la faculté. Ensemble, le Professeur Régis et lui publièrent les premiers articles français sur la doctrine freudienne et, dès 1914, *La Psychanalyse des névroses et des psychoses,* ouvrage écrit en collaboration. En 1923, Laforgue et Hesnard avaient fondé le groupe de l'*Évolution psychiatrique,* avec une revue qui parut deux ans plus tard et fut la première tribune des psychanalystes français. Analystes, cliniciens, praticiens, psychologues collaboraient à l'*Évolution psychiatrique.* La revue était destinée à faire admettre par les psychiatres et le reste de la médecine française, les nouvelles techniques en les exposant d'une manière qui ne pouvait heurter les préjugés. Les fondateurs connaissaient bien la scène médicale et avaient la certitude de pouvoir ainsi faire admettre la science venue de Vienne. Toutefois, en 1926, Hesnard n'avait pas encore été analysé. Le Dr René Allendy, analysé en 1924 par Laforgue, avait publié avec ce dernier un ouvrage *La psychanalyse et les névroses,* préfacé par le Professeur Henri Claude qui, dans sa préface, exprimait des doutes à l'endroit de la nouvelle science. Le Dr Edouard Pichon, en analyse avec Mme Sokolnicka, était le gendre de Pierre Janet, qui avait laissé se répandre le bruit que Freud l'avait pillé alors qu'au temps où Freud suivait les cours de Charcot à la Salpêtrière, ils ne s'étaient même jamais rencontrés. Pichon était aussi linguiste, et chauvin (ses sympathies politiques allaient à *l'Action française,* ce qui signifiait qu'il était royaliste et peut-être antisémite). Participaient également à cette réunion : le Dr Adrien Borel, le Dr Georges Parcheminey et Rodolphe Loewenstein. Le lendemain Marie fit un compte rendu à Freud. Elle lui donnait ses impressions sur ceux qui allaient devenir ses compagnons de travail. On avait discuté longuement la manière de traduire les termes employés par Freud. Pichon voulait préserver le vocabulaire analytique d'apports qui lui semblaient barbares. Il était d'avis de remplacer le terme « libido » par « aimance ». Cette question des traductions tourmentait Freud. La traduction complète de ses œuvres en anglais avait été faite par une douzaine de personnes mais supervisée par une seule, Mme Joan Rivière, ce qui unifiait la terminologie et le style. Freud souhaitait voir Marie Bonaparte diriger ainsi l'édition française. Il se faisait des illusions en croyant que la traduction française de ses œuvres complètes allait être entreprise, aujourd'hui seulement celle-ci est en passe de devenir réalité.

Marie n'avait pas abandonné son désir de faire des études de médecine. Le Dr Talamon essayait de l'en dissuader, autant que X. Elle s'était mise à recevoir le Professeur Claude, auquel elle n'avoua pas son intention de devenir analyste lorsqu'il lui dit qu'il devrait poursuivre Mme Sokolnicka pour exercice illégal de la médecine.

Tout ce printemps, elle fut fort occupée par la formation de la Société et la préparation de la revue que ses nouveaux amis, autant qu'elle-même, voulaient faire paraître rapidement.

Georges et X. étaient, bien sûr, tenus à l'écart de ses activités nouvelles. Georges était jaloux et ne s'en cachait pas. Soudain, la mort est sur le point de frapper sa mère, la reine Olga, à qui il est resté très attaché. Marie part avec lui pour Rome, le 25 juin. Il saisit l'occasion pour lui demander solennellement d'abandonner ses travaux pour être ce qu'il avait espéré qu'elle serait : une vraie mère de famille.

Les funérailles de la reine eurent lieu dans la capitale italienne. C'était la période des vacances. Le groupe parisien s'était dispersé et Marie avait formé le projet d'emmener ses enfants chez Freud, qui avait loué une maison d'été au Semmering. Alors que Georges allait en Toscane, où sa mère devait être inhumée, puis, comme chaque année, il passerait l'été chez Valdemar, au Danemark, Marie rentra d'Italie à Paris le 10 juillet, afin d'assister à l'oral du second bachot de

Pierre et, le soir même, elle partit pour Vienne avec les enfants et Croisy.

Ceux-ci ne devaient rester qu'un peu plus de deux semaines en Autriche. Marie fit de son mieux pour que leur séjour fût réussi. Croisy trouva immédiatement que le Professeur Freud était « a dear » (un cher homme). La famille Freud les intriguait : Martin Freud, le fils aîné plut à Pierre, et Eugénie voulait savoir si le D^r et Mme Freud faisaient bon ménage. Ils passèrent chaque soirée avec les Freud. Une fois, ils allèrent tous chez Dorothy Burlingham, une amie américaine d'Anna Freud qui était là avec ses enfants. Mais une autre fois, Freud refusa de jouer aux cartes avec Marie, « c'est trop intime ». Elle était de nouveau en analyse. Au Semmering, Freud travaillait beaucoup moins qu'à Vienne, il n'acceptait que de rares patients privilégiés, à qui il faisait payer 40 dollars la séance, le double de ses honoraires habituels.

Pendant ce bref séjour de Pierre et Eugénie, Marie essayait d'éclaircir avec son maître quelques terreurs de son enfance, des terreurs telles qu'elle n'imaginait pas que ses enfants avaient pu en connaître. Cette peur des fantômes dont Marie avait souffert longtemps, elle la retrouva intacte en relisant les contes d'Edgar Poe, en particulier *Ligeia* qui l'avait effrayée lorsqu'elle avait l'âge d'Eugénie. Elle avait craint le retour de « cette mère que j'aurais tuée en naissant, et qui serait revenue, ogresse œdipienne, s'en venger »[1]. Car suivant son fantasme, il est évident qu'elle est complice par sa naissance, elle a participé au meurtre commis par son père. Le Serquintué ne livrera son secret qu'au dernier jour de ce voyage. Là encore, Freud l'a aidée. Ce monstre, qui allait l'écraser si Mimi ne se cachait pas totalement sous les couvertures quand il entrait dans sa chambre, la nuit, c'était le chemin de fer et c'était aussi l'homme dans le coït. Il avait tué sa mère, et il tuerait aussi la « petite voyeuse » pour la punir de l'avoir surpris.

A présent, la porte s'est ouverte enfin. Marie a conscience de ce qui l'a si longtemps tourmentée, elle a idée de ses limites et le temps est venu pour elle d'entreprendre une œuvre où elle pourra exprimer la somme de ses découvertes et de ses connaissances si chèrement acquises. Tout naturel-

---

1. Marie Bonaparte, *Cinq Cahiers*, I, p. 75.

lement son choix se porta sur une étude analytique de la biographie et de l'œuvre d'Edgar Poe.

Après avoir mis les enfants et Croisy dans le train du retour, à Vienne le 29 juillet, elle alla, pour la première fois, voir Halban le chirurgien qui pratiquait l'opération décrite dans l'article du *Bruxelles médical* qu'elle avait signé Narjani, puis elle remonta au Semmering.

Elle resta en Autriche tandis qu'avait lieu, à Genève, la première conférence des psychanalystes de langue française. Cette conférence avait été programmée juste avant le congrès des médecins aliénistes et neurologistes de France et des pays de langue française qui se tenait à Genève, du 2 au 7 août 1926, afin d'y inviter les membres du congrès des aliénistes. Le Dr René Laforgue et sa femme Paulette, le Dr Angelo Hesnard, le Dr Edouard Pichon, le Dr Gilbert Robin, le Dr Raymond de Saussure, sa femme Ariane de Saussure et le Dr Adrien Borel y participaient. Mmes Paulette Laforgue et Ariane de Saussure étaient analystes, mais ni l'une ni l'autre n'était médecin. Justement, à l'époque, où se tenaient conférence et congrès et où Marie Bonaparte était auprès de lui, Freud écrivait le pamphlet, sur *La question de l'analyse profane,* à la suite d'un procès qui avait été fait à Théodore Reik, l'un de ses disciples, par un patient. Reik n'était pas médecin mais docteur en philosophie (à Vienne il avait soutenu une thèse sur Flaubert d'un point de vue analytique)[1], et au cours de deux soirées, Freud lut à haute voix son article à Anna et à Marie[2] qui étaient toutes les deux directement intéressées par cette question des analystes non médecins. Freud était favorable à ces derniers et prêt à « dissuader les candidats en puissance de faire leurs études de médecine »[3].

Freud tenait fermement à ce que « *nul ne pratique l'analyse sans en avoir acquis le droit par une formation particulière*[4] », que cette personne soit ou non médecin ne me semble pas indispensable ». Selon lui, un « charlatan » était quelqu'un qui pratiquait l'analyse sans avoir passé par la phase didactique, et il affirmait « ce n'est pas seulement

---

1. Martin Bergman à Frank R. Hartman, *The evolution of psychoanalytic technique*, p. 74.
2. Lettre au Dr René Laforgue, 6 août 1926.
3. Ernest Jones, *Freud*, III, p. 334.
4. C'est Freud qui a mis les italiques.

dans les pays européens que les médecins forment le plus
fort contingent de charlatans en psychanalyse. Très souvent
ils pratiquent l'analyse sans la comprendre ». Il pensait que
les analystes non médecins pourraient constituer une force
qui empêcherait la psycho-analyse d'être « avalée par la
médecine » et donc détruite. Allant encore plus loin, il
reconnaissait que les analystes qui travaillaient avec les
enfants remplissaient un vide que ni la pédiatrie ni la
médecine générale ne pouvaient combler. Des consultations
de leurs patients avec des médecins pour des questions de
diagnostics ne pourraient endommager le travail de l'analyste non médecin.

L'automne de cette année 1926, dans l'État de New York,
une loi votée à l'instigation du Dr Abraham Brill déclarait
illégale l'analyse profane[1], alors qu'en Angleterre, à la
même période, 40 % des analystes n'étaient pas médecins.
Théodore Reik gagna son procès, car son patient était un
personnage déséquilibré dont le témoignage ne fut pas pris
en considération. Cette question devint l'un des sujets
majeurs du congrès de l'Association internationale à Inns-
bruck, l'année suivante. La défense de l'analyse profane
occupera Marie toute sa vie tandis que, d'autre part, elle ne
perdit jamais son intérêt pour la médecine. C'était l'une des
grandes raisons de son attachement pour X., qu'elle appela
souvent l'Ami. Elle l'interrogeait sans cesse, se tenait au
courant de son travail, lisant des ouvrages de médecine
qu'elle lui demandait de commenter pour elle. Elle apprit
beaucoup grâce à lui, et elle était pour lui, dans ce domaine,
très stimulante, l'obligeant à se tenir informé des travaux et
des recherches faits ailleurs.

Mais à son départ de Vienne, elle avait une autre préoccupation : une semaine de retard dans ses règles. La peur
d'être enceinte la tourmentait. Pierre ne supporterait pas
d'avoir un frère et elle pensait aussi au scandale « moral et
social » qui s'ensuivrait. En même temps, elle se mit à rêver
de l'enfant de l'Ami, un enfant de l'amour. L'idée lui plut
davantage encore quand elle revit son sang.

Elle passa le reste du mois d'août à Saint-Cloud, ce qui lui
permit de disposer librement de plus de temps avec l'Ami,
dont la femme et les enfants étaient partis en vacances.

---

1. *Id.*, III, p. 334.

Eugénie et Pierre étaient à Guéthary où elle irait les rejoindre à la fin du mois. Elle s'échappa une autre nuit avec l'Ami. Où ? Quand elle rédigea son cahier, elle avait oublié l'endroit, mais elle se souvenait que c'était près d'une rivière — l'Oise, peut-être la Seine... près de Paris. Ils n'avaient jamais le temps d'aller loin.

Elle va retrouver ses enfants au Pays basque et une grande tristesse s'empare d'elle. Une fois de plus, elle leur a manqué, ils le lui reprochent et elle les comprend, tout en n'y pouvant toujours rien. Elle a toujours, aussi puissant en elle, le désir d'être ailleurs. Elle se prépare de nouveau à partir pour Vienne et à continuer son analyse. Pierre veut se présenter à l'examen d'entrée d'une école de chimie appliquée, au milieu du mois d'octobre. Devrait-elle rentrer pour l'examen ? Freud lui assure que non et elle se range facilement à son avis. Pendant ce séjour, qui dure deux mois, il lui demande de ne plus rien écrire concernant l'analyse. Il ne l'a pas encore fait, ce qui est contraire à son principe en général, parce qu'il comprend l'importance exceptionnelle pour elle de l'acte d'écrire. Les *Cinq Cahiers* en sont la preuve ; mais à présent, il ne faut plus rien fixer, cela l'empêcherait d'atteindre des couches plus profondes en elle-même.

Premiers actes professionnels

A la fin du mois d'octobre, Marie fait un bref retour à Paris, d'où elle repartira le 7 novembre pour Vienne.

C'est à cause de la Société psychanalytique de Paris que Marie rentre. Personne de son entourage ne se fait d'illusion. L'Ami le sait aussi bien que Georges et les enfants. La Société sera officiellement créée le 4 novembre 1926. Laforgue en est le président — c'est toujours chez lui qu'ont lieu les réunions — alors que Mme Sokolnicka est vice-présidente et Loewenstein secrétaire-trésorier. Allendy et Pichon sont chargés de la rédaction des statuts. En dehors d'eux, il y a quatre autres membres : Marie Bonaparte, Hesnard, Borel et Parcheminey. Seules, Marie et Mme Sokolnicka ne sont pas médecins, mais cette dernière compense par son expérience. Marie est totalement neuve, elle n'a pour elle que les connaissances acquises au cours de son analyse didactique qui n'est pas encore terminée. La Société s'adjoindra bientôt d'autres membres fondateurs, Henri Codet et des collègues suisses, Charles Odier, analysé à Berlin par Alexander, et Raymond de Saussure, analysé par Freud.

Au cours de cette réunion du 4 novembre, on jeta les bases d'une revue qui serait publiée par l'éditeur Denoël et dont le comité de rédaction comprendrait : pour la partie médicale Laforgue, Hesnard, Odier, Saussure ; Marie Bonaparte s'occuperait de la partie non médicale ; et Pichon en serait le secrétaire général[1].

Dès son retour à Vienne, elle écrivit à Laforgue le 9 novembre : « J'ai parlé à Freud de notre séance et il m'est venu à la pensée que, avant de rédiger définitivement les statuts, vous devriez demander à Eitingon de vous donner communication des divers statuts des diverses sociétés psychanalytiques — cela pourrait nous servir.

« Je sais déjà, par exemple, que Freud n'aime pas beaucoup ces élections *annuelles* des bureaux qui empêchent la stabilité du travail du Président, secrétaire, etc. Ce n'est pas lui mais Mme Mack qui me l'a dit. Je lui en parlerai aussi. Bien entendu il peut y avoir des variations suivant les pays, mais il serait intéressant, avant de rien faire de définitif, de comparer les divers statuts. »

Il n'y avait pas que la question des statuts ; il y avait aussi, très désagréable pour tout le monde, la question des noms sur la couverture. Le Professeur Claude qui les soutenait d'une certaine façon non négligeable, représentait l'*establishment* en quelque sorte. Pour ne pas l'offenser, il avait été décidé de ne pas mettre le nom de Freud sur la couverture de la revue. Le 12 novembre, Marie écrira à Laforgue : « Mais moi je sais que nous sommes des lâches, des triples lâches, si nous n'osons pas mettre le nom du fondateur de la science que nous représentons sur la première Revue consacrée en France à son œuvre. C'est pour *nous* ce que j'en dis. Le nom de Claude n'y doit pas figurer, il n'a, lui, rien à y voir. Il n'est pas psychanalyste et je me demande même s'il accepterait si on le lui proposait. »

Marie discute aussi le titre de la revue qui devait d'abord s'appeler Revue internationale. Mais pas de raison de prendre ce titre puisque la rédaction en serait assurée par des

---

1. Notes concernant « la préhistoire de la Société psychanalytique de Paris », envoyée par la bibliothécaire de la Société à S.A.R. la Princesse Eugénie de Grèce, le 19 mars 1970, note datée de décembre 1966.

psychanalystes de langue française. Il y aurait peu de traductions. Elle insiste pour que la mention « sous le haut patronage du Professeur Sigm. Freud » soit sur la couverture. Elle désire que les noms français soient en deuxième page et voudrait éviter la mention de celui de Claude. C'est elle qui, en grande partie, finance la revue. « Je ne puis pas plus que vous aller contre la majorité mais me trouvant — vous aussi d'ailleurs — disposer des fonds, nous pourrions avoir voix au chapitre — le crédit dépendant de nous. » Elle lui répète que Claude ne lui fermera pas Sainte-Anne, et que celui-ci a intérêt à rester bien avec eux, « pour sa jeune gloire et pour le profit pour sa maison que son amitié — on peut le dire — avec moi peut lui rapporter ». La voilà donc une fois de plus décidée à payer, à se montrer généreuse pour s'assurer du pouvoir que lui donne sa fortune. Elle dit encore à Laforgue que certains seront difficiles à décider à propos de Claude, car ils craindront de perdre leur place auprès de ce dernier. Elle pense en particulier à Borel. La partie pour les psychiatres n'était certes pas facile. S'ils devenaient psychanalystes, ils étaient mal vus, c'était clair. Quant aux analystes non médecins, en dépit du texte de Freud que Marie Bonaparte traduisit, ils avaient du mal à se faire reconnaître et prendre au sérieux.

La première action que son analyse l'avait poussée à accomplir était l'achat d'une maison. Un hôtel particulier, 6, rue Adolphe-Yvon, près de la Porte de la Muette, qui coûtait 6 500 000 francs. Elle pensait que tout en gardant ses appartements à Saint-Cloud, Georges y vivrait plus commodément. Valdemar et lui préféraient être en ville quand ils séjournaient à Paris. Elle, cette maison, elle ne l'habiterait jamais beaucoup. « Je hais les maisons », a-t-elle écrit et à Saint-Cloud, sa vraie maison, qu'elle aimera toujours, elle a trouvé tout son monde agité, préparant le grand déménagement. Georges et elle auraient ainsi deux domiciles séparés, ce qui donnerait à Marie plus de liberté pour exercer sa profession et tout deviendrait plus facile.

Mais, malgré ces perspectives, Georges n'était pas de bonne humeur, cet automne-là. Pierre avait raté son examen d'entrée à l'école de chimie, il s'apprêtait à commencer son droit, et Eugénie semblait malheureuse. Georges grommelait contre la psychanalyse et l'effet que l'absence de leur mère avait sur les enfants. Une fois de plus, ses reproches ne l'atteignaient pas. Marie croyait avoir accompli ce qui était en son pouvoir. Elle était contente à la pensée qu'ils allaient vivre dans deux maisons et qu'elle serait bientôt tout à fait installée dans sa carrière. Georges et les enfants ne pouvaient toujours pas comprendre.

La fondation de la Société de la *Revue française de psychanalyse* n'occupa pas exclusivement les quelques jours que Marie passa à Paris à l'automne 1926.

Loewenstein lui avait écrit des lettres enthousiastes à propos d'un exposé sur Léonard de Vinci qu'elle avait fait devant les membres de la Société en formation. Dans ces lettres, il lui parlait devantage de sa beauté que des propos qu'elle avait tenus. Il habitait au bord de la Seine, quai de Passy, il venait de passer son bachot français et il allait falloir qu'il repassât d'autres examens pour avoir la permission d'exercer la médecine en France. Elle l'avait félicité pour son bachot et elle était attirée par cet homme, de seize ans son cadet qui avait une réputation de séducteur. Elle l'appellerait le Lion et elle ne se fit pas prier longtemps pour lui céder. Le 2 novembre, elle se rendit à un rendez-vous qu'il lui avait fixé, chez lui. Ce fut le début d'une liaison qui connut quelques belles heures ensoleillées mais aussi beaucoup de grisaille. Marie avait de l'estime pour le Lion mais elle ne lui donna jamais son cœur. Il n'aurait pas le pouvoir de la faire souffrir, ce qui était chez elle le critère de l'amour. L'Ami était jaloux, mais il faisait erreur sur la personne, l'accusant de le tromper avec « le petit Laforgue ». Avec lui, elle était insatisfaite, comme d'habitude, mais c'était tout de même lui qu'elle aimait.

De retour à Vienne, elle reprit l'analyse quotidienne. Elle note que, suivant une recommandation de Ruth Mack et de Mark Brunswick (un cousin de la mère de Ruth, que la jeune femme va bientôt épouser) Freud a élevé ses honoraires de 20 à 25 dollars la séance afin de gagner autant sans avoir à recevoir chaque jour d'aussi nombreux patients. Sa vie à Vienne était remplie : elle travaillait dans sa suite de l'Hôtel Bristol. Elle finissait de traduire le texte de Freud sur l'analyse profane, la *laienanalyse* et elle traduisait aussi le texte de Freud sur Moïse pour la revue. Elle cherchait, et trouvait, des textes pour cette revue qui n'était pas encore née. Soulié de Morant, « mon ami semi-chinois » ainsi qu'elle l'appelait, lui avait envoyé une « bien intéressante traduction d'un vieux livre de rêves chinois ». Elle pensait aussi à son livre sur Poe dont elle voulait qu'il fût son chef-d'oeuvre. De ce livre, elle parlait à Freud au cours de ses séances d'analyse.

Bientôt, pour la première fois, elle assista à une réunion du soir chez Freud. Ces petites réunions venaient juste de commencer. Elles avaient lieu deux fois par mois. Dix ou douze analystes s'asseyaient dans le salon d'attente, autour d'une table ovale. Six d'entre eux étaient des participants réguliers, les autres étaient choisis parmi le groupe viennois. La procédure était la même qu'aux réunions de la Société : présentation d'une communication, pause, discussion. Au début de la période de discussion, on se taisait attendant les observations du maître. Freud concluait chaque fois par : « Maintenant, laissez-moi écouter ce que vous avez à me dire ! » Le soir où Marie était présente, Wilhelm Reich exposa sa théorie de la *Vrobstansanalyse* nourrissant la *Materialanalyse*. Mais le lendemain, Ruth fit une scène de jalousie, reprochant à Marie de ne pas l'avoir avertie de la réunion. Sa vie à Vienne comblait ses exigences intellectuelles. Marie y trouvait enfin une raison d'être mais elle ne songeait pas pour autant à renier les liens que le temps, sa situation sociale et familiale avaient créés. Elle avait depuis toujours un sens aigu de ses responsabilités.

Deux jours plus tard, le 25 novembre 1926, va commencer la série de mauvaises nouvelles concernant la santé d'Eugénie. D'abord des télégrammes de Croisy et du Dr Talamon annoncent qu'Eugénie a la jaunisse. Mais le 7 décembre c'est une pleurésie dont elle souffre et Marie part immédiatement pour Paris.

A cause de l'état d'Eugénie, on ne fait aucun préparatif pour les fêtes qui approchent. Marie se terre à Saint-Cloud. Elle a attrapé la grippe et elle se documente pour sa première contribution à la *Revue française de psychanalyse*. Elle projette un article sur Mme Lefebvre, héroïne d'un fait divers qu'elle a suivi avec grand intérêt. Cette bourgeoise du Nord a tué de sang-froid, avec préméditation, sa belle-fille enceinte, sous les yeux de son fils. Au cours d'une promenade en automobile avec le jeune couple, elle a sorti un revolver de son sac et l'a appliqué sur la tempe de sa belle-fille, assise à côté d'elle à l'arrière de la voiture conduite par son fils. Sans que rien laisse prévoir son geste. Le crime eut lieu le 26 août 1925, Mme Lefebvre fut jugée aux assises de Douai en octobre 1926, alors que Marie était à Vienne. Les journaux firent grand cas de l'affaire. Marie, en questionnant

Mme Lefebvre, voulait essayer de découvrir comment « tout autrement que dans les autres têtes humaines se peint dans cette tête l'univers », comme l'a écrit Schiller, qu'elle cite [1]. Cinquante ans avant Truman Capote, elle eut la même idée que l'auteur de *Sang-froid*. A la prison de Lille, elle avait obtenu la permission de s'entretenir quatre heures avec la meurtrière. Freud lui avait recommandé de se contenter d'écrire sur elle-même. Mais elle a trouvé un sujet qui l'inspirait et elle ne le traite pas comme une débutante. Elle décrit le cas de Mme Lefebvre chez qui sur « une constitution paranoïaque » s'était « développée une psychose de revendication ». « Ces malades conservent la mémoire, la faculté raisonnante à un haut degré, ce qui fait illusion aux profanes sur leur intégrité mentale. Mais en un point leur raison est troublée, en ce qui touche à la faculté dite de jugement. Une idée prévalante douée d'un " affect " puissant s'étant établie en eux et y devenant dominante, tout ce qui touche à cette idée prévalante perd ses proportions. Ainsi de tous les dires de Mme Lefebvre relatifs à sa bru. Mme Lefebvre est incapable de préciser contre celle-ci un grief sérieux. Des paroles insignifiantes lui semblent des offenses justiciables du coup de revolver [2]. » Marie découvre que Mme Lefebvre est heureuse maintenant, heureuse d'un calme que rien ne peut troubler et qu'elle ne connut pas de longtemps. « Je n'ai plus d'ennuis », répète-t-elle comme une chose évidente pour tout le monde. Elle semble vraiment avoir tué ses ennuis avec sa belle-fille, ainsi qu'elle l'escomptait [3]. » Et l'étude, qui, entre ces deux citations a cerné les raisons de ce crime qui horrifia le public, permet également à Marie Bonaparte d'exprimer son opposition à la peine de mort (qui avait été prononcée contre la criminelle). « Si le peuple tient tellement, par exemple, au maintien de la peine de mort, pourtant d'une exemplarité assez douteuse dans l'état actuel de nos sociétés, où le crime se réfugie de plus en plus parmi les inadaptés n'ayant pas le *sens du réel* qui les environne, ne serait-ce pas moins par souci de sa propre protection que comme à la dernière prérogative royale qui lui reste, en temps de paix, de verser impunément, parce que collectivement, le sang ? Et le sang du criminel ! C'est-à-dire de celui

1. Marie Bonaparte, *Psychanalyse et Anthropologie*, p. 30.
2. *Ibid.*, p. 14.
3. *Ibid.*, p. 30.

que tout au fond de lui, inconsciemment, les instincts primitifs refoulés et insatisfaits du peuple envient [1]. » L'article sur Mme Lefebvre eut le retentissement qu'il méritait, dans le monde psychanalytique et bien plus tard, après des polémiques et des ruptures bruyantes, il en fut encore question.

Le deuxième article, qui paraîtra la même année 1927, dans la *Revue* : « Du symbolisme des trophées de tête » est moins original, bien qu'il révèle l'intérêt de Marie pour l'anthropologie. Il comporte de trop nombreuses citations. Je laisse de côté son point de départ : Comment les cornes, symbole de virilité, sont aussi celui des maris trompés.

Voilà donc Marie lancée sur sa nouvelle voie, à un moment où sa fille de santé fragile lui donne tant de soucis. Mais Eugénie est courageuse et conserve sa fantaisie. Elle se plaît à voir les oiseaux picorer une noix de coco et aime les *krampers* que sa mère lui a rapportés de Vienne. Elle va avoir dix-sept ans, l'âge de la tuberculose imaginaire de sa mère. Celle-ci décide de l'emmener sur les lacs italiens, à Pallanza. Comme Pierre semble épuisé, elle l'emmène aussi. Le 27 janvier 1927, ils sont à Pallanza, avec Croisy. Après s'être assurée qu'Eugénie est bien installée à l'Hôtel Métropole, elle part pour Vienne où elle va continuer son analyse pendant deux mois. Freud lui dit un jour (le 15 février 1927) qu'elle est réaliste avec parfois une *wildephantasie.*

C'est cet aspect de son caractère qui la conduit à chercher dans la chirurgie une réponse facile à ses problèmes sexuels. Au retour d'une semaine à Pallanza, elle se fait opérer par Halban, le 20 avril 1927. Cette opération qu'elle nomme Narjani, pratiquée sous anesthésie locale, n'a duré que 22 minutes. Ruth Mack y assistait. Freud félicita Marie pour son « héroïsme », mais dit qu'il n'avait pas le temps d'aller la voir à la clinique Loew, où elle resta jusqu'au 2 mai.

Quand elle retourne à l'Hôtel Bristol, elle se sent déprimée comme elle ne l'avait encore jamais été dans cette ville. Son opération avait marqué la « fin de la lune de miel avec l'analyse ». Freud gronde Marie de l'avoir pratiquée. De Paris où elle rentra le 7 mai, elle lui écrivit qu'elle était désespérée de sa bêtise. Elle lui demanda, un peu tard, conseil : Comment agir avec Halban qui comptait sur elle

---

1. *Ibid.*, p. 44.

comme collaboratrice ? Le 14 mai, Freud lui écrivit, de Vienne, une « noble lettre » où il ne parlait plus de sa « bêtise » mais d'Eugénie qui devrait passer une année en maison de repos, Marie avait décidé de l'emmener à Leysin.

Dans la même lettre, Freud faisait la distinction entre ce que pourrait être sa conduite si elle n'envisageait pas de devenir analyste — elle pourrait alors se permettre une grande liberté — et la tenue qu'elle devait observer étant analyste. Il précisait que les deux buts de l'analyse étaient liés : l'analyse libère les instincts, l'analyse permet de maîtriser les instincts.

Marie était tout absorbée par la santé de sa fille. Elle allait partir pour Leysin en éclaireuse afin d'organiser le séjour d'Eugénie. Elle avait conscience d'avoir blessé sa fille. « On ne peut vivre sans faire du mal autour de soi. » Son jeune amant Loewenstein disait l'aimer et il se plaignait, il souffrait mais ses tourments ne l'émouvaient pas.

La mauvaise santé d'Eugénie, en modifiant les projets de sa mère, allait jouer un rôle dans les relations de Marie et de Freud. Une correspondance s'engagea dans laquelle Freud continuait sur le ton de sa « noble lettre » et adressait des reproches à sa princesse qui les supportait mal. « Il était excédé, et j'étais trop narcissique », nota-t-elle parce qu'il lui écrivit qu'elle ne s'était pas aperçue de sa fatigue le soir où elle l'avait retenu 5 heures 15 au cours d'une visite. Chaque fois qu'elle se rebellait contre ce « Père » qui finissait toujours par lui dire ce qu'il avait sur le cœur la concernant, elle reprenait l'idée de faire sa médecine et d'abandonner la psychanalyse. « Je ne veux pas être nonne », écrivait-elle le 1er juin de retour à Saint-Cloud. Elle passa une journée avec l'Ami, qui, une fois de plus, se révélait jaloux mais elle renoua avec lui. Cela faisait partie du schéma. Loewenstein ne s'y trompa pas. Il lui disait qu'elle ne l'aimait que par vengeance.

Leur liaison n'était pas finie. Mais Marie avait d'autres choses en tête. Elle avait écrit à Laforgue, le 1er avril 1927 : « Devant aller et venir entre elle (Eugénie) et mon fils, je ne puis encore entreprendre des analyses... C'est merveilleux, les analyses. On ne peut plus embrasser d'autres professions, quand on a goûté à celle-là. Mais quand pourrai-je moi-même analyser — j'allais écrire *assassiner* — des êtres vivants ? » Elle était donc toujours hantée par le crime et les meurtriers. L'association est curieuse et révèle son identification aux « meurtriers » de son enfance, son père et Pascal. Pour elle, l'accomplissement était la province du mâle.

Une vocation accomplie

Le 3 juin, elle rencontra Charles Lindbergh dont la traversée de l'Atlantique Nord seul à bord de son *Spirit of Saint-Louis* avait exalté toute la France. A la réception donnée à l'ambassade des États-Unis pour le jeune héros, Marie l'observa se demandant s'il était vierge, elle l'a noté dans ses carnets. Elle restait à Paris parce que le premier numéro de la revue devait sortir. Il parut le 24 juin 1927, avec cette mention : « Cette revue a été placée sous le haut patronage du Professeur S. Freud. » Bientôt, Marie partit rejoindre Eugénie à Leysin. Encore une fois, elle allait s'identifier à des inconnus, victimes à ses yeux de la société, deux anarchistes suspects de meurtre, Sacco et Vanzetti furent condamnés à mort par la cour suprême du Massachusetts. Leur cas l'émut si fort qu'elle se réveilla à l'heure de leur exécution en août 1927. Tandis que sa tourmente analytique se calmait, le 15 août, Freud lui avait renvoyé des projets de bande et de prière d'insérer pour la traduction de *Léonard* éditée par Gallimard. Il lui faisait remarquer qu'il avait, lui aussi, commencé sa carrière par des traductions (de Charcot). Mais Marie ne s'attendait pas à ce que la publication de sa première traduction déchaîne un scandale.

Après son séjour auprès d'Eugénie et trois mois de psychanalyse, plus féconds que les deux années précédentes, elle rentra à Paris le 17 décembre. Des échos lui étaient parvenus dans des lettres reçues à Vienne mais elle n'avait aucune idée du tollé qu'*Un souvenir d'enfance de Léonard de Vinci* avait provoqué.

Jusque-là dans son milieu on ignorait, le plus souvent, la psychanalyse et même le nom de Freud. Mais celui de Léonard était familier à tous, et les « révélations » du texte freudien paraissaient une diffamation insupportable. « Les gens du monde sont révoltés contre moi, les artistes contre Freud », écrivait-elle à Laforgue le 18 décembre 1927. Une de ses cousines jeta le livre au feu. Georges se plaignait. La carrière de Marie ne pouvait rien apporter de bon, il en avait été sûr depuis le commencement mais elle devait lui promettre à présent de ne plus écrire, de ne plus mêler son nom, le sien et celui de leurs enfants à pareille littérature. Pour lui, c'était l'horreur et le déshonneur. Marie n'était pas impressionnée du tout. Son fils était calme devant le scandale. Il ne haïssait pas la psychanalyse. Bientôt, il lut *Léonard* et dit n'avoir pas tout compris mais ne pas être choqué.

Marie s'en alla passer Noël à Leysin d'où, le 28 décembre, elle écrivit à Freud que seule Eugénie la comprenait. Cette phrase, elle la répétera souvent plus tard. Mais Eugénie n'avait pas le sentiment que sa mère s'intéressait à elle ni que celle-ci était sensible à la compréhension qu'elle lui témoignait. « L'analyse isole, écrivit aussi Marie pour la première fois, l'intelligence aussi. » Ses rapports avec l'Ami étaient dans une phase peu exaltante. Il n'avait pas osé faire de nouvelles réserves sur la traduction de *Léonard*, mais elle savait depuis leur déjà lointaine visite au Louvre, ce qu'il pensait du contenu du texte. Ce fut par défi, pour se venger des réactions de tous ces gens autour d'elle, qu'elle décida de financer l'expédition projetée par Geza Róheim, un anthropologue et psychanalyste hongrois pour lequel fut créée une chaire à l'université de Budapest pendant le régime de Bela Kun. Né en 1891, il avait été analysé par Ferenczi en 1915-1916, Freud lui avait proposé un programme : liberté sexuelle, latence, complexe d'Œdipe, complexe de virilité chez les femmes, qu'il devait étudier sur le terrain, au centre de l'Australie, en Mélanésie et chez les Indiens Yuma de l'Arizona.

Freud avait eu raison de féliciter Marie pour son mépris de l'opinion. Après l'épreuve de *Léonard*, elle était plus que jamais engagée dans ses activités analytiques. L'année 1928, elle fit d'autres traductions : *Le moi et le soi*, [1] en particulier. Elle prit des patients en analyse. Elle aurait pu en avoir six, elle n'en garda que trois. Freud, de loin, faisait ses « contrôles », d'après les rapports qu'elle lui envoyait et Loewenstein supervisait sur place, quand elle en avait besoin.

Alice Jahier qui, dans une interview [2] revendiquait d'avoir été l'une des premières patientes de la princesse, disait que son analyse avait, comme il se doit, « révolutionné » sa vie.

---

1. *Das Ich und das Es*, plus tard la traduction de *Es* par *ça*, plus exacte, prévaudra.
2. In *Herald Tribune*, Paris, 4 juillet 1981.

Elle parlait de la « légendaire Marie Bonaparte » avec une sorte de fascination.

Depuis le début et tout au long de sa carrière, la princesse Marie Bonaparte pratiqua l'analyse en traitant ses patients d'une manière peu orthodoxe. D'abord, ils n'avaient pas besoin de se déplacer pour aller la voir. Elle leur envoyait un chauffeur et l'une de ses luxueuses automobiles pour les amener à Saint-Cloud. Si le temps le permettait, la séance avait lieu dans le jardin et elle-même s'allongeait sur une chaise longue derrière le divan. Pendant les séances, elle ne cessait de faire du crochet — elle qui avait tant détesté les châles et autres vêtements que crochetait sa grand-mère ! — plus tard, elle emmenait avec elle autant de malades qu'elle le pouvait quand elle quittait Paris pour Saint-Tropez ou Athènes, devenant à la fois hôtesse et analyste.

Deux anecdotes circulent encore aujourd'hui à son propos : un jour qu'elle assistait à une présentation de malades à Sainte-Anne, Marie Bonaparte voulut convaincre le Professeur Claude que la phobie des savonnettes qu'éprouvait une jeune fille chaque fois qu'elle prenait un bain venait du désir de la malade de caresser les testicules de son père. Claude devint cramoisi, déclara que ses filles ne pourraient jamais avoir de telles pensées, et s'enfuit poursuivi par Marie Bonaparte qui essayait de le retenir et lui criait : « Mais vous ne pouvez pas vous conduire de la sorte ! » L'autre histoire se situe au Bois de Boulogne où Marie enfant avait été effrayée par la rencontre d'exhibitionnistes. Devenue analyste et voyant l'un de ces individus dans ce même Bois, elle s'approcha de lui et « Rentrez tout ça, lui dit-elle, c'est sans intérêt, mais j'aimerais bien vous parler, venez me voir demain chez moi ». Elle lui tendit sa carte, l'homme ne vint jamais, inutile d'ajouter.

L'année 1928, elle resta une partie de juillet à Saint-Cloud. C'était devenu une habitude car X. était seul à Paris pour deux ou trois semaines, ils en profitaient. Ruth Mack, remariée à Mark Brunswick était elle aussi à Paris. Marie la vit peu, ce qui lui valut des reproches de Freud, mais elle tenait à consacrer tout son temps libre à X. Elle alla même à Deauville avec lui, Pierre et un Anglais pour le 14 juillet. Le 22, elle partit pour Leysin en voiture avec l'Ami, ils s'arrêtèrent à Auxerre pour y passer la nuit. Mais elle traduisait *Le cas de Dora* avec Loewenstein qui alla la rejoindre à Leysin où Eugénie se trouvait toujours. Ils restèrent longtemps ensemble en travaillant tous les deux.

En septembre, Marie partit pour Berlin, rejoindre Freud qui se faisait faire une nouvelle prothèse par Schroeder, « un célèbre stomatologiste »[1]. Elle séjourna au Tegelsee pour être auprès de lui. Loewenstein était là lui aussi, ainsi que Pierre, qui découvrit alors une lettre de ce dernier adressée à sa mère et qui ne laissait pas de doute sur la nature de leurs relations.

D'autre part, elle continuait de faire face à ses obligations d'altesse royale qu'elle n'avait pas rejetées complètement. Ses carnets le prouvent. L'existence des deux domiciles : la rue Adolphe-Yvon et Saint-Cloud paraissait une bonne solution, convenant à tout le monde. Mais pour mener de front toutes ces activités, toutes ces vies différentes, Marie avait une belle énergie et une grande force physique — en dépit des maladies souvent d'origine psychosomatique qui l'abattaient parfois. Elle était une femme aussi forte que belle, mais tous ceux qui l'ont rencontrée ont été surtout frappés par sa profonde gentillesse, la disposition qu'elle avait à vous écouter, à vous faire parler. Chacun, chaque chose paraissait unique sous son regard. Elle n'était nullement du genre tourbillon qui vous entraîne dans son sillage.

Hélas, durant cette période, des interférences imprévues vont de nouveau surgir, auxquelles elle devra encore faire face.

Eugénie demeure un grand souci. Elle est à présent installée dans une maison, La Pyrole, avec un personnel dont s'occupe Croisy : Jules, le chauffeur ; Mme Jules, la cuisinière ; Sabine, la femme de chambre et une fille de cuisine. Eugénie lit Dickens ; Croisy, Thomas Hardy. Pour lui tenir compagnie, Eugénie a réclamé deux chiens. Son père suit son exemple, et le premier chow-chow, Tatoun, entre dans la maison de la rue Adolphe-Yvon, où il va occuper une grande place.

A la mi-octobre, la tante Minny, l'ex-impératrice de Russie, la mère du tsar Nicolas II, mourut. Alors qu'autrefois Marie n'eût pas manqué d'assister aux funérailles, elle resta à Vienne, pour poursuivre son analyse. Mais le 20 novembre, elle tomba malade. Une cystite causée par des

---

1. Ernest Jones, *Freud*, III, p. 161.

colibacilles. Le Dr Schur qui la soignait la fit entrer de
nouveau à la clinique Loew. Afin de ne pas perdre de temps,
elle demanda à Freud de venir l'analyser à la clinique. Elle
était prête à payer le double ces séances. Freud refusa.
Pourtant, dès que sa santé le lui permit, il vint lui faire une
visite. Ce fut par elle que s'effectua le contact Freud-Schur ;
ce dernier devint le médecin de Freud et le demeura jusqu'à
la fin. La maladie obligea Marie à passer la fin de l'année à
Vienne, tandis qu'Eugénie demeura seule avec Croisy.

Ce fut alors que Marie obtint, sans beaucoup insister, les
impressions de l'épouse de son maître vénéré : « Mme Freud
m'a dit combien l'œuvre de son mari l'avait surprise,
heurtée, en ce qu'elle traite si librement de la sexualité. C'est
presque *exprès* qu'elle n'en prit pas connaissance. *Meine
Frau ist sehr bürgerlich* (Ma femme est très bourgeoise), dit
Freud quand je le lui racontai. Elle ne lui aurait, dit-il,
jamais exprimé si positivement son avis [1]. »

Marie rentra à Paris le 12 janvier 1929, et pour la première
fois elle habita 6, rue Adolphe-Yvon. « Jolie nouvelle maison, Tatoun l'orne. » Elle n'avait plus de fièvre mais X.
redoutait qu'elle eût encore des bactéries. Deux jours plus
tard, ils recommencèrent quand même à faire l'amour. X.
était « impatient et reprochant ». Ce qui ne l'empêcha pas
de faire le vague projet d'aller en Amérique rejoindre
Róheim pour voir des excisées avec elle, qui nota encore que
« le travail est aisé et la volupté difficile ». « La psychanalyse peut tout au plus donner la résignation et j'ai quarante-
six ans », écrit-elle dans un de ses carnets. « L'analyse m'a
apporté l'apaisement de l'esprit, du cœur, la possibilité de
travail, mais rien du point de vue physiologique. Je pense à
une deuxième opération. Dois-je renoncer à la sexualité ?
travailler, écrire, analyser ? Mais la chasteté absolue m'ef-
fraie. »

Elle n'avait toujours pas débrouillé ses problèmes, qui
demeuraient. Cependant, un autre événement imprévu sus-
cita en elle des réactions également imprévues, au premier
abord.

Le 29 janvier 1929, Albert Reverdin, le jeune et bel amant
de la guerre des Balkans qui l'avait poursuivie du temps de
Briand, meurt à Genève. Elle ne l'a jamais aimé, mais elle va

---

1. Marie Bonaparte, *Journal d'analyse*, Cahier 28, hiver 28-29.

le pleurer beaucoup car c'est la mort de sa jeunesse, comme
elle l'écrit à Freud. Par l'intermédiaire du Dʳ Flournoy, un
autre Genevois, psychanalyste, lui, elle réclame ses lettres et
apprend que celles-ci ont été brûlées. Elle ne dort plus. Elle
ne peut plus travailler. Le salut serait pourtant de tirer de ce
chagrin un récit : « Tels les Rajahs de l'Inde (Reverdin) fit
brûler avec lui les femmes qu'il aima, sous forme de leurs
lettres... Moi avec. Je ne puis qu'écrire la nouvelle. Je
retrouverai l'Ami [1]. »

Elle part pour Leysin en mars rejoindre Eugénie. Auprès
d'elle, Marie va se reprendre. La vengeance est un mécanisme de défense qu'elle a beaucoup pratiqué. Son analyse
le lui a prouvé. Une fois de plus elle va se venger ; elle va
brûler les lettres de Reverdin. « Freud a raison : je le tuais
en brûlant ses lettres », écrira-t-elle de retour à Paris le
25 avril.

La voilà donc enfin consciente de sa force, et de ses
moyens d'action. Elle ne croit plus au hasard. « Les psychanalystes savent qu'il n'existe nulle part de hasard, pas même
dans les profondeurs de l'âme humaine », a-t-elle écrit dans
son ouvrage sur Edgar Poe [2].

---

1. Marie Bonaparte, notes inédites, 1929.
2. Marie Bonaparte, *Edgar Poe*, p. 135.

CHAPITRE VIII

UN ANALYSTE ET UN AMI

> *Plus important que ce que l'on fait est ce que l'on est.*
>
> FREUD, cité par Marie Bonaparte in *Journal d'analyse*, cahier 23, 18-2-1926.

> *Toute ma vie je ne devais attacher de prix qu'à l'opinion, l'approbation, l'amour de quelques pères choisis de plus en plus haut et dont le dernier devait être mon grand maître Freud.*
>
> Marie BONAPARTE,
> *Derrière les vitres closes*, p. 113.

En 1929, son analyse était terminée, mais Marie retournerait à Vienne de temps en temps pour quelques « tranches » d'analyse afin d'améliorer ses connaissances et sa forme. Comme elle l'avait désiré, elle avait acquis une profession qui allait lui permettre d'affirmer ses capacités intellectuelles. C'est ainsi que se présentait pour elle la situation. Marie avait donc lieu d'être satisfaite. Elle allait aussi pouvoir s'adonner à des recherches, faire régulièrement des communications dans les congrès, des conférences ; écrire ; publier des articles, voire des livres sur la psychanalyse. Elle avait l'intention de devenir l'une des meilleures parmi les disciples de Freud. La pratique lui restait à acquérir, mais elle ne doutait pas de sa réussite, car elle avait conservé intacts l'orgueil et les espérances de sa jeunesse. Depuis ses expériences de la guerre des Balkans, elle savait qu'elle avait le don de secourir les êtres humains.

L'amitié confiante de Freud lui permettait de se sentir sur un pied d'égalité avec les membres les plus proches de l'entourage de son maître. Elle était au courant de tout ce qui s'était passé avant et depuis l'existence du Comité.

Ce Comité, fondé en 1913 dans le secret — mais avec l'approbation de Freud — pour aider à la diffusion des théories psychanalytiques et veiller à ce que les disciples restent unis, comprenait cinq membres : Abraham, Ferenczi, Ernest Jones, Rank et Sachs. Marie eut vite l'occasion de les connaître tous, sauf Abraham, mort en décembre 1926. En octobre 1919, Freud avait suggéré d'inclure un sixième membre : Max Eitingon, à qui il avait accordé sa confiance et qui était prêt à apporter une aide financière importante pour soutenir les projets du mouvement.

Max Eitingon était un médecin russe que Freud avait analysé en quelques semaines, au cours de promenades nocturnes dans Vienne. Il était riche et le demeura jusqu'en 1930, quand toute sa fortune investie aux États-Unis dans la pelleterie se volatilisa à la suite du krach de l'année précédente. La polyclinique de Berlin, ouverte en février 1920, avait été créée grâce à sa générosité. En 1921, il était devenu l'un des directeurs de la maison d'édition fondée par Freud, en 1918, l'*Internationale Psychoanalytische Verlag*. Il était d'un dévouement absolu à l'égard de son analyste et ce fut lui que Freud envoya à Paris, en 1924, pour contrôler le mouvement français en formation. Il avait pris contact avec Laforgue et suggéra que Loewenstein fît partie du groupe.

Freud tenait beaucoup au *Verlag*. Des différends avec son éditeur, Heller, l'avaient poussé à désirer avoir sa propre maison d'édition afin d'être libre de publier les textes qui lui paraissaient importants sans avoir à se battre pour chacun. L'opération n'était pas facile à mettre sur pied dans une Vienne sous le coup de la défaite, de la disparition de l'empire et dans un chaos économique où la pénurie de papier s'ajoutait à celle de la main-d'œuvre qualifiée. Intervient Anton von Freund, un Hongrois qui après avoir été en traitement avec Freud avait décidé « de consacrer sa grande fortune au développement de la psychanalyse »[1]. Avec l'aide de Ferenczi et de Rank, il se mit en devoir de

1. Ernest Jones, *Freud*, II, p. 210.

réaliser et d'organiser l'entreprise. Il pensa d'abord à la domicilier en Hongrie, mais Freud tenait à Vienne. Comme il était impossible d'y imprimer, les livres furent fabriqués en Tchécoslovaquie. Et chaque facture d'imprimeur était une grave menace pour la survie de la petite société, car la couronne autrichienne ne valait plus rien tandis que la nouvelle monnaie tchécoslovaque s'affermissait. En 1920, Brill, « le chef de file de la psychanalyse orthodoxe » en Amérique[1] envoya dès 1920, 10 000 dollars qu'il avait rassemblés pour le *Verlag*, et Rank faisait lui-même les paquets, achetant la ficelle sur ses propres fonds, parce que les plus petites économies n'étaient pas négligeables. Pourtant, il y avait un public qui suivait avec empressement les publications, et Freud refusait de toucher des droits d'auteur. Il versait intégralement ceux-ci au *Verlag* qui, en juillet 1921, avait racheté à Heller, pour la somme de 15 470 dollars les droits sur tous les livres de Freud[2]. A partir de 1927, les affaires allaient si mal que Storfer, le directeur administratif, voulut se retirer. Mise au courant, en janvier 1929, Marie Bonaparte sauva la situation. Elle intervenait pour la première fois, mais ce n'était pas la dernière. Dorénavant, chaque fois que le *Verlag* serait en difficulté, elle le renflouerait.

En Angleterre, où un Institut psychanalytique avait été inauguré en janvier 1925, les choses allaient mieux. Ernest Jones avait créé en 1921, *The International Psych-Analytical Press* qui publia les premiers ouvrages en anglais, à Vienne. Puis, en 1915 il avait conclu un accord avec la Hogarth Press de Virginia et Leonard Woolf, qui devint l'éditeur des textes analytiques écrits par les membres de la Société de Londres et des traductions de l'allemand.

Marie Bonaparte s'intéressait à ces faits, en tirant un enseignement pour Paris, bien qu'elle ne songeât pas y créer une maison d'édition, car le public était trop mince. Elle était avide de savoir ce que faisaient les autres et de répandre la pensée freudienne ; toujours prête à se déplacer pour une réunion, un congrès. Ainsi, fin juillet 1929, bien que malade, elle alla à Oxford, en compagnie de son fils Pierre, pour le Congrès International. Elle était très active

1. *L'Introduction de la Psychanalyse aux États-Unis*, éditée et présentée par Nathan C. Hale, p. 385.
2. Ernest Jones, *Freud*, III, p. 89.

au sein de la Société psychanalytique de Paris et voyait clairement se développer les conflits internes de personnes, ainsi que l'orientation prise par les discussions autour de la revue.

La vie et la psychanalyse

L'amitié que Freud avait pour elle permettait à Marie Bonaparte d'apparaître comme un arbitre, ou tout au moins comme un conseiller. Elle prenait aussi très à cœur son rôle dans la rédaction de la revue et y publia des textes qui la concernaient directement : *L'identification d'une fille à sa mère morte*[1] et *Un petit accès de kleptomanie larvée.* Ceux-ci trouvèrent leur place, plus tard, dans un volume intitulé *Psychanalyse et Anthropologie.*

Dans le premier article, où elle reprenait ses expériences d'enfant, elle avait réglé ses problèmes, pris du recul et analysait avec détachement toutes les manières dont son inconscient l'identifiait à sa mère morte, lui laissant la voie libre pour s'unir à son père tout en lui donnant un fort sentiment de culpabilité ; elle était la meurtrière et la profiteuse. A présent, dans une large mesure, elle vivait en harmonie avec elle-même, comprenait ses pulsions et contrôlait ses actes.

Ce nouvel état, elle le devait à Freud, qui, l'analyse terminée, demeura son ami. Elle lui demandait conseil pour tous les actes de sa vie. Elle le tenait au courant de ce qui arrivait à ses proches, de ses amours, de sa vie sexuelle, et discutait avec lui du comportement à observer dans chaque domaine.

Cette année 1929 n'apporta pas à Eugénie la guérison espérée, elle devait rester à Leysin. Marie allait souvent passer quelques jours auprès d'elle. Là, seule avec Eugénie, elle travaillait mieux, car personne ne la dérangeait et le travail était la seule chose qui pouvait la distraire du tourment que lui causait le mauvais état physique persistant de sa fille.

Les événements qui auraient dû la toucher passaient au second plan. Pourtant il y eut, en février 1929, la mort du

---

1. *R.F.P.*, II, 3, 1928, pp. 541-565.

Dᵣ Talamon qui s'était longtemps montré un ami fidèle et subtil. Celle-ci coïncida d'ailleurs à peu près avec la mort de Reverdin qui la frappa beaucoup, nous l'avons vu. Ce qui se passe à cette époque dans sa belle-famille lui semble lointain : son beau-frère Christophore épouse en secondes noces, à Palerme, la princesse Françoise d'Orléans, fille du duc de Guise, sœur du comte de Paris ; et son beau-frère André, la princesse Alice et leurs cinq enfants quittent Saint-Cloud où ils étaient ses hôtes depuis six ans.

Pour l'été Freud avait loué une maison à Berchtesgaden, « Schneewinkel », qui « se trouve au milieu des champs dans un petit coin de forêt qui lui appartient[1] ». Il était enthousiasmé par la beauté du site et propose à Marie d'y venir. C'était une habitude à présent : chaque année, elle passait plusieurs semaines dans l'intimité de la famille Freud. Au mois d'août 1929, elle emmène Eugénie qui avait besoin d'un peu de répit après tous les examens médicaux qu'elle avait subis, les mois précédents. Marie allait s'employer d'abord à distraire Eugénie. Berchtesgaden est près de Salzbourg. Une fois par semaine, elle emmena sa fille au festival entendre *Fidelio*, le *Requiem* de Mozart et voir le *Jedermann* de Hofmannsthal sur les marches de la cathédrale.

Un effet de la cure analytique : Marie voulut renouer avec son institutrice allemande. Elle ne redoutait pas d'inviter Frifri, qu'elle n'avait plus revue depuis trente ans, et qu'elle avait trahie sous l'influence des Leandri. Frifri débarqua fin août et ce fut le début d'une nouvelle amitié. En même temps que Frifri, Pierre et son père arrivèrent ensemble, Marie raconte qu'elle allait ramer sur le Königssee avec son fils qui, ensuite, voyagerait en Roumanie. De nouveau la famille allait être dispersée : Eugénie rentra à Leysin, avec Croisy, et Marie, une fois encore, suivra Freud à Berlin pour un autre séjour au Tegelsee.

Cet été-là, Freud travaillait à un nouveau livre qui allait devenir *Malaise dans la civilisation* et être publié avant que l'année ne s'achevât. En novembre 1929, Freud donna à Marie une bague, une intaille, comme il avait l'habitude de le faire à ses proches disciples. Il avait commencé à distribuer ces pierres qu'il faisait monter en bague avant la guerre

---

1. Lettre de Freud à Marie Bonaparte, 2 mai 1929.

de 1914. Jones a écrit que ces bagues étaient le signe distinctif des membres du comité. En dehors des cinq amis, Anna, Lou Andréas-Salomé, Mme Jones auraient été les seules, avec Marie Bonaparte, à en avoir reçu, mais il y eut d'autres bénéficiaires, et parmi eux, plus tard, la princesse Eugénie de Grèce, qui en fut très honorée.

De retour à Leysin, la jeune fille devait rester étendue toute la journée, de nouveau, et ne sortir, en voiture, qu'une fois par semaine. Pénible existence alors qu'elle allait bientôt avoir vingt ans. De plus, elle perdit l'un de ses chiens. Elle reçut à cette occasion une très gentille lettre de condoléances de Freud, devenu sur le tard un grand ami du genre canin. Son premier chow-chow Lun Yu fut écrasé à quinze mois par un train à Salzbourg, puis il en eut un autre Jo-Fi qui arriva en mars 1930 et qu'il garda sept ans. Il y avait aussi un second chow-chow chez Marie Bonaparte, à Paris, « une femme » pour Tatoun, Cheekee, qui mit bas l'été suivant.

Marie était toujours soucieuse de l'état de santé d'Eugénie, mais à part cela, l'année 1930 avait bien commencé pour elle, entre ses deux amants X. et Loewenstein. Bien sûr, comme d'habitude, les relations allaient vite se gâter avec l'Ami et elle décida de se faire opérer une seconde fois, toujours pour se débarrasser de sa frigidité. Mais elle dut remettre ses projets parce que Pierre avait les oreillons, et elle le soigna. Pendant cette période, une pause dans leurs vies toujours divergentes, il eut le temps de lui faire des confidences, qu'elle eut le temps d'écouter. Il était amoureux d'une jeune personne, O..., qu'il était prêt à suivre en Amérique. Il avait perdu sa virginité avec elle. Quand elle reprit le bateau, il l'accompagna jusqu'au Havre et pleura au retour. Il souhaitait se faire analyser lui aussi. Il commencerait en juin, après ses examens de droit, comme le lui suggéra sa mère. Il choisit son analyste pour une raison intéressante : il n'ignorait pas dans quels termes sa mère était avec Loewenstein et il en était jaloux. Cet homme jeune représentait pour lui une figure paternelle. Marie se disait prête à continuer d'avoir avec son fils des conversations importantes, mais Pierre savait déjà qu'elle allait de nouveau disparaître. En effet, le 12 avril, elle partit pour Vienne, consulter Halban. Elle se plaignait de ce que la sensibilité demeurât à l'endroit où était précédemment le clitoris. Cette fois, Halban recommanda de combiner l'intervention sur le clitoris avec une hystérectomie. Pour elle, il consent à ce que l'opération ait lieu à Paris, à l'Hôpital américain. Ruth Mack-Brunswich sera présente, elle y tient.

Avant son entrée à l'hôpital, on pourrait croire que Marie éprouve le besoin de renouer avec son passé. Elle va, comme autrefois, à un déjeuner à Marnes-la-Coquette, chez son vieil ami Le Bon. Et le même jour, à six heures, elle reçoit Briand chez elle. Mais ce n'est pas si simple. Ce n'est pas le désir soudain de s'intéresser de nouveau aux activités de l'homme qui l'a tant aimée qui la pousse.

Elle l'a négligé ces dernières années. Dans ses carnets, les nouvelles le concernant sont rares. Pourtant il n'avait pas cessé de faire parler de lui, or comme il était sorti de sa vie elle ne s'en souciait pas. Avec l'âge, il n'avait pas perdu son côté breton illuminé prêchant ses croyances. Il se battait pour établir une paix durable. Il était alors président du Conseil pour la onzième fois et ministre des Affaires étrangères, depuis le 29 juillet 1929. Il avait proposé à la Société des Nations, à Genève, de faire l'Europe. En l'absence des États-Unis et de l'U.R.S.S., il voulait établir entre les nations « une sorte de lien fédéral » [1] et il allait déposer le 1er mai 1930 un « mémorandum sur l'organisation d'un régime d'union fédérale européenne » qui était l'œuvre d'Alexis Léger [2]. Ce mémorandum jetait les bases de ce qui devint cinquante ans plus tard le Marché commun et le Parlement européen.

Marie, libérale et cosmopolite, ne pouvait manquer de voir l'importance d'une Europe unie qui aurait épargné l'aventure hitlérienne et ses conséquences fatales qu'elle allait suivre de près. Mais peu de jours après la remise du mémorandum, le 6 mai 1930, lorsque Briand la vit, il n'eut même pas l'occasion d'en faire mention car Marie n'avait qu'une idée en tête : récupérer les lettres qu'elle lui avait adressées autrefois. N'ayant pu obtenir ce qu'elle espérait, elle lui écrivit, trois jours plus tard :

« Mon ami, comme je vous l'ai dit l'autre jour, je serai opérée mercredi prochain à l'Hôpital américain de Neuilly. Voulez-vous, quand vous reviendrez de Genève, puis de Cocherel, m'apporter là les lettres que je vous ai demandées ? J'espère pouvoir alors vous recevoir un instant moi-

1. Discours de Briand à la S.D.N. du 7 septembre 1929.
2. Jacques Chabannes, *Aristide Briand*, p. 275.

même — ce qui me serait une grande joie — sinon, si j'étais
trop mal à ce moment, vous pourriez remettre le paquet
fermé à la dame qui va habiter à l'hôpital avec moi, et qui
est pour moi une vraie et dévouée amie, et qui l'enfermerait
dans la caisse en fer que j'emporte avec moi à l'hôpital, en
attendant ma guérison. Cette dame est une doctoresse
américaine, Mᵐᵉ Mack-Brunswick, élève comme moi de
Freud et avec qui je me suis depuis quelques années
intimement liée. Elle vient d'ailleurs de Vienne, exprès pour
habiter avec moi à l'Hôpital américain jusqu'à ce que je sois
rétablie, ce qui est de sa part un vrai service d'amitié. C'est
un cœur et une intelligence d'élite, d'ailleurs...

« Si, par contre, je venais à succomber à mon opération,
voudriez-vous alors porter le paquet chez le Dʳ Raymond de
Saussure, 2, Tertasse, à Genève, à qui je laisse mes papiers.
Il possède de la place dans ce vieux palais de Saussure, c'est
un homme en qui j'ai toute confiance et il conservera
discrètement mes papiers avec ses papiers de famille.

« Voilà quels sont mes désirs, que je vous demande, en
souvenir de notre affection d'exécuter. Merci. Et j'espère
d'ailleurs que c'est à moi-même que vous pourrez remettre
ces lettres, et que mes yeux auront la joie de les relire.

« Je vous dis adieu, mon ami, et que mon cœur vous est
resté attaché. »

Elle lui avait déjà écrit une lettre dans le même sens, plus
pressante même, de Vienne, quand elle pensait s'y faire
opérer mais elle ne l'avait pas envoyée. Malgré cette insistance, elle ne reçut rien. L'opération eut lieu le 14 et Halban
repartit le 17 pour Vienne, ainsi que le Dʳ Schur, qui s'était
également déplacé.

Le 28, Marie se lève pour la première fois, Georges et X.
sont à son chevet. Elle avoue qu'elle pensait mourir d'une
embolie dans les bras de X., comme sa mère était morte
dans ceux de son père. Le 31 mai, elle rentre chez elle, sans
ses lettres à Briand.

Elle se remet vite de l'opération qui la délivre de la
perspective de la ménopause. Elle aura quarante-huit ans le
2 juillet. Pour les fêtes du 14, elle part pour Hardelot où un
grand hôtel a été bâti dans une riche campagne qui ondule
jusqu'à la mer du Nord aux couleurs de jade. Les bois
alternent avec des prairies où paissent les chevaux du
Boulonnais. Mais la beauté du site passe au second plan
durant ces trois jours. X. et son épouse accompagnent Marie

qui est hantée par leurs étreintes supposées, dans la chambre voisine. Elle note que « le retour est ardent ». Elle n'est pas parvenue à faire la paix avec elle-même et sa jalousie sexuelle à l'égard de l'épouse de l'Ami demeure, aussi vive. Tandis que la liaison de Marie et de X., sur d'autres plans, reste pour l'un et l'autre un grand enrichissement. Elle ne cesse jamais de se passionner pour son travail de médecin et de chercheur. Lui est toujours rebelle à la psychanalyse, mais elle en a pris son parti.

En 1930, Marie traduit et publie *Ma vie et la psychanalyse*, un essai autobiographique de Freud et *Le mot d'esprit et ses rapports avec l'inconscient*. C'est aussi l'année où elle achète en bordure de mer, à Saint-Tropez, des vignes, un bois de pins, de la terre. Elle aime la nature méditerranéenne gorgée de parfums, le sable blanc où poussent ces fleurs sauvages dont le nom deviendra celui de sa maison : Lys de mer. Elle nage, elle travaille au soleil devant la mer ou à l'ombre des immenses pins parasols et elle devient la voisine de son amie d'enfance, Geneviève Troisier, qui l'accueille à la Moutte, cette demeure dont le nom lui était si familier depuis l'adolescence.

Mais Eugénie continue d'être l'objet de graves préoccupations. Elle ne va pas mieux, et, au mois de novembre, on essaie encore un nouveau médicament. Après deux mois de lit, Eugénie se relève et, le 20 février 1931, en compagnie de Croisy et de ses deux chiens, elle va rejoindre sa mère qui est à Vienne depuis la fin de janvier. Marie s'est fait opérer une troisième fois par Halban. Fin mars, la mère et la fille quittent Vienne pour Cannes. X. va les voir en avril, « accompagné, malheureusement ».

Pour les soixante-quinze ans de Freud, Marie fait une conférence à la Sorbonne. C'est la première fois qu'elle parle devant cinq cents auditeurs. Et elle envoie à son maître une urne grecque qu'il va aimer tout particulièrement. Mais elle est inquiète pour lui et s'est chargée de se mettre en rapport avec le Professeur G.-V. Rigaud, directeur de l'Institut Curie, pour savoir si un traitement de radium conviendrait. Rigaud n'y est pas favorable et Freud sera réopéré[1].

---

1. Max Schur, *La mort dans la vie de Freud*, p. 505 et Ernest Jones, *Freud*, III, p. 179.

A l'élection présidentielle, à Versailles, en mai 1931, Briand a été battu, à cause de sa politique européenne. Mais il conservera encore quelque temps le portefeuille des Affaires étrangères. Il est épuisé physiquement et rassemble le reste de ses forces pour se battre à Genève où il croit encore que la paix peut se construire.

Après un mois de juillet où Marie est, comme d'habitude, seule à Paris avec l'Ami, ils partent ensemble rejoindre Eugénie en Suisse. De là, Marie ira chez Freud. Durant le voyage en auto avec l'Ami, Marie ne pense qu'à Kürten, « le vampire de Dusseldorf », un criminel qui a commis une trentaine de crimes sadiques sur des femmes et a été guillotiné au début du mois. Une fois de plus elle est obsédée par les meurtres et fascinée par le meurtrier. Elle ira, en automne, jusqu'à Dusseldorf, pour se renseigner. Elle projette de partir avec Saussure, espérant bien que, pendant ces quelques jours où ils seront seuls, elle se donnera à lui, pour se venger de l'Ami. Elle le reconnaît, l'amour est pour elle toujours douloureux. Elle souhaite donc se venger de sa souffrance en affirmant sa supériorité par l'infidélité. C'est toujours cette même pulsion de la vengeance qu'elle retrouve derrière ses désirs et ses actions.

Après les vacances qui se sont terminées à Saint-Tropez, elle note une récidive de sadisme chez X. Elle pense qu'il est sadique avec elle tandis qu'il se montre masochiste avec son épouse. Elle décide de trouver un autre amant. « A cinquante ans ! » note-t-elle entre parenthèses, étonnée elle-même. Puis, encore une fois, avec l'Ami, les choses s'arrangent. Il a souffert d'une sinusite et il a aussi été absorbé par toutes les démarches qui entourent sa nomination de professeur à la Faculté de médecine. Elle passe deux jours paisibles, fin octobre, à Fontainebleau avec lui. Au retour, elle note qu'il existe deux sortes d'hommes : les ennemis et les amis de la femme phallique. X. et Freud font partie de la première catégorie, alors que Loewenstein appartient à la seconde. Elle note aussi : « L'Ami et moi, il faut nous accepter... Je comprends l'Ami. Deux fois par semaine sa femme, trois fois moi. *Choix névrotique* voici douze ans. »

Sa vie personnelle n'est plus son souci capital et n'entraîne plus les périodes de désespoir qu'elle traversait avant son analyse. Il en est toujours question dans ses carnets mais elle la met sur le même plan que les problèmes relatifs à sa profession qu'elle suit de très près. Elle participe activement

aux travaux de la Société parisienne de psychanalyse et
constate que la reconnaissance officielle de la psychanalyse
se développe. Marie a toujours quatre patients en analyse et
elle termine son ouvrage sur Poe. Elle a soumis à mesure son
manuscrit à Freud qui est impressionné par la fin de
l'ouvrage. « Il me semble que c'est le meilleur de ce bon livre
et le meilleur de ce que vous avez jamais écrit. Ce ne sont pas
seulement les applications mais vraiment des enrichisse-
ments de la psychanalyse. Même le paragraphe délicat sur la
théorie de la pulsion est très réussi... La verve avec laquelle
sont créés ces derniers chapitres du Poe est sans doute
amenée par votre enthousiasme pour K. (Kürten) et me
réconcilie avec cet enthousiasme[1]... » Cette année-là, et la
précédente, elle donne à la *Revue* des passages de son livre.
Son nom apparaît fréquemment au sommaire et ses articles
sont traduits soit dans l'*Internationale Zeitschrift für Psy-
choanalyse*, soit dans *Imago*.

Gustave Le Bon meurt en automne, d'une pneumonie.
Freud écrit qu'en lisant cette nouvelle, il a compris pourquoi
il n'avait pas reçu depuis longtemps de lettre de Marie.
« Vous vous attendiez à ce que je meure aussi. Cela reste
bien toujours possible, mais ce n'est pas plus vraisemblable
maintenant que d'habitude, bien que ma température soit
très basse et que je présente des symptômes qui correspon-
dent[2]. » Il parle toujours de lui-même avec ce détachement.
Il sait bien que Marie tremble pour sa vie.

A la fin de l'année, elle va à la petite Scheidegg avec ses
enfants. Elle voyage avec Pierre, qui s'est démis l'épaule, et
dans le train elle lui avoue l'Ami. Puis elle prévient Loewenstein, qui l'approuve d'avoir parlé. Au cours de son analyse,
Pierre « travaillait » sur cette question depuis des mois, dit
Loewenstein. Il soupçonnait X., puis Briand, revenait à X.
Ensuite, il est plus aimable avec X., Marie le remarque mais
elle n'en dit rien à ce dernier. Freud, lui aussi, la félicite
d'avoir parlé. A cette époque, les choses vont mieux entre
Marie et l'Ami. « Ma libido est tout à fait dans ma tête »,
écrit-elle, mais elle n'en tient pas compte dans ses actes. Elle
note que sa « propre tentation [de l'inceste] s'éteint dans les

---

1. Lettre de Freud à Marie Bonaparte du 7 novembre 1931 et Marie
Bonaparte, *Poe*, II, note sur Kürten, p. 851, « Du message de Poe aux autres
hommes ».
2. Lettre de Freud à Marie Bonaparte du 15 décembre 1931.

bras de l'Ami ». Et Freud, qu'elle a tout de suite mis au courant, lui écrit, le 30 avril 1932, une lettre (reproduite intégralement dans la biographie de Jones [1]), dont la conclusion aurait dû la faire réfléchir, si son désir d'inceste ne s'était pas déjà évanoui. « Il pourrait se faire que quelqu'un qui aurait échappé à l'influence des refoulements phylogénétiques pratique l'inceste sans dommage, mais on ne réussirait jamais à en être sûr. Ces héritages sont souvent plus puissants que nous n'avons tendance à le penser ; et puis la transgression est suivie de sentiments de culpabilité contre lesquels on est tout à fait impuissant. » Prudente mise en garde !

Mais Pierre, à la suite de ces préoccupations, un peu hors du commun, et des discussions avec sa mère qui le sont aussi, a raté ses examens de droit et décide d'entrer dans la garde, au Danemark. Marie l'accompagnera pour veiller à son installation. Ils partent le 3 mai et elle restera avec lui à Bernstorff du 6 au 10. Elle rentre par Amsterdam, pour voir les tulipes. A son retour, elle s'installe à Saint-Cloud et note : « Joie d'avoir échappé aux gens. Repas. » Elle voit le Professeur Claude, avec qui elle a « des conversations ». Elle a travaillé à la traduction d'une série d'articles de Freud qu'elle publia sous le titre d'*Essais de Psychanalyse appliquée*. Pour traduire « das Es », elle choisit finalement « le ça » plutôt que « le soi » que Freud préfère.

Elle a hâte de voir venir l'été. Le printemps a été pénible. Le 6 mars 1932, Briand est mort, surmené et ignorant que ce qu'il a essayé de mettre sur pied à Genève a déjà été battu en brèche. Il s'est éteint dans son sommeil, après avoir choisi un roman policier pour lire avant de s'endormir, comme cela lui arrivait souvent. Freud envoie une lettre de condoléances. Marie fait une visite à la maison mortuaire qu'elle connaît si bien et où rien n'a changé. Une amie de l'homme d'État la remercie par lettre de sa venue. Le 12 mars ont lieu les obsèques nationales et Marie suit le cortège à pied, en compagnie d'Eugénie. Comme tous les ans, l'absence de l'épouse de X. en juillet permet aux amants des tête-à-tête plus fréquents. Le 23, Marie part pour une semaine à Vienne et Freud lui dit qu'elle devrait se contenter de l'Ami. « Je le ferais s'il me satisfaisait sexuellement », écrit-elle dans une

1. Ernest Jones, *Freud*, III p. 510.

lettre de protestation virile. Freud lui écrit à son tour le 2 août de Vienne, qu'elle ne voit en lui que le transfert du père. « Ma virilité lui plaît, note-t-elle, que j'aime sexuel et intellectuel, tant mieux à la fin ! » Ainsi, maître et disciple ne sont pas toujours d'accord. Selon la théorie que Marie commençait à échafauder, c'était la part masculine de la femme qui procurait le plaisir sexuel.

Elle est repartie de Vienne pour Bernstorff, afin d'assister au Xe congrès de Psychologie à Copenhague où elle rencontre Pavlov, qui a lu Freud, l'apprécie mais ne croit pas que la sexualité ait tant d'importance.

De Bernstorff, elle se rend au Congrès international de Wiesbaden. Ce congrès, qui aurait dû avoir lieu l'année précédente, a été repoussé d'un an à cause de la crise économique devenue mondiale, d'une part, et de la montée du nazisme, d'autre part. Les Allemands et les Autrichiens craignaient les représailles que risquait d'entraîner pour eux leur participation à un pareil congrès. Les nazis ayant déjà pris position contre cette « prétendue science juive », l'émigration vers les États-Unis avait commencé et l'oppression des esprits, l'atteinte à la liberté de pensée se faisaient sentir. A ce congrès, un comité international fut fondé, où Marie Bonaparte fut chargée de superviser la gestion du *Verlag*[1]. Ferenczi se détacha officiellement des théories et des techniques freudiennes, refusant, pour cette raison, la présidence de l'Association qu'on lui offrait.

Ce fut aussi à ce congrès que, pour la première fois, Marie Bonaparte fit une communication devant l'Association internationale. Le 4 septembre, elle lira les pages qu'elle a écrites sur *La fonction érotique chez la femme*. « Des femmes qui n'ont pas renoncé à leur virilité... gardent le plus souvent l'organisation phallique quant aux zones érogènes, bref deviennent des hétéros chez qui la zone clitoridienne reste cependant tenacement la zone dominante. »

Deux jours plus tard, elle part pour Saint-Tropez et s'installe au Bungalow Hôtel où Malinowski, l'anthropologue, la rejoindra pour passer deux jours. Ils s'étaient d'abord retrouvés à Toulon. Il voudrait l'emmener en Amérique. L'Ami est là aussi, et, un soir, ils se promenèrent tous les trois au clair de lune. « Malino » devine aussitôt la situation

1. Ernest Jones, *Freud*, III, p. 194.

et dit qu'après une liaison de douze ans X. ne la quittera
jamais. Le lendemain de son départ, Marie passe une
magnifique soirée au Bungalow avec l'Ami, « sans jalousie
ni reproches ». C'est alors qu'elle a pour la première fois
l'idée de faire une autre année d'analyse avec Loewenstein.

Mais elle doit partir pour le Danemark où Pierre sera
opéré de l'appendicite le 6 octobre. Son fils manifeste à
présent le désir d'être ethnologue. Il voudrait étudier à
Berlin puis à Londres. Elle doute qu'il parvienne à convaincre son père. Depuis qu'ils sont en analyse, Eugénie et Pierre
ne peuvent plus supporter la présence de Croisy qu'ils
accusent de les avoir écrasés. Marie doit régler ce problème
qui n'est pas simple car Eugénie est de nouveau malade et
Croisy voudrait demeurer auprès d'elle pour la soigner
comme elle l'a fait depuis si longtemps. Non, Eugénie se
rebelle avec force, soutenue par son frère. Croisy recevra une
pension. Marie lui achètera une maison en Angleterre où elle
devra faire, après toutes ces années passées auprès de Pierre
et Eugénie, l'apprentissage de la solitude.

Cette année-là, 1932, Marie Bonaparte publiera la traduction de *L'avenir d'une illusion* et, en collaboration avec
Mme Edouard Marty, celle des *Essais de psychanalyse appliquée*. Bien qu'ayant tout de suite avoué à Freud, qui le lui
permet, son « infidélité analytique avec Loewenstein », elle
se sent coupable. Sa culpabilité est si forte qu'elle vomit, et
est physiquement malade. Elle n'abandonne pas pour si peu,
et commence l'analyse. Ces semaines qui suivent son retour
à Paris sont très occupées. Malinowski est là, Georges arrive,
elle s'échappe un jour à Fontainebleau avec l'Ami et, le
15 novembre, s'adressant à ceux qui n'ont pas assisté au
congrès de Wiesbaden, elle refait au Groupe sa conférence
sur l'érotisme de la femme.

Il y a aussi l'autre volet de sa vie dans lequel elle tient
comme toujours son rôle de bonne grâce. Une fête est prévue
au Danemark, le 12 décembre 1932, pour célébrer ses noces
d'argent. Marie ne commente pas l'événement qui se
déroule, selon les règles, avec une certaine grandeur. De
nombreux membres de la famille de Georges y assistent
mais l'état d'Eugénie est attristant et tourmente la mère. La
jeune fille devra rester au Danemark tandis que Marie, dès le
13 décembre, part pour la Suède où elle rencontrera Selma
Lagerloff, la romancière de *La Saga de Gösta Berling*.

1. Ernest Jones, *Freud*, III, p. 194.

Les temps se troublent

Le 30 janvier 1933, Hitler est devenu chancelier du Reich et le dollar sera dévalué le 12 avril. Dès le 16 mars, Freud écrivait à Marie à propos des persécutions futures :

« ... Heureux celui qui, comme vous en ce moment, est si absorbé dans son travail qu'il n'a pas besoin de s'occuper de toutes les ignominies autour de lui. Dans nos milieux, les poursuites sont assez importantes. On craint que les excès nationalistes en Allemagne ne débordent sur notre petit pays. On m'a même déjà conseillé de fuir en Suisse ou en France. Cela n'a pas de sens, je ne crois pas au danger ici. S'ils me tuent, très bien. C'est une façon de mourir comme une autre. Mais il ne s'agit probablement là que d'une vantardise au rabais [1]... »

Et, dix jours plus tard : « ... Les accès de violence en Allemagne semblent se calmer. La manière dont la France et l'Amérique ont réagi n'a pas manqué de faire impression mais les petites misères, qui n'en sont pas pour autant les moins pénibles, ne cesseront pas, et l'oppression systématique des Juifs, leur expulsion de tous les emplois viennent à peine de commencer. On ne peut pas ne pas voir que la persécution des Juifs et la restriction de la liberté d'esprit sont les seuls points du programme de Hitler qui sont exécutés. Tout le reste n'est que faiblesse et utopie. En Autriche, cela ne devrait pas aller trop loin. Mais la lâcheté des chers Juifs s'est déjà montrée brillamment. » Dans cette même lettre, il parle du *Voyage au bout de la nuit* qu'il n'aime pas, n'y trouvant pas d'arrière-plan artistique ou philosophique « à la peinture de la misère », mais il le lit quand même, comme Marie l'a souhaité et il ira jusqu'au bout.

Le 11 mai à Berlin, on avait brûlé en public, solennellement, les livres de tous les Juifs et de beaucoup de non Juifs antinazis ; la presse viennoise avait donné un compte rendu détaillé de l'autodafé. Et Freud avait fait le commentaire demeuré célèbre : « Quel progrès ! Au Moyen Age on m'aurait brûlé, aujourd'hui, on se contente de brûler mes livres ! »

---

1. *Ibid.*, III, p. 201.

A partir de cette période, inquiet de la situation politique, il n'arrive pas à se concentrer pour écrire. « Le monde devient une grande prison, la pire des cellules est l'Allemagne. Ce qu'il va advenir de la cellule autrichienne est très incertain... Je me plais à penser que vous vivez comme si vous étiez sur une île de bienheureux (10 juin 1933)[1]. »

Le dialogue entre le maître et sa disciple était constant et touchait tous les domaines. Marie suivait avec inquiétude les événements d'Allemagne et d'Autriche. Dans cette atmosphère, la sortie des deux gros volumes de son ouvrage sur Poe ne lui donna pas la joie qu'elle en avait espérée. La traduction allemande parut dès l'année suivante, au *Verlag*. Ce printemps 1933, l'occasion s'était offerte d'un voyage en Corse et elle voulait en profiter. Elle avait invité Freud mais il ne pouvait être question qu'il la suive. Il souffrait de vertiges — d'origine vestibulaire — et il était déprimé.

En compagnie d'un Corse, Camille Pietri, Marie visite « l'île familiale » pendant deux semaines. A Ajaccio, elle reçoit un accueil enthousiaste qui la touche. Elle passera, c'est devenu une habitude, le mois de juillet à Saint-Cloud parce que l'Ami est seul à Paris et, le 26, elle part pour Bernstorff, voir Eugénie. De là, elle ira à Saint-Tropez, où, pour la première fois, elle habite sa nouvelle maison blanche, basse, construite sur le sable et d'où de son bureau aussi bien que de sa chambre, elle voit la mer, dont elle n'est séparée que par la plage. Elle sait déjà que « Lys de mer » sera son lieu de travail favori et son refuge. Elle commence à rédiger *La sexualité de la femme*.

En octobre, Eugénie quitte enfin l'hôpital et retourne au foyer de son cousin, tandis que sa mère est rentrée à Paris où elle s'occupe de l'Institut de Psychanalyse pour lequel elle a fini par trouver des locaux, 137, boulevard Saint-Germain, près de l'École de Médecine. C'est grâce à sa générosité que cet Institut sera fondé. Il était tout à fait nécessaire pour la diffusion de la psychanalyse, la Société n'ayant pas jusque-là de lieu de rencontre fixe. L'Institut ne sera inauguré que le 10 janvier 1934, en présence des Professeurs Claude et Heuyer et de Troisier, le mari de l'amie d'enfance Geneviève. La commission de l'enseignement réunit Marie Bonaparte, Borel, Laforgue, Loewenstein, Odier, Parcheminey et

---

1. Lettre de Freud à Marie Bonaparte, 10 juin 1933.

Pichon. La commission internationale de l'Enseignement sert de modèle. Au congrès de Wiesbaden, en 1932, elle avait recommandé trois ans de formation dont deux consacrés à la formation théorique et un travail de contrôle portant sur deux cas suivis chacun pendant une année. L'analyse didactique ne devait durer qu'un an, ou dix-huit mois maximum. Le 25 janvier 1934, Marie écrit à Anna Freud qu'il y a 150 « élèves » qui sont auditeurs à l'Institut, et elle y a donné sa première leçon dix jours plus tôt.

A cette époque, X. devient professeur agrégé, ce qui les satisfait tous les deux. Ils connaissent ensemble une période d'accalmie. Ils font de la musique. Ils en écoutent, durant leurs rares loisirs. Ils ont retrouvé, grâce à leurs succès professionnels, l'entente d'autrefois. Mais les temps sont troublés. Le 6 février, il y a des émeutes à Paris, des morts. La droite a tenté de prendre le pouvoir. Au même moment (du 1er au 16 février) Vienne aussi connaît des troubles et, le 19 février 1934, en réponse à une lettre de Marie qui lui proposait l'hospitalité, Freud écrit : « ... Une seule chose me semble claire : il n'y a pas de décision urgente, on peut, en tout cas, attendre des semaines, vraisemblablement des mois.

« Si les nazis viennent ici, et avec eux une injustice comme en Allemagne, alors naturellement il faudra partir. Je crois plutôt que nous aurons un fascisme à la façon autrichienne qui, si lamentable soit-il, sera beaucoup plus facile à supporter, si bien que l'on peut rester. Quel danger me menace personnellement ? Je ne peux pas croire qu'il soit tel que Ruth et Mark me le décrivent à longueur de journée. Je suis relativement peu connu en Autriche ; les gens les plus au courant savent seulement que le fait de me maltraiter ferait beaucoup d'effet à l'étranger. L'atmosphère de guerre civile de cette semaine était et est toujours effroyable. Les conséquences immédiates n'ont pas duré longtemps : un jour sans électricité. Le travail n'a pas été interrompu. »

Cet été de 1934, les voyages de Marie sont dictés par sa profession et par l'amitié. Elle assiste au Congrès d'anthropologie de Londres (elle en profite pour aller aussi à Cambridge et Oxford) puis elle se rend au Congrès de psychanalyse de Lucerne où elle parle de *Passivité, maso-*

chisme et féminité[1]. Dans cette communication, sa pensée diverge de celle de Freud. La divergence est légère mais significative. Marie explique le plaisir que les femmes éprouvent dans les « caresses diffuses », ou sur une zone érogène particulière et souligne « l'harmonieuse collaboration » du clitoris et du vagin. Elle s'oppose à Hélène Deutsch d'après qui le masochisme est « l'élément régulier de l'évolution de la femme et la constituante indispensable de la sexualité féminine ».

Après le congrès, elle séjourna à Vienne auprès de Freud, du 28 septembre au 8 octobre. Elle n'ira qu'ensuite tard au Lys de mer qu'elle aime de plus en plus et qu'elle va montrer à Ruth Mack-Brunswick pour la première fois. Le prince Georges, le prince Valdemar, Pierre et Malinowski viennent l'y rejoindre.

Du 25 au 29 novembre, elle va à Londres, pour le mariage de sa nièce Marina, la fille du prince Nicolas de Grèce, avec le duc de Kent. Elle en profite pour faire devant la Société psychanalytique britannique une conférence sur la femme. « Jones a traité mon thème de challenge car pour moi la peur de la pénétration est biologique, non morale. » Faire cette conférence, à Londres, à l'époque du mariage princier était un défi en soi, mais Marie ne s'en rendait pas compte tant elle trouvait naturel d'exercer sa profession en toute circonstance. Elle était d'ailleurs à juste titre convaincue que personne ne le saurait. Aucun des invités de Buckingham Palace ne se douta que la tante Marie, S.A.R. la princesse Georges de Grèce et de Danemark leur faussait compagnie pour aller parler de la sexualité des femmes devant un public de psychiatres et de psychanalystes. La famille royale n'était pas sur les listes d'invitation de la Société psychanalytique de Londres.

Marie s'intéresse alors également aux travaux de l'ethnologue Marcel Griaule qui inaugure l'ère des enquêtes ethnographiques sur le terrain. Elle passe la fin de l'année au Lys de mer et rentre à Paris, le 7 janvier 1935, pour assister au départ de son nouvel ami et de la mission qui va étudier les Dogons. Elle a l'intention de rejoindre Griaule et se fait vacciner contre la fièvre jaune, ce qui lui donne une forte fièvre et de l'urticaire. X. la soigne. Il est « touchant ». Elle

---

1. *In* Marie Bonaparte, *Psychanalyse et Biologie*, pp. 26-33.

reconnaît que « son regret obsédant de l'Afrique » et sa tristesse le jour du départ de Griaule sont la répétition du départ de son père en traîneau, sans elle, un jour de neige à Paris. Elle aurait emmené Mme Griaule mais n'aurait pu rester que trois semaines, ce qui n'est pas assez long. D'autre part, elle redoutait les potins des épouses des membres de la mission qui auraient pu venir aux oreilles de l'Ami.

Soudain, celui-ci traverse une mauvaise passe et il souffre d'une sorte de ménopause mâle. Il a cinquante-quatre ans. Quatre fois, il a été impuissant avec elle. Elle se plaint à Freud, mais bientôt, des confidences de l'épouse lui apprennent qu'il se montre tout aussi « réservé » dans le lit conjugal. Voilà donc Marie consolée, remplie de « plus de courage, de joie, de compréhension, d'amour ». Elle se sent donc toujours en compétition avec l'épouse. Bien qu'elle soit de plus en plus le seul interlocuteur de l'Ami qui ne lui ménage plus les preuves d'attachement. Leurs entretiens et discussions sur la médecine, la biologie les passionnent autant l'un que l'autre, elle le sait. Elle a même songé à participer à mi-temps à son travail de recherche, toujours dans le dessein d'enrichir ses connaissances scientifiques et d'élargir son horizon.

Malinowski n'a pas disparu de son entourage pour autant. Il arrive le 1er mars et lui demande d'inviter un de ses étudiants diplômés de la London School of Economics ; un Kikouyou, Jomo Kenyatta. Le protégé de Malino était parti pour la première fois du Kenya trois ans plus tôt, avait visité Moscou et avait des « tendances bolcheviques ». Kenyatta parlait russe, anglais et les langues de l'est de l'Afrique. Il enseigna le kikouyou à son hôtesse. Marie l'emmena à Versailles, le 9 avril et nota qu'il avait préféré les jardins et le hameau de Marie-Antoinette à tout le reste. Pendant le thé, ce jour-là, il lui parla des rites qui accompagnent la puberté dans sa tribu. Elle était surtout intéressée par la façon dont les filles étaient traitées et il lui envoya plus tard une description détaillée d'une vingtaine de pages sur les rites d'initiation des jeunes filles qui incluent l'excision du clitoris. Jomo Kenyatta devint plus tard le premier et le plus célèbre chef africain de la rébellion contre le colonialisme, puis quand le Kenya obtint son indépendance il fut Premier ministre et président de ce nouveau pays. Marie prolongea ses vacances de Pâques à Saint-Tropez pour écrire les commentaires de Kenyatta sur l'avenir de l'Afrique et tout ce qu'il lui avait raconté sur sa tribu et les autres. Elle travailla également à la rédaction des commentaires des *Cinq Cahiers*.

A son retour à Paris, les relations avec l'Ami ont repris leur agrément. C'était elle une fois encore qui avait projeté sur lui ses propres sentiments de culpabilité. Elle s'aperçoit que sa chienne Topsy, la fille de Tatoun et de Cheekee, a sous la lèvre une tumeur qui n'est autre qu'un lympho-sarcome. Elle qui a donné tant d'argent à l'Institut Curie pour sauver des hommes, décide de faire suivre au chow-chow un traitement de radium. Elle l'y conduira elle-même tous les deux jours et commence en même temps à écrire un livre qui est un curieux et touchant hymne à la vie, à l'amour.

Du 20 au 28 juillet, Marie va voir Freud à Vienne. A son retour, elle trouve Topsy en meilleur état et elle s'installe au Lys de mer, toujours pour travailler aux *Cinq Cahiers* — que Freud approuve. Pierre vient déjeuner avec une jeune femme russe, prénommée Irène, récemment apparue dans sa vie et qui « l'écarte de nous tous », écrit Marie à Freud le 2 septembre. Elle la trouve belle et intelligente mais trop vieille pour Pierre. « La Russe » (c'est ainsi que Marie l'appelle le plus souvent dans ses lettres) prétend avoir trente ans, mais elle en a plutôt trente-quatre, tandis que Pierre en a vingt-sept et Marie flaire le danger, sans toutefois percevoir le parallèle entre son fils et les princes Lucien et Pierre Bonaparte. Juste avant, elle était contente car son fils commençait à se développer enfin. Le 19 septembre, elle se dit « littéralement dégoûtée de l'humanité, enfants compris, et je n'aime plus que les animaux et la nature et le travail que l'on fait tout seul ». C'est une lettre hostile que Pierre a écrite de Gibraltar à sa sœur qui provoque ce découragement.

La lettre de Gibraltar sera la première manifestation d'un état de tension entre la mère et le fils qui s'amplifiera et continuera pendant des années. Marie fera d'abord son possible pour que Georges ignore « le danger ». Elle sait d'avance que son mari n'acceptera pas le mariage et s'agite pour essayer d'obtenir une rupture. Elle apprend vite que Pierre n'a pas terminé son analyse avec Loewenstein qui, au début, l'empêche de parler fermement à son fils. Il dit, sans explication, que l'analyse a été interrompue et qu'elle n'a pas été un succès. Pierre reproche à sa mère de ne pas l'avoir empêché de voyager avec Irène, de les avoir reçus tous les deux à déjeuner, de l'avoir laissé jouer avec le feu. A présent, il est trop tard. Il lui reproche aussi sa façon de vivre. « Tu poursuis des idées de gauche (la psychanalyse) et tu gardes ta fortune (tout cela dicté par la Russe) », écrit Marie à Freud, le 13 décembre 1935. « La Russe le tient. Loew. lui parlera. Mais il est trop tard. »

Il y a déjà eu des occasions manquées à cause d'Irène. Le roi Georges II a été rappelé en Grèce. Pierre aurait dû partir avec son cousin qui lui offrait une position. Son père, qui n'avait toujours « que Venizelos en tête », ne le poussait pas à accepter et « la Russe » menaçait de se suicider. C'est « une impulsive, une Anna Karénine »[1]. Toutefois elle accepte d'être analysée par Mme Lantos, à condition que Marie paye l'analyse. Elle désirait entamer une procédure de divorce pour recouvrer sa liberté. Marie note que Pierre « raconte tout de nos vies privées » à « la Russe ».

Lorsqu'elle va à Londres, en octobre, pour rencontrer son neveu le roi, avant qu'il ne regagne la Grèce, Pierre et Eugénie s'y trouvent aussi. Ses enfants ont toujours été une grande préoccupation pour Marie. Elle les aimait avec son habituelle passion et elle les voulait heureux. Mais, comme la plupart des êtres qui ont souffert d'un manque d'amour, le sentiment maternel tel qu'on l'imagine d'ordinaire ne lui dictait pas un comportement simple envers eux. Elle les aimait trop en quelque sorte mais d'une manière qui, souvent lointaine, n'était pas selon leurs vœux. Ils avaient eu l'impression que le temps passé à Vienne leur avait été volé. Il leur avait été bien difficile de reconnaître la place qu'ils avaient toujours tenue dans sa vie, et leurs blessures laissaient des cicatrices. Malgré eux, en retour, souvent ils la tourmentaient. Mais ils l'aimaient de toute évidence.

Pendant le séjour à Londres, Pierre accompagna sa mère pour aller entendre « la discussion à la Société de Londres du papier du Congrès de Mélanie Klein : *The genetic relation between the paranoïd depressive and manic position in the infant*, nous en avions la tête cassée[2] ! ». Marie n'est pas ébranlée par les théories de l'école anglaise et reste sur ses positions orthodoxes freudiennes. Comme d'habitude, elle publie des articles dans la *Revue* et la traduction des *Cinq psychanalyses* de Freud, faite en collaboration avec Rodol-

---

1. Lettre à Freud le 12 octobre 1935.
2. *Ibid.*

phe Loewenstein, paraît cette année-là. Elle n'a pas encore
fini la rédaction des commentaires des *Cinq Cahiers*. Elle va
passer les fêtes de Noël et du nouvel an avec Eugénie, et
Topsy à Saint-Tropez.

L'approche de la tempête

L'année 1936, le feu couve en Europe, malgré les succès
aux élections du Frente popular en Espagne en février et du
Front populaire en France, en mai. Le fascisme et le nazisme
vont peu à peu imposer partout leur loi. En mars, on assiste
à la remilitarisation de la Rhénanie, tandis que les armées
de Mussolini font la loi en Éthiopie et s'emparent d'Addis-
Abeda.

Marie, qui se tient toujours à l'écart de la politique, mène
son combat sur un autre plan. Elle voudrait que soit attribué
à Freud le prix Nobel de littérature et, contre la volonté de
son maître, elle écrit à Thomas Mann et à Romain Rolland.
Ni l'un ni l'autre ne la laissent espérer. Au début de l'année,
l'Ami a été retenu loin de Paris par sa femme que Marie
appelle « le Crampon ». Au retour, les retrouvailles sont une
fête. L'Ami et elle se voient deux ou trois fois par semaine et
il redevient « un jeune homme ». Mais, bien entendu, ces
exploits ne durent pas et, de nouveau, survient une mauvaise phase. Ils décident alors de ne plus se voir que trois ou
quatre fois par mois. Il « fuit l'amour dans le travail.
Résignation. Revivre dans ses enfants ».

Marie travaille, elle aussi. La *Revue* : il faut s'occuper du
numéro spécial d'hommages pour le quatre-vingtième anniversaire de Freud, la date approche et elle souffre, une fois
encore, d'une cystite.

Le 6 mai, à la Sorbonne, dans le cadre de la cérémonie en
hommage à Freud, placée sous la présidence du Professeur
Claude, Marie fait une conférence sur son maître, au cours
de laquelle elle rend un hommage à Henri Claude et lui
exprime, au nom de ses confrères « nos remerciements pour
la porte qu'il nous a ainsi ouverte ».

Georges, Eugénie et Pierre envoient chacun un télégramme à Vienne. Avec le temps, Georges s'est habitué à
Freud. Il le respecte et l'apprécie comme homme — l'œuvre,
il préfère l'ignorer. Un mois plus tard, il rentre du Danemark
avec la varicelle. Il est très malade. Marie est contaminée

mais sa varicelle est moins forte. Et l'existence quotidienne reprend son rythme : les quatre patients, Saint-Cloud, la beauté du jardin, l'Ami moins longtemps seul cet été-là.

En juillet 1936, la guerre civile éclate en Espagne mais personne ne s'y trompe, l'Europe tout entière est engagée dans cette lutte. Les forces du fascisme et celles de Hitler vont soutenir Franco. Les puissances occidentales n'interviennent pas. Le support de l'U.R.S.S. sera tempéré par la stratégie politique de Moscou à laquelle les individus, qui, par idéalisme, vont essayer, aux côtés des « Rouges », de sauver la liberté en danger ne peuvent pas penser. Et malgré « les événements », a lieu du 2 au 5 août comme prévu le Congrès international de Marienbad. Lacan y fait sa première communication sur *le Stade du miroir*[1], le 3 août. Marie est élue vice-présidente du Congrès, avec Anna Freud, ce qui la remplit de joie, mais sa communication : *Vues paléobiologiques et biophysiques*[2] est discutée par Hélène Deutsch et Jeanne Lampl qui sont elles aussi des disciples de Freud. Leur amitié avec lui est plus ancienne et, sans nul doute, la jalousie joue, ce qui dérange Marie.

Dès la fin du congrès, Marie s'embarque pour l'Amazonie avec Eugénie. Parties le 7 août, elles arrivent le 22 au Brésil, à Belem. « Palmiers, gros insectes, chaleur tuante. » Elles remontent l'Amazone. Le 29 août, Marie écrit, de Manaos, qu'elle a horreur des tropiques et qu'elle souffre de la nostalgie de la mer, malgré la chasse aux alligators. Eugénie adore les tropiques et flirte sur le bateau. Elle aime aussi les perroquets et elle se sent très contente. Le 20 septembre, elles sont à Lisbonne, après être passées par Madère. Et le 28 septembre, c'est le retour à Paris.

Le voyage avait surtout pour objet de distraire Eugénie. Le retour est mélancolique. Marie aspire encore à une vie personnelle plaisante. L'impuissance dont l'Ami a été affligé récemment ne s'arrange pas. Elle regrette de nouveau l'enfant qu'elle aurait pu avoir de lui. Elle serait moins seule. Pierre et Eugénie ont à présent leur vie à vivre. Du 26 au 31 octobre, elle va à Vienne pour faire six heures d'analyse qui lui apportent la résignation dont elle a grand besoin. L'Ami reste ascétique. « Si je veux l'embrasser, il

---

1. Jacques Lacan, *Écrits*, p. 907.
2. Marie Bonaparte, *Psychanalyse et Biologie*, p. 34 et notes diverses inédites.

recule. Non, j'ai peur, prétend-il et il assure qu'avec sa femme il agit de même. » « Il a peur pour son travail, pour sa vie. Le courage remplace le bonheur. » Marie se tourne vers les animaux amis.

Le 14 novembre, elle part pour Athènes avec Eugénie et Pierre, pour le retour des cendres de son beau-frère Constantin et des reines : sa belle-mère et sa belle-sœur Sophie. Elle espère aller à Mycène et à Delphes. Pierre est ravi, il n'avait pas vu la Grèce depuis ses quatre ans. Neige et pluie à Delphes.

Marie a eu beaucoup de temps pour réfléchir car elle est malade. La grippe l'a immobilisée plusieurs jours. « La fixation au père explique l'Ami : adolescent, il a eu une crise religieuse. Il ne fume pas, ne boit pas, ne vint à la femme que tard — à présent il devient végétarien. Le père est tabou », écrit Marie à Freud dans une lettre du 18 décembre 1936. Il ne faut pas dire que le roi est nu. X. est choqué parce que, dans son récit *Topsy*, elle mentionne le cancer de son père. Il la tourmente pour qu'elle supprime les allusions à la maladie paternelle.

La vie quotidienne continue de ne pas être facile. Marie est tiraillée de plusieurs côtés à la fois. Le 22 décembre, la femme de l'Ami part et ils dînent tous les deux. Le lendemain, Pierre rentre de Grèce, mais il ne restera pas. Il va rejoindre Irène qui vient d'obtenir son divorce. Il est en conflit entre son amour et son devoir de prince. « Il ne voudrait pas faire figure aussi lamentable que " le King " qui vient d'abandonner le trône pour Mrs Simpson[1]. » Georges, qui ignore tout, part pour Athènes où il n'est pas retourné depuis seize ans.

Le 30 décembre, Marie reçoit un visiteur inattendu : Reinhold Stahl, écrivain et *kunsthandler* qui vient lui proposer d'acheter les lettres et les papiers de Freud appartenant à Fliess, mort en 1928. L'écriture est bien celle de Freud, Marie n'a pas d'hésitation devant le spécimen que le courtier lui a apporté. Mme Fliess voulait donner ces papiers à la Bibliothèque nationale de Berlin, mais comme on brûle les ouvrages de Freud, elle les a vendus à Stahl, qui a reçu des offres d'Amérique. Avant de se résigner à voir partir ces

---

1. Lettre à Freud, du 28 décembre 1936.

documents, il les apporte à Marie. Il demande 12 000 francs pour le tout (250 lettres, dont quelques-unes de Breuer, et des esquisses théoriques). Marie n'ignore pas l'importance de cette correspondance s'étendant de 1887 à 1902. Wilhelm Fliess, oto-rhino-laryngologiste et biologiste était le grand ami de la jeunesse solitaire et féconde de Freud. Comme il habitait Berlin, c'était par lettres que Freud lui exposait ses idées, discutait les siennes et lui demandait conseil.

L'année 1937 commence par l'émoi de Freud apprenant la vente des lettres et documents en la possession de Mme Fliess. Après la mort de Fliess, sa veuve lui avait demandé ses lettres, Freud ne put les retrouver. Les avait-il brûlées, ou cachées ? Selon lui, Ida Fliess était une méchante femme, responsable de la rupture entre les amis, et la correspondance a un ton intime qu'il répugne à voir divulgué. Il propose à Marie de lui rendre la moitié de la somme qu'elle a payée. Marie refuse. Le 7 janvier, elle écrit encore : « Les lettres et manuscrits m'ont été proposés à la condition que je ne les revendrai à aucun prix à la famille Freud, de façon directe ou indirecte, car on craint la destruction de ce matériel important pour l'histoire de la psychanalyse. Cela ne m'empêchera pas d'en discuter avec vous, mais vous ne serez pas surpris car vous connaissez mes idées et mes sentiments ; j'ai une curieuse aversion à l'idée de la destruction de vos lettres et manuscrits.

« Vous-même, cher père, ne ressentez peut-être pas toute votre grandeur. Vous appartenez à l'histoire de la pensée humaine comme Platon, dirons-nous, ou Goethe. Quelle perte pour nous, la postérité, si les entretiens de Goethe avec Eckermann eussent été détruits, ou les dialogues de Platon, ceux-ci par pitié envers Socrate, afin que la postérité n'apprenne pas que Socrate s'était adonné à la pédérastie avec Phèdre et Alcibiade !

« Rien de semblable ne peut être de vos lettres ! Rien, quand on vous connaît, qui puisse vous diminuer ! et vous-même, cher père, avez écrit dans votre beau travail contre l'idéalisation à tout prix des grands hommes. »

Dans un autre paragraphe de la même lettre, Marie parle de « cette unique et nouvelle science, votre création, plus importante que la théorie des idées de Platon lui-même ». Elle a reçu une seconde visite de Stahl qui lui a apporté les essais scientifiques du jeune Freud. Le reste, les lettres, sont encore en Allemagne et il les apportera dans quelques semaines. Elle est prête à déposer le matériel dans une bibliothèque d'État, par exemple Genève, « à la condition expresse qu'on ne les consulte pas avant quatre-vingts ou cent ans après votre mort »... De plus, si tel est le désir de Freud, elle ne les lira pas. Mais elle en a entrevu quelques-unes qui n'étaient pas compromettantes.

Marie devait laisser cette correspondance dans un coffre qu'elle possédait à la banque Rothschild de Vienne. Après les événements de mars 1938, elle les sortit et les emporta sous les yeux de la Gestapo, puis en 1941, pendant l'occupation de la France, elle les déposa à la légation de Danemark, à Paris, qui n'était pas un endroit tellement protégé, le Danemark étant occupé par l'Allemagne. Cette correspondance allait connaître encore un autre danger, celui des mines allemandes dans la Manche, quand elle rejoignit Londres, en 1945. Finalement, les lettres furent publiées dès 1950, en allemand, et en 1954, en anglais. L'édition allemande a été préparée par Marie Bonaparte, la sélection opérée par Anna Freud et Ernest Kris qui a également écrit l'introduction et les notes. Le livre a paru en français, sous le titre : Sigmund Freud, *La naissance de la psychanalyse, lettres à Wilhelm Fliess*, en 1956, traduit par Annette Berman. A présent, la correspondance complète va paraître et cette publication sera un événement car elle marquera la façon dont Freud en réagissant aux théories de son ami créa les siennes.

Au mois de février 1937, Geza Róheim rentre de sa longue expédition avec assez de documents pour démontrer — à l'encontre des thèses de Malinowski — que le complexe d'Œdipe existe dans les sociétés matrilinéaires de Mélanésie. Le 8 février a lieu la prise de Malaga par Franco. La guerre d'Espagne tourmente les consciences occidentales. Les victoires de Franco sont celles de Hitler et de l'idéologie nazie. A Vienne, il y a de quoi être inquiet et des intellectuels, des artistes quittent le pays. Freud ne songe toujours pas à le faire. La mort de Lou Andréas-Salomé qui a été pour lui une disciple, une grande amie et son lien avec Nietzsche, l'affecte beaucoup. Il travaille de plus en plus difficilement à cause de son état de santé qui s'aggrave, malgré les efforts de son entourage pour trouver le remède à ses souffrances qui aussi enrayerait le mal. Marie va le voir au début de mars avant un séjour en Grèce où elle arrive le 15. Elle a une discussion très violente avec Pierre « toujours monté par cette femme », qu'il a l'intention d'épouser le 1er janvier 1938. Marie regrette que Loewenstein l'ait empêchée de parler à Pierre au début. Freud lui conseille l'indifférence. Il lui dit aussi qu'un analyste devrait séparer l'analyse et la vie.

Marie attend à Athènes ses amis Troisier et Annette Berman, qui fut sa patiente et est devenue sa secrétaire. Ils vont ensemble faire une croisière à laquelle participe une autre patiente, héritée de Mme Sokolnicka qui lui donnera du fil à retordre, et un helléniste, l'écrivain Mario Meunier. Le 23 mars, ils s'embarquent pour Olympie, puis ils vont à Candie, Santorin, Delos et Myconos, Épidaure, Mycène, Delphes et elle se retrouve seule à Athènes d'où, avec Georges, Pierre et Eugénie, elle partira le 10 avril pour la Crète qu'ils visiteront pendant une semaine. Georges est heureux en constatant l'enthousiasme de la population dont il est l'objet. Marie voudrait bien ne pas le troubler en lui révélant les relations de Pierre et d'Irène, mais Freud pense qu'il est grand temps de l'avertir. Pourtant, Pierre sera encore le sujet de plusieurs lettres avant que Marie ne se décide à parler. La conversation aura lieu au retour à Paris et Georges lui reproche son libéralisme. Il la tient pour responsable de la situation. « L'Ami à l'arrière-plan, envers lui, pitié, mépris, un peu de haine », note-t-elle avec découragement.

En juin, le ministère Léon Blum est renversé, le ministère Chautemps qui lui succède essaie de sauvegarder le Front populaire. En Autriche la tension monte, Marie ira passer quelques jours auprès de Freud en juillet, alors que, comme d'habitude, Georges part pour le Danemark. Depuis quelques années, Freud ne s'éloigne plus de Vienne. L'été, il séjourne à Grinzing, où il loue toujours la même maison. Mais il y a cette saison, un « entracte » dans ses souffrances. En novembre, il aura dépassé l'âge où son père et son frère sont morts. Il y pense, il en parle. Il a toujours été sensible à ces points de repère.

Début août, Marie arrive au Lys de mer déprimée. Elle songe à la mort elle aussi. Elle imagine que Georges et Eugénie la pleureront, mais Georges se consolera avec l'idée du ciel et Pierre se réjouira d'hériter. Sa dépression ne dure pas longtemps et, le 24 août, elle note qu'elle a retrouvé sa joie de vivre et que son pied est guéri — elle s'était brûlée.

Elle nage quatre fois par jour. La mer est chaude. « Le plus grand bonheur de ma vie c'est de vous avoir rencontré, d'avoir été votre contemporaine », écrit-elle à Freud, le 6 septembre. Le 15, elle rentre à Paris où Pierre passera une semaine avant d'aller en Grèce, en Syrie, en Perse et aux Indes où il va chercher une tribu à étudier. Georges refuse de suivre le conseil de Freud et de lui parler. « Dur pour une mère de se désintéresser de son fils, mais c'est une nécessité biologique et sociale. » « La famille trouble le travail », écrit-elle aussi.

Avant d'aller à Vienne avec Eugénie et Topsy, elle repart pour le Lys de mer. Eugénie restera à Vienne jusqu'à Noël pour une analyse avec Freud qui reconnaît qu'elle a le sens de ce qu'est l'analyse.

La barbarie en marche

L'année 1938 débute paisiblement. Le 1er janvier, Marie est en Grèce pour tenir son rôle d'altesse royale. Ce jour-là, elle assiste à une cérémonie à la cathédrale d'Athènes, et le 9 janvier a lieu le mariage de son neveu Paul, le frère du roi Georges II, avec Fredericka, princesse de Braunschweig-Limeburg. Le 21 janvier, elle fait un curieux rêve dans lequel Kipling et Freud sont morts. Ce rêve qu'elle décrit à Freud lui vaut une réponse datée « Les Champs-Élysées, 27 janvier à Vienne ». Freud écrit encore une fois avec bonne humeur et esprit alors qu'il vient de subir une nouvelle opération d'un ulcère cancéreux. Il plaisante. « Le séjour en ce lieu (les Champs-Élysées) produit un bon effet sur l'apparence extérieure. Peut-être remarquerez-vous que j'ai même embelli. N'étais-je pas défiguré par un kyste sébacé, un athérome dont vous ne m'avez jamais parlé, par tact sans doute ? On m'a enlevé cet ornement lors de la dernière — je veux dire, bien sûr, de l'avant-dernière intervention[1]... »

Le 8 février, le prince Nicolas meurt en Grèce et les funérailles, avec retraite aux flambeaux et défilé du peuple ont lieu le 12. Georges et Marie, présents, choisissent leur tombe au cimetière royal de Tatoï dans un bois de pins, sur les pentes du Parnasse. Et Hitler pose au Chancelier Schus-

---

1. Max Schur, *La mort dans la vie de Freud*, p. 583.

chnigg son ultimatum. Il n'y a plus d'espoir pour l'Autriche. Marie rentre le 16 février à Paris et le 17, elle déjeune avec le prince Dominique Radziwill qui va se fiancer officiellement le lendemain avec Eugénie. « Grâce au ciel, le père plus gentil avec sa fille », note Marie. Freud envoie ses félicitations car les journaux de Vienne ont annoncé les fiançailles. Ensuite, tout va se précipiter et la joie d'Eugénie sera bientôt oubliée.

Le 11 mars 1938, a lieu l'invasion de l'Autriche par les nazis. Aussitôt, Marie entre en action. Elle prend contact avec Dorothy Burlingham, l'amie américaine des Freud qui habitait Vienne avec ses enfants et travaillait avec Anna. Elle prend contact également avec Ernest Jones à Londres. Ils décident l'un et l'autre de partir afin de tâcher d'influencer Freud qui jusque-là refusait de quitter l'Autriche.

Au cours d'une réunion qui a lieu le 13 mars, le comité directeur de la Société psychanalytique de Vienne demande que chacun fuie le pays, dans la mesure du possible. Jones arrive à Vienne par avion le 15 mars, en passant par Prague. Il ne restera que quelques jours et rentrera à Londres où il obtient de Sir Samuel Hoare, ministre de l'Intérieur britannique, que Freud, la famille, les domestiques et médecins personnels ainsi qu'un certain nombre d'élèves et leur famille aient la possibilité de s'établir et de travailler en Grande-Bretagne. Marie Bonaparte arrive à Vienne le 17 mars. Elle habitera à la légation de Grèce et prendra ses repas chez les Freud.

La situation est inquiétante. Des perquisitions ont déjà eu lieu au *Verlag* où dans la fièvre générale on avait laissé une copie du testament de Freud qui prouvait l'existence d'avoirs à l'étranger — ce qui était considéré par le régime comme un crime. Martin Freud, directeur du *Verlag* avait assisté aux perquisitions mais n'avait pu détruire les documents dangereux. Le 22 mars, Anna fut convoquée dans les bureaux de la Gestapo où elle fut retenue toute la journée. Freud qui, d'habitude, ne manifestait pas ses émotions était très agité et fumait sans arrêt pendant l'absence de sa fille. Sa résolution fut prise alors. Mais il tenait à emporter ses collections et sa bibliothèque. L'autorisation de sortie n'était pas facile à obtenir, surtout avec de tels bagages. Les nazis monnayaient leurs « faveurs ». Ils avaient établi une « taxe » de sortie (*Reichsfluchtsteuer*) de 20 % sur la valeur des biens des émigrants. C'était une vraie escroquerie car le plus souvent ils avaient auparavant confisqué ces biens. Freud, dont le coffre avait été ainsi délesté, était dans l'incapacité d'acquitter cette taxe qui se montait à 4 824 dollars. Marie avança la somme qu'il tint à lui rendre l'été suivant. Elle consacra cet argent à la reproduction, à Londres, des *Gesammelte Werke* détruits par les nazis.

Marie reste à Vienne jusqu'au 10 avril. En compagnie d'Anna, elle passe la plupart de son temps à trier la correspondance et les manuscrits de Freud. Recherchant jusque dans la corbeille à papiers du maître, elle sauve des documents que Freud désirait voir disparaître avant l'exil qu'il redoutait beaucoup, malgré son amour de l'Angleterre qui datait de sa jeunesse. Pendant ce séjour à Vienne, elle recueille aussi de nombreux souvenirs sur la famille Freud, leurs migrations de Rhénanie en Lituanie, puis en Galicie où naquit le père de Freud, puis à Freiberg, en Moravie, où naquit Freud. Elle a noté la liste des frères et sœurs de son maître et les souvenirs écrans de celui-ci sur la mort de son frère Julius à l'âge de huit mois alors qu'il avait un an et demi. Le 8 avril, il lui conte ses souvenirs de Paris, sur Charcot et Richetti.

Marie ne prenait pas seulement soin des Freud, elle était prête à aider toutes les personnes en danger dont elle entendait parler par ses amis. L'une d'entre elles, le Dʳ Richard Berczeller, un médecin, vit encore à New York et se souvient de « sa personnalité impressionnante ». Elle était « une belle femme, extrêmement chaleureuse, une aristocrate, une vraie ». Ils s'étaient rencontrés dans le bureau de Freud où un rendez-vous avait été ménagé. Après avoir écouté son histoire, elle réagit immédiatement, se précipita sur le téléphone et demanda à l'ambassadeur de France un permis de séjour pour le jeune médecin, sa femme et leur fils de six ans. Le Dʳ Berczeller s'occupait de politique et il avait été déjà arrêté et mis en prison plusieurs mois. Il était sûr que les nazis allaient l'emprisonner de nouveau pour toujours cette fois. Aussi souhaitait-il habiter Paris, où, plus tard, Marie le retrouva, bien qu'il n'ait pas osé lui faire visite, confus de sa pauvreté.

Le 11 avril, Marie repart, le 12 elle est à Saint-Cloud. Son agenda est rempli : le 13 elle déjeune avec Malinowski. Le 15 avril, elle voit Alexis Léger, alors secrétaire du Quai d'Orsay, qu'elle connut par Briand, le 17, elle repart pour Vienne. Le 19, elle va à Cracovie pour assister au mariage de la sœur de son futur gendre, Dominique Radziwill, tandis que Hitler entre à Vienne.

Du 29 avril au 4 mai, Marie retournera à Vienne pour les ultimes préparatifs de départ. Elle ne peut rester autant qu'elle le souhaiterait car le mariage d'Eugénie aura lieu le 30 mai, à Paris, en l'église Saint-Louis des Invalides.

Le 5 juin, enfin en route vers Londres, Freud fait une brève étape à Paris. En compagnie de l'ambassadeur William C. Bullitt, Marie va le chercher à la gare de l'Est. Il se repose une demi-journée dans le jardin de la rue Adolphe-Yvon, entouré de sa famille et de celle de Marie. La chaleur de l'amitié leur fait oublier, ce jour-là, que la barbarie est en train d'asservir l'esprit.

CHAPITRE IX

LE TEMPS DES TEMPÊTES ET L'EXIL AUSTRAL

> *... Rien ne s'effaçant au cours de la vie,*
> *chacun de nous est comparable à un docu-*
> *ment où seraient inscrites, certes en abrégé,*
> *toute l'histoire et toute la préhistoire de*
> *l'humanité.*
>
> Marie BONAPARTE,
> *Psychanalyse et Anthropologie*, p. 174.

Pendant les douze heures où Freud et les siens firent halte rue Adolphe-Yvon, le soleil brillait sur Paris et le prince Valdemar et Croisy étaient présents, venus, tous les deux, pour le mariage de la princesse Eugénie et du prince Dominique Radziwill. Ils repartirent bientôt, l'une pour l'Angleterre, l'autre pour le Danemark et, avec eux, toute trace de fête, de moments heureux disparut.

Marie demeurait hantée par ce qu'elle avait vu à Vienne. Elle savait que ce qu'elle avait connu, aimé était à jamais emporté par la tempête barbare qui commençait à secouer l'Europe. Elle se tourmentait au sujet de Freud. L'exil à quatre-vingt-deux ans et dans de telles conditions de santé était périlleux. Le Dr Schur, atteint d'une appendicite phlegmoneuse, n'avait pu accompagner son malade. Avec sa famille, il quitta Vienne le 10 juin, très vite après son opération, moins d'une semaine après le passage de Freud, et les Schur se reposèrent quelques jours chez la princesse avant de continuer leur voyage jusqu'à Londres. Celle-ci fut bouleversée par la façon dont les enfants du médecin de Freud, âgés de cinq ans et de deux ans et demi, avaient été frappés par l'atmosphère de terreur et de folie qu'ils avaient connue dans leur ville natale. Elle était décidée à faire tout ce qui était en son pouvoir pour aider les juifs persécutés par Hitler. A cette époque, elle avait retrouvé le Dr Berczeller à qui elle demanda d'être son intermédiaire auprès des organisations juives qu'elle voulait aider en leur donnant l'argent nécessaire pour obtenir les autorisations de sortir d'Allemagne et d'Autriche des médecins et des scientifiques. Comme Loewenstein l'écrira bien plus tard : « Sa modestie s'opposa toujours à ce qu'on révélât sa générosité[1]. » Au cours des années qui allaient suivre, elle réussit à sauver environ deux cents de ces intellectuels persécutés. Mais en 1938 l'Occident avait à peine pris conscience du danger et elle se fit un devoir d'alerter l'opinion qui était loin d'être préparée. Elle écrivit dans les journaux et hebdomadaires parisiens des articles sur Freud chassé de sa patrie[2].

Elle donna des déjeuners à Saint-Cloud pour des ministres en exercice dont elle espérait obtenir permis de séjour ou visas de transit : Jean Zay (qui devait lui-même périr victime de la Milice de Vichy), Paul-Boncour, Albert Sarraut furent ses hôtes. Elle invita aussi le Dr Berczeller à donner des conférences rue Adolphe-Yvon sur ses idées concernant la situation politique de l'Europe. L'unanimité était loin d'être faite parmi ses hôtes. Nombreux étaient ceux qui refusaient de croire aux sombres prédictions de l'exilé. Parmi ces derniers figuraient Jean Zay lui-même, ministre de l'Éducation nationale, et Loewenstein. Selon eux, il était impensable que l'Europe occidentale pût être conquise et écrasée par le nazisme. Ils avaient foi en une certaine idée de la civilisation qui devait triompher de la barbarie primaire de Hitler et de ses suppôts.

La vie de Marie était alors dominée par ses préoccupations au sujet de son maître, de la famille Freud et de tous ceux, ses amis ou des inconnus, qu'ils avaient laissés derrière eux dans cette ville à laquelle Freud demeurait secrètement si attaché. Elle souhaitait s'occuper en particulier des quatre sœurs de son maître, qui n'avaient pas reçu de visa pour partir avec le reste de la famille, et dont elle avait accepté d'être financièrement responsable, afin que

---

1. R. Loewenstein, « In Memoriam » in *Journal of the American Psychoanalytic Association* vol. XI, n° 4, octobre 1963, p. 864.
2. Articles in *Le Petit Parisien* du 14 juin 1938, *Marianne* du 15 juin 1938, *L'Ordre* du 19 juin, tous repris in *Psychanalyse et biologie*, pp. 63, 67, 70.

celles-ci puissent s'établir en France, où Olivier, l'un des fils de Freud, avait finalement pu émigrer, avec sa femme et sa fille, également grâce à elle. Avec Loewenstein, elle aida leurs amis autrichiens Heinz et Dora Hartmann à s'installer à Paris, qu'ils devaient quitter plus tard pour New York.

A la fin du mois de juin, Marie passa trois jours à Londres, le plus souvent 39, Elsworthy Road. Là était sa vraie famille, celle qu'elle avait choisie et dont elle partageait les tourments. Dans sa biographie de Freud, Jones raconte comment, par l'intervention personnelle du roi de Grèce, son neveu, Marie réussit à envoyer à Londres l'or que possédait Freud [1]. La collusion entre le fondateur de la psychanalyse et le monarque paraissait naturelle à Marie. Plus que jamais persuadée du pouvoir de la volonté, elle était comme toujours déterminée par les buts qu'elle s'était fixés et ne s'embarrassait pas de considération de personne.

Cette année-là, le Congrès international de psychanalyse se tient à Paris, du 29 juillet au 3 août et elle présente une communication sur *L'inconscient et le temps*. Freud trouve son texte « plus poétique et philosophique qu'analytique ». « Je n'accepte pas la subjectivité absolue du temps », lui écrit-elle pour se défendre [2]. Mais, comme après chacune de ses révoltes, elle finit par suivre les conseils de son maître, et retravaille jusqu'à ce qu'il soit satisfait. « Vous avez mieux exposé les notions de temps et d'espace que je ne l'aurais fait. A vrai dire, en ce qui concerne le temps, je ne vous avais pas mise tout à fait au courant de mes idées. Ni personne d'autre d'ailleurs [3]. » Et le texte, ainsi approuvé par Freud, sera publié [4].

Après le congrès, Marie fait un nouveau saut de deux jours à Londres où elle retournera fin octobre-début novembre, après un séjour au Lys de mer où Eugénie et son mari la rejoignent. Eugénie semble heureuse. Elle traduit *Topsy* en anglais. Ce livre à propos du chow-chow atteint d'un cancer, Freud et sa fille en avaient écrit une version allemande pendant les derniers mois de Vienne où ils étaient trop préoccupés par la situation politique et la maladie de Freud

1. Ernest Jones, *Freud*, III, p. 259.
2. Lettre de Marie Bonaparte du 12 novembre 1938.
3. Lettre de Freud à Marie Bonaparte du 12 novembre 1938.
4. *R.F.P.*, XI, I, 1939 puis dans *Chronos, Eros et Thanatos* (1952).

pour se consacrer à leurs propres recherches. Leur traduction paraîtra à Amsterdam en 1939.

En septembre 1938, ont lieu les accords de Munich par lesquels Britanniques et Français, en essayant de sauver la paix, font le jeu de Hitler et de Mussolini. Durant ces jours d'angoisse et de désolation, Marie est avec Georges dans leur château de Blain. Ils sont là pour « protéger quinze personnes et nos affaires », comme elle l'écrit à Freud[1]. Pendant ce temps, Freud subit une nouvelle opération qui est, de son propre aveu, la plus pénible depuis celle de 1923. Il lui faudra des semaines pour s'en remettre et il ne souhaite pas voir son amie, qu'il appelle toujours « notre Princesse », quand la souffrance l'accable.

Fin octobre, Valdemar a quatre-vingts ans, Marie lui envoie un télégramme mais n'accompagne pas Georges qui part pour fêter cet anniversaire à Bernstorff. C'est alors qu'elle va à Londres et loge pour la première fois à Maresfield Gardens, dans la maison où les Freud se sont installés définitivement et où ont été disposés meubles, livres et objets archéologiques, toute la collection sauvée de Vienne et arrivée en bon état, en grande partie grâce à son aide aussi énergique que généreuse.

Marie est satisfaite, du moins des conditions matérielles de la vie de son maître vénéré, mais elle n'en oublie pas pour autant les menaces de l'avenir et les souffrances de ceux qui sont restés sous l'oppression nazie. En novembre, elle propose à William C. Bullitt, l'ambassadeur des États-Unis à Paris, que les États-Unis achètent au Mexique le territoire qui se trouve au sud de la Californie pour y créer un État juif. Les réfugiés juifs irrigueraient et cultiveraient ces terres désertiques. Si la Basse-Californie est impossible, pourquoi ne pas créer cet État en Guyane ou dans les colonies allemandes d'Afrique ? Elle met en avant le nom de Freud, afin que l'ambassadeur donne toute son attention au projet. Dans sa réponse, son correspondant lui exprime ses doutes mais l'assure que le président Roosevelt cherche par tous les moyens à aider les réfugiés juifs. Le 12 décembre, c'est au président des États-Unis lui-même qu'elle écrit pour exposer son plan. Entre-temps, elle avait reçu une lettre de Freud qui

---

1. Lettre à Freud du 30 septembre 1938.

ne prenait pas très au sérieux ce qu'il nommait « ses plans coloniaux »[1].

Pendant toute cette sombre époque, elle a cinq patients qu'elle traite régulièrement mais elle projette de les abandonner à la fin de l'année pour visiter l'Égypte avec sa fille.

Le voyage commence à Athènes où Marie et les siens ont passé Noël dans leur maison et où ils ont reçu la visite du roi. Le 31 décembre, c'est le départ. Le navire fait escale à Haïfa où Marie retrouve Eitingon devenu professeur à l'université de Jérusalem depuis 1933. Mère et fille visitent la ville et les alentours, ainsi que quelques kibboutzim. Ensuite, elles arrivent à Alexandrie qui est une bonne transition pour les voyageurs venus de Grèce. Elles visitent les catacombes si décadentes. Puis après s'être installées à Gizeh, où elles résident au célèbre Mena House au pied des Pyramides, elles vont à Sakkara et jusqu'à Memphis et Thèbes ; l'abbé Drioton, un des grands égyptologues dans la tradition française, leur montre le musée du Caire. La nouvelle de la maladie soudaine de Valdemar leur parvient à Gizeh, Marie voudrait partir immédiatement pour Copenhague rejoindre son mari qui est au chevet de son oncle. Mais Georges refuse, il espère que le sérum antipneumonique va faire merveille. Elle respecte sa volonté et ne partira que trois jours plus tard, quand il réclamera enfin sa présence. L'état du malade est devenu critique. Valdemar meurt le 14 janvier 1939, alors qu'elle arrive tout juste à Copenhague. Elle ne le voit pas. Georges tient à rester seul auprès du cadavre de son ami.

Cette mort jette Marie dans un grand tumulte intérieur. Elle écrit chaque jour à Freud et lui raconte en détail, comme d'habitude, ses sentiments et les événements. Georges est épuisé. Il n'a dormi que onze heures en quatre jours. Mais elle ne comprend pas pourquoi il la tient éloignée dans ce Gule Palae, résidence d'hiver de Valdemar, où elle se sent si étrangère. Est-ce à cause de son athéisme ? Elle est prête à s'accabler de reproches. Elle aurait dû arriver plus tôt. Elle aurait dû, tout au long de la vie, manifester plus d'amitié à Valdemar. Le 17 janvier, le cercueil est transporté à l'église où auront lieu les funérailles, le lendemain. Valdemar sera enterré dans le cimetière royal et il y aura ensuite un dîner

---

1. Lettre de Freud du 23 novembre 1938.

chez le roi Christian X, son neveu. Marie souhaiterait se racheter auprès de Georges. Elle s'accable avec frénésie. Elle propose à son mari de le faire enterrer à Copenhague plutôt qu'à Tatoï s'il préfère. Mais Georges répond que seules les âmes comptent et qu'il est sûr que la sienne retrouvera celle de Valdemar au ciel. Georges est l'exécuteur testamentaire de son oncle et Marie se dit prête à l'aider à acheter meubles et maisons ayant appartenu à Valdemar. Elle est cependant encore jalouse. C'est alors qu'elle écrit le mince cahier intitulé *Le vieux compagnon* où elle retrace depuis le début l'histoire de cet amour unique, cette passion du cœur, entre l'oncle et le neveu. Elle se sent exclue du deuil et du chagrin de Georges comme elle s'est sentie exclue de leur vie.

Elle assure qu'elle voudrait ne plus quitter Georges pour de longs mois mais elle ne se fait pas prier pour regagner Paris à la fin de janvier où dès le lendemain de son retour elle accueille son neveu Pavlo et la princesse Frédéricka, les futurs souverains de Grèce. C'est avec une sorte de soulagement qu'elle reprend la routine de travail et d'obligations diverses ; mener la vie que mène Georges lui serait impossible. Elle est inquiète de ce qui se passe. Elle sent bien que la guerre approche et l'état de santé de Freud la tourmente plus que jamais. Ses déplacements prouvent ces deux préoccupations majeures.

Elle fait un bref aller et retour à Genève et passe ensuite deux semaines à Londres pour mettre en sûreté ses papiers et manuscrits à la banque Rothschild et surtout pour être auprès de Freud aux prises avec une nouvelle lésion cancéreuse. Elle discute avec le Dr Schur du problème médical. Elle met tout en œuvre pour réunir les meilleurs spécialistes de Londres et de Paris au chevet de son maître. Pour déterminer quelle sorte de traitement de rayons conviendrait elle fait venir le Professeur Lacassagne, successeur de Rigaud à l'Institut Curie, l'Institut du radium. Elle voit aussi la reine Mary, la reine mère qu'elle désire intéresser à la cause des réfugiés. Elle souhaiterait que la Grande-Bretagne en accueille le plus possible avant qu'il ne soit trop tard. Mais, comme toujours, elle donne le change et ne se laisse pas submerger par le malheur. Ainsi elle trouve le temps pour une excursion avec Anna à la campagne. Georges est encore au Danemark. Marie fait plusieurs fois l'aller et retour Paris-Londres avec le Professeur Lacassagne.

Elle n'a guère de temps pour X. pendant cette période, mais ils se parlent et elle le tient au courant de ce qui concerne Freud. Ses devoirs de mère la requièrent aussi. Eugénie est enceinte. Elle doit rester couchée. Marie se rend en Normandie et achète pour elle une propriété, le Val-Saint-Martin, à Beaumont-le-Roger. La situation internationale se dégrade. Hitler occupe la Tchécoslovaquie le 15 mars. Le 28, le général Franco s'empare de Madrid, c'est la fin de la guerre civile en Espagne et le début de sa longue dictature. Le 7 avril, Mussolini occupe l'Albanie.

Ce sont ces circonstances qui ont tenu Marie éloignée plusieurs mois de la Société psychanalytique de Paris mais elle ne s'en désintéresse pas pour autant et là aussi il y a lieu d'être inquiet pour l'avenir. Des clans rivaux s'organisent. Depuis 1930 le Dr Laforgue n'est plus président, et une scission encore difficile à discerner se prépare. Des divergences doctrinales existaient que Marie Bonaparte s'employait à couvrir de son mieux, désirant que l'union demeure dans ce qui était pour elle la maison du père. Mais deux côtés se dégageaient déjà nettement : d'une part, Laforgue, ses élèves et Pichon, dont les idées étaient pourtant souvent en opposition avec celles de Laforgue ; de l'autre, Marie Bonaparte avec Loewenstein et leurs alliés de stricte obédience freudienne. Dans cette atmosphère de discorde souterraine, Jacques-Marie Lacan fut admis comme membre titulaire de la Société. Il n'avait pas fini son analyse didactique avec Loewenstein — il ne la termina jamais, bien qu'il eût promis de le faire. Mais il était nécessaire pour des raisons tactiques de soutenir sa candidature afin d'assurer l'élection de Heinz Hartmann qui, parce qu'étranger, était combattu par Pichon, malgré son livre déjà célèbre *The ego and the problem of adaptation.* Lacan était lancé à Paris dans les milieux littéraires et artistiques. Il était l'ami des surréalistes et des grands peintres de l'époque. Il ne tarda pas à prendre une large place dans la Société, mais, en 1939, Pichon le linguiste fut le premier à lui adresser des reproches que l'on a entendu souvent répéter depuis : il souhaitait que « Lacan se dégageât d'une certaine cuirasse où son esprit se châtre : cuirasse faite à la fois d'un jargon de secte et d'une préciosité personnelle. Ses ouvrages en sont déparés. » Il parlait plus loin, dans le même article, de « son style hermétique et inexact »[1].

Naissance et mort au milieu du désastre

A la fin du mois d'avril 1939, il y a à Paris une réunion d'analystes anglais et français à laquelle Anna Freud n'assiste pas, ne pouvant quitter son père. Georges rentre du Danemark seulement à ce moment-là. Pour l'anniversaire de Freud, le 6 mai, Marie passe trois jours à Londres. Elle est triste. Elle sait que son grand homme ne peut survivre longtemps et son fils est parti pour Madras un mois plus tôt. Il est disposé à rentrer en Europe et à prendre les armes contre l'Axe Berlin-Rome. Il l'a répété, mais il est aussi disposé à faire ce mariage qui est un supplice pour sa mère. Marie en voit toutes les conséquences avec la famille et voudrait épargner ce chagrin à Georges. Les premiers jours de juin, Marie retournera encore une fois à Londres. Elle est soucieuse, malgré le beau temps. Georges seul à Paris est mélancolique. Il dort mal. Eugénie souffre de maux de tête. Marie apporte à Freud des films du Lys de mer qu'il ne connaîtra jamais, d'autres de son voyage au Brésil avec Eugénie et aussi des films sur le Tibet, dus à Pierre. Elle ne sait quoi faire pour distraire le malade et quoi qu'on invente, il y a toujours un écho du tragique de la situation.

Au début de juin, elle va reprendre des forces chez elle, dans sa maison du bord de l'eau, mais se tient en communication téléphonique avec Londres. Au Lys de mer, elle écrit dehors, sous les pins. Les rossignols chantent nuit et jour et elle nage, quatre fois dans la journée. Elle médite un travail sur l'ambivalence de la justice. A sa grande surprise, Annette Berman et Eugénie lui ont reproché d'être injuste, ce qui l'a fait réfléchir et s'interroger. Elle veut reprendre le thème de la mère originelle qui dit préférer chacun de ses enfants. A ce point de sa vie, elle trouve « qu'il y a autant de justices que de gens qui la réclament ; et comme on ne peut pas satisfaire à toutes les justices contradictoires, il est impossible de vivre et d'être poète ». Elle oublie un temps les affaires du monde, pour se poser de nouveau des questions sur elle-

---

1. E. Pichon, « M. Lacan devant la famille », in *R.F.P.*, XI, I, 1939, pp. 107-135.

même. Et puis elle pleure Tatoun, le doyen des chow-chows, mort loin d'elle, dans le bureau d'Annette Berman à Paris.

Deux fois, à un mois d'intervalle, elle va à Londres. Le second voyage aura lieu en compagnie de Georges, du 30 juillet au 6 août. Ce sera sa dernière visite à Freud. Ils savent l'un et l'autre que ce sont des adieux qu'ils s'adressent. Les souffrances physiques qu'il endure ne finiront qu'avec la vie qu'il serait cruel de vouloir prolonger.

A partir de ce mois d'août, les événements vont se précipiter et tout va changer pour chacun et pour le monde. Le jour du retour de Marie et de Georges à Paris, Lucien de Villeneuve, le dernier des fils de tante Jeanne, meurt. Comme tous les Villeneuve, il sera enterré à Valensole et après les obsèques, Marie rentre au Lys de mer avec ses cousins, qui ne resteront pas longtemps auprès d'elle, mais elle ne sera pas seule pour autant. Elle vit crânement comme s'il n'existait aucune menace : elle organise des déjeuners pour des confrères : Flournoy, Morgenstern ; elle projette d'aller à la rencontre de Georges à Rocamadour mais elle ne dépassera pas les Saintes-Maries-de-la-Mer car sa voiture tombe en panne. L'escalade inévitable vers la guerre se précipite. Il y a d'abord l'occupation du couloir de Dantzig par les nazis. « Nous ne pouvons plus, du moins je le pense, aller à Munich », écrit-elle à sa fille le 20 août. Deux jours plus tard aura lieu la signature du pacte germano-soviétique. Et en même temps, c'est la vie qui continue : le 26 août, Marie est à Beaumont-le-Roger, auprès d'Eugénie, qui, le 28, accouchera d'une petite fille.

Aussitôt, la grand-mère s'empare d'un petit agenda de cuir rouge et commence *Le livre de Tatiana* : « 28 août 1939 à 22 h 45 naissance de Tatiana-Marie-Renata-Eugénie-Elisabeth-Marguerite, princesse Radziwill, à Rouen, Clinique Saint-Hilaire, mise au monde par le Professeur Martin à sept mois, après douze heures de travail et le trajet avec moi d'Eugénie en ambulance du Val-Saint-Martin à la clinique. » Marie note aussi le poids et la taille du bébé. Le 30 août, le prince Georges vient de Paris pour voir sa petite-fille. Le 1er septembre, Hitler envahit la Pologne et le 3 l'Angleterre et la France déclarent la guerre à l'Allemagne.

Dans les carnets de Marie Bonaparte, les premières nouvelles de la guerre alternent avec les événements concernant le bébé. Le 5 septembre, première alerte aérienne sur Paris et chute du cordon ombilical de Tatiana. Marie a

regagné Paris, ainsi que Georges, rentré de Blain où il a dû
discuter avec le général anglais en stationnement dans la
région qui voulait réquisitionner le château pour y mettre
un dépôt d'essence. Finalement ce sont des réfugiés de Paris
qui y sont installés. Dans cette atmosphère pesante du début
d'une guerre dont, avec leur expérience, Marie et Georges
pensent l'un et l'autre qu'elle sera beaucoup plus terrible
qu'on ne l'imagine généralement, ils apprennent par les
journaux que leur fils a épousé, à Madras, Irène Outchinni-
kova. Georges est désespéré. Il demande à Marie de faire
savoir à Pierre qu'il lui interdit leurs maisons à Paris ou à
Athènes. Pierre doit renoncer à tous ses droits grecs et
danois. Il a agi lâchement en les mettant devant le fait
accompli. Georges ne peut admettre pareille conduite qui
est contraire à tous ses principes. Marie souffre pour lui. Elle
est aussi personnellement blessée mais elle décide de ne pas
priver Pierre d'aide financière et le lui fait savoir.

Le lendemain, en écoutant la radio, elle entend que Freud
est mort à 3 heures du matin, le 23 septembre. « Je n'oublie-
rai jamais les accents émus du speaker de la B.B.C. quand,
avant même de lire les nouvelles de la guerre, il annonça que
Sigmund Freud n'était plus[1]. » Le jour où son gendre
Dominique Radziwill partait pour Coëtquidan rejoindre la
légion polonaise formée de tous ceux qui avaient pu fuir
devant le nazisme, Marie partait pour Londres afin d'assister aux funérailles de son maître et ami. L'incinération eut
lieu le 26 septembre à Golders Green, Stefan Zweig et Ernest
Jones prononcèrent l'éloge funèbre tandis que, selon la
volonté de Freud, ses cendres furent déposées dans l'un des
vases grecs que lui avait donnés Marie et qu'il aimait tant.

Trois jours après les obsèques, Marie rentre seule de
Londres. Un article qu'elle publie dans l'hebdomadaire
Marianne[2] exprime à la fois son chagrin, son admiration
pour la grandeur de la pensée de Freud et l'horreur des
actions commises par les nazis. Elle se laisse aller à son
lyrisme naturel mais ne manque ni de souffle ni de force
persuasive. Elle est à présent en pleine possession de ses
moyens intellectuels, prête à lutter pour sauvegarder l'héri-

---

1. Marie Bonaparte, conférence à l'Alliance israélite universelle, le
13 mai 1953, intitulée « Du rôle de quelques penseurs juifs dans l'évolution
humaine ».
2. In *Marianne*, 4 octobre 1939 repris dans *Psychanalyse et Biologie*, p. 73.

tage spirituel de son maître. Mais cette lutte-là va être plus difficile encore qu'elle ne l'avait pensé, elle sera même sans doute différée, elle le pressent car la guerre que mènent les nazis est un crime contre l'esprit.

Comme par le passé, elle doit aussi faire face à la diversité de ses devoirs. Au milieu de tant de soucis et de chagrin, sa petite-fille lui apporte quelques éclairs de joie. Très vite après son retour, Marie est au Val-Saint-Martin et continue d'écrire le *Journal de Tatiana* qui, le 2 octobre, suce son pouce pour la première fois. Elle observe l'enfant et avec cette tendance obsessionnelle qu'elle a pour le détail et la précision, elle mesure toutes les parties du corps du bébé sans en omettre aucune.

Sa vie de grand-mère, de mère, d'épouse se mêlent, comme toujours étroitement à sa vie professionnelle. Certes il est moins facile pour elle de travailler que si elle était un homme dont on accepterait sans les discuter les obligations de son métier. Elle en a conscience, mais elle a tant lutté pour arriver où elle en est qu'elle ne songe pas à se plaindre. De plus, son tempérament robuste lui permet toutes ces activités diverses, ces déplacements. Ceux qui l'ont connue gardent l'image d'une femme imposante par sa force intérieure qui se reflète dans son physique. Elle a cinquante-sept ans, ne les paraît pas et semble assumer aisément les nombreuses charges qui pèsent sur elle.

Le 13 novembre, Pierre arrive à Saint-Cloud. Il est seul. Ils iront ensemble voir le bébé Tatiana, puis il restera quelques jours près de sa mère. Son père est à Paris, il habite la rue Adolphe-Yvon mais il n'est pas question qu'une rencontre avec lui puisse avoir lieu. Au début de décembre, en compagnie de sa cousine Hedwige, la fille de la duchesse de Doudeauville, Marie va à Thionville livrer les ambulances dont elle fait don à l'armée. A part cette expédition, elle reste à Paris où elle a fort à faire. Elle a six patients en analyse : deux hommes et quatre femmes, mais à la fin de l'année, elle accompagne Georges à Athènes. Avant de quitter Paris, elle a fait un arbre de Noël pour Tatiana. Elle écrit un texte intitulé *La légende des eaux sans fond* qui dénonce les superstitions relatives aux maléfices de ces lacs mystérieux qui existent un peu partout. La fascination populaire pour le ventre maternel et la mort dans le liquide amniotique se retrouvent dans les légendes qu'ont inspirées ces lacs dont la formation géologique diffère de celle de la contrée où ils se trouvent[1].

Le prince Christophore, le plus jeune frère de Georges, va bientôt mourir d'un abcès au poumon. La famille est réunie autour de lui. Il y a les tantes Ellen et Alice et aussi le comte de Paris, dont Christophore a épousé la sœur en secondes noces. La princesse Frédéricka est enceinte de quatre mois, « une gentille petite femme qui gagne à être connue », écrit Marie à Eugénie[2]. Malinowski qui a quitté l'Angleterre est à Yale d'où il téléphone, toujours fidèle, pour informer Marie qu'il a écrit à Pierre. Le département d'anthropologie de l'université était prêt à offrir au prince une position honoraire de *research associate* ce qui permettrait au bénéficiaire d'utiliser la bibliothèque de Yale.

Marie ne devait pas oublier cet appel téléphonique d'au-delà l'océan car elle ne devait plus revoir son ami qui allait mourir deux ans plus tard.

Pierre continue d'occuper le cœur et l'esprit de sa mère qui voudrait lui voir faire une véritable carrière d'ethnologue. A l'époque où Malinowski lui propose de le rejoindre à Yale, Pierre était installé, avec sa femme, à Assise à l'hôtel Subasio. Avant cela, il avait travaillé en Inde avec un élève de Malinowski et semblait content des résultats de ses recherches sur le terrain. Mais il n'est pas question à présent que Pierre s'exile aux États-Unis. Il veut combattre, pourtant il n'a pas envie de se séparer d'Irène. Marie voit dans cette affaire un Œdipe mal réglé. « Il s'est marié contre moi. » Il lui adresse encore l'ancien reproche de l'avoir délaissé pour d'autres hommes, et il prend sa revanche. « Loewenstein ne l'a libéré que du surmoi de Croisy. Erreur, il en a trouvé une autre dans Irène. »

Loewenstein, analyste de Pierre et ancien amant de Marie, naturalisé français depuis 1930, a été mobilisé comme médecin auxiliaire. Il reste d'abord près de Paris et à Dammartin-en-Goële, en Seine-et-Marne, ensuite dans l'Oise. Toutes ces belles régions douces, chères au cœur de Marie. Il s'est marié pour la deuxième fois avec une

---

1. Texte publié d'abord en anglais *The legend of the fathomless waters* in *The American Imago*, IV, I, 1946 et dans *The Yearbook of Psychoanalysis*, III, I, 1947 puis dans *Psychanalyse et Biologie*, p. 89.
2. Lettre de Marie Bonaparte à la princesse Eugénie de Grèce, 2 janvier 1940.

comtesse Pallavicini, Amo. Dans une lettre datée de Pon-
tarlier, le 28 mai, il confie à Marie sa femme et ses trois
enfants. Il vient d'être démobilisé comme sous-lieutenant,
avec sa classe, mais se réengage pour la durée des hostilités.

Le 9 avril, Hitler a envahi le Danemark et la Norvège. Le
10 mai il a lancé son offensive générale. Il est entré au
Luxembourg, en Belgique et aux Pays-Bas. Marie l'a appris
par Frieda, sa femme de chambre suisse, alors qu'elle était
en train d'écrire dans le jardin, à Saint-Cloud. Le 14 a lieu la
bataille de Sedan, le 15 la capitulation hollandaise, suivie de
celle de la Belgique. Puis, du 28 mai au 4 juin, c'est la
bataille de Dunkerque, quatre jours après l'entrée en guerre
de l'Italie. Marie s'installe à Bénodet où se trouve déjà la
famille de Loewenstein. Elle donne 20 000 francs à Amo qui
est sans ressources. En route, le 7 juin, elle s'est arrêtée à
Beaumont-le-Roger, où sont toujours Eugénie et Tatiana.
Marie pense que si, plus tard, la situation le réclame, sa fille
devrait la retrouver à Bordeaux. Là, ils se manqueront et les
Radziwill trouvent plus sûr et plus simple d'aller au Lys de
mer.

Marie apprend par la radio, le 14 juin à 4 heures de l'après-
midi que, la nuit, les Allemands sont entrés dans Paris
« quelques jours plus tard, nous les voyions débarquer par le
bac de l'Odet. C'est à partir de ce jour-là que j'ai commencé
mentalement à marcher à reculons ». L'officier qui dirige la
Kommandantur porte un nom français, elle va lui demander
des bons d'essence ou des permis pour rentre à Paris. « Mon
ambivalence envers l'ennemi trouvait dans l'humanité du
lieutenant Thouards, un aliment redoutable contre la haine
qu'il convient d'avoir et de garder envers l'ennemi. »

« Étrange regret de n'avoir pas assisté à l'accomplissement d'une affreuse défaite, de la plus grande catastrophe
que la France ait subie depuis la guerre de Cent Ans, peut-
être même depuis la conquête des Gaules par César. Peut-
être le regret de l'enfant de n'avoir pas assisté à la prise de
possession violente de la mère-patrie par le père-vain-
queur [1]. »

Le 16 juin, Pétain devient président du Conseil et le 22 un
armistice franco-allemand est signé. Mais le 18 juin a été
lancé de Londres, le fameux Appel du général de Gaulle :

---

1. *Essai sur le regret obsédant* (inédit).

« La France a perdu une bataille, elle n'a pas perdu la guerre. » L'armistice avec l'Italie sera signé le 25. Le 3 juillet, à Mers el-Kébir, où l'amiral Gensoul a refusé de passer dans le camp britannique ou de saborder la flotte, les Anglais tirent sur les navires français.

Marie n'a plus de raison de rester en Bretagne, il faut rentrer à Paris et voir ce qu'on peut faire. Elle repasse par Beaumont et constate que le Val-Saint-Martin a été pillé pendant « l'exode ». Les portes sont enfoncées, les caisses aussi, le linge a été volé. Elle retrouve les vêtements éparpillés, piétinés et aussi ses plus beaux livres dispersés et déchirés. A Saint-Cloud, autre surprise, la maison a été cambriolée par les Allemands. Ses meubles ont été éventrés, le coffre-fort ouvert au chalumeau. Seul le mobilier Empire est intact. Elle s'installe tout de même dans la maison dévastée où, dès le lendemain, elle déjeune avec X. qui, fidèle à son devoir de médecin, est resté à Paris. Il a vu « le spectacle dantesque des vainqueurs défilant dans la fumée (Paris fut englouti trois jours sous un brouillard noir provenant du mazout brûlé à Nanterre ou des rideaux de fumée tendus par l'ennemi aux passages de la Seine) — les feuilles des arbres et les rosiers gardent l'épaisse, indélébile, noire couche de suie ». L'Ami a assisté à tout cela sans elle, il le lui raconte.

Rapidement, elle décide d'emmener tout son monde à Saint-Tropez. Elle y arrive le 2 août. Loewenstein, Amo et les enfants la rejoignent. Ils organisent une petite fête pour le premier anniversaire de Tatiana. Marie ne rentrera à Paris, que le 10 octobre. Sur le chemin du retour, elle s'arrête à Arles pour voir Annette Berman. Elle trouve sa secrétaire en larmes. Celle-ci vit dans une chambre misérable et se chauffe au bois. Marie lui demande d'aller en décembre à Saint-Tropez et lui donne du travail. Elle a commencé son essai sur Les Mythes de guerre. Eugénie est restée au Lys de mer, avec son mari démobilisé. Le 28 octobre, Marie lui écrit qu'elle demande à l'ambassade d'Allemagne son visa pour Belgrade. Le prince veut partir lui aussi. De là ils iront à Athènes. Ce même jour, l'Italie attaque la Grèce.

En décembre, Marie est toujours à Paris. Le 19 a lieu le retour des cendres de l'Aiglon, un geste des nazis pour amadouer l'opinion française, toujours attachée au souvenir de l'Empereur. Marie voit X. plus souvent, ils vont même-

passer un jour à la campagne ensemble. Leurs relations ont atteint une certaine sérénité. Ils forment à présent un vieux couple d'amants-amis heureux chaque fois qu'ils sont ensemble ; ils goûtent ces moments précieux prévoyant que la vie va bientôt les séparer définitivement. Fin décembre, Marie se rend à Vichy pour obtenir ses visas de sortie. La tante Minny, la sœur de Georges mariée au grand-duc Georges fusillé par les bolcheviks, est morte à Athènes. Les Radziwill souhaitent aller en Égypte. Finalement, ils font le tour de l'Afrique et arrivent à Lourenço Marques. Du Mozambique, ils vont en Afrique du Sud et s'installent à Durban.

Marie est déprimée comme elle ne l'a pas été depuis des années. La défaite de son pays la désespère et la pensée de le quitter la déchire, mais elle veut se rapprocher de son fils bien-aimé qui sert dans l'armée grecque. Le 7 janvier 1941, elle lui écrit de Vichy : elle est malade — elle a de nouveau une cystite, la grippe, de la sinusite et une otite. Sa dépression n'arrange rien. Deux semaines plus tard, elle obtient les visas et rentre immédiatement à Paris pour préparer le départ. Elle est à peine remise.

En dehors de ses patients dont certains s'étaient éloignés parce que juifs, Marie n'avait plus d'activité professionnelle. La *Revue* avait cessé de paraître dès mai 1939 et l'Institut de psychanalyse avait fermé ses portes peu de semaines avant l'arrivée des nazis. Les membres de la Société s'étaient dispersés. Certains s'étaient exilés, comme Loewenstein qui avait pu partir pour les États-Unis après avoir été démobilisé une seconde fois. Les Suisses étaient rentrés dans leur pays. Seuls Leuba, Schlumberger et Parcheminey continuaient à exercer à Paris. Les autres cherchaient à se faire oublier en province. Marie Bonaparte ne souhaitait pas vivre sous l'occupation nazie. Elle savait trop ce qu'on pouvait en attendre. Mais l'exil fut pour elle plus dur encore qu'elle ne l'avait imaginé.

« *Je hais la Croix du Sud* »

Arrivée à Athènes en février 1941, elle n'y restera que jusqu'au 22 avril, fuyant là encore devant l'offensive allemande. Après quelques jours passés en Crète, elle part pour Alexandrie avec la famille royale de Grèce, deux semaines

avant l'attaque lancée par les parachutistes allemands
contre l'île. Pierre est auprès du roi, officier de liaison avec
l'armée britannique. Il reste en Crète après le départ de ses
parents ; puis il ira au Caire, à Jérusalem. Il voyagera
beaucoup en Afrique et dans le bassin méditerranéen orien-
tal. Mais ses fonctions ne l'enverront pas jusqu'en Afrique du
Sud où Marie et Georges sont arrivés dès le 8 juillet 1941,
avec le reste de la famille royale. Eugénie, son mari et la
petite Tatiana les attendaient à Durban. Marie et Georges
commencèrent par explorer cette partie de l'Afrique qu'ils
ne connaissaient ni l'un ni l'autre. Ils allèrent au Kruger
National Park, réserve du Transvaal et aux Victoria Falls,
gigantesques chutes d'eau. Malgré la beauté des sites et la
nature sauvage, l'Afrique du Sud ne plaît pas à Marie qui
avait hâte de s'installer au Cap où elle espérait exercer sa
profession et continuer d'écrire.

Ils trouvèrent d'abord une maison à Westbrooke que
Marie n'aimait pas. Pour tout arranger, ils emménagèrent
sous une pluie torrentielle, « nature hostile », note-t-elle.
Elle souffrait du mal du pays et attendait en vain, le plus
souvent, des lettres de France ; la poste de Londres n'était
guère meilleure et Pierre recevait des lettres fréquentes où
elle se plaignait, ce qui n'était pas son genre. Elle eût
souhaité aller les voir, Irène et lui, au Caire, mais elle n'osait
pas laisser Georges seul. Son mari devenait vieux et il était
triste. Il avait soixante-douze ans, rien ne comblait le vide
laissé par la mort de Valdemar. C'était la première fois que
Marie et lui étaient seuls ensemble. Elle ne pouvait ni le
laisser ni se contenter de sa compagnie. Ils n'avaient rien à
se dire. De plus, Marie éprouvait le sentiment pénible d'être
une exilée dont personne ne voulait.

« Et je rêve la nuit des amis absents, plus proches parents
de mon cœur, de mon esprit que la famille étrangère qui
m'entoure ici. » Regrets d'avoir abandonné l'Ami : « N'est-il
pas le frère que j'avais toute ma vie recherché, que j'avais
enfin trouvé ?[1] »

« La pluie qui tombe ici sur le granit des monts et les
fleurs des prairies n'est pas la même. » « Le temps, le
printemps d'octobre, semble maudit, les oiseaux ne chantent pas, aucun rossignol ne charme les nuits, les mers sont

---

1. *Exil austral*, écrit au Cap entre 1940 et 1942 (inédit).

hantées de requins, les broussailles de vipères, de cobras, la savane de malaria et dans les rivières on ne peut tremper même ses pieds, crainte des bilharzies et des hématuries. » Les chênes « ont été, comme moi amenés d'Europe sur de grands bateaux et, sans qu'ils fussent consultés, plantés parmi les arbres étrangers, en terre étrangère ». Et le pinson est le seul chanteur d'Europe exilé. « La mouche, la rose et le pinson se sont acclimatés. Les rossignols d'Angleterre amenés par Rhodes sont morts. »

Elle était plus malheureuse qu'elle n'avait jamais été depuis son mariage. Prisonnière d'un monde qui n'était pas le sien. A la fin d'octobre 1941, un incendie détruisit leur maison, ce qui ne la réconcilia pas avec cette nouvelle existence. Jan Smuts leur offrit un logis provisoire dans sa demeure de Groote-Schmur. Avec courage, Marie essaya de se sauver, encore une fois, par le travail. Pendant son bref séjour au Caire, elle avait visité l'hôpital copte avec le Professeur Mahfouz et y avait vu deux femmes excisées.

Marie s'intéressait depuis longtemps à cette coutume qui en Égypte persistait depuis les temps pharaoniques. Freud lui avait donné à lire *Neger Éros* de Felix Bryk, un voyageur qui avait étudié les mœurs des Nandis, une tribu habitant sur les pentes du mont Elgon, en Afrique Orientale. Il en avait discuté avec elle et il pensait qu'en tout cas cette opération ne devait pas supprimer les possibilités érotiques, orgastiques, des femmes ; « les hommes Nandis n'auraient pas admis sans cela, me dit-il, une coutume les privant de la communion voluptueuse avec leurs compagnes, à laquelle les hommes, sous tous les climats, attachent du prix ».

Marie était d'un avis contraire qu'elle exposa dans ses *Notes sur l'excision*[1]. Elle croyait que la mutilation sanglante et terrifiante était un acte de plus ajouté à la répression de la société contre l'épanouissement sexuel féminin. Elle voyait la clitoridectomie comme visant le côté viril, phallique des femmes.

Elle continuait aussi d'écrire *Les mythes de guerre* et commençait *L'essentielle ambivalence d'Éros*[2]. Elle écrivait ces trois essais en anglais. En même temps, elle se remettait

---

1. Article publié d'abord en anglais dans *Psychanalysis and the Social Sciences*, II, 1948 puis en français dans la *R.F.P.*, XII, 2, 1948 et dans *Psychanalyse et Biologie*, p. 107.
2. *R.F.P.*, XII, 2, 1948.

à l'étude du grec et à partir de la mi-novembre elle eut sa première patiente. D'autres allaient suivre.

La présence de sa petite-fille la distrait de ses pensées moroses et lui apporte l'amour. Chaque fois qu'elle se promène avec l'enfant devant la maison qui a brûlé, Tatiana souffle comme pour éteindre le feu, Marie est heureuse de constater que la petite-fille se rappelle. Elle note les moindres signes d'intérêt de l'enfant. Autrement elle ne trouve pas de joie quotidienne. Le 16 mars 1942 elle écrit à ses amis Troisier : « Nostalgie de la Grande Ourse et je hais la Croix du Sud. »

Le double suicide de Stefan Zweig et de sa femme qui survient au début de l'année 1942 à Pétropolis, près de Rio de Janeiro, la frappe beaucoup. Elle l'attribue « au déracinement et à la mélancolie ». Pendant cette période, elle lit Nietzsche avec la passion dont elle est coutumière. Et, dès le mois de janvier 1942, elle s'est organisée pour aller régulièrement deux fois par semaine travailler à la bibliothèque et à l'hôpital. Elle assiste à des cours de psychiatrie et l'un des professeurs lui offre de s'adresser à ses étudiants. Un mois plus tard, le 31 mars, elle donne son premier cours sur Freud. Il est prévu qu'elle enseignera une fois par semaine. Elle suit, pour son propre bénéfice et aussi pour se rapprocher des goûts de son fils absent, les cours d'anthropologie du Professeur Fishoek.

Sa vie, comme en Europe, est divisée. Parce qu'ils partagent le même sort, ils sont tous des réfugiés, elle est plus proche des membres de la famille royale, plus disponible, en particulier envers la princesse Frédéricka qui accouche, en mai, d'une petite fille prénommée Irène. Elle fait de courts voyages avec Georges qui se morfond. Elle l'accompagne à Caledon où il est en cure. En septembre le prince souffre d'une hémorragie rétinienne pendant trois semaines. Il a toutes sortes de troubles physiques et elle le soigne. Eugénie, enceinte, entre à l'hôpital au début d'octobre et le 4 novembre 1942, elle accouchera d'un fils : Georges-André-Dominique-Jérôme-Pierre-Léon, prince Radziwill. Le 9 novembre, Marie annonce à Anna : « Mon petit-fils est né. » Elle regrette de ne pas pouvoir le dire à Freud. Eugénie a passé plus de six mois au lit durant sa grossesse. La première fois qu'elle voit Georges-André, c'est Tatiana qui roule le moïse jusqu'à la chambre de sa mère et le ramène chez lui.

Marie observe le comportement de sa petite-fille, en tire

des conclusions sur la genèse du surmoi, et écrit de longues lettres à Anna Freud. Des lettres comparables à celles qu'elle envoyait naguère à son maître, dans lesquelles elle racontait tout ce qui la concernait et aussi ce qui concernait son entourage. Les liens entre les deux femmes se resserreront au cours des années. Marie a besoin de cette intimité intellectuelle qu'elle a connue avec Freud et elle est prête à la continuer avec Anna qui, bien que plus jeune, va tenir le rôle de confidente et de guide permanents qui était celui de son père, après la fin de l'analyse. Marie prit aussi l'habitude de lui expédier ses manuscrits à peine terminés. Anna sera la première à lire le texte du *Saint Christophe patron des automobilistes*[1], écrit d'abord en anglais, puis en allemand, en 1942.

Marie a donc repris comme elle le souhaitait tant ses activités professionnelles. Elle s'arrange pour former des groupes de psychiatres et d'analystes. Elle veut mettre en contact les réfugiés et les membres des hôpitaux et universités. Elle fait de son mieux et souvent contre mauvaise fortune bon cœur. Elle écrit à Loewenstein : « Notre collègue Wolf Sailer est à Johannesbourg. » Elle ne partage pas ses idées analytiques et n'a pas envie de discuter avec lui. Pourtant, elle lui organise une conférence devant les psychiatres du Cap où elle montre « avec tact » qu'elle n'est pas de son avis et ne désire pas lui parler. Il y a un autre analyste à Johannesbourg, mais celui-là, Peerls, est un élève de Reich qui met en pratique les idées de son maître ! Les quelques conférences à l'université et ailleurs données par Marie rassemblent un large public. Mais elle continue à se sentir isolée sur le plan intellectuel. L'unique personne avec qui elle discute avec joie et profit est un neurologue du Cap qui comprend l'analyse, tout en répugnant malheureusement à être lui-même analysé, alors qu'il ferait certainement un très bon analyste. Parmi ses patientes, Marie a une jeune fille de dix-huit ans, réfugiée de Hambourg qui voudrait faire carrière. Les autres sont des analyses thérapeutiques : deux médecins et une jeune fille atteinte d'agoraphobie qui vient maintenant seule la moitié du chemin, fort loin de chez elle. Marie s'est assigné aussi une autre tâche : elle met en ordre des documents ethnographiques sur l'Afrique qu'elle a

---

1. *R.F.P.*, XII, 4, 1948 et *Psychanalyse et Biologie*, p. 124.

réunis en 1935, grâce à Malinowski. Elle correspond avec Kenyatta à présent secrétaire général de l'Association centrale kikouyou.

Elle continue d'aimer les contacts avec les gens intelligents ou doués qui sortent de l'ordinaire mais elle n'a guère l'occasion d'en rencontrer durant son « exil austral ». Comme elle vit toujours avec le reste de la famille de Grèce, elle ne peut pas faire oublier facilement aux autres sa situation d'altesse royale. Elle se fait peu d'amis. Sir Herbert Stanley, ancien gouverneur de la Rhodésie du Sud, un homme très cultivé qui a fait partie de « la pépinière de jeunes gens qui entouraient Cecil Rhodes », comme elle le rapporte, lui prête l'*Eminence grise* d'Aldous Huxley. Et un évêque anglican, Mgr Parker, l'invite à visiter avec lui des chefs indigènes de son diocèse transvalien. En sa compagnie, elle passe une semaine à Pretoria et rencontre, grâce à lui, Wolhuter, un ex-garde célèbre à cause de sa lutte avec un lion. En lui parlant, elle déchiffre ses rêves et les publie avec un commentaire analytique dans *Les rêves d'un chasseur de lions*[1]. Mais au cours de ce voyage, elle n'eut pas l'occasion de voir des Africains autrement qu'à distance, ce qui était loin de la satisfaire. Elle ne cessait de répéter combien elle se sentait perdue et le 1er décembre 1942 elle écrivait à Pierre : « La vie est un enfer... »

Durant cette année 1942, où, le 11 novembre, Hitler avait envahi la sud de la France, Marie se faisait plus de souci encore pour Annette Berman qui refusait de quitter la France et ses amis, alors qu'elle lui avait obtenu un visa sud-africain. Elle allait tâcher d'obtenir le même visa pour Eitingon, afin que celui-ci quitte Jérusalem. Ses cours n'allaient pas comme elle l'eût voulu. Elle trouvait l'hôpital militaire ennuyeux. Georges était constamment de mauvaise humeur et elle craignait de mourir en exil. Seule, une fois de plus, la nature la consolait. Il y avait des fleurs, des oiseaux, de petits écureuils gris.

En dépit des irrégularités du courrier, elle tâchait de demeurer en contact avec ses amis autant qu'elle le pouvait. Elle avait le talent de l'amitié et en avait bâti une avec le Dr Berczeller qui, heureusement, avait pu partir pour New York avec les siens. Elle lui écrivait son inquiétude à propos

---

1. Paru en anglais dans *The Psychoanalytic Quaterly*, XVI, I, 1947 et dans *Psychanalyse et Biologie*, p. 99.

d'Annette Berman et lui racontait combien la vie était monotone. Elle n'en avait pas pour autant perdu son intérêt pour autrui et ses lettres étaient pleines de questions. Pendant qu'elle écrivait pour demander aux autres ce qui se passait autour d'eux, et pour eux, elle oubliait un peu les terribles événements qui la préoccupaient tant.

Ailleurs, au pays des écureuils roux, des rossignols et des marronniers d'Inde ; la Gestapo visite les maisons, arrête les résistants et les Juifs. Marie se préoccupe d'Olivier Freud et de sa famille qui risquent d'être « dénaturalisés » et livrés aux Allemands. Tout le monde a été « horrifié » par les révélations sur les camps d'extermination qui existaient en Pologne. Et puis il y avait l'autre mort, cette mort-là venait de frapper la duchesse de Doudeauville. Pour Marie, la mort de sa cousine Lise fut un vrai chagrin qui réveilla beaucoup d'épisodes ensevelis au fond de sa mémoire. Elles étaient différentes, mais elles avaient bien des fois cheminé ensemble au cours de leurs vies. Marie continuait d'écrire souvent à Pierre qui voyageait toujours de Malte à Gibraltar, de Lagos à Léopoldville. En avril, le voilà de retour au Caire où se trouve sa femme. Il repartira en juillet pour Jérusalem.

Marie ne voyageait pas, mais elle déménageait. A la mi-mai 1942, elle avait changé une fois de plus de maison. Un an auparavant, la maison de la rue Adolphe-Yvon à Paris, restée vide, avait été visitée par les Allemands. Trois jours plus tard, un inventaire avait été dressé par le notaire de Marie Bonaparte, Me Bazin, et la clé de la maison remise au consulat d'Argentine où se trouvait le secrétaire consulaire grec. Cette même année 1942, les Allemands prirent la clé à l'ambassade d'Argentine et ils occupèrent la maison à partir du 15 août. Marie savait fort bien qu'il y avait pire et elle n'était pas attachée aux possessions matérielles mais elle détestait l'idée d'avoir sa maison occupée par des nazis. Le 8 novembre, eut lieu le débarquement allié en Afrique du Nord. Puis ce fut le sabordage de la flotte française à Toulon et le 29 décembre, à l'Hôtel de Ville du Cap, en compagnie du prince Georges, Marie assista à un « meeting monstre » pour protester contre le génocide entrepris par Hitler.

En 1943, après la capitulation des Allemands à Stalingrad, le 2 février, la victoire semblait changer de camp. Georges avait prédit depuis longtemps que les Russes joueraient un rôle décisif dans la défaite finale des nazis. Pour Marie, c'est toujours le travail et l'attente. Il y a quelques bonnes nouvelles qui l'éclairent un peu : Olivier Freud s'est échappé de France. Il est à Barcelone, en sûreté, enfin. Elle finit l'essai sur *L'essentielle ambivalence d'Éros*, elle lit Rilke et s'enthousiasme pour *les Sonnets à Orphée* et *les Élégies de Duino*, la troisième et la quatrième en particulier. « Quand Rilke connut-il l'analyse ? » demande-t-elle à Anna dans une lettre du 5 août 1943. Elle écrit ses Mémoires et est épouvantée par le manque de culture des gens qu'elle rencontre. En ramassant des soldats qui faisaient de l'auto-stop sur les routes, elle accumulait du matériel pour son livre sur *Les Mythes de guerre*. Ce qui n'empêche pas la vie quotidienne de lui peser. Elle a une cystite, des colibacilles toujours. Le 15 mars 1943, elle écrit à Loewenstein à New York : « Il pleut et brouillasse, la silhouette de Table Mountain si proche disparaît derrière un rideau de vapeur et de gouttelettes d'eau et je me sens aussi mélancolique que ce ciel étranger... Mon attachement pour mon pays natal m'a retenue indûment en France, puis mon amour pour mon fils... Je suis ici comme princesse de Grèce, un membre de la famille royale comme un autre, et pas comme moi-même en somme... Imaginez-vous qu'en partant pour la Grèce, je le fis avec l'inconscient et même conscient projet de m'y faire tuer ! Je conduirais une ambulance sur le front, je naviguerais sur un bateau-hôpital bombardé ou coulé ; j'irais peut-être ramasser en avion les blessés sur un champ de bataille... » Elle est toujours prête à se voir comme une héroïne romantique et il y a toute une part de sa vie qu'elle rêve, elle a toujours des « fantasmes sauvages ». En cela, elle n'a guère changé et elle a raison d'écrire au même ami, à la fin du mois d'août, encore déprimée : « Je croyais qu'avec les années on acquérait la sérénité. Ce n'est pas vrai. Quand on a eu toute sa vie une âme tourmentée, on la garde sans doute jusqu'au bord de la tombe... Que n'ai-je du moins, lorsque les Allemands marchaient sur Paris, pris le bateau pour l'Amérique. Nous serions tous réunis. » Elle souffre d'être séparée de Pierre. Elle est obligée de lui dire de ne pas venir les voir car le prince Georges ne le tolérerait pas. Il est toujours dans les mêmes dispositions à l'égard d'Irène. Il est, d'autre part, « de plus en plus perclus de douleur ; il a maigri ; il est fatigué ».

En octobre ; la chasse aux maisons recommence. Ils sont de nouveau mis à la porte, alors qu'ils espéraient rester à Chatsworth jusqu'à la fin de leur séjour en Afrique. « Horrible d'être un réfugié. On est une " nuisance " à tout le monde qui vous le laisse très bien sentir, et comment », écrit-elle à son fils le 30 octobre 1943.

Bien que prévoyant la victoire et la fin du cauchemar nazi, 1944 commence, comme les années précédentes, dans l'atmosphère débilitante de l'exil. Marie visite des maisons mais elle n'a envie de s'installer nulle part. Elle pense sans cesse au moment où les Allemands enfin chassés, il sera possible de retourner en France. Mais pourra-t-elle y rester ? « Ce ne sera pas pour rien que les Russes sont en train de gagner la guerre européenne et que les classes possédantes ont fait tant de choses égoïstes que le peuple ne leur pardonnera pas [1]. » Le monde ne sera plus comme avant, tout va changer. Marie n'est pas seule à le penser. Mais à soixante-deux ans, elle est lasse, elle commence un traitement d'insuline car elle a du diabète. Son cœur bat trop vite. Elle attrape la coqueluche, pour la seconde fois, et c'est elle qui contamine Tatiana et Georges-André, qu'on appelle « Porgie ».

Ses petits-enfants sont ses compagnons préférés. Elle en profite souvent car leur mère dédie une partie de son temps à l'hôpital militaire où elle s'occupe de grands blessés. Marie sait amuser les petits qui lui font, par instants, retrouver la gaieté. Mais Pierre la préoccupe. Il a débarqué en Italie, avec des troupes maories et monte sur Rome. Mère et fils s'écrivent avec confiance et tendresse, ils ont enfin retrouvé le ton d'autrefois. En mars, la famille emménage à Hellas. Une autre maison à laquelle il faudra s'habituer. Heureusement, il y a trois jacarandas et deux lauriers-roses. Depuis la conférence de Téhéran, à la fin de l'année précédente, on s'attend à l'ouverture d'un autre front européen.

Pour tromper son inquiétude durant cette période où la lente progression alliée en Italie l'angoisse, à cause de Pierre qui y participe, Marie décide d'apprendre le russe. Elle est aussi enthousiaste que Rilke de la Russie. Le 16 mai, Anna Freud lui écrit une longue lettre pour la mettre au courant des dissensions de la Société britannique. Ferenczi et Eitingon sont morts et selon elle Jones s'est rallié à Mélanie Klein qui a rejeté depuis longtemps l'orthodoxie freudienne. Anna,

---

1. Lettre à Loewenstein, 13 janvier 1944.

qui fait partie du *training committee* n'assiste plus aux séances. Elle compte sur Marie. « Vous êtes nécessaire », écrit-elle. Elle ne sait où recréer un comité de cinq ou sept « purs ». Elle propose à Marie d'écrire la biographie de son père avec Arnold Zweig.

Cette proposition sera sans suite, car Arnold Zweig décline l'offre. Néanmoins, voilà Marie replongée dans son univers. Elle se doute déjà qu'à Paris, elle aura à faire face à des problèmes équivalents mais elle est prête. Une lettre comme celle d'Anna la réveille, elle la stimule.

Le 6 juin 1944, a lieu le débarquement allié en Normandie. Tout à coup, dans ce décor austral, Marie se met à vivre par la pensée les événements qui se déroulent en France. Fin juillet, elle pense à créer un fonds de secours pour les Français libérés. Elle croit que seul le socialisme peut unir l'Europe et ne redoute pas la présence des cosaques à la frontière du Reich. Elle a repris confiance.

Elle s'amuse en emmenant ses petits-enfants et leurs cousins, les enfants de la princesse Frédéricka au zoo. Elle fait des plans de travail. Elle a presque fini les *Mythes de guerre*, et voudrait achever la rédaction de ses Mémoires de jeunesse avant la fin de la guerre. Le temps qui lui avait paru si souvent immobile, ces dernières années, se remet à passer très vite. Le 15 août, les Américains et la Iʳᵉ armée du général de Lattre de Tassigny débarquent en Provence ; le lendemain, prise de Saint-Tropez, le 18 août, Versailles est aux mains des Alliés ; le 22, les Américains sont à Saint-Cloud et le 25 août, la garnison allemande de Paris capitule. Marie écoute Radio Amérique, elle suit d'heure en heure ce qui arrive. Mais la maisonnée entière est malade. Ils ont la grippe, des bronchites. Les enfants et elle guérissent vite, Georges l'inquiète. Il a une laryngite qui ne cède pas. Elle voudrait l'emmener le plus tôt possible à Londres pour y être soigné. Le 9 octobre, elle apprend par un coup de téléphone que ses manuscrits, ses notes, ses lettres ainsi que les lettres à Fliess, pour lesquels elle a tremblé pendant quatre ans sont intacts. Le 13 octobre, Athènes et Riga sont libérés.

La Grande Ourse retrouvée

Avant la fin du mois, Marie et Georges auront quitté le Cap. Ils s'embarquent sur l'*Empress of Scotland*, laissant derrière eux Eugénie et leurs petits-enfants. A l'escale de Casablanca, ils prennent le temps de visiter la ville et elle note sa joie à revoir la Grande Ourse. Le 10 novembre, ils arrivent à Londres. Trois jours plus tard, on fera une biopsie à Georges qui devra être opéré d'un épithéliome du larynx, le 27 novembre. L'opération réussit mais le prince restera un mois en clinique.

La mort du prince André survient subitement, à Monte-Carlo, six jours après l'opération. Georges a du chagrin. André était son frère préféré. A présent, le prince Georges est le seul fils survivant du roi Georges Iᵉʳ. La veille de Noël, Marie l'accompagne à l'église, pour sa première sortie.

A Londres, où ils resteront jusqu'au 15 février 1945, Marie ne perd pas son temps. Elle voit souvent Anna qui les a aidés à choisir le chirurgien et qui s'occupe de Georges, à la clinique, en l'absence de Marie. Anna aime beaucoup le prince Georges. Elle s'entend fort bien avec lui. Marie reprend contact avec ses collègues britanniques. Elle voit John Rodker, qui a fondé, en 1938, *Imago Publishing Company*, une petite maison d'édition, selon le cœur de Freud qui remplaçait le *Verlag* détruit et édita les *Gesammelte Werke*. Rodker était l'éditeur de Marie Bonaparte, il allait dorénavant publier la plupart de ses œuvres, en anglais et en français. Marie voit aussi, à plusieurs reprises, sa nièce Marina, la duchesse de Kent.

Dans cette ville qui porte partout les marques de la guerre et où les sirènes résonnent encore trop souvent, Georges et elle passent un triste Noël, loin de leurs petits-enfants. Mais début janvier, Pierre arrive et pour Marie qui a tant attendu cette réunion, c'est le bonheur. Elle peut le voir longuement, lui parler enfin, discuter comme ils aiment le faire ensemble. Malgré les réticences de Georges, la présence de Pierre la console de pénibles nouvelles. Mais Londres n'a été qu'une étape nécessaire en route vers sa vraie vie. Marie est sûre que la guerre finira au printemps. Il faut se mettre au travail.

De même qu'elle prévoit une période d'agitation politique en Europe à la fin de la guerre, elle s'attend à des remous parmi les psychanalystes français. Elle prévoit déjà les rivalités, les attaques des uns contre les autres. Elle devine qui se prévaudra de sa situation de résistant au détriment de tel autre. Elle voudrait faire ce que Jones fit à Londres après la guerre de 1914-1918 où la société fut dissoute puis reconstituée. Elle expose ses idées dans une lettre à Loewenstein [1] où elle raconte aussi ce qu'elle sait de chacun de leurs anciens confrères. « Je ne me réjouis pas trop de rentrer dans ce guêpier », conclut-elle.

Elle va y rentrer, et y jouer un rôle prépondérant.

_____

1. **Lettre à Loewenstein, 6 janvier 1945.**

CHAPITRE X

LE RETOUR

> *Ce réflexe de fuir dans l'écriture m'est*
> *resté : le chagrin, la douleur loin de m'em-*
> *pêcher de travailler, me poussent immédia-*
> *tement vers le refuge de la création littéraire*
> *ou scientifique.*
>
> Marie BONAPARTE,
> *Cahiers* II, p. 62.

Marie sait que le passé est à jamais disparu. Quatre années d'occupation nazie ont changé gens et choses. Elle sait aussi que celui auquel elle a dit adieu à la fin de 1940, le désespoir au cœur, est en train de mourir lentement. Elle a été informée de la maladie incurable de X. en arrivant à Londres. Pendant les années d'exil, elle croyait que c'était elle qui ne survivrait pas. Elle a pris ses distances et renoncé à l'amour. Les quelques lettres échangées étaient des lettres d'informations familiales adressées à l'épouse de l'Ami aussi bien qu'à ce dernier. Elle a appris « l'art d'être grand-mère ». En dehors de son travail, Tatiana et Porgie ont pris la plus grande place dans son existence. Elle va avoir soixante-trois ans et il lui semble urgent de rassembler ses manuscrits, de les réviser et de les publier au plus tôt.

Georges et elle rentrent à Paris par Newhaven et débar-quent à Dieppe où, dans son enfance, elle fit connaissance avec la mer. La gare maritime n'est pas loin de la rue de l'Hôtel-de-Ville où elle habitait chaque été, mais c'est sa maison au bord de la Méditerranée qu'elle a hâte de revoir. Elle s'installe à Paris d'abord, puis à Saint-Cloud où, au début d'avril, elle retrouvera le coucou puis le premier rossignol.

La guerre va enfin finir. Georges et Marie ont repris leurs anciennes habitudes. Ensemble, ils se promènent à Bagatelle. Un vieux couple qui s'entretient des nouvelles dont le rythme s'accélère : mort de Roosevelt, la jonction des troupes américaines et russes qui a lieu le 18 avril ; six jours plus tard, Mussolini est exécuté ; le 30, on annonce le suicide de Hitler et le 2 mai, Berlin est pris par les Russes, alors que les Anglais entrent à Hambourg. Deux jours plus tard, la Hollande et le Danemark sont libérés. Le 7, l'armistice est signé et le lendemain, alors qu'arrivent les premiers déportés, c'est la proclamation de la victoire.

Marie se rend avec Georges aux Champs-Élysées où elle aurait tant voulu se trouver au moment de la libération de Paris. Puis elle va accueillir les déportés rue de Lyon et à l'Hôtel Lutétia. C'est sa compassion et le désir toujours si puissant en elle de payer de sa personne, de participer aux événements qui la poussent. Dans son exil, elle a tant pensé aux déportés et souffert de son impuissance à soulager leur sort.

La reprise des réunions de la Société psychanalytique de Paris est loin de refléter le soulagement qui règne ailleurs. Marie a prévu les outrances des positions de certains. La terreur et la violence imposées par les nazis ont développé l'intransigeance et l'intolérance. On aurait pu croire que la condamnation de la psychanalyse par Hitler éviterait les problèmes de « collaboration » parmi les membres de la Société, mais, là comme ailleurs, Marie constate que l'Occupation a engendré un douloureux climat de suspicion et même d'accusation contre ceux qui, à la Libération, ne se sont pas retrouvés revêtus d'un uniforme. Pour des raisons militaires justement, de nombreux collègues sont encore dispersés. Marie est déçue par ceux qu'elle revoit. Leuba, qui avait joué un rôle dans *L'évolution psychiatrique* avait passé les quatre ans d'occupation à Paris, entre Sainte-Anne et le poste de secours du seizième arrondissement où il était volontaire. Il allait devenir, l'année suivante, et pour deux ans, président de la Société. Après l'une des premières réunions qui ont lieu chez lui, Marie écrit à Anna Freud : « J'ai l'impression d'être rentrée dans un désert intellectuel [1]. » Le travail commun va être difficile. Plus que jamais elle pense qu'il faudrait dissoudre la Société à l'automne et en constituer une nouvelle. Mais elle ne sera pas suivie et devra renoncer à ce projet. Elle écrit à Loewenstein le 2 juillet : « La Société de Paris devra en grande partie se passer de moi (pour des raisons de santé en hiver). » Elle a eu une mauvaise angine qui s'est prolongée et une otite catarrhale qui, malgré des insufflations n'est pas guérie. De plus elle est diabétique. « Ceci est une des raisons — sans compter la financière — pour lesquelles je n'ai pas repris l'Institut. Si d'autres veulent s'en charger j'en serais heureuse... Nous sommes peu à Paris de *vrais* analystes [souligné dans le texte]. Je citerai Odier, s'il revient, Schiff et Nacht dont la formation est bonne. Leuba vaut par le caractère mais pour lui tout est psychique... Quant à Lacan, il est par trop teinté de paranoïa et fait des choses d'un narcissisme discutable, se permettant trop d'interventions personnelles.

« Quant à la *Revue* je ne puis plus la soutenir non plus. Elle n'a jamais volé bien fort d'ailleurs. Peut-être Rodker pourrait-il fonder à Londres une revue ressuscitant *Imago* en trois langues — où nous pourrions faire paraître nos articles en français. On craint seulement des difficultés avec Jones qui ne veut que sa revue anglaise avec des articles superkleiniens. Vous savez qu'à Londres on est scindé en deux. Le groupe officiel avec Jones et celui d'Anna Freud qui ne fusionnent pas et sont à peu près aussi nombreux l'un que l'autre. Quand on visite Londres on va aux deux, comme autrefois à Rome chez le pape et chez le roi. Les Sociétés de psychanalyse vont d'ailleurs dans le monde entier un peu au diable. Ça me dégoûte profondément et je veux surtout me consacrer à mes travaux personnels... »

C'est au Lys de mer qu'elle souhaite travailler. Ce refuge est le seul endroit qu'elle retrouve avec joie. Grâce aux gardiens, les Turveri, la propriété n'a pas trop souffert. La maison, d'abord occupée par les Allemands, puis par les Américains, est intacte. Lila Turveri avait pris soin de cacher en les dispersant aux environs meubles, livres, objets. Des pins ont été coupés mais, chaque jour, Marie peut encore s'installer dans la pinède, comme autrefois, pour

---

1. Lettre à Anna Freud, 28 avril 1945.

écrire. « Votre père disait toujours : Il faut travailler, quel que soit l'état de santé dans lequel on se trouve », rappelle-t-elle à Anna[1], et dans le Midi, cette année-là, le temps est beau et chaud, elle en profite.

Elle va d'abord achever _Mythes de Guerre_, ouvrage qu'elle a commencé en 1939 et où elle étudie les fables qui se créent et se transmettent de bouche à oreille pendant les guerres, souvent les mêmes dans les deux camps. Ce petit livre intéressant, bien documenté pour lequel elle écrivit une préface prévoyant la légende d'un Hitler demeuré vivant, quelques semaines après le suicide du Führer, paraîtra l'année suivante.

Ses autres textes seront plus longs à rassembler et elle n'aura pas toujours, même au Lys de mer, la paix qu'elle souhaite pour écrire. Après avoir été seule tout un mois, ce qui lui arrivera rarement, elle accueillera d'abord Georges, qui rentre du Danemark, puis Eugénie et les enfants arrivant d'Afrique du Sud. Le prince Radziwill les rejoindra. Son arrivée coïncide avec la nouvelle du lancement de la première bombe atomique sur Hiroshima et il ne restera à Saint-Tropez que quelques jours qui seront pénibles. Eugénie et lui discutent, ils ont décidé de divorcer. Lors de tels événements, il est difficile pour Marie de se consacrer à l'écriture et elle en souffre.

D'autre part, elle décide qu'en cette époque d'austérité, il n'est pas raisonnable de garder deux maisons aussi proches l'une de l'autre que la rue Adolphe-Yvon et Saint-Cloud. Quand elle rentre à Paris, début octobre, elle veille à l'installation du général de Lattre de Tassigny à Saint-Cloud, ainsi cette maison qui est sa préférée servira à quelque chose. Le général qui en tant qu'Inspecteur général de l'armée a signé, en 1945, la reddition de l'armée allemande est un personnage de grande envergure fait pour lui plaire. Le faste qu'il avait déployé à Constance laissa un souvenir inoubliable. C'était un homme à la mesure de Marie par bien des points. En 1948, dans le cadre du Traité de Bruxelles, il fut nommé commandant en chef des forces terrestres de l'Union occidentale. Eugénie, qui attend son divorce, part pour Londres avec les enfants.

Marie les suit bientôt. C'est là qu'un télégramme de

---

1. Lettre à Anna Freud, 25 juin 1945.

Georges lui annonce la mort de X. Elle dit à sa fille que cette mort attendue ne la touche pas. Elle prétend ne plus rien éprouver pour celui qu'elle a tant aimé, mais elle rentre aussitôt à Paris, pour assister à la mise en bière. Elle ira à Saint-Cloud chercher pour lui les dernières fleurs de l'année de ce jardin qu'il aimait tant. Le jour de l'enterrement, elle dîne avec la veuve qu'elle s'appliquera à consoler. La mort de l'Ami coïncide avec l'anniversaire de Porgie qui a trois ans et qu'elle chérit. Marie est déprimée mais elle est déterminée à ne pas laisser paraître ses vrais sentiments. Une fois encore sa confidente est Anna, la seule à qui elle ose montrer son chagrin. Elle voit chaque jour son amie qui si énergique d'habitude ne peut supporter le vide laissé par l'absence de X. et se trouve soudain perdue.

Mais Marie ne peut pas négliger longtemps ses petits-enfants. Georges et elle vont passer les fêtes de Noël à Londres. Avant son départ, à la mi-décembre, elle a organisé une réunion administrative de la Société, rue Adolphe-Yvon. A Londres elle partage son temps entre ses amis analystes et la famille. L'absence n'a pas desserré les liens. Il y a, au contraire, tant à se raconter : les souffrances, les deuils, les désillusions et les projets car il ne faut pas abandonner l'avenir de la profession à ceux dont on désapprouve la pensée ou les actes. Marie dîne avec Anna Freud et la voit aussi souvent que possible sans peser sur le travail de son amie. Elle dîne aussi avec son éditeur Rodker. D'autre part, elle prend le thé à Buckingham Palace, elle voit la reine Mary à qui elle a souvent demandé des services pour des réfugiés. Après toutes ces années, ces personnages royaux lui sont devenus chers autant que familiers. Elle les connaît si bien et elle ne sait pas être indifférente. Elle essaie de les aider à résoudre leurs problèmes (ils en ont, comme tout le monde, bien qu'ils semblent vivre en permanence sous les yeux du public fasciné). Elle agit vis-à-vis d'eux avec la même désinvolture, le même naturel qu'envers les autres.

Un rêve qui date de l'enfance

Elle a d'autre part décidé, pour distraire les siens et elle-même qu'il était temps de réaliser un vieux rêve. Un rêve qui date de ses dix ans. Le 31 décembre 1945, elle va embarquer tout son monde sur un paquebot à destination de l'Amérique. Elle ne veut pas que ses petits-enfants éprouvent les regrets qu'elle a connus quand son père l'abandonnait.

Après une traversée que la tempête a prolongée de deux jours, elle débarque avec Georges à Halifax, la visite commence par le Canada : ils vont à Québec, à Montréal et n'arriveront que le 16 janvier au soir à New York où les attendaient Eugénie, Tatiana et Porgie restés sur le bateau. Hélas, Marie ne va pas trouver dans le Nouveau Monde ce qu'elle était venue y chercher. Elle était au fond trop déprimée pour être capable de se réjouir simplement de ce qu'elle voyait. La mort de X. continuait de la hanter, elle la touchait aussi profondément que l'avait fait celle de son père en 1924. La guerre et la naissance de Tatiana avaient occulté son chagrin de la mort de Freud. A présent, alors qu'elle n'était pas au mieux de sa forme, elle ne s'était pas rendu compte du risque qu'elle prenait en choisissant de visiter le pays que son père lui avait interdit et que Freud avait tourné en ridicule. Son habituelle joie de vivre manque à son journal de voyage qui est écrit presque sans aucun commentaire personnel ou une touche d'émotion.

L'arrivée à New York n'améliora pas la disposition d'esprit de Marie. Son premier déjeuner, le 17 janvier, fut avec Ruth Mack-Brunswick, qui était devenue, comme la princesse Pierre, aveugle d'un œil. Il y avait eu une longue correspondance dans les années 30 entre Freud et Marie à propos des Brunswick car Ruth avait commencé à se droguer et Mark avait essayé à plusieurs reprises de la fuir, brièvement. Il s'en allait parfois jusqu'à Paris pour voir Marie et lui parler. Freud tentait encore de les analyser tous les deux et se trouvait coincé entre eux. La situation avait été très pénible pour Freud et pour Marie vis-à-vis du couple qui sombrait.

Pendant la guerre, Marie avait reçu peu de nouvelles de Ruth en Afrique du Sud et elle n'était pas préparée à constater à quel point son ancienne amie était détruite par la morphine. Cette constatation était particulièrement odieuse pour Marie qui avait depuis l'enfance horreur de l'opium et des drogues, mais elle prit quand même le thé avec la belle-mère de Ruth, la femme du juge Mack et puis elle dîna encore avec Ruth le 19. Le 23 janvier, Ruth, qui ne pouvait se lever, donna un petit dîner autour de son lit pour que Marie rencontre de vieux amis analystes. Le jour d'après, elle fit une chute dans sa salle de bains, et mourut d'une fracture du crâne. Cette fin tragique jeta une ombre sur tout le voyage en Amérique, bien que Marie se soit retirée sans douleur ou deuil apparents. Elle n'assista même pas aux obsèques.

Ses journées n'avaient pas été absorbées par la seule présence de Ruth. Marie s'occupait de ses petits-enfants qu'elle était contente de promener dans Manhattan et à qui elle tint à montrer elle-même le Musée d'Histoire naturelle. Comme d'habitude, Georges et elle avaient des activités séparées. Le prince allait s'entretenir avec des évêques orthodoxes et il eut aussi de longues séances chez le dentiste tandis que Marie retrouvait ses anciens amis de Vienne et d'autres de Paris. Elle revit Loewenstein qui venait de divorcer d'avec Amo Pallavicini ; la famille d'Olivier Freud, Saussure, Brill et aussi Geza Róheim. Chez les Saussure, elle dîna avec Jean-Paul Sartre qui donnait une conférence le lendemain sur la liberté dans l'art.

Le Dr Berczeller lui rendit visite au Plaza où elle était descendue, c'était une visite du genre courtois qu'il rendait à son amie et à sa bienfaitrice. Lui ne sachant pas combien elle était désorientée et malheureuse, il était facile pour Marie de paraître à ses yeux telle qu'elle avait toujours été. Il était heureux de la revoir, il trouvait qu'elle n'avait pas changé pendant ces six ans d'absence. Elle était toujours la même belle femme « impressionnante ». Elle l'interrogea sur son métier, sa famille. Il pratiquait la médecine à New York City et n'avait aucun lien avec le milieu analytique. Elle lui dit ce qu'il avait envie d'entendre : elle se plaisait en Amérique où elle était si contente d'être enfin et elle lui montra avec sa manière directe, enthousiaste, combien le revoir lui faisait plaisir. Elle ne parla pas d'elle-même — apparemment elle ne lui parla jamais d'elle-même — ni d'aucun de ses amis analystes. Elle pouvait donc avec certains interlocuteurs ne pas parler d'elle-même, cette femme si extravertie qui, en général, ne cachait rien. Sa réserve, peu habituelle, n'était pas liée à un manque de confiance ou de sympathie mais à son sens de l'observation et à son intuition. Elle savait ne pas détruire l'image que l'ami auquel elle s'adressait s'était formée d'elle. Le Dr Berczeller devait ignorer qu'elle avait perdu son pouvoir de s'émerveiller devant la vie et qu'elle pleurait encore les morts de la guerre et les siens propres.

A New York, elle s'organisa pour envoyer des paquets à

ceux qui en Europe manquaient encore tant de nourriture et supplia ses amis d'en faire autant (les vivres étaient encore rares en France). Les œufs et le lait en poudre, des gros colis CARE étaient appréciés, comme le chocolat et le café. Il y eut aussi quelques mondanités obligatoires ; le 21 janvier, Marie et Georges allèrent entendre _Tannhaüser_ au Metropolitan Opera dans la loge de Mrs Vanderbilt et, le 23, ils furent les hôtes de Mrs John D. Rockefeller Jr. Ces visites n'avaient pas grand intérêt pour Marie mais elles faisaient partie de sa routine.

Le 25 janvier, Georges et elle partirent pour Palm Beach où ils furent reçus par Mrs Van Rensselaer et Mrs Guest dont Marie note « la fabuleuse piscine ». Ils allèrent ensuite dans d'autres endroits en Floride. Puis Marie remonta seule le long de la côte est. Elle alla à Richmond, Williamsburg et Washington, où elle déjeuna avec William Bullitt et dîna avec Saint-John Perse, qu'elle appelle toujours Léger. Elle passa par Baltimore pour visiter la tombe d'Edgar Poe avant de regagner New York où l'attend Georges. Le 21 mars, ils s'embarquent tous les deux pour l'Europe sur le _Queen Mary_. Eugénie et les enfants sont repartis deux semaines plus tôt.

Au retour, Georges et Marie s'arrêtent à Londres, où ils déjeunent chez le roi, Marie dîne avec son éditeur, regagne Paris le 7 avril et va déjeuner à Saint-Cloud avec Mme de Lattre. Elle a aussi recommencé d'aller aux concerts. Après celui de Klemperer, elle déjeune avec le musicien. Cette sorte de plaisir est la seule qui lui reste désormais. Et elle en a besoin car en plus de toutes ses préoccupations familiales, de son chagrin et des problèmes qui vont s'accentuer avec ses collègues de la Société psychanalytique de Paris, elle va devoir faire face à un autre problème qui lui a été épargné jusqu'alors. Sa fortune qu'elle avait crue inépuisable s'est amenuisée. Elle a reçu des avertissements de ses banquiers et menace son fils : « Ce n'est pas que je ne veux pas te donner, c'est que bientôt je ne pourrai plus. La mère la plus riche ne peut donner que ce qu'elle a... A ce train-là, nous n'aurons plus un sou de capital en France d'ici quatre ans environ[1]. » En fait elle ne court pas à la ruine, mais une des

---

1. Lettre au prince Pierre de Grèce, 16 avril 1946.

sources principales de son pouvoir va lui échapper, elle en a conscience. Elle n'aura plus des moyens aussi grands qu'autrefois et elle devra se montrer plus tempérée dans ses générosités.

Après les années noires de l'occupation nazie, se réhabituer à la liberté prend du temps. On a perdu l'habitude de pouvoir circuler, de dire à haute voix ce qu'on pense, de mener une existence brillante ou fastueuse si on en a les moyens. Les restrictions sont toujours fortes : la nourriture et l'essence rationnées. Après quatre années de couvre-feu, de perquisitions subites et de déportations on a tendance à rester chez soi et à soupçonner ses voisins. L'amertume prédominait disposant aux rumeurs diffamatoires, allant jusqu'à la calomnie. Marie observe et continue à tenir Loewenstein au courant de ce qui se passe à la Société où une plainte avait été déposée contre le Dr Laforgue. « On n'a rien pu trouver contre lui de précis et aucun témoin — sauf Leuba, rapporteur de *L'Évolution psychiatrique* — n'a paru. Dans ces conditions on ne peut rien faire dans notre groupe contre lui ; c'est aussi l'avis d'Anna Freud à qui j'ai exposé le cas. J'ai vu l'inculpé lui-même. Il avait parlé d'intenter un procès en diffamation, mais il a renoncé à cette idée. Je crois que Borel l'a beaucoup calmé... Toutes ces histoires de groupe me dégoûtent et j'ai hâte d'aller travailler en paix à Saint-Tropez et de ne plus voir aucun collègue [1]. »

Mais cet été-là, comme le précédent, elle ne travaillera pas autant qu'elle le voulait car Georges et les enfants sont avec elle au Lys de mer. Et des collègues, elle en verra souvent ; avant son départ et après son retour.

La Société forme un nouveau bureau. Le Dr John Leuba est nommé président (Édouard Pichon est mort en 1940) tandis que Marie demeure vice-présidente. Le Dr Max Schlumberger est secrétaire, le Dr Cénac trésorier, et le Dr Sacha Nacht membre assesseur. Marie était à l'origine de la réussite de Nacht. Elle était intervenue, en 1936, pour que Freud le prenne en analyse, à une époque où ce dernier n'avait plus envie de former des élèves et où, à Paris, malgré une longue analyse didactique avec Loewenstein, il était mal accepté par ses confrères. Après l'analyse avec Freud tout s'était arrangé, et la guerre finie, le Dr Sacha Nacht

---

1. Lettre à R. Loewenstein, 21 avril 1946.

était prêt à jouer un grand rôle au sein de la Société et de l'Institut. Entre cette année 1946 et 1951, Boutonnier, Berge, Lebovici, Bouvet, Pasche, Diatkine, Favreau, Mallet seront nommés membres titulaires de la Société.

Quoi qu'elle pense à propos de ce qui se passe ou va se passer, Marie a une vie professionnelle intense qui lui permet d'oublier sa solitude et la vieillesse qui vient. Elle reprend ses consultations. Le Dr Mâle, un psychiatre connu, dont le père était un célèbre historien d'art, commence son analyse didactique avec elle à l'automne. Elle a cinq candidats pour des analyses didactiques et siège à la Commission de l'Enseignement dans la Société. Le fait qu'il n'y ait pas assez de bons analystes la tourmente. Elle voudrait créer un fonds de prêts pour aider à recruter des analysants de qualité souhaitant entrer dans la profession.

Elle est aussi mêlée à un projet qui existe grâce à elle : l'édition des lettres de Freud à son ami de jeunesse le Dr Fliess dont il a déjà été question. Depuis le mois d'août, elle est en correspondance avec le Dr Ernst Kris et avec Anna Freud à ce propos. Elle fournit à Kris tous les renseignements concernant la manière dont elle a acheté ces papiers avant la guerre et Anna travaille jusqu'à cinq heures du matin pour trier les lettres que son père a adressées à Fliess. Marie ira la voir à Londres, quelques jours à l'automne. Elle en profitera pour rencontrer aussi Rodker et Croisy, l'ancienne gouvernante pour qui elle a gardé de l'affection. Puis elle se rendra à Amsterdam où elle donnera une conférence. Son emploi du temps chargé lui laisse juste assez de loisir pour se réjouir de la première leçon de piano de Tatiana ou de la première huître dégustée par Porgie. Elle note aussi, en passant, des dîners avec le poète ami de Lucian Freud, Stephen Spender, alors secrétaire de l'Unesco. Mme Spender vint à Paris et Anna demanda à Marie d'aller la chercher à la gare, ce qui fut un petit événement pour l'une et pour l'autre. Et Anna arriva elle aussi, fin novembre, pour donner une conférence à l'Unesco et une autre chez la baronne Édouard de Rothschild. Avoir son amie deux jours chez elle était une fête vivifiante pour Marie.

1947 fut une année très remplie. Des événements familiaux obligèrent Marie à des déplacements, elle publia, et passa aussi beaucoup de temps au Lys de mer. Sa santé était loin d'être bonne. Elle se fit opérer d'une amygdalite, elle se foula un genou, et attrapa la coqueluche pour la troisième fois. Au milieu de tout cela, elle ne fera qu'un seul voyage d'agrément, en Corse, avec Georges, Eugénie et les enfants. Et ce sera loin d'être réussi. Ils s'embarquent au printemps, la traversée est très pénible et Porgie a une otite.

Au début de leur séjour, le roi Georges II meurt brusquement d'une crise cardiaque. Il avait été rappelé à Athènes en septembre 1946 par un plébiscite mais son retour n'avait pas mis fin à la guerre civile commencée au moment où les troupes allemandes avaient évacué le territoire. Un mois avant sa mort, le président Truman prit le relais de la Grande-Bretagne en déclarant que « les États-Unis doivent aider la Grèce afin de sauvegarder son régime démocratique ». Marie éprouvait des sentiments très ambivalents à l'égard de la politique et de la situation du roi, mais l'homme lui était familier et la mort de « Georgie » la peinait. Ni Georges ni elle n'allaient pouvoir se rendre à Athènes pour les funérailles, ce qui l'ennuyait profondément. A leur retour sur « le Continent », ils partirent aussitôt pour Copenhague où le roi Christian X venait à son tour de mourir.

Mais il n'y eut pas que des deuils cette année-là dans la royale famille. En novembre, eut lieu le mariage du prince Philippe, ce neveu qui avait passé quatre ans de son enfance à Saint-Cloud, chez Marie, avec la princesse Elisabeth d'Angleterre, la future reine. Le prince et la princesse Georges de Grèce sont invités, Eugénie les accompagne avec ses enfants à qui elle désire beaucoup montrer la splendeur de ces cérémonies, survivance d'un autre âge.

En mai a eu lieu à Amsterdam le Congrès européen des Sociétés et Marie s'y est rendue en compagnie d'Anna Freud et d'Annette Berman. Au retour, elle s'arrête à Laeken, pour voir la reine Elisabeth de Belgique avec qui elle est très liée. Le parc « éblouissant » de fleurs et de rossignols l'émerveille.

A Saint-Tropez, quand elle arrive, les rossignols chantent encore. Mais Marie est privée de la joie de nager, elle a encore une fois des colibacilles. Elle reçoit les premiers exemplaires des *Mythes de Guerre* enfin parus, et corrige les épreuves des *Glanes des jours.* Elle va aussi corriger les épreuves de tous ses articles et essais de psychanalyse et les réunir en volumes. Trois des *Cinq Cahiers* restent à publier.

Elle fait elle-même le bilan dans une lettre à Loewenstein [1]. Elle est anxieuse d'en finir : « Le chemin à parcourir se raccourcit à vue d'œil. » Rodker vient travailler auprès d'elle au Lys de mer. Il est en train de traduire l'*Edgar Poe*, pour les éditions anglaise et américaine de ce livre qui restera l'une des œuvres majeures de Marie.

Comme elle l'avait prévu des années auparavant, la vieillesse les rapproche. Georges et elle sont plus souvent ensemble qu'ils n'étaient autrefois et Georges a fait l'effort de reconnaître, certainement sans gaieté de cœur, l'importance qu'avait pour Marie sa profession d'analyste. Il avait fini par avoir de l'estime pour Freud et de l'affection pour Anna qui s'était montrée si dévouée à son égard au moment de son opération du larynx à Londres. Leur vie personnelle est derrière eux. Marie et Georges ont chacun perdu celui à qui ils étaient passionnément attachés, mais demeurent les liens ordinaires des couples ordinaires : joies et tourments que leur donnent leurs enfants et petits-enfants et toutes les habitudes formées au cours de tant d'années.

A partir de 1948, ils vont en avoir une nouvelle, celle de retourner chaque hiver en Grèce. Le climat est plus chaud et plus ensoleillé qu'à Paris, ce qui n'est pas pour lui déplaire et Marie va, comme d'habitude, trouver à s'occuper. Elle suit les consultations à l'hôpital psychiatrique, elle connaît des psychiatres qui sont devenus bons analystes, elle organise des réunions, s'adresse au groupe en grec et secourt les lépreux.

Leur neveu « Pavlos » qui a été leur compagnon d'exil, a succédé à son frère et est à présent le roi Paul Ier. Il a la fièvre typhoïde quand Marie et Georges rouvrent, pour la première fois depuis la guerre, leur maison de l'avenue Franklin-Roosevelt, et la reine Frédéricka est en Épire. Le pays est loin d'être pacifié. La majorité du peuple grec demeure engagé dans la guerre civile. A chacune de ses sorties, quatre policiers suivent le prince Georges afin d'assurer sa sécurité. Marie, elle, se déplace librement, sans escorte. Le 10 janvier, ils assistent au mariage de leur cousine Nane (la princesse Anne de Bourbon-Parme, fille de la princesse Margrethe et petite-fille du prince Valdemar) avec le roi Michel de Roumanie. Entre Athènes et Tatoï, où le château est une

---

1. Lettre à R. Loewenstein, 1er septembre 1947.

reproduction du cottage impérial de Peterhof, lieu de naissance de sa mère, la reine Olga, qu'il aimait tant, le prince Georges mène la vie de famille qui lui plaît.

Leur quarantième anniversaire de mariage amène Marie à s'étonner d'avoir vécu avec un homme si différent d'elle et de l'avoir tant aimé, à sa façon. Un soir, elle l'interroge sur les idées religieuses qui le guident. Georges croit à la transmigration des âmes — un médium l'ayant assuré que Valdemar et lui avaient déjà été amis, quelque mille deux cents ans plus tôt —, mais il pense que Valdemar n'est pas réincarné, qu'il est au paradis, ainsi que sa mère, la reine Olga. Comme Marie lui demande ce qui lui semble le plus important, l'immortalité de l'âme ou l'existence de Dieu, il répond : « Mais c'est la même chose » et ajoute que la foi est une question de volonté. Elle lui reproche alors d'oublier la grâce et regrette qu'il lui soit impossible de croire. « Les gens de sciences sont comme ça », remarque-t-il sans paraître impressionné ou affligé. Il reconnaît qu'il aime la vie et considère que le suicide est le plus grand des crimes. C'est le seul point sur lequel Marie est d'accord avec lui. Le suicide est le crime contre la vie et elle le déteste [1].

Comme autrefois Marie est heureuse de retrouver Paris où ils rentrent, début avril 1949, et il y a toujours les mêmes promenades à Bagatelle avec Georges et une plus récente, l'aquarium du Trocadéro avec les enfants. Les enfants occupent son temps et sa pensée. Elle est une grand-mère tendre et attentive.

En juillet, après quelques allées et venues entre Paris, Londres, Bruxelles, elle s'installe au Lys de mer où Rodker vient de nouveau pour travailler avec elle. Les enfants sont là. Porgie couvre sa grand-mère de cadeaux, lui donnant tous ses petits jouets. « Il veut exprimer une reconnaissance infinie qui n'a jamais assez de gestes pour s'extérioriser. » En septembre, quand Georges rentre de Hollande où il a assisté au couronnement de la reine Juliana, Marie décide d'aller voir le roi et la reine de Roumanie, à Villefranche-sur-Mer, et de s'arrêter en chemin à Vence pour interroger Angèle Leandri, qu'elle n'a pas revue depuis cinquante ans. Elle n'a jamais réussi à oublier le maître chanteur qui lui a donné la méfiance de l'amour. Elle veut essayer de savoir

---

1. Idées religieuses de Georges, Athènes, 9 février 1948, notes diverses.

enfin la vérité. Angèle est à présent une vieille dame de soixante-dix-neuf ans qui vit modestement dans une pension de la petite ville réputée pour son climat salubre, qui fut la dernière résidence de D.H. Lawrence. Leandri est mort un an plus tard que l'auteur de l'*Amant de Lady Chatterley,* en 1931, d'une cirrhose du foie. Angèle insiste sur le fait que son mari était pieux et aimait le prince Roland Bonaparte. Le couple vint de Corse pour assister aux obsèques du prince. Angèle semble innocente.

Marie lui fera une seconde visite car elle n'a pas posé toutes les questions qu'elle souhaitait concernant l'affaire. Elle désirait savoir jusqu'à quel point Angèle était au courant de la façon dont Antoine l'avait compromise, puis fait chanter. Elle voulait que l'épouse lui dise comment elle avait été mêlée à la trahison. Mais la vieille dame maintenait qu'Antoine et elle avaient été chassés parce qu'ils avaient fait connaître leur opinion la concernant au prince Roland et à la princesse Pierre. Marie, selon eux, aurait dû s'enfuir du domicile paternel à seize ou à vingt et un ans. Dans la maison, on répétait partout que la princesse Mimi courait après Leandri mais pour lui elle n'était qu'une « poissonnette ». La question d'argent ne fut pas abordée et la vieille dame ne voulait pas démordre du récit qu'elle s'était si souvent répété qu'elle devait y croire.

De retour à Saint-Cloud, moins d'un mois plus tard, Marie se cassa un poignet en glissant sur un petit tapis dans la chambre de Tatiana. Ce qui ne l'empêcha pas de reprendre ses patients dès le lendemain et de corriger des épreuves de la main gauche.

Ces épreuves qu'elle corrige alors sont celles d'articles à paraître dans la *Revue*[1] qui seront réunis en un volume, sous le titre *Sexualité de la Femme,* qui sera publié en 1951 en français et en 1953 en anglais. C'est sans doute son œuvre la plus célèbre et certainement celle qui fut là plus controversée à la parution. Marie était contente d'elle et il y avait de quoi. Elle avait longuement discuté avec Freud de sa propre sexualité et de celle d'autres femmes et elle avait le sentiment que dans ce domaine elle en savait plus que son maître. Cet ouvrage la montra en avance sur son époque, elle s'y posait des questions qui sont encore actuelles. Elle

---

1. *R.F.P.* XIII, 1, 2, 3, 1949.

constatait que la virilisation sexuelle de la femme — dont la fixation clitoridienne serait le « témoin physiologique » — allait de pair avec la virilisation sociale et elle pressentait la diminution de la différenciation entre les sexes [1]. Elle avait assimilé les résultats des travaux de ses amis anthropologues et recherché la signification de sa propre expérience. Elle y traitait aussi, avec bon sens et bonne humeur d'un autre sujet qui l'intéressait : celui de l'inceste d'un frère et d'une sœur.

Elle reste une freudienne orthodoxe, mais son expérience de thérapeute et son expérience personnelle auxquelles s'ajoute la clarté de son imagination lui permettent d'écrire des pages qui ne devraient pas être négligées par les femmes d'aujourd'hui. D'ailleurs, en France, la *Sexualité de la Femme* a été repris en livre de Poche, en 1977.

L'automne du poignet cassé, bien loin désormais des heureux tourments de l'amour, elle sort pour se distraire. Elle va à une soirée chez les Aldous Huxley qui habitent quai Blériot, au bord de la Seine, assiste au mariage de Bethsabée de Rothschild, prend le thé avec la duchesse de La Rochefoucauld. Ou bien elle reçoit. Elle donne un cocktail grec, un dîner pour François Mauriac et un autre pour Danny Kaye, envoyé par Pierre qui faisait un séjour de deux ans, aux États-Unis, pour donner des conférences sur ses expériences d'anthropologue en Inde et au Tibet.

Eugénie songe à se remarier. En mars 1949, à Saint-Cloud, elle présente à sa mère, rentrée seule de Grèce avec les enfants, le prince Raymond de Tour et Taxis. Le prince est l'héritier du château de Duino au bord de l'Adriatique où Rilke écrivit ses *Élégies.* Ne serait-ce qu'à cause de cela, Marie devrait le regarder d'un œil favorable. Elle le trouve cultivé, gentil, « mais catholique », ainsi qu'elle l'écrit à Anna [2]. Elle sent tout de suite qu'il y a là un sérieux danger de conflit. Eugénie, qui n'est pas religieuse, devrait obtenir son annulation à Rome. Elle est prête à le faire, comme elle est prête à partir pour Athènes annoncer son futur mariage à son père. Sa mère la précède de quelques jours, avec les enfants. Mais l'annulation qu'il faudra obtenir va soulever des tempêtes en Marie qui retrouve soudain toute sa vieille

---

1. Marie Bonaparte, *La sexualité de la femme*, p. 142.
2. Lettre de Marie Bonaparte à Anna Freud, 10 mars 1949.

rancune contre l'Église. L'athéisme et l'anticléricalisme de son père et de sa grand-mère revivent en elle. La question de Dieu et de l'Église ne la laissera jamais indifférente. Elle l'aborde toujours avec colère.

Le prochain mariage d'Eugénie ayant été annoncé, Marie passe un mois de mai pénible de son point de vue. Elle est « assaillie » de tous côtés par la famille. Mais, heureusement, au début du mois de juin, une réunion de psychanalystes de langue française, à Paris, l'oblige à retrouver son vrai milieu. Elle donne une soirée pour le congrès rue Adolphe-Yvon. Elle fait nommer Kouretas et deux autres analystes grecs membres adhérents de la Société.

Le 21 juin, elle part pour le Danemark où une fête aura lieu, le 24, pour les quatre-vingts ans de Georges, avec un dîner de quarante couverts, à Lille Bernhorff. Le lendemain, c'est le cinquantième anniversaire de Margrethe. Les soixante-sept ans de Marie seront également fêtés à Bernhorff, où il y aura vingt-cinq invités pour le dîner. Puis Marie rentre à Paris et part aussitôt pour Saint-Tropez. Elle y prépare la communication qu'elle fera au Congrès de l'Association internationale qui, cette année-là, se tient à Zurich où elle ne fera qu'un aller et retour pour participer aux débats. Elle parlera de *Psyché dans la nature ou des limites de la psychogenèse*[1]. Après le congrès, à Saint-Tropez, elle retrouve Loewenstein dont c'est le premier retour en France depuis la guerre. Annette Berman, Borel sont là aussi. En plus des collègues-amis, il y a constamment des invités de passage.

Cette année-là, Marie ne parvient pas à faire la part égale entre son travail et sa vie familiale. Elle en souffre, et, dès novembre, elle repart avec Georges, pour la Grèce, où elle doit s'occuper des préparatifs du mariage qui aura lieu le 28, dans la chapelle du Château royal. Le prince de Tour et Taxis a consenti à ne pas attendre la décision du pape et le mariage sera célébré par le « croulant » métropolite, selon le rite orthodoxe. Tatiana et sa cousine Sophie tenaient les cierges. Marie écrivit à Annette Berman[2] qu'Eugénie était superbe. Mais, quelques jours plus tard, au Pirée, en se séparant de Tatiana et de Porgie, Eugénie eut une crise de désespoir. Elle partait pour Istanbul, première étape de son

---

1. *R.F.P.*, XIV, 2, 1950 et *Psychanalyse et Biologie*, p. 159.
2. Lettre à Annette Berman, 15 décembre 1949.

voyage de noces. Les enfants allaient passer deux mois seuls à Athènes avec leurs grands-parents et la pensée d'être séparée d'eux si longtemps la bouleversait.

Quatre jours après le départ d'Eugénie, Marie apprend que Croisy vient d'avoir une thrombose cérébrale. La gouvernante anglaise demeure paralysée après cet accident et mourra quelques semaines plus tard. Marie ne sait que faire. Elle est restée très attachée à celle qui vécut si longtemps dans leur intimité et s'est montrée si dévouée. Elle ne voudrait pas laisser Croisy mourir seule mais elle ne peut la rejoindre à cause de Georges et des enfants. Interrompre le voyage de noces d'Eugénie serait une erreur, elle y songe pourtant, Anna Freud le lui déconseille. Cette mort prochaine à laquelle elle ne peut s'empêcher de penser sans cesse — elle ne travaille guère, elle traduit juste une heure par jour le livre de Souvenirs que Georges écrit — la rend plus sensible encore à ce qui l'entoure. La guerre civile a pris fin à l'automne, mais en décembre, Marie se demande ce que sera le prochain demi-siècle. Elle ne peut oublier les 28 000 enfants grecs victimes de ces luttes atroces.

L'entrée dans la vieillesse et un dur métier

Marie ne rentrera en France qu'au mois d'avril 1950. Avant son retour, elle a fait ses comptes, décidé de vendre le château de Blain et la maison de la rue Adolphe-Yvon pour ne garder que Saint-Cloud, où elle construira une autre maison afin que Georges se sente chez lui et retrouve les pièces disposées comme l'étaient celles de ses appartements de Paris. Ces modifications du cadre de sa vie ne l'atteignent guère, mais elles affectent Georges. Marie en est consciente et le regrette pour lui.

Ce qui concerne la réouverture de l'Institut de Psychanalyse la préoccupe bien davantage. On ne peut la différer. Le nombre des jeunes psychiatres attirés par la psychanalyse va grandissant, et les demandes dépassent largement les possibilités des analystes en mesure d'enseigner. Ceux-ci s'adjoignent bientôt des collègues plus jeunes qu'ils ont formés et qui sont à leur tour capables de faire des analyses didactiques. Le tout constitue un large groupe qui n'a pas de lieu où tenir des réunions, pas de bibliothèque. L'hôpital Sainte-Anne met à sa disposition une salle de réunion à partager avec le groupe de *l'Évolution psychiatrique,* ce qui est loin d'être commode. En 1949, un appel de fonds avait été lancé pour la création de l'Institut et d'anciens membres fixés aux États-Unis, comme Loewenstein ou ceux que Marie avait aidés, comme Spitz, Hartmann et d'autres, répondaient avec générosité.

Marie recueille les premiers fonds et en assure le transfert. Pour sa part, elle est prête à donner 300 000 anciens francs et elle fait appel aux Rothschild pour qu'ils fassent l'appoint tandis que Sacha Nacht cherche un local.

Au nouvel Institut, « il y aura cours et séminaires avec candidats, non plus un centre de propagande universitaire comme l'ancien. Une bibliothèque, salle de lecture, neuf ou dix cabinets pour traitements, ce qui donnera une polyclinique dont Cénac et Lagache auront la direction. Cela nous permettra d'avoir des analysés ne pouvant payer les gros prix au taux des assurances sociales et on « démocratisera » enfin. [1] » Marie est contente de ce qu'elle décrit. Elle en aime l'idée.

Mais avant que les projets concernant l'Institut ne soient si avancés, elle s'est lancée dans un autre combat qui l'indigne et qui la touche de près. En juin, Mme Williams, une analyste américaine, non-médecin exerçant à Paris — spécialiste des analyses d'enfants, entourée du respect de ses collègues qui reconnaissent ses compétences — est attaquée par l'Ordre des médecins qui veulent l'empêcher de pratiquer, et lui font un procès. La médecine officielle maintenait que seuls des médecins pouvaient pratiquer l'analyse.

L'année précédente, en 1949, la commission de l'enseignement de la Société où siégeait Marie a rédigé et publié *Règlement et Doctrine,* qui précise que des non-médecins peuvent répondre aux qualifications requises et suivre l'enseignement approprié pour devenir analystes. Lacan s'était chargé de ce texte qui clarifiait la position des analystes non médecins. Personne, dans la Société, n'avait jamais pensé à les exclure, on se référait à Freud qui les avait défendus, comme chacun savait. Mais il en allait autrement chez les membres du Conseil de l'Ordre, qui refusait de les reconnaître même après la guerre. Certains psychiatres, qui ne sont pas psychanalystes, comme les Professeurs Heuyer,

---

1. Lettre à R. Loewenstein, 19 novembre 1950.

Alajoinine, sont favorables à Mme Williams, mais Jean Delay, implacable, se rallie au Conseil de l'Ordre. Plus extraordinaire encore est le cas de Nacht qui semble rejoindre ce camp-là. Marie est rendue furieuse par sa prise de position, déclare qu'il est « ambitieux et rapace bien que doué d'autre part de solides qualités de travail ». Cénac qui, lui, « n'a fait que gagner avec l'âge », veut sauver l'analyse prophylactique des enfants, basée sur un concept qui date des débuts de la psychanalyse mais que la plupart des analystes regardent maintenant avec un certain scepticisme, l'expérience ayant prouvé que le traitement des jeunes malades améliore les problèmes et règle leurs conflits sans empêcher le besoin d'une analyse ultérieure. « Si les médecins à présent en France, après l'avoir méprisée et vilipendée, revendiquent l'analyse c'est depuis qu'ils se sont aperçus qu'elle rapporte », déclare-t-il. Malgré l'avis de Freud sur la question, Marie a toujours regretté de ne pas être médecin, son rêve d'adolescente avait un sens. Elle s'en était souvent rendu compte en discutant avec X. naguère. Elle était douée. Et elle n'avait pas oublié les propos que le Professeur Henri Claude lui avait tenus autrefois en lui parlant de Mme Sokolnicka. Elle se sent solidaire de Mme Williams, et peut-être même menacée. C'est elle qui se charge de trouver un avocat pour défendre sa collègue. Après avoir essayé plusieurs célébrités masculines : Me Moro-Giaffevi, Me Maurice Garçon, elle choisit une femme, Me Yvonne Netter qui comprend parfaitement l'enjeu de ce procès.

Comme chaque été, Marie part pour Saint-Tropez. Elle y écrit *Réflexions biopsychiques sur le sado-masochisme*, le texte de sa communication au XVIIIe Congrès international de psychanalyse qui aura lieu l'année suivante, à Amsterdam [1]. Ce texte sera publié en 1952, dans le volume *Chronos, Éros, Thanatos*. Mais elle est encore tourmentée par ses relations avec Pierre qui lui a réclamé de l'argent au moment de l'invasion du Tibet par les communistes chinois. Sa femme était malade et restait à Kalimpong pour des raisons d'économie. Elle écrit à Anna qu'elle n'admet pas la cruauté de Pierre envers son vieux père et qu'elle reproche à Irène sa cruauté et rien d'autre [2]. Elle a en vain essayé de

---

1. *R.F.P.*, XV, 4, 1951.
2. Lettre à Anna Freud, 21 juin 1950.

rapprocher Pierre de Georges. Dans ses lettres à son fils, elle laisse éclater son amour. Elle lui dit qu'elle lit à Porgie *Le Livre de la Jungle* et qu'elle se rappelle le temps « où je te le lisais, toi à mes genoux »[1].

Cet été là, il y a des incendies dans les Maures « terribles mais grandioses, ces collines en feu qui la nuit semblent des volcans et le jour fument à en obscurcir le soleil »[2]. Les enfants viennent juste de rentrer de la montagne où leur grand-mère les a envoyés un mois. Elle leur montre aussi un autre spectacle de la nature : un soir, en se promenant le long de la plage, ils comptent ensemble vingt-sept étoiles filantes et elle leur apprend le nom des planètes. Mais à la fin de ce séjour au Lys de mer, ils vont devoir se séparer. C'est la présence de Tatiana et de Porgie qui a le plus égayé son été, Marie a composé pour eux des poèmes-histoires. Elle aime leur enseigner les beautés de la nature ou bien partir avec eux à la découverte des bateaux du port et de leurs habitants. Elle est une grand-mère qui sait occuper son petit monde et le ravir. Les enfants vont lui manquer. Ils restent dans le Midi, ils iront en classe à Grasse et habiteront Malbosc avec leur mère et leur beau-père.

Marie et Georges partent au début de décembre pour Athènes, plus tôt que d'habitude car Philip, duc d'Édimbourg, et la princesse Élisabeth font une visite en Grèce. Le prince Georges et la princesse Marie de Grèce dînent avec eux chez les souverains, à Tatoï. Le 7 décembre, Marie écrit à Anna Freud : « Grand dîner à la cour pour Élisabeth et Philip, décorations, tiares, horreur ! » Les jeunes princes vont voir leur oncle Georges et leur tante Marie, ils dînent et déjeunent avec eux plusieurs fois. Le 14 décembre, concert Backhaus et le lendemain, Marie reprend la rédaction de ses Mémoires. Noël approche, Eugénie, Raymond et les enfants arrivent pour passer les fêtes auprès des grands-parents. Mais le lendemain de leur arrivée, Marie se fracture le col du fémur. Le jour de l'accident, le 19 décembre, elle a une tachycardie paroxystique de 6 à 10 heures du soir. Elle décide d'aller à Boston, au Massachusetts General Hospital se faire opérer par Smith-Petersen. Elle partira en compagnie de Georges, par avion, avec escale à Genève et à Orly.

---

1. Lettre au prince Pierre de Grèce, 31 août 1950.
2. Lettre à R. Loewenstein, 16 août 1950.

« Tout cela est horrible, et je suis de moins en moins tentée par la résurrection de la chair », écrit-elle.

Cet accident qui n'est pas le dernier d'une trop longue série, Marie va en reconnaître très vite la cause. Comme elle l'écrit à Anna Freud [1], six jours après son opération, elle a retourné contre elle-même son hostilité réprimée à l'égard de Georges. En trente ans, ces opérations ont fait de grands progrès, Marie devra attendre tout un mois pour qu'on sorte sa jambe de la gouttière et ce n'est que le 15 février qu'elle commencera ses premiers exercices sur une bicyclette. Il y a là de quoi démoraliser une femme active comme elle. Elle demande à Eugénie de lui envoyer des livres : le Littré, une grammaire française, les *Contes* de Perrault illustrés par Gustave Doré et tous les petits volumes d'histoire naturelle (« fleurs, oiseaux, poissons ») que sa fille pourra trouver ainsi que l'ouvrage de son grand-oncle Charles Bonaparte sur les oiseaux américains. Ainsi, bien qu'elle soit réduite à rester alitée, elle ne perd pas le contact avec la nature qu'elle aime tant. Grete Bibring, l'analyste, qui est une amie de Vienne, Hélène Deutsch que Marie a également connue à Vienne et qui, comme Bibring, exerce à Boston, viennent la voir, ainsi que Loewenstein, l'ami fidèle qui se déplace de New York pour lui faire visite.

Dix jours après l'opération, Marie engage une secrétaire à qui elle dicte son important courrier. Elle est tenue au courant de ce qui se passe à la Société, à Paris : « Lagache m'a écrit que Nacht s'est vilainement comporté à nos élections. Il a trouvé moyen de faire élire Lacan vice-président au lieu de Lagache. On aura donc ce fou comme président ensuite. C'est dégoûtant. Et Nacht a annoncé son intention de rester encore deux ans président », tel est le P.S. de sa lettre du 23 janvier 1951 à Loewenstein. Elle ne quittera l'hôpital que le 10 mars. Après un bref séjour à New York où elle revoit Schur et où les psychanalystes donnent pour elle un dîner au Plaza, elle rentre avec Georges sur le *Queen Mary*. Eugénie, Raymond, Annette Berman, Geneviève Troisier et ses deux filles vont les attendre à Cherbourg.

Bien vite, Marie s'insère de nouveau dans son monde : Mᵐᵉ Williams qui attend son procès, Annette Berman tou-

---

1. Lettre à Anna Freud, 10 janvier 1951.

jours présente, le Professeur Merle d'Aubigné, le Professeur de Gennes. Anna sera auprès d'elle à Saint-Cloud du 4 au 6 mai. Ensemble, elles fêtent l'anniversaire de Freud, dans le jardin. Anna possède le talent qu'avait son père pour encourager Marie qui retrouve avec elle le climat de confiance totale qu'elle a tant apprécié avec Freud. Anna la pousse à écrire ses Mémoires et elles décident d'en déposer le manuscrit avec les archives Freud, à la Bibliothèque du Congrès de Washington qui les accepte, à la grande joie de Marie. Sa fougue revient, grâce à ce projet. Elle aime l'idée d'écrire pour les lecteurs qui auront accès aux lettres de Freud *in extenso* en 2030.

Les deux amies se retrouveront au mois d'août, au Congrès d'Amsterdam où Marie se rend en voiture, avec Annette Berman. Elle marche encore avec des béquilles. Après sa propre interprétation de son accident qu'elle avait donnée à Anna dans une lettre peu de jours après l'opération, il est à retenir que, dans le texte qu'elle lira au congrès, elle fait une distinction entre la destruction et la mort : « Je dis bien Destruction et non pas Mort, car pour moi les instincts de destruction, d'agression, ne sont pas identiques, dans leur essence, coessentiels à ce silencieux déclin vers l'anorganique de tous les vivants vers la mort[1]. » Elle est présidente du symposium sur les influences réciproques dans le Développement de l'Ego et de l'Id, où elle présente cette communication sur le sado-masochisme et se confronte avec Lacan qui, une fois de plus, l'exaspère. Ce genre d'antipathie violente qu'elle éprouve pour lui est toujours réciproque ; ils n'auront jamais de bons rapports. A ce congrès, il y a d'ailleurs d'autres antagonismes : Saussure et Alexander sont « les plus discutés », Nacht attaque Heinz Hartmann, ce qui n'empêche pas ce dernier d'être élu président de l'Association internationale[2]. Marie, par nature, aime le jeu politique de ces réunions. Elle est loin de se tenir à l'écart dans ce domaine-là et s'en mêle allégrement, prenant une grande part aux débats.

Après le congrès, Marie rentre au Lys de mer. Elle y est encore au début novembre lorsque la nouvelle de la mort de Mme Freud, âgée de quatre-vingt-dix ans, lui parvient. Elle part aussitôt, pour assister à l'incinération qui a lieu le

---

1. Marie Bonaparte, *Chronos, Eros, Thanatos*, p. 141.
2. Lettre à R. Loewenstein, 5 octobre 1951.

5 novembre. Elle restera quelques jours à Londres, puis ce sera Paris, où le procès de Mme Williams commencera le 3 décembre au tribunal correctionnel — 16e chambre. Elle témoignera ainsi que Mlle Boutonnier, de Gennes, Cénac, Logre, les Dr Berge, Parcheminey, Lagache. Une semaine plus tard ont lieu la plaidoirie du représentant de l'ordre des médecins et celle de Me Yvonne Netter pour Mme Williams. Le même soir, Marie et Georges prennent l'Orient-Express, avec Eugénie, et Raymond. Ils font une halte de vingt-quatre heures à Duino, puis repartent pour Athènes où, le 17 décembre, Marie apprend qu'un supplément d'information a été ordonné par le tribunal et confié à l'un des assesseurs, Jacques Millerand, le fils de l'ancien président de la République, qui s'est montré le plus compréhensif des trois juges. La distance n'éloigne pas Marie de cette part de sa vie qu'elle a eu tant de peine à conquérir. Elle est dévouée à son métier et à ceux qui l'exercent comme elle l'est à ses enfants.

En 1952, Marie quittera la Grèce le 7 janvier, plus tôt que d'habitude car Eugénie est enceinte et elle voudrait passer les dernières semaines de la grossesse auprès de sa fille à Paris. Elle voudrait aussi être de retour quelques jours avant les élections de la Société qui doivent avoir lieu le 13 et qui la préoccupent. Elle part seule et note dans son journal : « J'ai tenté ces derniers jours d'Athènes d'atténuer les violences d'écriture dont Georges parsème ses souvenirs de Crète. Impossible ! Il a seulement consenti à retirer à Venizelos les épithètes de Judas et de traître, etc. C'est déjà quelque chose. Cette persistance dans la haine est peu normale et peu chrétienne. On ne peut haïr avec une telle force que par " devoir ". De même il s'est coupé d'avec son propre fils.

« A ces moments, il m'irrite tellement que je ne puis m'empêcher d'en parler à Venderos (l'amiral, aide de camp du prince Georges), à Frédy (la reine Frédéricka), à Kouretas (le psychiatre ami).

« Et puis aujourd'hui, en le quittant, l'autre face de l'ambivalence a éclaté en moi. Chagrin de le quitter. Il a quatre-vingt-deux ans. Est-ce la dernière fois que nous aurons été ensemble en Grèce ? En traversant en train le croisement du chemin de fer avec la route de Tatoï, que nous avons si souvent passé ensemble — j'ai eu le cœur serré.

« Et je lui ai écrit la lettre suivante que je lui enverrai de Salonique :

« " Sucre d'Orge chéri, le voyage se passe fort bien, et le train est tellement chauffé qu'il faut entrouvrir la fenêtre au risque d'étouffer ! Beaucoup de neige dans les montagnes, mais dans les plaines j'ai même aperçu un amandier en fleur au soleil !

« " J'ai salué au passage le croisement du train avec la route de Tatoï, que nous avons traversée tant de fois ensemble, et que maintenant tu retraverseras tout seul. Alors mélancolie de t'avoir dû laisser en arrière, à l'appel du bébé qui n'en sait rien !

« " J'ai entrevu le Kithairôn dans les nuages, l'Hélicon, le Parnasse et je m'apprête à saluer au passage les Thermopyles et l'Olympe. Le soleil donne en ce moment sur mon lit et est brûlant. Ne sois pas paresseux et écris ce que tu fais. Je t'embrasse de tout mon cœur, Marie. "

« Et cette lettre est aussi sincère que mes plaintes à mes amis les jours passés. Telles sont les alternances du cœur. » Elle lit, elle lit pour faire passer le temps dans ce train qui traverse l'Europe. Elle lit Ovide, Virgile, *Les Géorgiques*, commencées en Bretagne avant l'armistice de 1918. « Virgile a mis sept ans à les écrire. Je le comprends. Trop de tourments. J'ai envie de devenir ermite », écrit-elle à Anna [1]. Elle se console dans la lecture qui a toujours tenu dans sa vie une place presque aussi importante que l'écriture.

Le lendemain, elle se rappelle aussi sa visite récente au cimetière de Tatoï et se demande lequel des deux y reposera le premier. Le sentiment que Marie éprouve n'a rien à voir avec l'obsession de son enfance et de sa jeunesse. Il est normal à présent qu'elle pense à la mort. De plus en plus souvent, celle-ci frappe des amis, des parents. Le 16 janvier elle va à Notre-Dame et aux Invalides pour assister aux funérailles du maréchal de Lattre de Tassigny. Puis, moins d'un mois plus tard, George VI, le roi d'Angleterre, meurt et la princesse Élisabeth devient reine. Marie ne pourra aller aux obsèques du monarque, mais l'année suivante, avec Eugénie, Georges et les enfants, elle sera présente au couronnement de sa nièce par alliance.

---

1. Lettre à Anna Freud, 14 janvier 1952.

Georges ne sera pas encore de retour à Paris à la naissance de son petit-fils Charles-Alexandre-Georges-Pierre-Lucien-Marie-Raymond Lamoral, prince de Tour et Taxis, qui aura lieu le jour de l'anniversaire d'Eugénie, le 10 février. Marie assiste à l'accouchement avec Solange Troisier, la fille cadette de son amie Geneviève qui est gynécologue. Puis elle se précipite de l'Hôpital américain à la Comédie-Française où Tatiana assiste à la matinée classique. Elle s'installe dans une pâtisserie voisine pour manger des gâteaux en attendant l'entracte de *Britannicus*. Tatiana qui va sur ses treize ans se déclare enchantée d'avoir un petit frère et Porgie qui vient d'avoir dix ans se dit satisfait lui aussi.

Marie a de graves ennuis d'argent qu'elle confie à Anna. Blain a été vendu mais la rue Adolphe-Yvon ne l'est pas encore. L'empereur Bao-Daï s'y est intéressé puis y a renoncé. D'autres acheteurs ont agi de même et Georges refuse d'habiter la maison de Saint-Cloud qui a été construite pour lui. Il ne passe d'ailleurs plus que deux mois à Paris chaque année et reste attaché à la rue Adolphe-Yvon à cause de l'ombre de Valdemar qui y plane. Mais il est devenu impossible pour Marie de garder cette demeure parisienne. Chacun, dans son entourage, compte sur elle pour s'occuper de tout et tout régler. Quand ce ne sont pas les factures ce sont les incidents ou les événements de la vie dans leurs moindres détails.

Ainsi, c'est elle qui demande à la reine Élisabeth de Belgique de bien vouloir être la marraine du petit prince Charles-Alexandre. Le prince Napoléon sera le parrain. Comme il se doit, Marie envoie à la reine la liste des invités. Elle organise la cérémonie et la réception. Le baptême sera grandiose, cinq ambassadeurs y assisteront et la famille sera largement représentée. Marie profite du séjour de la reine Élisabeth pour s'échapper avec elle une journée à Chartres, elles déjeuneront dans la campagne où le printemps est à peine perceptible, ce n'est que le milieu de mars. A ces deux femmes qui tranchent fortement sur leur milieu, la vie a appris à profiter des instants de bonheur qu'elle offre : la beauté de la cathédrale se découpant soudain sur le ciel de Beauce et celle de la richesse de la terre prête à se couvrir de blé et de fleurs.

La reine Élisabeth de Belgique, est une Wittelsbach ; comme la plupart des membres de cette famille, elle a toujours eu le goût des arts. La veuve d'Albert Ier a hérité de la fantaisie de sa tante, l'impératrice Élisabeth d'Autriche, « Sissi ». Elle sculpte et vit entourée de musiciens. Elle a fondé le concours Reine Élisabeth qui a lieu chaque année en alternance pour les violonistes et les pianistes, devant un jury international recruté parmi les musiciens les plus éminents du monde. Ce concours est prestigieux et les jeunes les plus talentueux tâchent d'y participer. Marie sera, cette année 1952, fin mai, à Bruxelles, l'invitée de la reine Élisabeth. Elle assiste pendant trois jours au concours de piano. Le 30, elle déjeune avec Stravinski, après avoir entendu la veille *Œdipus Rex*. « C'est un esprit aussi intéressant que son génie, écrit-elle. Il m'a rappelé son éducation musicale par Rimski-Korsakov. Je lui demande s'il avait jamais composé en rêve. Deux fois. La première, il oublia au réveil le thème, le second thème est celui dans l'*Histoire du Soldat* (la trompette ?). » Elle va à toutes les manifestations, y compris la réception du roi Baudouin qui accueille les lauréats de sa grand-mère. De retour à Paris, elle écrit à son amie, le 1ᵉʳ juin, qu'elle rentre de Stuyvenberg, la résidence de la reine, l'âme remplie de musique et se retrouve dans la poussière du déménagement. Elle a décidé de vider la rue Adolphe-Yvon en attendant l'acheteur. Ce déménagement lui rappelle forcément l'autre, celui de l'avenue d'Iéna après la mort du prince Roland et ces souvenirs pénibles ajoutent à sa fatigue. Et puis, certains jours, elle sent le poids de ses soixante-dix ans qui approchent.

Au mois d'avril, Mᵐᵉ Williams a été « triomphalement acquittée ». Le procès a fait couler beaucoup d'encre et, en dehors des communistes, toute la presse était favorable à l'accusée. Marie écrit à Loewenstein : « Enfin la question de la *laienanalyse* (est) établie en France. On va devoir faire un statut, espérons qu'il ne sera pas trop étroit. Nacht fait preuve d'une lâcheté remarquable. Flagornerie à l'égard de l'Ordre des médecins[1]. » Elle pense que Nacht est « désappointé » de l'acquittement. Il avait espéré un poste officiel à la Faculté pour son soutien au Conseil de l'Ordre. Marie a lutté contre lui après les élections du mois de janvier pour le renouvellement du bureau de la Société qui la tourmentaient déjà avant son départ pour la Grèce. A son retour en

---

1. Lettre à R. Loewenstein, 8 avril 1952.

même temps qu'elle veille sur la grossesse de sa fille, elle s'était immédiatement lancée dans la bataille.

Aux élections, elle avait quand même voté pour Nacht avec Lagache et Mâle, celui-ci avait préparé un projet qui lui plaisait concernant les psychologues auxiliaires. Elle souhaitait donc le garder encore un an afin qu'il défende lui-même ce bon projet. Hélas, dès qu'il avait été réélu président, il avait manœuvré pour faire élire Lacan vice-président. Ce que Marie juge « inadmissible » car « Lacan fait des analyses par principe en dix minutes, des didactiques »[1]. Elle se demande si, après tout, Nacht n'a pas trouvé ce moyen pour garder lui-même la présidence l'année suivante car « personne n'a vraiment envie de Lacan ». Il est clair que les intrigues à l'intérieur de la Société ne se calment pas, bien au contraire. Il s'agit d'une lutte politique intense dont le contrôle de la Société de Paris est l'enjeu. Le nœud de la discorde était la rigueur de l'enseignement donné aux jeunes analystes, tel qu'il était prévu par le *règlement et doctrine* rédigé par la commission de l'enseignement, et publié en 1949, que menaçaient les séances courtes que Lacan faisait payer comme des séances normales de cinquante minutes. Lacan ne cachait pas sa position. Il était convaincu d'être plus que tous les autres proche de la pensée freudienne et croyait que ses séances courtes convenaient autant à l'analyse didactique que thérapeutique. La place que tenait le langage était pour lui différente. Il avait un esprit subversif qu'il s'appliquait à exercer dans sa profession. Il refusait de se plier à la routine. S'il n'avait pas terminé son analyse didactique, il avait fait ses études de psychiatrie et travaillé avec Clérambault à Sainte-Anne, mais il ne croyait pas que l'on devait être médecin pour être analyste. C'était le seul terrain d'entente qu'il aurait pu avoir avec Marie Bonaparte. Mais leurs divergences étaient trop grandes d'autre part. Dans cette lutte où il sera son grand adversaire, Marie se trouve souvent isolée. Par ses connaissances et ses capacités, elle avait conquis une place de premier plan mais ses collègues masculins étaient tous médecins. Ils n'avaient pas le même point de vue qu'elle et ne faisaient pas preuve du même acharnement en ce qui concernait les questions soulevées par l'analyse profane, la

1. Lettre à R. Loewenstein, 14 janvier 1952.

laienanalyse dont le statut lui tenait tant à cœur. De son côté, elle ne participait qu'avec une certaine réticence aux combinaisons de forces qui se créaient.

D'autre part, beaucoup de jeunes analystes devaient apprendre à se rendre compte combien la princesse était sérieuse en matière de psychanalyse. Il leur fallait s'habituer à être reçus par elle, dans son lit, vêtue de négligés assez vaporeux qui pouvaient leur paraître étranges. Cette année-là, 1952, va être l'une des plus productives de sa carrière. Plusieurs livres paraissent : *Chronos, Éros, Thanatos, Introduction à la Théorie des Instincts et Prophylaxie infantile des névroses, Psychanalyse et Anthropologie, Psychanalyse et Biologie* dans lequel se trouve l'article *Passivité, Masochisme et Féminité*, datant de 1935 où elle affirmait l'indépendance de sa pensée, réfutant les vues de Melanie Klein, celles également de Karen Horney dont elle était plus proche, ce qui n'était guère étonnant pour une « freudienne ». Mais concernant la pénétration du corps, elle allait même jusqu'à exprimer un avis différent de celui de son maître[1]. Elle publie aussi des articles : *Quelques lueurs projetées par la Psychanalyse et l'Ethnographie sur la Sociologie*[2], *Masturbation and death or a compulsive confession of masturbation*[3] et le texte d'une conférence qu'elle donne à Paris en janvier et à Bruxelles fin mai à la Société B'nai B'rith sur *Les causes psychologiques de l'Antisémitisme*[4]. Les deux derniers tomes des *Cinq Cahiers* paraissent en anglais.

Anna Freud partage sa joie d'auteur (joie brève, faite principalement du plaisir de voir, de toucher le livre neuf où s'exprime sa pensée, et qui témoigne d'années de recherche et de travail). Anna comprend aussi les préoccupations de Marie concernant la Société et l'Institut. Elle suit de près tous les méandres des diverses tractations.

En juin, l'Institut devient enfin réalité. Il sera situé 187, rue Saint-Jacques. C'est un ancien atelier d'imprimeur que Marie décrit dans une lettre à Loewenstein[5] : « Deux longues pièces avec un petit cagibi pour la gardienne. Dans une des pièces salle de réunion-bibliothèque, dans l'autre trois

---

1. Marie Bonaparte, *Psychanalyse et Biologie*, p. 30.
2. *R.F.P.*, XVI, 1952, pp. 313-418.
3. *The psychoanalytic study of the child*, VII, pp. 170-172.
4. *Évidences*, XXV, pp. 5-10.
5. Lettre à R. Loewenstein, 19 juin 1952.

cabinets pour analyser à prix abordable. Chaque analyste devra fournir une analyse. C'est modeste mais il faut bien commencer et s'affirmer contre l'Ordre des médecins qui ne cesse de nous persécuter avec des procès à répétition. Elsa Breuer passe en correctionnelle pour exercice illégal, car elle n'a qu'un diplôme hongrois. » Marie Bonaparte a été son analyste et témoigne en sa faveur. Mais Elsa Breuer a commis la faute de soigner des assurés sociaux en signant Dr Breuer les formulaires des patients, alors qu'elle n'est pas reconnue comme médecin en France, aussi perd-elle son procès.

La réouverture de l'Institut est un succès pour Nacht, Marie Bonaparte et d'autres analystes classiques. Les règles selon lesquelles les futurs analystes seraient formés étaient celles de l'Association internationale de Psychanalyse qui avaient pour modèle les règlements anciens adoptés par l'Association américaine. Les idées de Lacan sur l'analyse et sur l'enseignement de l'analyse, autant que sa manière d'exercer sa profession étaient aux antipodes du système établi par l'Institut.

A cause de l'Institut, le bureau de la Société augmente de 50 % la souscription des membres. Ils ont reçu 2 200 à 2 300 dollars d'Amérique. Marie demande à Loewenstein s'ils ne pourraient pas espérer plus. Elle-même a souscrit 600 000 francs et Guy de Rothschild et sa mère ensemble 900 000 francs. Marie donne également de quoi meubler l'Institut et son importante bibliothèque psychanalytique ; le tout-venant de la rue Adolphe-Yvon qui sera enfin vendue en novembre. Et elle part pour Saint-Tropez plus optimiste.

Anna et Georges arrivent fin juin l'un après l'autre pour fêter son soixante-dixième anniversaire qui aura lieu le 2 juillet. Comme chaque été, Marie recevra beaucoup. Il y aura aussi au Lys de mer des invités, nombreux pour les repas. Il y en aura d'autres à demeure. La reine Élisabeth de Belgique vient passer plus de trois semaines et Marie pose pour son buste. Pendant son séjour, Pierre et Irène vont s'installer arrivant de Calcutta, via Copenhague.

Marie « prend son courage à deux mains » comme elle l'écrit à son fils [1] pour déclarer à Georges son intention de loger leur fils et Irène. « Car je t'aimais trop pour me priver

_____

1. Lettre au prince Pierre de Grèce, 24 juillet 1952.

de ta présence. Or, à ma grande surprise et à mon grand soulagement, Papa a compris. Il ne proteste pas. Il dit seulement que ce ne pouvait être que lorsqu'il ne serait pas là. » Pierre et Irène resteront du 15 au 25 août. Ils passeront au Lys de mer des jours sans histoire. Sans doute à cause de la présence de la reine Élisabeth dont personne n'a envie de gâter les vacances.

Malheureusement cette période de tranquillité relative ne durera pas. Ses rapports avec Pierre et Irène ne seront plus euphoriques, lorsque Marie retrouvera le couple à Paris, à l'automne. Elle devra payer les notes : l'hôtel Raphaël, Balenciaga « et le reste » et se heurtera, une fois de plus, à ce qu'elle appelle « l'ambivalence de Pierre ». Celui-ci « oublie » par exemple d'inviter son père et sa mère à sa conférence et à la présentation de son film à la Maison de la Chimie. Elle reconnaît qu'il est grand temps de « couper le cordon ombilical économique » ; pour se sentir enfin « délivrée »[1], et elle fait preuve d'objectivité en dressant la liste des « qualités positives et négatives d'Irène ». Elle lui attribue : « Joliesse. Intelligence brillante. Activité fébrile. Collaboration intellectuelle avec Pierre. Attachement à Pierre. » Les « qualités négatives » sont : « stérilité — prodigalité — absence de véracité — absence de tact — impulsivité dangereuse. » Dans l'agenda où elle note, le 19 novembre, leur départ de Paris, elle ajoute : « Ouf ! »

Ses relations avec l'Institut seront elles aussi vite dépourvues d'optimisme. Le jour où son fils quitte Paris, elle écrit à Loewenstein pour lui raconter qu'elle est dégoûtée de l'Institut car « " ces Messieurs " tiennent tellement à une reconnaissance officielle qu'ils sont prêts à sacrifier *tous les psychologues* pour avoir dans leur comité d'honneur Delay et Heuyer. Devant cette attitude, je retire tout appui à l'Institut. Je ne leur donnerai plus ni livre, ni meuble, ni argent... Ce sont des pleutres arrivistes ». Une fois de plus, elle est prête au combat.

---

1. Notes inédites, 12 octobre 1952.

CHAPITRE XI

LA PAIX INACCESSIBLE

*Douée d'un pessimisme joyeux, j'aurai
traversé la vie sans fléchir.*

Marie BONAPARTE, *Notes inédites.*

A soixante-dix ans, Marie possédait encore la vigueur des
Bonaparte. « A présent il ne s'agit plus de vivre ma vie, il
s'agit de la comprendre », avait-elle écrit dans ses notes l'été
précédent. Alors qu'à Paris elle était attaquée de façon plus
ou moins directe par de nombreux collègues, Loewenstein à
l'occasion de son anniversaire réunissait un recueil d'articles qui parut à New York en 1953, écrits par des amis en
hommage à son œuvre et à la femme qu'elle était. Il y avait
dans le volume intitulé *Drives, Affects, Behavior (Pulsions,
Affects, Comportement)*, vingt-quatre essais dont la moitié
des auteurs étaient établis en Amérique. Marie se chargea
d'en faire elle-même la critique dans la *Revue*[1] : « Ernest
Jones, le dernier survivant de la " vieille garde " qui entoura
Freud à ses difficiles débuts, et qui, pendant quinze ans
présida, avec une rare maîtrise, l'Association psychanalytique internationale », a écrit la préface où « ... il rappelle le
handicap qu'eut à surmonter en embrassant une carrière
scientifique, Marie Bonaparte, princesse Georges de Grèce,
du fait de sa situation sociale. Handicap analogue, dit-il,
bien que de nature opposée, à celui du légendaire poète
famélique dans sa mansarde. » La comparaison lui avait
plu. Elle n'aurait peut-être pas osé la formuler elle-même

---

1. *R.F.P.*, XVII, pp. 556-567.

mais celle-ci paraissait le plus grand compliment qu'on pouvait lui adresser et venait fort à propos. Marie allait au-devant d'autres années difficiles. Elle ne pouvait l'ignorer.

Comme c'est le cas pour la plupart des êtres, les dix dernières années de sa vie allaient être assombries par la maladie et la mort de ceux qui lui étaient chers. Mais Marie demeurait active dans son métier et préoccupée par sa sexualité. Elle rapporte dans ses carnets un rêve qui en dit long : elle se trouvait dans une chambre d'hôtel avec un homme plus jeune et séduisant qui essayait de la séduire. Tandis qu'ils étaient tous les deux étendus par terre, une femme de chambre entre et gênés, ils expliquèrent qu'ils cherchaient un petit crayon violet et les lunettes de Marie. Elle en conclut que la lecture et l'écriture étaient tout ce qui lui restait. Elle n'était pas complètement résignée à cet état de fait et durant l'été 1952 elle écrivit : « Bilan — Un passeport royal. Pas d'impôts. Pas de douanes. Des saluts royaux en musique. L'hymne national... contre une vie de femme ratée.

« Le plus vital devoir est de manger, boire, pisser, ch... et dormir. Dans la jeunesse, en plus, forniquer.

« L'égard envers la vérité implique l'absence d'égards envers soi-même et les autres.

« Ne m'étant pas épargnée, pourquoi épargner les autres quand je n'ai d'égards qu'envers la vérité ? »

Mais ces lueurs d'introspection désespérée n'étaient pas fréquentes. Elle n'avait pas le temps de s'arrêter de vivre. Sa volonté la soutenait comme elle l'avait soutenue lorsqu'elle était une petite fille malheureuse de ne pas être aimée. La même volonté qui l'avait conduite plus tard à Vienne. La psychanalyse était sa vraie raison de vivre.

Contrairement à ce qu'elle avait annoncé à Loewenstein dans sa lettre du 12 octobre 1952, il ne pouvait être question qu'elle se tienne à l'écart. Elle allait, tout de suite, devenir l'une des figures principales de la crise qui allait précipiter la réouverture de l'Institut de Psychanalyse.

Marie se lance dans la bataille avec une énergie étonnante, toujours motivée principalement par son désir de défendre les analystes non médecins. Elle fait de son mieux pour que ceux-ci ne soient pas sacrifiés par une faction ou l'autre, au cours des luttes politiques internes qui se durcissent très fort. Lacan mène la bataille contre les règles du nouvel Institut à la rédaction desquelles Marie a participé en tant que membre de la commission de l'enseignement. Lacan qui, d'autre part, n'est pas contre l'analyse profane, pense que les règles du nouvel Institut sont « une américanisation » de la psychanalyse et que son devoir est de s'y opposer, lui, le vrai « freudien classique ». Le combat est rude car dans la réorganisation proposée seuls les diplômés de l'Institut — qui devaient se plier à ces règles — pouvaient entrer dans la Société. Il y a, le 2 décembre 1952, un meeting « orageux » au cours duquel Nacht démissionne de la direction de l'Institut — Marie est parmi ses adversaires —, par Lacan à la va-vite[1]. » La question des étudiants était

Le 21 décembre, d'Athènes, Marie écrit à Anna qu'elle prévoit une scission de la Société car il y a eu en son absence une nouvelle démission de Nacht, remplacé cette fois par Lacan. Mais il s'agit d'un remplacement temporaire. Lacan n'est pas intéressé par la présidence de l'Institut. Il souhaite devenir président de la Société à l'échéance du mandat de Nacht, en janvier.

A ce moment-là, Marie est prête à soutenir Nacht. Depuis le procès Williams, elle n'avait plus confiance en lui, mais à son retour de Grèce ils ont une explication et comme elle l'écrit elle-même dans son agenda, le 13 janvier 1953, elle *change de bord* (c'est elle qui souligne). Elle s'en explique dans une lettre à Loewenstein du 5 février 1953. Elle croyait que Nacht voulait exclure les psychologues et les analystes non médecins et lui pensait qu'elle lui en voulait personnellement. Grâce à ce retournement de la princesse, Nacht est de nouveau nommé directeur de l'Institut tandis que Lacan, comme il le souhaitait, devient président de la Société, malgré la candidature de Cénac soutenue par Marie, qui, elle, est nommée membre à vie du conseil d'administration de l'Institut.

Aussitôt qu'elle a fait la paix avec Nacht, sa vieille rancune contre Lacan se ranime. Il a, « en didactique », quinze médecins candidats analystes qu'il prend à temps écourté comme d'habitude. « Désormais le règlement de l'Institut (prévaudra) : au moins trois quarts d'heure et quatre fois par semaine mais les cas déjà analysés par sa méthode de " l'acte bref " il veut les imposer. Les élèves de Laforgue, Boutonnier, Dolto, Berge, Parcheminey (votre élève) sont côté Lacan, ainsi que Schlumberger... Il faut essayer de garder la majorité malgré les candidats formés par Lacan à la va vite [1]. » La question des étudiants était grave et Marie ne se faisait pas d'illusion là-dessus.

Le 22 février 1953 Loewenstein lui écrit : « Ce que vous me dites de Lacan est navrant. Il a toujours présenté pour moi une source de conflit, d'une part son manque de qualités de caractère, d'autre part, sa valeur intellectuelle que j'estime hautement, non sans désaccord violent, cependant le malheur est que quoi que nous soyons convenus qu'il continuerait son analyse après son élection, il n'est pas revenu. On ne triche pas sur un point aussi important impunément (ceci entre nous). J'espère bien que ses poulains analysés à la va-vite, c'est-à-dire pas analysés du tout ne seront pas admis.

« Ici (à New York) comme dans l'Association américaine il y a un règlement comme quoi une analyse didactique d'*au moins* (souligné par lui) 4 fois par semaine, de 3/4 d'heure à 55 minutes est de rigueur, même ceux de Chicago s'y tiennent. Les pires sont ceux de Washington d'ailleurs. » Il y a même un « nombre minimum prescrit d'heures analytiques (350, je crois) et d'heures de contrôle (200 à peu près), ce qui est trop à mon avis... » Marie avait aussi posé des questions. Elle était curieuse de savoir ce qui se passait en Amérique, et, fidèle à sa manière d'aller toujours droit au but, sans s'embarrasser de circonlocutions, elle n'hésitait pas à lancer, en même temps, un nouvel appel à la « générosité américaine ». « Je verrai ce que je peux faire moi-même (mais je suis de plus en plus gênée) », écrivait-elle le 16 mai. A ce moment-là, elle souhaitait organiser une réunion des Instituts européens. « Il serait intéressant de renouveler au prochain Congrès la tradition d'une assemblée des Instituts, au moins les Instituts européens, comme Max Eitingon l'avait créée de son temps. » Elle avait même déjà écrit un brouillon de lettre, d'accord avec Nacht et elle désirait tenir la première réunion au moment du Congrès international à Londres, qui devait avoir lieu en juillet. Elle avait pris cette initiative parce qu'elle prévoyait que les problèmes avec Lacan s'aggraveraient et voulait mettre en place une défense pour déjouer les embûches. Mais la lutte était ouverte avant. Comme elle l'avait prévu.

En effet, Lacan ne fut pas long à « lever une intervention

---

1. Lettre à R. Loewenstein, 5 février 1953.

des étudiants qui refusent de se plier aux règles de l'Institut, en particulier à l'exigence d'un an au moins à trois séances de trois quarts d'heure par semaine avant d'être admis aux contrôles... Lacan avait promis, en mars 1951, de cesser de pratiquer ses analyses courtes, mais il n'a pas tenu sa promesse. Nacht l'a rappelé devant les étudiants. Lacan a dit que puisqu'il avait exposé sa technique voici quelques mois devant la Société il s'était dégagé de sa promesse, qu'il avait d'ailleurs dit qu'il pourrait modifier sa technique mais pas qu'il le ferait. Ils se sont traités de menteurs[1]. »

Cette séance dont Marie se fait l'écho a eu lieu le 7 juin, et elle n'y a pas assisté. Elle était à Londres avec sa famille : Georges, Eugénie et les enfants, pour le couronnement de sa nièce Elisabeth II et elle insiste sur le fait que Lacan a choisi la date du couronnement pour convoquer la Société en séance administrative. A la suite du tour pris par la discussion, Odette Codet demanda qu'une motion de confiance soit votée au président de la Société à la prochaine séance, quinze jours plus tard. Marie sera alors de retour pour participer au vote.

En mai, elle avait été nommée présidente d'honneur de la Commission de l'enseignement et du conseil d'administration de l'Institut. Ces marques de reconnaissance la touchaient moins que les différends qui l'opposaient à certains de ses collègues. Elle comprenait l'attitude des étudiants se ralliant à Lacan qui, selon elle, leur offrait une solution de facilité. Elle avait, malgré les apparences, un certain recul dû à la fois à son âge et aux événements dans d'autres domaines qui la touchaient. Sa vie n'était plus, comme autrefois, nettement divisée entre ses activités professionnelles, ses relations amoureuses et sa famille. Elle agissait de tout son pouvoir mais la turbulence de cette période de la psychanalyse en France ne l'empêchait pas de spéculer sur la mort soudaine de Staline (« la Russie perd le successeur d'Ivan le Terrible et de Pierre le Grand », note-t-elle) ou d'aller à Bruxelles, un mois plus tard, faire une visite à la reine Elisabeth d'où elle écrit à Anna[2] : « Je suis seule et je peux me remettre de ce sentiment que j'ai eu pendant tant de mois d'être un ballon que des quantités de pieds humains poussaient à droite et à gauche. » Elle fait régulièrement des

1. Lettre à R. Loewenstein, 17 juin 1953.
2. Lettre à Anna Freud, 2 mai 1953.

cours à l'Institut et participe à de nombreuses discussions aussi bien avec des amis qu'avec des adversaires en puissance.

A Londres, pour le couronnement, elle reprend son rôle d'altesse royale, assiste au banquet à Buckingham Palace, à une réception du Palais et à la garden-party de l'archevêque de Canterbury avec le même naturel. Elle s'amuse peut-être un peu à cause de ses petits-enfants captivés par le faste, l'étiquette. Elle-même, passé l'époque de son mariage, n'a jamais tiré de joie des cérémonies de cour. Elle ne s'intéresse pas au spectacle, elle ne voit que les individus ou les fleurs (qu'il lui arrive de tirer d'un gerbe ou d'une couronne pour les respirer, les observer de plus près). Un autre paragraphe de l'histoire s'écrit au même moment qui la préoccupe bien davantage : la condamnation des Rosenberg, ce couple soupçonné de communisme qui va être électrocuté en Amérique, le 19 juin et, à son retour à Paris, elle suit avec passion les manifestations devant l'ambassade des États-Unis. Comme elle s'était réveillée, autrefois, la nuit à l'heure de l'exécution de Sacco et Vanzetti, elle se réveillera pour les Rosenberg.

Trois jours auparavant avait lieu la séance du vote de la motion de confiance où Lacan fut mis en minorité (14 votes contre lui, 5 pour lui et 2 bulletins nuls). « Lacan démissionne, nous appelâmes Lagache, vice-président, pour assumer l'intérim de la présidence jusqu'aux élections régulières en janvier.

« Mais Lagache sortit alors une motion autre : la Société Française de Psychanalyse, groupe " d'études et de recherches freudiennes " se retire de la Société de Psychanalyse de Paris. Démission de Lacan, Lagache, Juliette Boutonnier-Favez, Dolto-Marelle et Reverchon-Jouve. Berge est encore hésitant.

« Dans ces conditions, l'Institut et la Revue nous restent — bien qu'ils pourront en fonder d'autres avec la séquelle des mal-analysés de Lacan qui les suivront peut-être, je dirai sûrement.

« Mais la question de l'appartenance à l'Association internationale se posera au prochain congrès et ils iront. J'ai écrit à Hartmann à ce sujet en le mettant au courant de tout. Aussi à Jeanne Lampl et à Sarasin. A Anna Freud, je vais plutôt téléphoner.

[Ces trois derniers, vice-présidents de l'Association internationale, dont Hartmann était le président.]

« Il me semble qu'ils ne peuvent être agréés par l'Internationale jusqu'à ce qu'on voie quelle technique de formation des candidats ils emploient. C'est-à-dire que la question ne devrait se poser que dans deux ans et pas à Londres ; car le lacanisme risque de s'étendre : *loi du moindre effort* (c'est Marie qui souligne). Je trouve fâcheux que Lagache ait suivi ce fou[1]... » En fait, Lagache n'a pas « suivi ce fou ». Il est parti de son propre chef, refusant la présidence intérimaire qu'on lui offrait, et c'est Lacan qui l'a suivi. Dans sa lettre à Heinz Hartmann, elle fait l'historique de la scission, de nouveau, à sa manière, et elle rappelle en commençant qu'il est « la cause de l'admission de Lacan (élu) sur les instances de Pichon, le chauvin, en contrepoids à votre nomination chez nous, alors ».

Après ce choc, elle allait en avoir un autre, en apprenant le 15 juillet que Mᵐᵉ Williams avait perdu son procès en appel. Contrôle médical exigé, et dans le cas de Mᵐᵉ Williams toute pratique analytique lui était interdite, elle allait quitter Paris et s'installer à Londres. C'était un désastre pour les analystes non médecins, ainsi que Marie l'écrit à Anna. Mais cela reflétait « une peur diabolique, satanique » de l'analyse[2]. Les médecins avaient été « pusillanimes ».

Bien que son cas soit différent, elle est au sommet de sa carrière (vice-présidente, elle aussi, de l'Association internationale), elle se solidarise avec Mᵐᵉ Williams qui est devenue une amie.

En fait, grâce à cette passion pour la médecine qui ne l'a jamais quittée et aussi à ce que X. lui avait appris, elle avait des connaissances médicales étendues. Heinz Hartmann à qui on demandait plus tard si elle était médecin, répondit : « Non, mais elle était meilleur médecin que ne le sont la plupart... parmi nous tous elle était la seule qui comprenait réellement la médecine... Elle prenait la médecine plus au sérieux que ne le font la plupart des analystes[3]. » C'était là un égal, aussi analysé par Freud, qui témoignait. Cette reconnaissance de sa qualification l'eût rendue très heu-

---

1. Lettre à R. Loewenstein, 17 juin 1953.
2. Lettre à Anna Freud, 16 juillet 1953.
3. The Psychoanalytic Movment Project Heinz Hartmann, p. 84, The Oral History, Columbia University.

reuse. Elle était sensible au jugement de ses pairs et cette pionnière demeurait vulnérable par certains côtés. En ce sens, elle n'avait pas vieilli, sa sensibilité était toujours aussi vive. Mais en même temps, elle avait aussi conservé son pouvoir de convaincre.

Au Congrès international de Londres, l'été 1953, elle impose son point de vue et Lagache et Lacan ne seront pas autorisés à prendre la parole. Elle rejoint Loewenstein, qui lui paraît avoir quelque faiblesse pour les dissidents, en déclarant « anormal et injuste » le fait que ceux-ci ne puissent participer aux discussions. Elle le trouve trop indulgent. Ils se querellent. Loewenstein est finalement furieux de ses attaques répétées contre lui à cause de ce que faisaient les analystes qui avaient été ses élèves. Elle lui écrira plus tard : « Ce contre quoi je m'insurge c'est quand vous m'attribuez la raison pour laquelle Lagache ne peut revenir " au bercail ". De toute façon que je lui aie parlé ou non, il ne peut pas sans " lâcher " ses partisans. La rupture est sans doute définitive, quoi qu'on dise (et je n'ai voulu que témoigner quelque amitié à Lagache) ou qu'on fasse et il faut en prendre son parti ! C'est d'ailleurs Lacan qui est à l'origine de tout, vous pouvez me croire.

« Vous serez surpris peut-être d'apprendre que cela m'est à présent tout à fait égal qu'on le reconnaisse ou non, je m'en moque pour ne pas employer d'expressions plus fortes. Je ne regrette qu'une chose c'est de n'être plus le moins du monde intéressée à tout cela. Je suis décidée à ne plus aller aux réunions de " notre " société[1]. »

Plus tôt dans la vie, elle a reconnu avoir l'esprit de vengeance. Elle semble l'avoir eu encore plus fort dans sa vieillesse dont elle souffrait, et qui ne l'avait pas adoucie. Elle est déçue par ce qui se passe dans son milieu professionnel et puis elle a des préoccupations dans sa vie familiale. Elle n'envisage pas l'avenir des siens d'un cœur serein. Mais elle se garde d'en parler déjà. Et pour se distraire — même s'il s'agit d'une distraction à la fois mélancolique et cruelle — elle réfléchit à sa vie passée :

« *Pénitence pour quelques erreurs :*

« 1) Loewenstein s'est trompé. Il a cru une fois de plus dans sa vie peuplée de tant de femmes, que moi, la mère,

---

1. Lettre à R. Loewenstein, octobre 1953.

comblerait mieux que toute autre ses désirs. Mais d'autres femmes passaient. Il a grandi et j'ai *vieilli*. Alors la nature implacable.

« 2) X. s'est trompé. Il a cru me garder en me faisant souffrir. Il avait besoin de se pardonner à lui-même son infidélité à sa femme. Mais en m'appelant, en m'humiliant sous ses mépris, ses sarcasmes... il m'a lassée. Je l'ai quitté. Ce qu'il ne me donnait pas, je l'ai cherché auprès d'autres. Sans le trouver.

« 3) Je me suis trompée. Avec l'aveuglement de l'instinct, j'ai pris le désir pour l'amour. En moi en d'autres. Alors l'assouvissement de l'instinct passé, je me suis retrouvée pauvre et nue. J'ai cherché moi-même à me guérir.

« 4) et, plus grosse erreur, c'est Freud qui s'est trompé. Il a surestimé sa puissance, la puissance de la thérapie. La puissance des événements de l'enfance... C'est dans les profondeurs de la chair maternelle... que la nature fit de moi, par le sexe, une femme ratée — mais en revanche, par le cerveau, presque un homme. »

Elle a fait preuve d'une grande force de caractère pour venir à bout de ses « résistances » qui chez elle devaient être énormes, étant donné les défenses qu'elle s'était construites pour composer avec ses conflits, mais elle n'a pu aller au-delà de certaines limites. Elle a surmonté la plupart de ses problèmes. Elle pouvait, par exemple, avoir une explication avec Loewenstein sur ce qui les avait un moment séparés et reprendre leur amitié. Ce qu'elle n'a jamais admis c'est ce qu'elle appelle être « une femme ratée ». Elle n'a pas pu s'en guérir tant elle était — et demeurait sa vie sexuelle finie — obsédée par sa frigidité. Et, bien qu'intellectuellement elle acceptait le point de vue de Freud qui reconnaissait qu'il y avait toujours le danger de comprendre beaucoup de choses concernant les cas de névroses obsessionnelles sans pouvoir arriver à de grands changements, elle ne parvenait pas à dominer ses émotions et lui adressait encore des reproches.

Elle était toujours marquée par son époque quand elle se croyait « par le cerveau, presque un homme ». Les qualités intellectuelles étaient demeurées pour elle des qualités masculines. Toutes ses années d'expérience ne lui avaient pas ôté le préjugé de son adolescence, bien qu'elle eût souvent trouvé son esprit plus fécond que des esprits d'hommes qui lui étaient chers. Le préjugé issu de la tradition judéo-chrétienne est tenace et elle ne saura le dépasser bien qu'en fait, à son insu, elle ait prouvé, par son œuvre, que ce préjugé est faux, car ces livres ne pouvaient être écrits que par une femme et une part de la valeur de l'expérience qu'elle nous communique est due au fait que cette expérience est celle d'une femme.

Sa vie si partagée est aussi typiquement une vie de femme. Un homme aurait suivi son chemin avec plus de facilité et même à présent elle combat encore quoi qu'elle dise. Elle n'est pas prête à abandonner la cause qu'elle défend depuis tant d'années. En 1954, cette année qui sera pour les Français celle de Dien Bien Phu et de la fin de la guerre d'Indochine, la commission de l'Association internationale présidée par Winnicott chargée d'enquêter sur le groupe des lacaniens est contre l'acceptation de la Société française de Psychanalyse par l'Association internationale. Cette décision de la commission est déclarée en avril, alors que Marie est en Grèce d'où elle accompagne, début mai dans un bref voyage Georges en Crète, où il est fort bien accueilli, ce qui donne au vieillard une immense joie. Marie n'abandonne pas non plus ses cours à l'Institut qui, le 1er juin, sera officiellement inauguré, par un représentant du ministre de l'Éducation nationale. Le ministre lui-même, André Marie, prévenu par Delay et Lagache s'était abstenu [1]. Nacht en est déprimé mais Marie pense que l'inauguration s'est « passablement bien passée ». Et elle s'apprête à partir avec les astronomes de l'observatoire de Meudon pour Öland, l'île de Suède où elle veut voir l'éclipse totale de soleil. En route, elle s'arrêtera au Danemark où aura lieu le 24 juin, une fête pour le quatre-vingt-cinquième anniversaire de Georges.

Avec Eugénie et Tatiana, Georges et elle participeront cette année-là à la « croisière des rois » qui au départ de Naples réunit sur l'*Agamemnon* invités par le roi Paul Ier et la reine Frederika des Hellènes, la reine Juliana des Pays-Bas, la grande-duchesse de Luxembourg, Charlotte de Nassau, et des souverains détrônés et des altesses royales. Ils forment un groupe familial homogène où sont parlées sept langues. « Atmosphère anachronique », note Marie comme on pouvait s'y attendre, « relique du passé ». Tatiana s'amuse, « sans flirter », sa grand-mère trouve moyen d'avoir un accident à un pied. A côté de ces distractions qui

---

1. Lettre à R. Loëwenstein, 17 juin 1954.

font partie des devoirs envers les siens tels qu'elle les conçoit, sa vie familiale lui apporte des soucis de plus en plus graves. Cette femme de courage qui ne se laisse pas abattre souffre pour ceux qu'elle aime et cherche sans cesse le moyen de les aider. Ce qu'elle a fait pour Freud, elle est encore capable de le faire dans d'autres domaines.

Tandis que l'*Agamemnon* voguait autour des îles grecques, elle était préoccupée de l'état de santé de Porgie, resté au Lys de mer. A son retour de croisière, fin octobre, Marie l'emmena chez Deyrolle, « le marchand de papillons ».

Le début de l'année 1955 sera dominé pour Marie par un autre sujet de préoccupation : son fils qui se trouve au Tibet. Les soucis que lui donne ce fils bien-aimé s'ajoutent à tant d'autres. Elle a des crises de tachycardie qui sont impressionnantes et la fatiguent. Son seul réconfort vient encore une fois de son travail. Elle a convaincu Kouretas, le psychiatre grec qu'elle juge si plein de dons, d'entrer en analyse didactique avec elle pendant trois mois.

Après la période de tourments à propos de Pierre vient l'accalmie. En avril, Marie part rejoindre son fils qui travaille comme conseiller technique pour le film du metteur en scène américain Robert Rossen *Alexandre le Grand.* Ce voyage la conduit à passer la semaine sainte à Séville, où ils font aussi quelques mondanités. En route, elle voit Cordoue et est « éblouie » par la mosquée. Puis, toujours avec Pierre, elle visite Grenade et, de retour à Madrid, elle va à l'Ermitage San Antonio pour voir les Goya et passe de belles, longues heures au Prado. Elle emmène aussi Pierre déjeuner à Tolède chez Marañon, psychiatre dont l'œuvre lui est familière. Elle voyage en voiture et rentre par Barcelone. C'est en s'arrêtant pour déjeuner près de la frontière qu'elle apprend la mort d'Einstein. Ces trois semaines sont une étape heureuse dans un emploi du temps chargé qui ne laisse guère de place pour le bonheur.

Un accès de fièvre la fait renoncer à un voyage à Ceylan dont le but aurait été d'observer une éclipse de soleil. Elle part pour Saint-Tropez où elle profite de la présence de Kazantzakis installé à Antibes. L'écrivain grec a été condamné par le synode parce que non conforme à la doctrine orthodoxe. Marie demande à la reine Elisabeth d'intervenir auprès d'Albert Schweitzer pour que celui-ci soutienne Kazantzakis [1]. Elle fait aussi de son mieux pour satisfaire son intérêt pour les arts ou la littérature. Elle assiste à l'inauguration du musée de Saint-Tropez en compagnie de Colette et de Dunoyer de Segonzac. Elle n'abandonne pas pour autant ses tâches d'analyste.

Le 23 juillet elle part pour Genève où se tient le XIXe Congrès international. Elle rejoint Anna Freud à l'Hôtel des Bergues. Elles sont toujours l'une et l'autre vice-présidentes et le président, Heinz Hartmann, dans son rapport spécifie que de l'avis unanime du Comité « le groupe Lagache ne doit pas être reconnu comme Société adhérente de l'Association psychanalytique internationale ». C'est ce que les deux amies souhaitaient entendre. Après des déjeuners et des dîners avec ses collègues, elles partent pour Saint-Tropez par la route des Alpes et s'arrêtent à Lurs pour voir Mme Dominici, l'épouse du vieux paysan qui a tué sauvagement une famille anglaise qui campait dans son champ. Elles vont aussi à l'observatoire de Forcalquier, fréquent objet de visites pour Marie dont la passion pour les étoiles s'est ranimée.

Marie va et vient entre Londres et Paris.

Au printemps suivant, en 1956, alors que Georges « lutte contre le chaos », Marie prend des cours de calcul différentiel avec le répétiteur de Tatiana qui va au lycée. Porgie est aux Roches, une pension renommée en Normandie.

Le centenaire de la naissance de Freud est célébré à Paris par l'apposition d'une plaque à la Salpêtrière et sur la façade du petit hôtel du Quartier latin — rue Le Goff — où Freud logeait quand il était étudiant. C'est Marie qui a constitué un comité d'honneur pour obtenir les autorisations nécessaires. Ensuite elle part pour Londres où a lieu l'inauguration de la clinique fondée par Anna Freud et Dorothy Burlingham et, quatre jours plus tard, celle, par Ernest Jones, de la plaque sur la maison de Freud, 20, Maresfield Gardens. Elle participe également à une réception à la British Psychoanalytical Society et, moins d'un mois plus tard, avec les souverains grecs en visite officielle, elle va à l'Élysée, elle déjeune à Versailles. Sa vie sociale continue de balancer entre ces deux pôles, la psychanalyse et la royauté.

---

1. Lettre de Marie Bonaparte à la reine Elisabeth de Belgique, 11 juin 1955.

L'été, Marie emmène encore une fois Georges au Lys de mer. Pendant ce séjour, il sera opéré d'urgence d'une hernie étranglée. Elle reste auprès de lui, à la clinique, elle le ramène dès que possible au Lys de mer, mais il n'est pas bien, son aide de camp, l'amiral Vandoros, prend soin de lui. La maison est comme chaque année pleine d'invités. Mgr Parker, l'évêque sud-africain qui se baigne avec sa croix et avec qui Marie discute en nageant de l'existence de Dieu, Kouretos, le psychiatre d'Athènes. Kazantzakis et sa femme viennent d'Antibes, ils sont des hôtes familiers. Georges et Marie resteront longtemps à Saint-Tropez et, les premiers jours d'octobre, elle nage encore dans une eau à 18°.

L'automne verra l'insurrection hongroise, bientôt écrasée par les tanks soviétiques et le débarquement anglo-français à Port-Saïd. A la mi-novembre, Marie partira pour ce voyage en Inde dont il a été question depuis des années et qu'elle remettait sans cesse sous des prétextes divers. Irène elle-même l'a invitée à plusieurs reprises et, à présent, Marie désire montrer qu'elle soutient son fils et sa belle-fille. En compagnie de Solange Troisier qui est médecin et s'occupera d'elle au besoin, elle s'envole pour Calcutta. D'où elle ira d'abord à Kalimpong, dans « la résidence himalayenne » de Pierre et Irène. « Site superbe. Montagnes enneigées au fond et fleurs tout à l'entour. » Irène a planté un magnifique jardin. Marie et elle ont en commun l'amour de la nature et celui des fleurs. Mais l'altitude fatigue Marie qui va aussi à Delhi, Agra, Bénarès, Bodh Gaya où il y a de magnifiques fêtes en l'honneur du 2 500ᵉ anniversaire de l'illumination de Bouddha sous l'arbre sacré dont on voit encore les rejetons au pied du temple. Les Tibétains qui avaient afflué étaient bien intéressants à observer et à voir Pierre leur parler. « Leur frénésie mystique le dernier soir était impressionnante, ils couraient comme des fous avec leurs moulins à prière autour du temple et se jetaient des centaines de fois à plat ventre pour adorer Bouddha. » « Calcutta est aussi très curieux avec le temple de Kali où l'on sacrifie journellement chèvres et buffles à défaut d'êtres humains comme autrefois [1]. » Après avoir visité Madras, elle rentre au bout d'un mois, pour retrouver Georges qui commence une bronchite. Elle a rapporté des cadeaux pour tout le monde et des

_____

1. Lettre à R. Loewenstein, 31 décembre 1956.

quantités de pierres afin d'étudier la formation géologique de l'Inde aux alentours du Tibet.

Ce voyage indien lui avait apporté ce qu'elle espérait. Elle avait eu la joie de découvrir Pierre dans le cadre qu'il avait choisi et se livrant à ses activités d'anthropologue. Elle ignorait alors que l'année qui allait bientôt commencer serait « la plus triste de *sa* vie après 1924 », année de la mort de son père.

Le 15 mars 1957, Marie écrit à Loewenstein une lettre de condoléances pour la mort du Dr Ernst Kris, le psychanalyste, ami depuis les jours de Vienne qui avait édité avec elle et Anna Freud la sélection des lettres de Freud à Wilhelm Fliess, parue sous le titre *La naissance de la psychanalyse*. « C'est la mort d'un brave... Quand sera-ce le tour de l'un ou de l'autre de nous de le suivre ? »

« Ma belle-sœur Hélène, la grande-duchesse de Russie, veuve de mon beau-frère Nicolas, vient aussi de mourir d'un infarctus du cœur. Elle, sans doute entourée de popes et d'icônes. Chacun meurt comme il a vécu. On pourrait parfois dire : réflexes conditionnés... (Pierre) a fait des conférences à Athènes avec grand succès. L'université d'Athènes va le faire docteur *honoris causa*.

« Avec la famille les choses se sont enfin arrangées. Ils se sont revus, on l'a invité même à passer avec le roi la revue du 25 mars (fête nationale grecque) ; en deux mots, on passe de part et d'autre l'éponge sur le passé et on fait front commun contre le communisme asiatique et autre... Ces nouvelles m'ont bien entendu fait plaisir. »

Ce seront les seules bonnes nouvelles de cette année qui ne va être que deuil et chagrin. La mort du Dr Kris et celle de la princesse Hélène de Grèce frappent d'autant plus Marie que l'état de Georges se dégrade plus rapidement et qu'elle-même, très fatiguée, se fait faire des électrocardiogrammes et consulte plusieurs cardiologues. Porgie l'inquiète également. Marie était prête à tenter n'importe quoi pour lui. Le fait d'être incapable d'aider le petit-fils qu'elle chérissait et sa fille torturait Marie. Elle demeurait aussi active qu'elle l'avait toujours été mais elle n'écrivait plus dans son journal. En fait, elle ne faisait que gribouiller son emploi du temps, des noms, des événements, sans commentaire. On s'aperçoit en lisant ces carnets qu'elle demeurait aussi

active que dans le passé et que cette activité était devenue
une sorte de fuite en avant.

L'adieu au vieux compagnon

Le XXᵉ Congrès international de psychanalyse qui se tient
à Paris sera pour elle une trêve. Elle rentre seule à Saint-
Cloud à la fin du mois de juillet 1957 pour y assister. Elle y
retrouve ses amis : Anna Freud, Loewenstein, Hartmann,
Jones, qui ne va pas bien. La réunion du comité exécutif
central a lieu chez elle, à Saint-Cloud.

Elle vient d'avoir soixante-quinze ans et malgré l'anima-
tion de son visage et la vivacité de son regard, elle paraît son
âge. Son corps s'est alourdi et on sent que cela lui est égal.
Sa beauté n'a jamais joué un rôle particulièrement grati-
fiant au cours de sa vie. Le passage à la vieillesse était
davantage pour Marie l'approche de la mort que la perte de
la beauté. A ce congrès, elle lit une brève communication qui
résumait l'œuvre accomplie par la psychanalyse en un demi-
siècle. « Libération des instincts sexuels irrépressibles, plus
grande franchise à l'égard de nos enfants, plus grande
liberté sexuelle pour les femmes... l'humanité est... devenue
un peu moins hypocrite, et, peut-être, un peu plus heureuse. » Le but final de l'analyse, disait-elle, était l'adaptation à la réalité. Comment l'analyse pouvait-elle aider
l'humanité à faire face à la mort ? Selon elle les croyants
niaient la réalité et étaient « spécialement effrayés par la
mort ». L'analyse apportait, suivant l'exemple de Freud,
« une plus grande acceptation et donc plus de courage
devant la mort, cet ennemi inévitable qu'il vaut mieux
confronter que nier[1] ».

On voit combien cette intervention est liée à ce qui la
préoccupe profondément. Et ce n'est pas seulement à sa
propre mort qu'elle pense. Georges, « le vieux compagnon »
qu'elle est allée rejoindre au Lys de mer après le congrès,
constate au milieu de septembre, une hématurie, on le
ramène en ambulance à Saint-Cloud. Il ne se relèvera pas et
mourra le 25 novembre à 2 h 15 du matin, après une lente
agonie où il souffre des jours et des nuits de terrible angoisse

---

1. *The International Journal of Psychoanalysis*, vol. XXXIX, 1958, 6ᵉ partie, pp. 513-515.

devant la mort. Marie ne le quitte pas. Elle concentre son attention sur ce vieux mari à qui la lie près d'un demi-siècle d'habitudes et de connaissance quotidiennes. Pourtant dans cette période qui n'est pas sans rappeler les mois passés au chevet du prince Roland, elle prend note, le 4 octobre, du lancement du Spoutnik et le 29 elle rapporte qu'elle apprend, par *le Figaro littéraire,* la mort de Kazantzakis.

Eugénie, Tatiana, le prince Raymond de Tour et Taxis, l'aide de camp, l'amiral Vandoros, Edmond, le chauffeur sont eux aussi présents au chevet du mourant. Pierre est venu, reparti. Et Marie note : « Je voulais passer cette dernière nuit de sa mort avec mon mari seule... Alors je me penchais sur son front froid et le baisais. Pas ses lèvres qu'il m'avait toujours refusées[1]. » Et avec sa manière méticuleuse de tout enregistrer, elle a aussi noté : « Ce que nous avons mis dans le cercueil : deux petits drapeaux émail danois et grec, son alliance, les cheveux de Valdemar et le saint Christophe qu'il lui donna, sa croix et la photo de Valdemar dans ses mains. Notre groupe à ses pieds. »

Les funérailles ont lieu deux jours plus tard. Anna Freud et Mme Williams y assistent, ainsi que les ambassadeurs de Grèce et de Danemark. Marie s'est chargée de la mise en bière, entourée de Pierre et du prince de Tour et Taxis. « I kiss him good night », écrit-elle en anglais. Il y a d'abord à 11 heures du matin une cérémonie dans la chapelle de leur propriété de Saint-Cloud, puis une autre à 5 heures de l'après-midi, à Paris, à l'église grecque de la rue Georges-Bizet. Porgie fait une scène, arrachant la carte d'Annette Berman sur les fleurs envoyées par celle-ci, il court acheter pour son grand-père « qui est à lui, 2 200 F de fleurs ». Il reproche à sa mère de ne pas l'avoir appelé lors de l'agonie de son Apapa. Marie s'attache à tous ses gestes, toutes les manifestations de ses sentiments.

Le lendemain, le prince Pierre et le prince de Tour et Taxis partent avec l'évêque. En voiture, conduits par Edmond, ils suivront le cercueil jusqu'à Toulon. Tandis que Marie part pour Athènes en avion avec Eugénie, Tatiana, Porgie, la princesse de Bourbon-Parme (la princesse Margrethe, fille du prince Valdemar), le prince Michel de Grèce et Frieda, la femme de chambre de Marie. Les souverains grecs et leur

---

1. Notes inédites.

fille, la princesse Sophie, ainsi que la princesse Alice de Grèce les rejoignent dans la maison de l'avenue Franklin-Roosevelt où Georges et Marie passaient leurs hivers.

A Toulon, les honneurs militaires ont été rendus et le cercueil embarqué sur le *Nike*. Le 4 décembre, le prince Georges de Grèce sera enterré au cimetière royal de Tatoï. Marie dépose sur le cercueil le drapeau danois « apporté par Meg », la princesse de Bourbon-Parme, et verse par-dessus la terre de Lille Bernstorff. Elle a noté en détail l'emploi du temps de ces quelques jours, les gestes rituels et la pompe des cérémonies qui accompagnent la mort et convenaient à Georges. La conclusion qu'elle en tire lui ressemble : « J'ai demandé aux enfants à être incinérée. » Le 5 décembre, elle écrit à Annette Berman : « Nous avons laissé hier mon mari à Tatoï sous la neige... lui qui craignait *tant* le froid. »

A cause de Porgie qui, depuis la rentrée, va à l'école en Suisse, Marie est à Villars-sur-Ollon, quand commence l'année 1958. « Première année où il n'est plus », elle sent le vide, laissé par cette mort si naturelle et elle achève en trois jours le chapitre 135 de ses Mémoires. Puis elle rentre à Paris où a lieu le lendemain de son retour un service à la mémoire de Georges, organisé par les évêques orthodoxes grecs.

Marie s'occupe de distribuer les biens de son mari aux lépreux, à la Bibliothèque nationale, à la Malmaison — musée auquel Georges a légué sa collection de tabatières Empire qui en compte trois mille. Elle va seule à Saint-Tropez, puis part pour Londres en auto avec Pierre. De là, elle voyage en Belgique pour visiter l'exposition universelle, à Bruxelles. L'ex-roi Léopold lui fait une visite car sa mère, la reine Elisabeth est malade et Marie ne la verra pas. A son retour à Saint-Cloud, avant de partir pour Athènes, avec Edmond et Frieda, son chauffeur et sa femme de chambre, elle réunit pour un déjeuner sa belle-fille Irène, son gendre Raymond de Tour et Taxis et Krishna Menon. Ils discutent de l'hindouisme. Elle continue d'aimer recevoir et d'apprécier les conversations intéressantes.

Puis elle part pour la Grèce, Pierre s'y trouve, lui aussi, mais elle va seule inaugurer en Crète un monument à la mémoire de Georges, élevé à Suda Bay, l'endroit où le prince a débarqué lorsqu'il vint prendre son poste de Haut-Commissaire. Elle retrouve là vingt anciens combattants de

1897. « Cérémonie touchante et triste »[1]. Ensuite, avec
Pierre, après quelques jours à Saint-Tropez, elle va au
Danemark pour régler la succession de Georges et pendant
leur séjour, la garde dont Pierre fut officier fêtera son
300e anniversaire.

« Je reste écrasée par l'immuabilité du passé », a-t-elle
noté le 20 mars. Autour d'elle, les êtres changent peu de
comportement et les structures sociales demeurent les
mêmes. Elle prend soudain du recul à l'égard de son fils qui
« croit que la disparition de son père laisse le champ libre à
sa femme pour entrer dans la famille royale »[2], mais il n'en
est pas question et, au Danemark, « si Pierre amène sa
femme — que moi, pourtant, j'aime à titre privé — je m'en
irai et le laisserai se débrouiller tout seul », écrit-elle dans la
même lettre à Loewenstein qui contient plusieurs P.S. dont :
« Le travail seul donne des joies pures. »

Elle se sent plus seule que jamais. Elle est pourtant
entourée d'affection. On l'aime parce qu'elle agit toujours en
personne responsable. Ses serviteurs, ses amis l'apprécient.
Elle est encore généreuse et pleine d'attention pour les
autres, mais elle a changé, elle note dans son journal qu'elle
est sûre de l'amour de sa fille et qu'elle ne le mérite pas.

Marie va se remettre au travail autant qu'elle le pourra.
L'atmosphère est lourde, en France. Cette année 1958 est
celle du bombardement de Sâqiet sidi Yûsuf, un village à la
frontière tunisienne qui bouleverse une partie de l'opinion
hostile à la guerre d'Algérie, de la manifestation du 13 mai
aux Champs-Élysées et du retour au pouvoir du général de
Gaulle. Depuis le nazisme, Marie est plus sensibilisée aux
événements politiques qu'elle prend soin de noter dans ses
carnets. Avant que la Ve République française ne soit
promulguée, le 5 octobre, elle publie les deux premiers
volumes de ses Mémoires : *Derrière les vitres closes* et
L'appel des sèves qui racontent en mille pages sa vie jusqu'au
jour du mariage royal. Annette Berman est désolée, le
second volume est sans écho. Le premier était lui aussi passé
« sans gros effet ». « On préfère Françoise Sagan, tant pis »,
écrit Marie le 16 août, alors qu'elle est au Lys de mer. Et sur
une page détachée, elle a noté : « Mes Mémoires m'auront
au moins donné l'illusion, tant que je vis, d'un peu peut-être

---

1. Lettre à la reine Elisabeth de Belgique, 4 juin 1958.
2. Lettre à R. Loewenstein, 15 février 1958.

me survivre. C'est peu, mais c'est beaucoup. Combien vivent et meurent dans l'espoir plus insensé du ciel ? » Elle n'avait pas de vanité d'auteur et n'hésitait pas à avouer l'échec de ses livres, qui pourtant lui tenaient plus à cœur que son œuvre analytique, elle l'a répété à plusieurs reprises. En dépit de l'échec, elle poursuivait la rédaction de ses Mémoires. Elle était toujours pleine d'audace dans sa manière d'écrire sur elle-même, comme dans sa façon de vivre. Le Dʳ Nacht le reconnaissait : « A l'instar de Freud, elle n'hésita pas à dévoiler ce que son être a de plus intime, de plus pénible à exprimer parfois, avec l'unique but de servir la science [1]. »

Elle a aussi décidé, mais ce à partir du début de l'année 1958, de ne plus aller aux réunions de la Société. Sacha Nacht lui a demandé sa collaboration à un traité de psychanalyse en cinq volumes qu'il est en train de publier. Il souhaite qu'elle écrive pour le livre III une quarantaine de pages sur *Les troubles de la sexualité chez la femme* et dans le livre V une quinzaine de pages sur *Les applications de la psychanalyse à la mythologie.* Elle lui a déjà donné, en 1955, *Psychanalyse et sexologie* pour le tome II [2], elle n'a pas envie d'écrire le reste. Ce sont les hommes qui la déçoivent, non les idées. Elle est encore très engagée dans les discussions concernant la psychanalyse elle-même et dans une lettre à Loewenstein du 11 octobre 1958 elle reprend pour lui son thème de l'agression ne participant pas de « l'instinct » de mort mais bien au contraire faisant partie des instincts de vie. C'était une réponse à Hartmann, Kris et Loewenstein qui avaient ajouté beaucoup à la théorie freudienne, particulièrement en introduisant leur notion de « pulsion agressive », et pour le Congrès international qui se tiendra à Copenhague en 1959, elle prépare une intervention qui deviendra un long article intitulé *Vitalisme et Psychosomatique* [3]. Elle fait aussi une communication au symposium sur la dépression, où elle rapporte deux cas de mélancoliques suicidaires, qui lui furent confiés par des psychiatres.

A ce Congrès de Copenhague, la Société française de Psychanalyse de Lacan et de Lagache, qui a maintenant le Dʳ Hesnard pour président, est encore une fois rejetée par

---

1. S. Nacht, in Semaine des Hôpitaux, suppl. 2046, 20 octobre 1963.
2. S. Nacht, *La psychanalyse d'aujourd'hui*, vol. II, pp. 723-760.
3. *R.F.P.*, 1959, XXIII, nº 5, pp. 545-554.

l'Association internationale, qui envoie une nouvelle commission pour l'examiner.

Le livre de Georges, *The Cretan Drama, the Memoirs of
H.R.H. Prince George of Greece*, paraît cette année-là, publié
aux États-Unis, en anglais et en grec. C'est un acte pieux de
la part de Marie. Elle en envoie un exemplaire au roi, avec
une lettre portée par Pierre. Elle continue de faire ce qu'elle
estime être son devoir. Ses rares joies sont un bref séjour
seule à Saint-Tropez au moment où les mimosas et les
amandiers sont en fleurs et un voyage en Afrique, avec
Tatiana et Solange Troisier pour observer l'éclipse totale du
soleil à Fort-Lamy. Ce voyage, organisé avec l'aide du
secrétaire de la reine Elisabeth, les conduit au Congo
qu'elles visiteront du 27 septembre au 13 octobre, date à
laquelle elles réembarqueront de Stanleyville pour Bruxelles où Marie demande l'hospitalité deux ou trois jours à la
reine tandis que Solange Troisier et Tatiana regagneront
immédiatement Paris. Et, cette année-là, Marie ira passer
Noël à la campagne loin de sa famille pour se reposer avec
Anna Freud qui a une maison à Walberswick, dans le
Suffolk.

Pour sauver un criminel

L'absence du « vieux compagnon » pèse sur Marie, qui,
déçue comme on sait encore rarement l'être à son âge, a,
d'autre part, perdu son intérêt pour la Société parisienne de
Psychanalyse et pour ce qui se passe à l'Institut. Mais elle
n'en est pas pour autant prête à prendre sa retraite. Au
contraire, elle cherchait une « nouvelle cause à laquelle elle
pût vouer son énergie toujours forte ». Elle avait besoin de
participer activement à quelque chose comme elle avait
l'habitude de le faire.

Cette curieuse fascination qu'ont toujours exercée sur elle
les criminels va resurgir et la pousser dans une aventure qui
sera l'une des plus insensées qu'elle ait entreprises. Pour
Marie, l'année 1960 va être entièrement dominée par l'affaire Chessman.

Caryl Chessman est détenu dans la prison d'État de San
Quentin en Californie. Il a été condamné à être exécuté le
28 mars 1952. En 1960, à trente-huit ans, il a publié quatre
livres et survécu à huit dates d'exécution mais il a reçu une

neuvième assignation pour le 2 mai 1960. Il est devenu le symbole de l'opposition à la peine capitale dont le gouverneur de la Californie, Edmund Brown avait, avant cette affaire, demandé l'abolition.

Depuis son adolescence, Caryl Chessman a été un petit voyou, du type des « loubards » d'aujourd'hui, mais avec un talent particulier pour la contrition et la rédemption. A seize ans, il commença par voler des voitures, fut arrêté, se sauva et le lendemain il pillait un drugstore. Il fut ainsi arrêté et relâché plusieurs fois jusqu'à l'histoire du *red light bandit* qui, arrivant dans une voiture de police et armé d'un revolver terrorisait et dévalisait les amoureux réfugiés dans les parkings des faubourgs de Los Angeles. Il fait aussi une tentative de viol sur une jeune fille de dix-sept ans qui dut être ensuite hospitalisée dans un hôpital psychiatrique à cause du traumatisme qu'elle avait gardé de cet incident dramatique. Après le cambriolage d'un confectionneur, Chessman fut arrêté, mais les preuves réunies contre lui le firent accuser de « kidnapping technique », un crime qui entraîne la peine capitale, selon la loi californienne.

Depuis juillet 1948, il vivait dans une cellule de 3,15 m de long sur 1,50 m de large et 2,25 m de haut. Il avait lu ou parcouru 10 000 livres de droit et écrit de 2 à 3 millions de mots.

Marie a lu avec passion ce qu'ont rapporté les journaux sur ce « psychopathe agressif » ainsi qu'elle le définit dans son article *Réflexions d'une Psychanalyste* où elle souligne que la peine de mort fut appliquée peu de temps auparavant, à deux « blousons noirs » anglais qui avaient tué un passant pour le dévaliser et que le jour même où ils furent pendus un autre « blouson noir » commettait un crime analogue. « Bel exemple de l'exemplarité de la peine capitale »[1], conclut-elle. Déjà en 1927, dans son article sur *Le cas de Mme Lefebvre*, elle s'élevait contre la peine capitale[2]. Elle écrira à Loewenstein : « Le cas de Chessman montre l'effet disrupteur de la peine de mort dans les sociétés évoluées. Qui parle des gens condamnés en Suisse, aux pays scandinaves ou ailleurs où la peine de mort n'existe pas, où il n'y a que l'inter-

---

1. Notes inédites, p. 104.
2. Marie Bonaparte, *Psychanalyse et Anthropologie*, p. 44.

nement à vie comme en Belgique ? On oublie vite[1]. »

En novembre 1959, Marie écrit à Franz Alexander qui est au Mount Sinaï Hospital à Los Angeles pour demander des renseignements sur le condamné. La réponse d'Alexander est calme, raisonnable mais il met Marie en relation avec Ziferstein, « amateur de causes perdues et bon analyste » qui suggère à la princesse d'envoyer une pétition au gouverneur Brown. Eleanor Roosevelt, Aldous Huxley, Carl Binger, Bernard Glueck Sr. et Carey McWilliams, rédacteur en chef de The Nation ont déjà écrit. Marie ne se fait pas prier pour agir à son tour. Elle envoie au gouverneur Brown, le 15 décembre 1959, une demande de grâce signée par tous ceux qu'elle avait facilement pu toucher dans les milieux intellectuels, scientifiques et aussi par les membres de sa famille, à cause des titres destinés à impressionner les Américains : François Mauriac, de l'Académie française, prix Nobel, André Maurois, de l'Académie française et président de l'Association France-États-Unis, Raymond Cartier, Raymond Aron, René Piedelièvre (professeur de médecine, Faculté de Paris), princesse Marthe Bibesco de l'Académie luxembourgeoise, prince Dimitri de Russie, Lucien de Gennes, professeur de médecine, Pierre Lépine, professeur à l'Institut Pasteur, prince Raymond de Tour et Taxis, princesse Eugénie de Grèce, Dr Logre, ex-expert auprès des Tribunaux, princesse de Bourbon-Parme, comte et comtesse Valdemar de Rosenborg, Marie Bonaparte, princesse Georges de Grèce avec ses titres d'analyste. Et le 14 janvier 1960, c'est au président des États-Unis qu'elle écrit : « L'opinion publique ne peut s'empêcher de penser qu'un homme, quoi qu'il ait fait ou n'ait pas fait, s'il est resté douze ans à attendre la mort a déjà souffert plus que la peine capitale elle-même. » Et plus loin : « Nous savons qu'il est en votre pouvoir d'inciter le gouverneur de Californie à la clémence. Deux fois déjà une telle influence a été exercée par la Maison-Blanche sur des gouverneurs d'État. En 1918, le président Woodrow Wilson a persuadé le gouverneur de Californie d'accorder sa clémence à Tom Mooney, et en 1958, le secrétaire d'État John Foster Dulles persuada le gouverneur Folsom d'Alabama de commuer la peine de mort de James Wilson, un Nègre. »

---

1. Lettre à R. Loewenstein, 31 décembre 1960.

Avant de se passionner pour le cas de Caryl Chessman, Marie avait formé des projets pour cette année 1960. Afin de remercier le Professeur de Gennes pour le dévouement avec lequel celui-ci avait soigné Georges, elle l'avait invité à l'accompagner, avec sa femme, dans un voyage en Extrême-Orient. Elle avait également convié Eugénie, Tatiana et Solange Troisier. Ceylan, le Siam, le Cambodge pour voir le temple d'Angkor Vat, Hongkong et le Japon, tel était leur itinéraire. Les voyageurs partirent le 31 mars et s'arrêtèrent aux étapes prévues, mais, arrivée au Japon, Marie, qui « ne pensait qu'à Chessman », décida d'aller aux États-Unis avec Solange Troisier pour sauver le prisonnier. Les de Gennes retournèrent directement à Paris, tandis qu'Eugénie et sa fille rentraient par l'Inde.

Marie ne resta en Californie que du 23 au 28 avril. Elle avait prévenu Ziferstein, l'analyste amateur de causes perdues, qu'elle ne pourrait pas faire de conférences et que visitant la Californie si rapidement elle devrait se reposer le soir. « J'ai 77 ans 1/2. » Arrivée à San Francisco, pour obtenir l'autorisation de s'entretenir avec Caryl Chessman dans sa cellule, elle eut l'idée cocasse de se faire envoyer un télégramme l'accréditant reporter de *la Revue française de Psychanalyse*. La presse publia des photos du condamné à mort et de la princesse mais la visite de Marie au gouverneur Brown à Sacramento fut vaine.

Lorsqu'elle arriva à New York, le 29 avril, elle n'avait plus guère d'espoir pour son protégé. Loewenstein essaya de la distraire. Il organise un dîner pour elle et Solange Troisier afin de l'occuper car elle est très nerveuse, il la pousse à aller visiter la Bibliothèque du Congrès à Washington. Le 2 mai, jour de l'exécution, le Dr K.R. Eissler écrivit à Marie : « J'imagine l'état de désespoir total dans lequel vous êtes probablement. » Il n'exagérait pas. C'était, en effet, pour Marie, le désespoir total. N'avoir pas réussi à sauver cet homme, un criminel sans doute, auquel elle avait serré la main, était pour elle un échec dont les répercussions allaient être profondes.

Jusque-là, elle n'avait jamais subi d'échec. Le 4 juillet 1960, elle écrit à Loewenstein : de l'Hôpital Américain à Paris : « Mon long voyage autour du monde ne m'a pas réussi. Non seulement j'ai fait le syndrome de K & Jennikoff *(epilepsia particularis continua)* dans le bras gauche, c'est de tout petits spasmes continus qui sont très fatigants (il paraît qu'en général ça finit par s'éteindre tout seul) mais je fais depuis le 17 juin de la fibrillation persistante, sans doute je crains chronique. J'avais bien besoin de faire le tour du monde, à mon âge et surtout de voir à Sacramento le gouverneur Brown, un joli salaud de politicien et de Ponce Pilate... »

Marie se remit et elle alla à San Remo le 15 février 1961 pour voir « le magnifique spectacle de l'éclipse totale de soleil, dont le maximum se produisit à 8 h 35 au milieu d'une durée de 118 secondes. On voyait clairement les étoiles les plus grandes, ou planètes. Je sus discerner Jupiter brillant à l'est.

« Malgré l'obscurcissement très marqué de l'atmosphère les petits oiseaux ne cessèrent pas de chanter pendant la totalité et ne semblaient pas effrayés dans le jardin de l'hôtel Savoïa, d'où je vis ce spectacle du 3e étage face à l'est, vers la rue ». Elle signe cette note de son journal : « Marie Bonaparte, Prcsse de Grèce fille du Pce Roland Bonaparte ancien président de la Société d'Astronomie. » Le besoin de se rattacher au père n'a pas disparu, après toutes ces années et l'œuvre accomplie qui surpasse celle du prince, comme elle l'avait tant voulu dans sa jeunesse. Au printemps 1961, elle écrit : *Les faux pas de la Justice*[1] où elle traite de quatre procès qui ont eu lieu de son temps :

1. Dreyfus, parfaitement innocent, victime de son physique antipathique et d'un féroce antisémitisme.

2. Sacco et Vanzetti, électrocutés en 1927 (après 6 ans d'attente) et qui n'étaient que de « paisibles anarchistes ».

3. Evans et Christie où le premier tout à fait innocent mais simple d'esprit fut pendu sur de faux aveux. Et Christie, un sadique, le fut ensuite. L'Angleterre ne reconnut jamais son erreur !

4. Le cas Chessman qui n'aurait jamais existé si la justice de Californie eût été plus sereine — ou plus expéditive. Ce sont les douze ans d'attente en prison qui ont fait de ce psychopathe agressif un cas célèbre...

5. Une conclusion historique sur la peine de mort à travers le monde et les âges.

Elle fait des recherches sur la peine de mort et écrit à des libraires de Paris et de Londres pour commander des séries

---

1. Lettre à R. Loewenstein, 27 avril 1961.

de livres. Elle a lu les publications de Melitta Schmideberg, la fille de Melanie Klein, qui est « clinical director of the Association for Psychiatric treatment of offenders in N.Y. City » sur les traitements psychiatriques des criminels.

Mais Marie ne se limite pas à l'étude des criminels. En même temps, elle projette une œuvre sur George Sand. Et le 28 avril, elle écrit à la reine Élisabeth de Belgique qu'enthousiasmée par l'exploit de Gagarine, elle va reprendre des leçons de russe, comme le fait la reine qui, elle, va avoir quatre-vingt-cinq ans.

Ces deux femmes avaient le même amour de la liberté et de l'indépendance ; le même souci d'entretenir le bon fonctionnement de leur cerveau afin que le potentiel intellectuel ne diminue pas. L'étude du russe est une bonne gymnastique, comme l'est celle du calcul différentiel.

En juillet 1961, Marie se rend au Congrès d'Édimbourg au cours duquel, après les conclusions de la Commission d'enquête de l'Association internationale, le statut de « groupe d'études » est proposé à la Société française de Psychanalyse. L'émulation qu'avait créée la scission dans les deux groupes, la Société parisienne et la Société française, allait se trouver renforcée par cette décision qui ne contentait personne[1]. Par étapes, une partie des dissidents d'hier vont arriver à se séparer de Lacan. Dix ans après la première, une autre scission aura lieu amenant la dissolution de la Société française qui deviendra, d'une part, l'Association Psychanalytique de France et, de l'autre, l'École freudienne que fondera Lacan. Cette école freudienne qui abandonne virtuellement toute règle pour la formation des jeunes analystes subit à plusieurs reprises des défections jusqu'en janvier 1980 où Lacan, lui-même, la déclara dissoute. En janvier 1981, il fonda l'École de la Cause freudienne, la dernière, car il devait mourir en septembre 1981.

En 1963, après le départ de Lacan, l'Association internationale reconnut l'Association psychanalytique de France au même titre que la Société parisienne. Et dans les deux sociétés il y a environ 40 % de psychanalystes non médecins qualifiés qui exercent sous supervision médicale. C'est dire

---

1. Marie le comprit tout de suite et prévoyait ce qui se passerait dans l'avenir. Hélas, elle ne vécut pas assez longtemps pour voir se réaliser ses prévisions.

que leur cause qui préoccupait tante Marie Bonaparte a été entendue. Elle tenait aussi essentiellement à ce que les analyses didactiques soient faites sérieusement, ainsi que les contrôles. Elle redoutait, pour le maintien de la qualité des soins et de la recherche, ces jeunes analystes lancés sans connaissance et sans expérience dans la profession.

Avec le recul du temps, le mouvement analytique français qui a connu et connaît encore tant de remous, paraît avoir été longtemps dominé par Marie Bonaparte. Jusqu'au bout, elle tint les rênes de la Société parisienne de Psychanalyse usant de ses prérogatives de vice-présidente d'honneur. En plus de l'expérience acquise, elle avait du bon sens. Les problèmes de la Société étaient pour elle aussi importants que ses affaires personnelles qu'elle continuait à gérer afin de protéger les siens qui n'avaient pas cessé de compter sur elle.

La rancune que lui gardèrent Lacan et ses disciples — dont la plupart sont trop jeunes pour l'avoir connue — donne la mesure du rôle qu'elle a joué. Dans un article publié en 1975, Jacques Derrida, l'un des philosophes actuels les plus éminents, prend la défense de Marie Bonaparte en dénonçant les « emprunts » que lui a faits Lacan dans son séminaire sur *La lettre volée*; analysée par Bonaparte dans son ouvrage sur Poe en 1933[1].

Ce n'est pas seulement dans son domaine strict de la psychanalyse que Marie Bonaparte occupa une place capitale. Elle accomplit d'autres tâches importantes. Le Professeur Lépine les a mentionnées. « L'intérêt que la princesse Marie portait aux sciences biologiques ne s'est jamais ralenti. Elle suivait de près avec un intérêt passionné les recherches sur la cancérologie, les maladies infectieuses et les vaccinations. Liée d'amitié avec M. Roux, elle n'a cessé de témoigner à l'Institut Pasteur une active et généreuse sympathie. L'Institut Pasteur lui doit la construction de la singerie qui permit à Calmette d'étudier sur des chimpanzés venus de Guinée l'immunité antituberculeuse conférée par le B.C.G., et le laboratoire où jusqu'à sa mort travailla le Professeur Troisier. A plusieurs reprises, elle manifesta l'intérêt qu'elle prenait aux travaux en cours par des concours qu'elle entendait demeurer anonymes. Elle faisait

---

1. Jacques Derrida, « Le facteur de vérité », *Poétique*, n° 21, éd. du Seuil, 1975, p. 96.

aux laboratoires de notre Institut de fréquentes visites, et voulait être tenue au courant des progrès accomplis en chimiothérapie et en immunologie[1]. »

En revenant à l'écriture après sa démarche en faveur de Caryl Chessman, elle faisait, une fois de plus, ce qu'il fallait. Tenter d'oublier cet épisode et continuer d'être ce qu'elle avait toujours voulu être : une scientifique et un écrivain. Elle s'était sauvée elle-même en soignant les autres et en construisant une œuvre. Elle donnait encore quelques consultations mais ne prenait plus personne en analyse. Elle n'arrivait plus à travailler comme elle le faisait naguère. Elle s'impatientait et ne pouvait cacher sa nervosité à Frieda, sa femme de chambre, qui trouvait pénible de l'observer mais ne pouvait l'aider. Marie était, comme toujours, entourée de tonnes de papiers et de montagnes de livres. Pour ces derniers écrits, elle griffonnait quantité de notes ; passant d'un sujet à l'autre, sans prendre le temps de s'en expliquer, elle abandonnait George Sand pour Dostoïevski. « Passionnant. Mais c'était un *vrai* épileptique ce qui explique beaucoup son caractère violent mais ambivalent en même temps. Pas un *hystéro*-épileptique, comme l'avance hypothétiquement Freud. On n'avait pas du temps de Dostoïevski d'électro-encéphalogramme. Je n'écrirai une étude sur Dostoïevski que lorsque j'aurai tout lu de lui. Malheureusement pas en russe malgré l'étude de cette langue magnifique que je poursuivrai en octobre[2]. » Pour finir, son essai se réduira aux proportions d'un article : *L'épilepsie et le sado-masochisme dans la vie et l'œuvre de Dostoïevski*[3].

A présent, Marie travaille avec difficulté. Elle est brouillon. Elle s'en rend compte et elle est tendue. La vieillesse et la faiblesse que celle-ci entraîne n'est pas un état qu'une femme de sa trempe supporte aisément. Sa tête marche bien, c'est le corps qui n'obéit pas. Elle ne trouve plus le plaisir et le délassement qu'elle puisait depuis l'enfance dans l'acte physique d'écrire. Elle égarait ses papiers, son stylo. Son cœur qui battait trop souvent la chamade l'empê-

---

1. Pr Pierre Lépine, prix Nobel, *Annales de l'Institut Pasteur*, mars 1963, t. 104, p. 311.
2. Lettre à R. Loewenstein, 14 septembre 1961.
3. *R.F.P.*, XXVI, 6, 1962, pp. 715-730.

chait de se concentrer autant qu'elle l'eût voulu mais elle n'en continuait pas moins à avoir des rêves sexuels et à les noter.

Elle passera l'hiver en Grèce, d'où elle ira, à la fin de 1961, en Israël, invitée par le gouvernement « qui dit n'avoir pas oublié ce que j'ai pu heureusement faire avant la guerre pour les pauvres juifs persécutés par Hitler. Il est touchant de voir une pareille reconnaissance. Ce n'est pas commun [1]... » Elle a été conquise par l'efficacité et le rendement de tout ce qui a été mis sur pied. « L'œuvre accomplie est formidable et l'armée un spectacle impressionnant, avec ses jeunes gens et ses jeunes femmes mobilisés. Nous avons pris dans notre voiture une jeune fille qui enseigne (dix-neuf ans) le tir à ses collègues femmes. Et les kibboutz et les mochers ! Quelle organisation !... La résurrection de l'hébreu a contribué (à l'œuvre) immense », écrit-elle dans la même lettre. D'Israël, elle retournera à Athènes où elle restera plus longtemps que prévu car de nouveau, fin mai elle se casse le col du fémur.

Cette fois elle reste en Grèce pour se faire opérer et semble prendre son mal en patience. Comme toujours, dès qu'elle le peut, elle se remet au travail. Elle pense déjà au Congrès de Stockholm qui aura lieu en 1963 et prépare un essai sur une Américaine, Jo Ann Baker, qu'elle est allée voir avant son accident en prison, à Athènes, où cette femme d'un sergent de l'armée de l'air a étranglé ses trois enfants après avoir découvert l'infidélité de son mari. Cette moderne Médée, qui ignore l'autre, l'intrigue. Et puis Marie lit Pasteur, sur lequel elle a aussi envie de faire « un petit travail ». « Très intéressant d'étudier une fois un homme, un génie, anormalement normal. »

Elle ne rentre que fin juin à Saint-Cloud. Sa fracture se remet avec « une sage lenteur » mais son cœur se comporte assez mal. Depuis sa dernière opération, elle paraît mieux s'ajuster à son âge et à son manque de forces. « Une grande tendresse pour sa famille, le dévouement à ses amis, un profond amour de la nature et des animaux allaient de pair avec une objectivité scientifique et une curiosité intellectuelle inlassable », écrivit Loewenstein [2]. Elle ne partira

---

1. Lettre à R. Loewenstein, 8 janvier 1962.
2. R. Loewenstein, in « Memoriam », *Journal of the American Psychoanalytic Association*, vol. XI, 4, p. 862.

qu'à la mi-août pour le Lys de mer, ayant dû être hospitali-sée de nouveau à l'Hôpital américain. Mais elle ne paraît pas inquiète et nager est une « excellente rééducation » pour sa jambe. Son chauffeur Edmond, qui l'appelait « ma Prin-cesse », la porte avec dévouement jusqu'à la mer sur une de ces chaises longues où elle passe, d'habitude, ses journées à écrire. Elle ne peut pas encore marcher facilement mais elle nage, et dans cette mer Méditerranée qu'elle aime tant, elle ne souffre plus, elle se sent libre, revigorée. Le Professeur Lebovici rappelle que, durant cette période, elle se faisait porter des méduses ramassées sur la côte assez loin de Saint-Tropez, et dont une invasion avait suscité des réactions bizarres chez les baigneurs. Elle voulait faire examiner ces méduses à l'Institut Pasteur. Elle a encore et toujours des projets, « un travail sur Walt Whitman. Il faut travailler quoi qu'on souffre, comme disait Freud ! Et Claude Ber-nard : Travailler comme une brute ! »

« J'ai écrit à Eissler pour une bibliographie de Walt Whitman. Quel immense poète. Ce n'est pas comme Faulkner dont je n'arrive pas à finir les livres assommants. »

Et en P.S. « Je rentrerai à Saint-Cloud fin septembre. »

Une mort pleine de noblesse

Marie écrivait cette lettre à Loewenstein le 29 août 1962. Le 14 septembre, elle eut des palpitations, elle y était habituée mais ce jour-là elle avait également une forte fièvre et elle cracha du sang. On la conduisit à la clinique de Saint-Tropez. Elle avait fait promettre au Professeur de Gennes de lui dire la vérité. C'était un vendredi. Le mardi suivant, quand sa fille entra dans sa chambre le matin, elle était en train de lire *Jacques le Fataliste* et elle prenait des notes en marge. Le choix de ce livre n'était pas dû au hasard, il reflétait le « pessimisme joyeux » de Marie.

Ce roman picaresque parsemé de scènes d'une sexualité explicite, proclame l'athéisme de Diderot, attaque l'Église romaine et exalte la foi que l'Encyclopédiste avait dans la science ainsi que son amour de la nature. Marie aimait la citation la plus célèbre du livre sur le besoin humain de jurer une fidélité éternelle dans un monde où le changement est inévitable. Elle n'avait jamais cru à la fidélité de la chair, mais s'intéressait encore à ce qui fait tour à tour s'aimer et se battre, s'aider et se tromper les hommes et les femmes.

Elle posa le livre et dit à Eugénie : « J'ai une leucémie. Le docteur vient de me l'apprendre, il a le résultat des examens. Ils vont me traiter à l'hydrocortisone. » Et elle reprit la lecture du roman de Diderot. Au bout d'un moment elle demanda : « Verrai-je un autre été ? » Elle avait 40 °C de fièvre et elle lisait encore, ce jour-là et les suivants, annotant toujours en marge. Elle voulait que sa fille lui apporte le dictionnaire de médecine qui était en permanence sur sa table de chevet. Eugénie prétendait l'oublier. Elle savait que sa mère avait une leucémie aiguë. Fidèle à sa conception de la psychanalyse qui doit apporter une meilleure adaptation au réel, Marie accueillit la mort, qui fait partie de cette réalité, avec une attitude d'acceptation devant cette dernière action qui rappelait celle de son maître Freud.

Marie mourut le vendredi suivant, le 21 septembre, le dernier jour de l'été. Respectant sa volonté, les religieuses espagnoles de la clinique n'envoyèrent pas chercher le prêtre. Elle fut incinérée à Marseille, et ses cendres transportées à Tatoï, dans la tombe où reposait déjà le prince Georges.

Comme elle l'avait souhaité, il n'y eut pas de service religieux, pas de réception, il n'y eut que la famille, ceux qui l'avaient servie et l'aimaient, les proches.

Pour sa tombe, Marie ne voulait « pas de croix, celle dressée pour Georges *suffisait* ». « Pour moi pas de verset de l'Évangile ou des Psaumes ! Mais les beaux vers de Leconte de Lisle dans son *Dies Irae* » :

> *Et toi, divine Mort, où tout rentre et s'efface,*
> *Accueille tes enfants dans ton sein étoilé,*
> *Affranchis-nous du temps, du nombre et de l'espace*
> *Et rends-nous le repos que la vie a troublé.*

Petite fille, elle admirait « ces femmes Bonaparte » qui étaient, selon sa grand-mère, « des femmes excessives ». Marie avait bien été « la dernière Bonaparte ».

BIBLIOGRAPHIE DES ŒUVRES
DE MARIE BONAPARTE

Abréviations bibliographiques :
I.J. International Journal of Psycho-Analysis
Im. Imago
IMP. Imago Publishing Co. Ltd. London
IUP. International Universities Press, Inc., New York
PUF Presses Universitaires de France, Paris
Q The Psychoanalytic Quarterly
RFP Revue française de Psychanalyse

1920

Guerres militaires et Guerres sociales, Paris, Flammarion, 240 p.

1921

« Le Rayonnement d'une Gloire », in *Le Matin,* 5 mai, Paris.

1924

Le Printemps sur mon jardin, Paris, Flammarion, 226 p.
« Considérations sur les causes anatomiques de la frigidité chez la femme », publié sous le pseudonyme de A.-E. Narjani, in *Bruxelles Médical,* 27-4, 11 p.

1927

« Le cas de Mme Lefebvre », *RFP,* I, 149-198.
« Du Symbolisme des Trophées de Tête », *RFP,* I, 677-732.

1928

« L'Identification d'une fille à sa mère morte », *RFP,* II, 541-565.

1929

« Un petit accès de kleptomanie larvée », *RFP,* III, 478-481.

1930

« De la Prophylaxie infantile des Névroses », *RFP*, IV, 86-135. Publié in *Introduction à la Théorie des Instincts*.
« Deuil, Nécrophilie et Sadisme », *RFP*, IV, 716-734.
« Le soixante-quinzième anniversaire de Freud », *RFP*, 426-427.

1932

Le « Scarabée d'Or » d'Edgar Poe, *RFP*, V, 275-293.
« De l'Élaboration et de la Fonction de l'Œuvre littéraire », *RFP*, V, 649-683.

1933

Edgar Poe, Paris, Denoël et Steele, 2 vol. 922 p.
« Les deux Frigidités de la Femme », *Bulletin de la Société de Sexologie*, I, 4.
« Une Suggestion pour éviter de nouvelles catastrophes aériennes », in *Le Matin*, 1er avril.
« Les bonnes intentions de l'Administration pour les Forêts de Paris », in *Le Matin*, 25 septembre.
« L'Homme et son Dentiste », *RFP*, VI, 84-88.
« Des autoérotismes agressifs par la Griffe et par la Dent », *RFP*, VI, 192-216.
« De la Mort et des Fleurs », *RFP*, VI, 218-222.
« La Structure psychique d'Edgar Poe », in *Hygiène Mentale*, XXVIII, 193-201.

1934

« La Pensée magique chez le Primitif », *RFP*, VII, 3-18.
« Introduction à la Théorie des Instincts », *RFP*, VII, 611-654.

1935

« Passivité, Masochisme et Féminité », *RFP*, VIII, 208-216.
« Psychologie de la Puberté », *Bulletin de la Société de Sexologie*, II, 2-4, 7 p.

1936

« Vues paléobiologiques et biopsychiques », *RFP*, IX, 422-430.
« La Portée de l'œuvre de Freud », *RFP*, IX, 532-558.
« Animaux amis », in *Paris-Soir*, 12 octobre.

1937

Topsy, Chow-Chow au Poil d'Or, Paris, Denoël et Steele, 129 p.
« L'Idole moderne : la Route ne peut pas exiger le Sacrifice des Arbres », *Paris-Soir*, 28 juillet.

1938

« Freud, l'Homme et l'Œuvre », in *Le Petit Parisien*, 14 juin.
« Freud à Paris », in *Marianne*, 15 juillet.
« Sigmund Freud, L'Instinct et la Raison », in *L'Ordre*, 19 juillet.

1939

La Mer et le Rivage, Paris, imprimé pour l'auteur, 108 p.
Cinq Cahiers, 1er vol. imprimé pour l'auteur, 347 p.
« Apology of Biography », *I.J.* XX, 231-240[1].
« L'Inconscient et le Temps », *RFP*, XI, 61-105.
« La Mort de Freud », in *Marianne*, 4 octobre.

1940

Topsy, the Story of a Golden-Haired Chow, traduction anglaise par la Princesse Eugénie de Grèce, Pushkin Press, 79 p.

1941

« The myth of the Corpse in the Car », *Amer. Im.* II, 105-125.

1945

« Notes on the Analytical Discovery of a Primal Scene », in *The Psychoanalytic Study of the child.* I, 119-125, IUP.

1946

Mythes de Guerre, IMP. 180 p. et PUF.
« Défense du Complexe d'Œdipe », conférence faite le 16 mai à l'Institut des Sciences et Techniques, 6 p.

1947

« The Legend of the Unfathomable Waters » in *The Yearbook of Psychoanalysis*, III, 281-290, IUP.
« A Lion Hunter's Dream », Q., XVI, 1-10.
« Saint Christopher, patron saint of the motorcar drivers », *Amer. Im.*, IV, 49-77.

1948

Cinq Cahiers, 2e vol., Londres, IMP. 481 p.
« De l'essentielle Ambivalence d'Éros, *RFP*, XII, 167-212.
« Notes sur l'Excision », *RFP*, XII, 213-231 in *Psychanalyse et Biologie*.
« De l'Angoisse devant la Sexualité », *RFP*, XII, 475-480.
« Saint Christophe, patron des Automobilistes », *RFP*, XII, 481.

---

1. Ne sont mentionnés que les articles parus en anglais d'abord.

1949

« De la Sexualité de la Femme », *RFP*, XIII, 1-52, 161-227, 322-341, publié en volume en 1951, PUF.

1950

« La légende des Eaux sans fond », *RFP*, XIV, 164-173.
« Psyché dans la Nature ou des Limites de la Psychogenèse », *RFP*, XIV, 174-181.
« Les rêves d'un Chasseur de Lions », *RFP*, XIV, 504-512.
Les glauques Aventures de Flyda des Mers, IMP. 106 p.
Les Glanes des Jours, IMP. 106 p.

1951

Monologues devant la Vie et la Mort, IMP. 114 p.
Cinq Cahiers, 3ᵉ et 4ᵉ vol. IMP. 402 & 409 p.
De la Sexualité de la Femme, Paris, PUF, 148 p.
« Des causes psychologiques de l'Antisémitisme », *RFP*, XV, 479-491.
« Some Psychoanalytic and Anthropological Insights applied to Sociology », in *Psychoanalysis and Culture*, IUP.

1952

Chronos, Éros, Thanatos, IMP., 153 p. : « L'inconscient et le Temps », « De l'essentielle Ambivalence d'Éros », « Réflexions biopsychiques sur le Sado-Masochisme ».
Introduction à la Théorie des Instincts et Prophylaxie infantile des Névroses, PUF, 181 p.
Psychanalyse et Biologie, PUF, 190 p.
Psychanalyse et Anthropologie, PUF, 192 p.
« Quelques lueurs projetées par la Psychanalyse et l'Ethnographie sur la Sociologie. » *RFP*, XVI, 313-318.
« Psychanalyse de l'Antisémitisme », in *Évidences*, XXV, 5-10.
« Masturbation and Death or a Compulsive Confession of Masturbation », in *The Psychoanalytic Study of the Child*, VII, 170-172, IUP.

1953

A la Mémoire des Disparus, publié pour l'auteur, IMP., 2 vol., 1 004 p. : I *Derrière les Vitres closes*, II *L'Appel des Sèves*, repris par les PUF en 1958.
« La Faute d'Orphée à l'envers », *RFP*, XXII, 221-228.
« Du Rôle de quelques penseurs juifs dans l'Évolution humaine, conférence faite à l'Alliance israélite universelle.
« Drives, Affects, Behavior », IUP., compte rendu in *RFP*, XVII, 556-567.

1954

« Allocution prononcée à l'occasion de l'Inauguration de l'Institut de Psychanalyse le 1er juin 1954 », *RFP*, XVIII, 175-176 p.
« Petit Essai sur la Médecine psychosomatique », *RFP*, XVIII, 276-280 p.
« The Fault of Orpheus » in *Reverse, I.J.*

1955

Intervention au cours du colloque : « Comment terminer le traitement psychanalytique » *RFP*, XIX, p. 522.
Intervention à propos de l'exposé de M. Lechat : « Du Principe de sécurité », *RFP*, XIX, 106-109 p.
Intervention : « Symposium sur les états dépressifs. » Présidents D. Lagache & P. Mâle, Paris, 21 novembre 1954 in *Evolution Psychiatrique*, III, p. 582.
Intervention à propos de l'exposé de M. Marty et M. Fain : « Importance du Rôle de la Motricité dans la Relation d'Objet », *RFP*, XIX, 285-286.
Intervention à propos de l'exposé de S. Nacht et S. Leibovici : « Indications et contre-indications de la psychanalyse », *RFP*, XIX, 189-191 p.

1956

« Deux Penseurs devant l'Abîme », *RFP*, XX.
« Éros, Saul de Tarse et Freud », *RFP*, XXI, 23-34 p.
« Psychanalyse et sexologie », in S. Nacht : *La Psychanalyse d'aujourd'hui*, t. II, 723-760 p.

1957

« Kazantzakis, Fils de l'île minoenne », in *Les Nouvelles littéraires*, 5 novembre.

1958

Edgar Poe, sa vie, son œuvre, Étude analytique. Avant-propos de S. Freud, PUF, 3 vol.
I. *Études Psychanalytiques*, 264 p.
II. *Les Contes : les Cycles de la Mère*, 392 p.
III. *Les Contes : les Cycles du Père, Poe et l'Âme humaine*, 314 p.
« Ernest Jones » (1879-1958), article nécrologique, *RFP*, XXII, 134-136.
« La Psychanalyse face aux forces sociales, religieuses et naturelles » (communication) *RFP*, XXII, 219-222.

1959

« Vivalisme et Psychosomatique. Communication au XXIe Congrès de Psychanalyse, *RFP*, XXIII, 545-554.

1962

« L'Épilepsie et le Sado-Masochisme dans la Vie et l'Œuvre de Dostoïevski », *RFP*, XXV, 715-730.

1977

De la Sexualité de la Femme, Paris, Collection 10/18, 285 p.

Ouvrages de Freud traduits par Marie Bonaparte :

Un Souvenir d'Enfance de Léonard de Vinci, Paris, Gallimard, 1928, 214 p.

Ma vie et la Psychanalyse, Paris, Gallimard, 1930, 239 p.

Le Mot d'Esprit et ses rapports avec l'Inconscient, en collaboration avec le Dr M. Nathan, Paris, Gallimard, 1930, 283 p.

Délire et Rêve dans un Ouvrage littéraire « La Gradiva » de Jensen, Paris, Gallimard, 1931, 219 p.

L'Avenir d'une Illusion, Paris, Denoël et Steele, 1932, 196 p.

Essais de Psychanalyse appliquée, en collaboration avec Mme Édouard Marty, Paris, Gallimard, 1933, 254 p.

Cinq Psychanalyses, en collaboration avec le Dr R.-M. Loewenstein, Paris, Denoël et Steele, 1935, 478 p.

Contributions à la Psychologie de la Vie amoureuse, en collaboration avec Anne Berman, *RFP*, IX, 2-21, 1936.

Métapsychologie, en collaboration avec Anne Berman, Paris, Gallimard, 1940, 222 p.

LISTE DES MANUSCRITS CONSULTÉS

Chronologie biographique en 8 cahiers.

Sommaire de mon analyse et de ma correspondance avec Freud et Agenda jusqu'en 1939.

Cahiers noirs 1925-1939 qui ont été recopiés par Marie. Un mélange de résumés de ses lettres à Freud, des lettres de Freud, de son analyse et du journal de ses visites à Freud et à la famille Freud.

Cahiers du journal d'analyse.

Extraits du journal de l'oncle Christian, copiés par Marie en 1952 et 1956 (J'ai pris des notes concernant les années 1903 à 1907.)

Des *cahiers d'écolière de Marie.* Dans l'un elle apprend *Le Corbeau*, dans un autre elle décrit un dîner chez son père auquel assistait « le célèbre explorateur Nansen » retour du Pôle. (Sans date, mais dans le même cahier description de l'incendie du Bazar de la Charité, 4 mai 1897.)

2 numéros du *Sphinx*, revue éditée par Marie, mai, juin 1897.

Un *Journal 1900-1907*, dédié « Pour Eugénie », contenant notes sur la princesse Pierre, Mme Reichenbach, la première communion, Mounet-Sully, la tuberculose (1899); la Suisse, les Sables-d'Olonne, Rousseau, des dîners chez tante Jeanne (à partir de 1901), Bossuet, un service au temple de l'Oratoire, analyse de la *IXe symphonie* de Beethoven, sermon de carême du Père Ollivier, esquisse d'une nouvelle « Pauline », *Phèdre* avec Sarah Bernhardt, voyage en Bretagne avec tante Jeanne.

Copie du cahier des « dates importantes » de 1907, du 5 sept. au 14 déc., de « la morne journée du 9 janv. 1906 ».

Journal 1908-1910, toujours « Pour Eugénie », la vie à Bernstorff, description des uns et des autres. Dans ce journal des sous-titres soulignés en rouge : *La lettre de mon amie, La Mariée est trop belle, Première Lueur suisse, La Séance continue* (1911).

Journal de mon premier-né.

Notes sur Mimau à la naissance d'Eugénie (1911).

1912 : manuscrit des *Murs* repris dans *A la mémoire des disparus.*

1917-1918 : *Neige et Givre.*

1918 : *La Forêt et le passé.*

1918 : *Les Hommes que j'ai aimés.* La dédicace à Briand se trouve à la 82ᵉ et dernière page de ce cahier.

2 lettres à Le Bon du 7-7-14 et du 27-12-14.

Tristesse féminine (1913) recueil de textes courts (inédits) comprenant *Les Regrets obsédants* et *Conseils aux femmes.*

Journal de guerre, 1916.

Extraits du journal de l'oncle Christian 1916 et 1924. Lettres de tante Jeanne à son mari de 1903.

Lettres de Marie à Croisy en 1922.

Lettres de la princesse Eugénie à son grand-père, 1923, de Beg-Meil, lettres à sa mère 1924, 1925.

Lettres de Briand et lettres à Briand, copies de la main de Marie (notes).

Journal I Le Bonheur d'être aimée (Briand de 1913 à 1919), notes.

Lettres de Marie à son père (Première du 24 déc. 1907 dernière du 15 juil. 1915, puis jusqu'en 1919).

Des lettres de Marie à sa grand-mère datées de 1893, 1896, 1903.

Correspondance avec Freud (résumé « Cahier noir »).

Lettres de Croisy et d'Eugénie envoyées de Leysin en 1928. Lettre de Croisy 1933.

Notes diverses, par ex. 7-8 avril 1933 Marie demande à Freud la permission de changer d'analyste et de prendre son « jeune amoureux d'il y a 3 ans » (Loewenstein).

Le « Livre de Tatiana » commencé le 28 août 1939.

Lettres de Georges.

Lettres du prince Pierre et lettres au prince Pierre.

Lettres du prince Pierre à Loewenstein (copiées par Marie).

Lettre de Jean Troisier.

Lettres de Loewenstein et à Loewenstein.

Lettres de la princesse Eugénie en 1939-1940.

Petit Carnet décembre 1940.

Lettres à Anna Freud.

Les 3 conférences données au Cap en 1942.

Petit agenda des événements personnels de 1944, 1945, 1946, 1947, 1948.

Lettres à Anna Freud, à la princesse Eugénie, au prince Pierre, au prince Georges, à Annette Berman pendant cette période.

Lettres à la reine Elisabeth de Belgique, à Loewenstein.

Journal de 1951 et 1952-53.

Livre de Tatiana et Porgie.

« Pensées » datées des années 1950.

Journal de l'oncle Christian, 29 juillet 1899 : les renseignements obtenus concernant Leandri (copie de la main de Marie).

Lettres à John Rodker, l'éditeur d'*Imago*.

Lettres de Tatiana, de Porgie.

Idées religieuses de Georges — Athènes févr. 48.

Le vieux Compagnon, Copenhague, janv. 1939.

Jean, Mémoires commencé 22 décembre 1922 va jusqu'à été 1925.

Affaire Caryl Chessman. Les notes de Marie sur ses lectures sur la peine de mort, ses lettres à Franz Alexander, à Isidore Ziferstein.

Des lettres d'Allan Ross, d'Eric H. Hager (legal adviser of the Department of State), de K.R. Eissler ; lettre de Marie au Président des États-Unis (14 janv. 1960) et au Gouverneur Brown. La demande de grâce avec liste des signataires.

Itinéraires et agendas de tous les voyages de Marie.

Mes cours et adresses, Cap de 1942-1943.

Le procès-verbal de l'affaire Barlemont (1929).

Lettre de M⁰ Georgie Viennot.

Manuscrit article sur Caryl Chessman *Réflexions d'une psychanalyste*.

Lettre d'Obrecht, neveu de Deibler, l'exécuteur des hautes œuvres.

Notes de Marie sur l'attentat contre Nicolas II au Japon (et texte de George Alexander Linsen relatif à l'affaire).

Des causes psychologiques de l'antisémitisme, conférence faite par Marie le 28 janvier 1952 à l'Association B'nai B'rith.

Documents ethnographiques sur l'Afrique, 1942, les notes sur la visite de Kenyatta en 1935, le rapport de celui-ci « The Kikuyu Initiation of girls » (20 feuillets) et du Dʳ Guirrier « Une coutume du pays Somali, les femmes cousues ». Un rapport sur la circoncision des membres de la tribu Makonde.

Un cahier commencé le 22 octobre 1879 par sa mère, des rédactions corrigées de la main de Marie.

Notes extraites du journal du 15 févr. 1961 sur l'éclipse de soleil observée à San Remo.

Notes concernant la Préhistoire de la société psychanalytique de Paris, envoyées à la princesse Eugénie par la Bibliothécaire de la Société, le 19 mars 1970.

Manuscrit de l'article de la princesse Eugénie pour le *Reader's Digest* (non publié).

Notes sur Georges et sur l'oncle Ernest (1908).

Notes sur le manuscrit de la princesse Eugénie sur le prince Pierre Bonaparte, 21 avril 1959.

Notes sur Axel à propos de Staline.

Notes sur le Congrès de Wiesbaden (1932), Lucerne (1934), Marienbad (1936).

Notes sur les discussions de la rédaction des statuts de l'Institut établis avec l'aide de M⁰ Louis Rousseau (séance du 14 avril 1953).

Notes de mai 1953, avant la scission.

Documents pour *Mémoires I et II*.

Le livre de l'Enfant et des Bêtes, ms.

Pages sur Rousseau 27 janvier 1901.

Masturbation et mort, 1953.

Du rôle de quelques penseurs juifs dans l'évolution humaine (13 mai 1953) conférence à l'Alliance israélite universelle.

Conférence faite à Athènes devant la Société des Médecins 28 févr. 1948 *La Légende des eaux sans fond*.

Manuscrit d'*Apologie de la biographie*, 1939.

Essai sur le Regret obsédant 1941, sur *Exil austral*.

Brouillons des contes : *Les 2 jardiniers, Le Peuplier, la Cage et la liberté*, 1924. *De la mort et des fleurs*, 1933.

De l'Angoisse devant la sexualité (Vienne 23 juil. 1953), *Mémoire de Freud* (1940), *Poèmes* datés de 1900 à 1935.

Longue dissertation sur Don Juan (30 feuillets).

Notes sur Yvette Guilbert.

Un gros dossier de notes sur ce qui s'est passé depuis le début à la Société psychanalytique de Paris.

Tous les articles nécrologiques.

Des manuscrits d'articles comme *La Faute d'Orphée à l'envers* (1938), des notes pour des nouvelles comme *Une âme passionnée* (juin 1921), les textes d'interventions comme celle pour le symposium sur la dépression au Congrès de Copenhague, juil. 1959.

Des aphorismes ou des souvenirs sur des feuilles séparées, comme le récit de la brève liaison avec celui que j'ai nommé Pelléas mais qui est clairement désigné. Une page de réflexions sur ses Mémoires.

Un dossier de 1928 comprend des citations de Moreau de Tours, de Michelet, des notes de lecture de *Mélange de Sociologie religieuse et Folklore* par Robert Hertz, de Claude Bernard.

Notes sur Leandri participant comme membre libre aux conférences Molé-Tocqueville.

Notes sur l'exécution de Sacco et Vanzetti.

Des poèmes en prose datés Paris 1912.

Notes sur un ouvrage projeté intitulé *Solitudes* (26 janv. 1920).

Pénitences pour quelques erreurs, manuscrit.

Notes sur « Quelques moments de la cure d'une frigidité chez une clitoridienne ».

Correspondance

Lettres à Freud, lettres de Freud (extraits de lettres en allemand).

Lettres à Anna Freud.

Lettres adressées au prince Roland par Sacha Guitry, Émile Boutroux, le Commandant Esterhazy (2 octobre 1896), Camille Flammarion (15 oct. 1891) avec livre envoyé à Marie le 4 nov. 1891.

Lettres du Prof. R. Vivian à Eugénie (à propos du Prince Roland).

Lettre de Tatiana à sa grand-mère avec 2 rédactions, févr. 1951 où elle raconte comment sa grand-mère s'est cassé le col du fémur dans l'une et un bras dans l'autre.

Lettre du Directeur général de l'Assistance publique (Dr X. Leclainche) du 23 déc. 61 à propos du Dr Talamon.

Projet d'une lettre à Tolstoï datée du 17 juil. 1904, jamais envoyée.

Lettre à Constantin Tsatso du 12 sept. 1955.

Lettre du conservateur des manuscrits au British Museum, Mr. B. Schofield qui refuse les manuscrits offerts par Marie (26 janv. 1960), lettre de Marie qui ne donne pas suite, 17 fév. 1960.

Lettre de Marie au Président Roosevelt, 12 déc. 1938, et à Bullitt avec la réponse de Bullitt un mois plus tard.

Lettre de Marie à Axel (comte Rosenborg) condoléances pour la mort de Staline, mars 1953.

Lettre « sur mon républicanisme », destinataire non nommé, 16 avr. 1925.

Lettre du D^r vétérinaire Maurice Mallet et des notes du Prof. Bourdelle du Museum d'Histoire naturelle, 22 janvier 1937.

Correspondance avec Loewenstein, copies des lettres de Marie à Loewenstein de 1942 à sa mort.

Correspondance avec les éditeurs, les contrats pour ses œuvres, ses traductions et aussi pour la *Revue de Psychanalyse* avec Robert Denoël et avec les Éditions de la *Nouvelle Revue Critique.*

Lettres à la Reine Elisabeth de Belgique.

Correspondance avec Mgr de Curel, évêque de Monaco à propos de l'excommunication mineure de Marie.

Lettres relatives à la scission de la Société psychanalytique de Paris en 1953, les amendements proposés par Marie au projet de Statuts de l'Institut de Psychanalyse du Dr Nacht.

1 copie de lettre de Marie au Dr Sauguet, 24 mars 1953.

Lettre de Julien Cain à Eugénie, le 19-2-64 qui comporte la liste des manuscrits déposés à la Bibliothèque nationale.

INDEX DES NOMS CITÉS

INDEX DES NOMS CITÉS

TABLE DES MATIÈRES

Achevé d'imprimer le 19 octobre 1982
sur presse CAMERON,
dans les ateliers de la S.E.P.C.
à Saint-Amand-Montrond (Cher)

Nº d'Édition : 615. Nº d'Impression : 1936-1233.
Dépôt légal : octobre 1982.

Imprimé en France